中国社会学
经典文库

村落的终结

羊城村的故事

李培林 著

生活·讀書·新知 三联书店　生活書店 出版有限公司

图书在版编目（CIP）数据

村落的终结：羊城村的故事 / 李培林著 . -- 北京：
生活书店出版有限公司，2019.10（2025.6 重印）
ISBN 978-7-80768-313-1

Ⅰ . ①村… Ⅱ . ①李… Ⅲ . ①农村—城市化—研究—
广州 Ⅳ . ① F299.276.51

中国版本图书馆 CIP 数据核字 (2019) 第 199802 号

丛书策划　杨震林
责任编辑　何剑楠
装帧设计　罗　洪
责任印制　孙　明
出版发行　生活书店出版有限公司
（北京市东城区美术馆东街 22 号）
邮　　编　100010
经　　销　新华书店
印　　刷　天津睿和印艺科技有限公司
版　　次　2019 年 10 月北京第 1 版
2025 年 6 月北京第 8 次印刷
开　　本　635 毫米 ×965 毫米 1/16　印张 24.5
字　　数　330 千字
印　　数　23,001-25,000 册
定　　价　54.00 元
（印装查询：010-64052612；邮购查询：010-84010542）

目　录

新版前言

很荣幸我的《村落的终结——羊城村的故事》一书被收入三联生活书店的《中国社会学经典文库》。

这本书2004年由商务印书馆出版，费孝通先生还专门为此书题写了书名；十年后的2014年，中国社会科学出版社再版了此书，我曾写了一篇长达万字的《村落的终结：十年巨变》再版前言。

在这项十几年前的研究中，我采用社会学与人类学结合的“深描”方法，试图探索一个村落漫长城市化过程的“理想类型”，一方面可以“从点看线”，即从村落终结这个点观察村落的非农化、工业化、城市化的整条变迁脉络，另一方面可以“以小见大”，从村落变迁这个小窗口，洞察社会巨变的大趋势。

有的人认为，我所分析的城中村改造的艰难坎坷过于忧伤，像是为村落的终结谱写了一首挽歌，我并不以为然。纵观世界的城市发展史，城市的人口规模扩张似乎是一个铁律。20世纪70年代，英国经济学家舒马赫写过一本发展经济学的经典著作——《小的是美好的》，书中提到专业化和大规模生产导致了效率下降、环境污染和资源枯竭，破坏了人类的幸福的生活，作者还认为50万人口是城市的适度人口规模。但现实表明，城市的发展不断突破专家们设定的适度人口规模；而且似乎城市人口规模与城市经济效益成正比，我国已有十几个超大城市的人口规模超过千万。但我们需要追问的是，城市生活的意义是什么？

城市，从它起源时就是一种生活方式，人们选择城市生活是因为城市生活更加舒适、更加宜居，工作和生活都更加方便，当然，经济上也对自己更加有利。如果这些都没有了，城市就变成水泥和钢筋的丛林。城市建设在追求洁净、美丽的时候，也要注重塑造具有特色的城市生活，这包括丰富多彩的街摊、各具特色的小店和城市历史的记忆，这才是城市的魅力所在。

城市要能为不同社会阶层的人都提供幸福快乐的生活，特别是为底层的人多考虑，不能只是富人的天堂。在我国如此大规模的城市化过程中，数以亿计的农民工及其家庭移居到城市，而没有出现印度和拉美国家那样的大规模城市贫民窟，城中村的替代功能功不可没，我们在城中村改造中却很少考虑这种替代功能，片面地认为城中村是所谓“低端人口”的藏污纳垢之地。一种城市文明的养成，需要几代人对多样文化的包容。

未来我国的城市化方向，不应仅局限于城市本身的发展，还应该大力缩小城乡差别，消除那些城乡之间的体制壁垒，建设美丽乡村，活跃乡村生活，推进社会流动，促成一个“逆城市化”的潮流，减轻城市的人口压力，让生活在乡村的人们，不是因为务农的命运，而是因为生活方式而选择留在乡村。

李培林
2019 年 8 月 20 日于北京

村落的终结：十年巨变（再版前言）

这本著作《村落的终结——羊城村的故事》(以下简称《终结》)，2004年由商务印书馆出版，该书的写作，是以2003年在广州“城中村”的调查为基础的。现在已经整整十年过去了，我们研究的那些城中村，并没有像一些学者和官员所预言的那样，在城市化的铁律之下很快地消失。它们至今仍然顽强地存在，并继续在发生着巨大变化。[①]

城中村是我国城市化过程中非常独特的社会现象。城中村的形成、维系与发展，从一个窗口透视了中国城市化道路的坎坷、神奇和多样性。我们应该庆幸，正是由于城中村的存在，中国在迅猛的城市化过程中，才没有像印度那样，在大城市中心区出现绵延几公里的用铁片、木板、油毡纸、塑料布搭建的连片贫民棚屋，也没有像巴西、墨西哥等拉美国家那样，所有的大都市都出现漫山遍野的颇为壮观的水泥砖瓦贫民窟。人们在对城中村提出种种诘难时，往往并没有考虑，我国为城市化建设做出巨大贡献的数以亿计的进城农民工，是在怎样艰难地创造生活并托起中国的未来。研究与发现村落和农民终结的理论及实践逻辑，实际上就是研究中国社会巨变本身。

---

① 我的博士生蓝宇蕴，现在已是华南师范大学的教授，她的博士论文《都市里的村庄：关于一个“新村社共同体”的实地研究》，被列入三联·哈佛燕京学术丛书，2005年由生活·读书·新知三联书店出版，此后她成为研究城中村的专家，一直在追踪广州城中村的变迁。她为本书的写作提供了大量素材和照片，只可惜那些照片未达到印刷的要求。

一 村落终结之难：十年改造

我在《终结》一书中说，村落的终结与农民的终结，并不是轻松浪漫的旅程，而是充满曲折的社会变迁过程。村落终结之难、农民终结之难，典型地呈现在城中村改造的过程中。最近十几年，对广州城市化进程而言，影响最大、最深远的事件和话题，莫过于城中村改造。而关于城中村的改造，最具概括性的话语，又莫过于城中村改造之难。

城中村自诞生之日起便饱受污名化，城中村改造的目的从一开始就与清洗城市的“脸面”联系在一起。2002年，政府再次表态，决心用10年时间，完成城市规划范围区内138条（普通百姓和正式文字都以“条”而不是“个”为单位来计算城中村的数量，表现出城中村融入城市街区的特点）城中村的改造。但此后数年，城中村改造进展缓慢。2009年，为迎接在广州举办的亚运会，政府的城中村改造步伐骤然提速，明确提出要在2015年前，完成52条城中村的全面改造。然而，实际进度大大滞后于政府所列的时间表，时至2013年盛夏，已经完成和接近完成者寥寥。杨箕村“钉子户”经“惨烈抗争”后刚刚退场，冼村的拆迁现场，“钉子户”们仍在“顽强”坚持。正是城中村改造关联到诸多难点，致使政府认可城中村改造需“根据实际情况修正计划”，并把“52条城中村改造”的完成时间，由原定的2015年推迟到2020年，那是全国实现全面建成小康社会目标的年份。

世纪之初就定下的改造主调，却遭遇一再推延，其核心就在于利益关系难以平衡。转机出现在2007年，这年猎德村全面改造启动，并被誉为广州城中村改造的“破冰之旅”。猎德村改造启动之时，正值房地产市场的阶段性高峰期，地价房价急速上涨，土地收益高，卖地筹资容易。猎德村改造采用的是“三三制”改造模式，即把旧村土地一分为三。其中三分之一，卖给开发商，以换取改造的资金，当时以46亿元高价拍卖，是广州其时面积最大、总价最高的商业地块；另三分之一，用于回迁房建设，以安置回迁村民；最后的三分之一，主要用于建酒店发展集体经济，为村民未来生活提供保障。猎德村改造主要是依靠市场化途径完成的，巨额的卖地资金基本可以平衡改造中的各种利益关系，并把政府、城中村与开发商间的矛盾压缩到最小限度。其中"钉子户"虽然强悍，难免有不少磕磕碰碰，但改造还算比较顺利。

对外部资本介入的疑虑和排斥，是城中村改造共同面临的问题。面对强势资本在逐利中表现出的凶悍，无论是作为城中村产权主体的原住民，还是作为居住主体的外来流动人口，都惧怕大资本介入城中村改造。多数城中村秉持的理性策略是，抗拒开发商深度介入。实际上，城中村的形成，与我国高速城市化中的粗放扩张有关，在征用农田更加廉价的情况下，城市发展刻意绕开征地成本高昂的村落。但当城中村的开发收益上涨，涨到开发成本足以平衡利益关系并能产生利润时，"城中村改造"就进入开发商"牟利"的视野。城区土地价值上升及由此而可能带来的巨额经济利益，恰是多数开发商看好城中村改造的真正原因。从这一点来看，城中村对市场深度参与改造所产生的抗拒心理，并非毫无根据。

房地产市场狂飙式发展，更使城中村土地变得弥足珍贵，而城中村对市场化改造的不信任程度，也愈趋严重。在城中村改造牵涉的多重利益关系中，过去积淀的利益矛盾浮上水面。村民抗争改造的目标，往往并不完全在改造事件本身，而是聚焦在对过往集体经济收益分配的公正性的质疑上。过去，不少城中村通过筹建村办企业的形式，名正言顺占用集体土地。这些企业中有不少尔后或亏损或卖掉，相关收益往往成谜团。如果按常理推测，城中村土地及相关物业，所生经济利益巨大，如石牌村太平洋电脑城、康乐村布匹市场等，都大致如此。杨箕村曾是国内榜上有名的最早亿元村，负责人也是赫赫有名的全国劳模与三八红旗手。改造启动后，村民们猛然发现，那广为宣传的"亿元"资产，居然是无从查找的虚有之财。与此形成鲜明对照的是，村民们知道，村企业改制后的负责人的家族不仅拥有价值数千万元的房产，就连他们的孩子都早已移居国外。目前，冼村村民激烈抗拒改造的重要缘由，就是冼村转制公司已十几年未公开账目，村民既不知道卖地得了多少钱，也不知道村办企业赚了多少钱。并且按冼村村民的说法，他们已多年没有集体经济分红了。诸如此类的质疑，并非毫无根据。城中村的集体企业，改制为现代公司后，其深层运作，仍然受人情家族、行政权力、市场规则三种力量影响，账目暗箱操作的情况普遍存在，到城中村走向终结要分家时，这样的集体经济成为引爆诸多问题的导火索。

在城中村改造的利益博弈中，拆迁补偿问题最为突出。按规定，改造专项规划和补偿方案均要90%以上村民同意方可操作，但实际情况中如达不到100%同意，推进就异常困难。近代史上以抗击英军侵略而著名的三元里村，在2011年4月的村民会议上，同意改造者73%，改造方案更是只获34%的支持率。主要问题不在要不要改造上，而在拆迁补偿上，如内街内巷同意的，外街外巷有铺面者则往往反对。违建补偿也是问题，村改制公司提出的补偿标准，有三分之二的村民认为标准太低而难以接受。在改造中，其他相关问题也会发酵，如海珠区沥滘村，是广州最早纳入改造的试点城中村，但十几年过去了，改造仍是纸上谈兵，其重要原因是，沥滘村是具有千年历史文化的古村，有村民一直在为保护村落古迹而奔走。直到2011年，有关部门才认定，四座古祠为区文物保护单位而不予拆除，其余多座祠堂也列为保护性文物。这样，改造才重新提上日程。

杨箕村的改造过程，可阐释城中村改造之“难”。2010年12月，杨箕村改造启动，自那时起，“钉子户”一直坚守了两年多，致使曾经的村址长期陷入大工地状态。而“钉子户”形同孤岛的建筑，在流光溢彩的繁华市区显得格格不入。已经搬迁的村民每天都面对杨箕村的废墟，等待回迁，有的老人在等待回迁中过世。杨箕村的“钉子户”及其被大大拉长的城中村改造时间，让政府与开发商增加的不仅仅是畏惧，也多了几分理性。

城中村改造中，如果利益关系能取得良好的平衡，改造还是可以顺利推进的。猎德村的改造顺利一些，很大程度上就得益于此。被城市“围困”后，城中村村民的收入来源，主要依赖家庭出租屋。通过城中村改造，一般村民家庭都获得了城市中心区的高质量回迁房，收益多有提高。例如，猎德村普通人家改造后能获得400平方米安置房，若选择四套100平方米的回迁房，三套对外出租，以广州珠江新城地段100平方米公寓租金可达每月5000元计算，三套房租月收益可达1.5万元左右，超过改造前水平。在广州城中村改造中，拆迁安置几乎清一色采取原地回迁方式。复建的回迁社区，多数配有商用物业，包括写字楼、商场或酒店，改造还解决了长期困扰城中村的人居环境差、建筑密度高、公共设施匮乏、人文环境不如意、社区管理难度大等问题。改造带来社区整体环境的改善，这些正是城中村村民所期望的。

广州城中村改造的实践逻辑表明，城市发展必然带来空间结构的更新改造，而城中村空间结构的状态注定在城市变迁中逐渐趋向消亡或实现转型。但城中村的聚集空间中嵌入了太多的复杂利益关系，这些关系的存在，注定城中村改造是个长期而艰难的利益博弈过程。农民工融入城市的农民终结过程漫长，城中村融入城市的村落终结过程同样漫长。

二　城中村生存逻辑：独具的功能和活力

城中村的改造之难，还不仅仅在于拆迁涉及的复杂利益关系，城中村本身独具的功能和顽强的生命力，是更深层的原因。城中村的生命活力，与其在城市经济社会系统中所拥有的某些特殊功能，是密切地联系在一起的。在许多城市，城中村是城市生态体系中不可或缺的部分。在这个“非城非村”的城中村聚落里，原住民、大量只能偿付低租金的外来流动人口、低成本经营者和消费者，他们各取所需，构成城市不可缺少的生活空间。对于城市底层百姓来说，这里是生活的天堂。可以说，只要没有创造出更适当的功能替代品，城中村就有存在与发展的生命力。

城中村与城市的发展是共存共荣的。早在20世纪90年代，广州是国内流行音乐的重镇，缠绵的甜歌风盛极一时。当时的石牌村、杨箕村、棠下村等城中村，处处都有吉他手、贝斯手、鼓手和主唱，低吟和咆哮声每天从城中村狭窄窗口盘桓而出，爆发在城中村各式酒吧的夜深处。1993年，石牌村与台商签订租赁合约，约定在石牌村土地上兴建电脑城，并拥有20年经营时限。次年，太平洋电脑城开业，并逐渐发育壮大为电脑大市场。十几年来，太平洋电脑城及附近一带迅速发展成为广州乃至整个华南地区最重要的电脑产品集散地。许多在电脑城工作的小老板和白领上班族，就居住在廉价、便利的石牌村，石牌村由此成为电脑城的“大宿舍”“大饭堂”。石牌村是许多IT人梦开始的地方，这里既走出了一些IT产业的大人物，也走出无数普通的IT人。有人形象地说，在石牌村，如果从楼上随便扔个东西下去，砸中的可能就是电脑城的同行们。在整整20年的历史发展中，石牌村、IT人、电脑城已形成稳固、立体的“金三角”关系。

广州市中心区的城中村逐渐发展成充满活力的独特社区。在城中村居住的各色人等，也有着多样化的生活。如石牌村的“电脑城”气息、下渡村的“大学城”氛围、康乐村的“布匹城”风情，都各具特色。位于珠江新城的冼村，周围高级商圈环绕，作为现代商业标杆的天河城、正佳广场就在咫尺之内。冼村的出租屋，成了商圈打工者的抢手货。冼村周边商业服务业的聚集，也吸引了大量年轻漂亮女孩在这里聚居，并令冼村赢得拥有“广州最多年轻靓女”的美誉。此外，改造前的冼村，如桂林米粉之类的小食店异常兴旺，晚上10点后走在村里，仿佛逛夜市一般，街头食肆，人群熙攘，不少穿着工装的下班女孩，三五成群，有说有笑。还在十几年前，登峰村就以登峰宾馆为中心，发展成为国外来客的落脚地，拥有“小联合国”之称。如今，登峰村登记居住的境外人员已达1700多人，来自83个国家和地区。近年来，有大批非洲人聚居于此，这些人或者经营着附近的外贸小商铺，或在给别人打工，经济条件普遍不太好。城中村作为城市亚生态系统与特殊社会单元，构成现代城市平民生活的特殊空间，但它们的多样性和活力，远非“贫民窟”可比拟。就这一点来说，应该庆幸城中村在我国快速城市化过程中发挥的独特作用。

“藏污纳垢”是城中村备受诟病的问题。在城中村里，居民主体是外来的租住人口，他们所有的公共性需求，几乎都为这个蓬勃发展的城市所遗忘。对租住的外来者而言，这里虽然有低成本的便利生活，但却是以牺牲合理的人居环境为代价的。闲庭信步的老鼠、蟑螂，终日不见阳光的房间，无所不在的噪声等，构成日常的人居环境。一排架子，一个热情老板，就成了一个服装店。穿上白大褂，端坐在杂乱小屋，就成了一个医生。满街满巷的杂货店，因陋就简，货柜后面摆张床，床前摆台破电视，老板就在这样的条件下维持着一家人的生计。近年来，活鸡活鱼生意似乎慢慢成为城中村专利，它和其他生意一样，随意地存在着。而城中村的社区个性则显得过于直率，连欲望也裸露在外。无论是杂乱无章的电线，还是随处可见的垃圾、各色广告、性用品招牌，都没有丝毫掩饰。城中村年轻人聚集，现实的残酷，让很多年轻的心灵专注在黑网吧的虚拟世界中。城中村的出租屋，大多家具简单，许多人都抱着不确定的未来，暂时落脚于此。凡居住这里的，基本都有一个共同愿望，就是有朝一日离开这里。

在功能属性上，城中村是自发型的城市廉租屋社区或流动人口聚居区，与政府推出的正式廉租屋社区完全不同，它并非政府的社会福利，而是市场逻辑的结果。近年来，随着城市新增人口的大量进入，城中村房租价格犹如火箭般攀升。每年春节刚过，城中村房屋租赁高峰如期来临，租金往往都要比前一年更上“一层楼”。一些交通条件优越的城中村，租金涨幅更大。如今，广州中心地带城中村，如天河村、石牌村、棠下村等，一房一厅的狭小单元房，月租金已破千元大关。即便如此，租客仍蜂拥而至，合租的“蚁族”和“蜗居”群体日渐增多。在城中村的房屋租赁市场里，过去租房者要通过路边歪歪扭扭的电话号码，逐个询问。如今“一条龙”服务已发展得很成熟，租客只要交10元“看楼费”，路边那些“个体”中介就可以带你看到满意为止，只是事成之后，需要收取一定的佣金。这种自发的城中村中介服务，多半是由村内年纪比较大的妇女担当，她们白天坐在村口路边的长椅上，一边与街坊邻居聊天，一边顺便拉些生意。城中村廉租屋市场，一定意义上是对政府某些功能缺失的弥补与替代。

从“功能替代”的角度看，城中村的重大利益相关者，主要是居住其中的外来流动人口。广州500多万外来务工人员，能轻易居住生活于此，城中村的廉价租屋发挥了重要作用，并一定程度上成就了广州的包容。对消费者而言，城中村是郊区的价格，市中心的生活。城中村是在不经意间，释放了城市打工族的城居生活压力。一个在杨箕村居住过五年的租客，在得知杨箕村将要拆迁改造时，留下了一段略带感伤的文字：“那里的空气永远混杂着潮湿的气息和人体的味道，人们操持各种方言，每一扇窗户下，都有一个年轻而不羁的灵魂，梦想在这里孕育滋长。搬走的不想再回来，但这里烙印下难忘的青春。这里不是家乡，却一样有着深深的乡愁。”

城中村具有的包容性，也在形塑整个城市的包容性格。甚至可以说，是城中村塑造了广州的包容性，让广州获得了开放与包容的美誉。如今，作为城中村居民主体的新移民，已经是城市发展的生力军，他们中很多是白领阶层，但在生活打拼中形成的草根气质和市井情趣，在很大程度上塑造了广州的兼收并蓄。

破除与城中村相关的某些偏见，对社会和谐发展是很有助益的。猎德村的改造，使得这一低调的城中村声名远扬。这种改造，实现了整个社区生态系统的升级，实现了城市景观的华丽转型。改造后的新村居民，坐在自家阳台上，就可以欣赏毫无遮挡的珠江美景。但是，在新村社区里，没有了以前那么便利的小餐馆和茶楼，改造后的居住成本大幅提升，相关的商铺成本、老板用工成本，以及整个城市运作成本也随之攀升。转型也诱发了人们对城市空间资源配置公平性的讨论，城市生活是否要把富人区和穷人区在物理空间上截然分离？这种分离带来的社会后果是什么？

有的人认为，市中心城中村的存续，不仅影响了“城市形象”，大量外来人口居住在市中心，还会加深阶层之间的裂痕。而真实情形也许恰恰相反，城市的向心力，必然持续地吸引乡村人口流向城市，如果由于城市生活成本过高，这些人都聚集在城市的周边，形成城市周边的贫民带，反而会造成“郊区叛逆青年”。法国巴黎郊区的青年骚乱，就是城市居住阶层分割的后果。

城中村另一独具的功能，是对历史和传统的承载。在中国快速的城市化过程中，城市建筑的雷同是一个普遍存在的问题。一幢幢恰似工业流水线批量生产的水泥高楼，构建了一个个面貌相似的陌生人社区。我有时在想，几十年之后，这些象征现代城市化的林立高楼，大概就相当于几十年前象征工业化的高高耸立的成排烟囱。广州的城中村实际上成为最具传统文化底蕴的社区实体，与城中村相联系的祠堂、龙舟、醒狮，不断唤起人们的历史记忆和情感共鸣。即使完成全面改造的城中村，依然是城市中最具有历史根基的实体社区，也依然是传承传统历史文化、保存历史记忆的鲜活载体。猎德村改造后形成的新村，由 37 栋高层塔楼组合而成，至少在空间结构与视觉观瞻上，新村与城市商务核心区的珠江新城已经融为一体。昔日的“握手楼”，变成了新豪宅。为了历史和传统的延续，新区楼房有意识地选用了充满浓郁历史内涵的旧村古巷名称命名，如紫来楼、青云楼、怀德楼、五福楼、居仁楼、龙腾楼等。这 37 栋楼房的 37 个熟悉名字，自然给新村居民增添了几分温馨、美好的回忆。新村为尽可能保留传统人文风情，还花巨资复建了五座祠堂。如今，那别致凝重的灰瓦白墙、精心装饰的房檐屋顶、栩栩如生的石狮子、高大耀眼的石牌坊，共同延续着村落的传统和文化。这里是夜晚人们聚集聊天的地方，散发着难以替代的生活魅力。

城中村作为历史和传统载体所具有的韧性与持久性，超出了人们通常的想象。2012 年，广州荔湾区推出泮塘村改造项目，并希望借此打造“最广州、最西关、最特色”的西关文化广场。泮塘村是具有近千年历史的古老村落，文化资源丰富，著名的“泮塘五秀”就出自这里。泮塘村成为城中村已经很长时间，喧闹的城中村生活让人们已经淡忘了泮塘村的历史和文化意蕴。这次泮塘村改造，才重新唤起人们对村落传统的关注。泮塘村改造不搞大拆大建，而是在保持古村落特征的基础上，建设优美和谐的新景观。改造中，除保留 50 多栋原建筑外，还让不愿迁走的村民留守原地。其中，有的留守村民说，泮塘村“真的住得很舒服，特别是心里舒服。一出门就有人与你打招呼，什么都可以聊”。改造后的猎德村，由于保留了原住民相对聚居的状态，每天的晨练、饮茶与谈天，使居民们仍然可以生活在一个相对的“熟人社区”。

村落的终结，不应该是传统和历史的死亡，而是它们在更新中的延续和传承。

三　城中村的渐进改造和社会治理

村落的终结，至少有三个层面：一是物理空间意义上的终结，即房屋的拆毁和居民的遣散；二是组织实体意义上的终结，即村落组织的解体，包括村落的行政组织、经济组织和社会组织；三是社会关系意义的终结，即“熟人社会”的退场。无论是在哪个意义上的终结，由于其涉及复杂多样的利益关系，都不会是一蹴而就的，但在城市化的铁律之下，城中村的终结，似乎又是难以逃脱的命运。

我们在实践中看到，城中村的终结，实际上可以有不同的结局，这不同的结局，依赖于我们不同的选择。但无论是什么样的选择，都证明了一条理性的原则，就是城中村要走渐进改造之路。

目前在城市建设中，无论是政府还是市场主导的城中村改造，往往都采取大拆大建的办法，试图快刀斩乱麻，几年一大变。这种只注意物理空间变化的大拆大建，往往忽略了城市的社会生态系统，并且是以牺牲弱势群体的利益为代价的。比如城中村改造后，那些原住民怎样才能不降低生活收入；那些作为城市上班族的外来租客，到哪里去寻找这种低租金住房；那些城市底层的市民，到哪里还能找到这种底层生活的天堂。一些事与愿违的城市改造也经常发生，比如为了城市的“脸面”，拆除一些拥挤嘈乱但充满活力的市场，把它们搬进宽敞明亮的大厅里，但这样一来，市场立马就像失去了“灵魂”，再也难以兴旺。城市并非只是一个物理空间，它还是一个社会生态系统，有它的“灵魂”和“命脉”。

渐进式改革并辅以双轨的过渡期，是我国解决一些改革难题的有效途径。树立渐进式的城中村改造理念，有计划地放缓改造步伐，代之以有序的推进，在时间的延续中化解利益冲突，实现社会关系的平衡，尊重城市生态多样性，这恐怕才是理性的城中村改造思路。

广州在城中村改造受阻和大规模旧城改建降温之后，现在打造“城中城”计划又隆重推出，包括白云新城、国际金融城、海珠生态城、知识城等 9 个新城，规划面积达 1780 平方千米。这种宏伟的造城计划，在全国各地是相当普遍的。

城市发展需要有理性规划，但问题是，现在多数城市规划过于偏重大马路与高楼大厦的建设，而忽略了人文历史社会因素的保留、保护及培育，这对城市长远发展是难以弥补的损失。城中村改造与“城中城”打造相比，两者形式不同，但思路是一样的。

城中村的激进式改造，是希望在短时间内把整个或多个城中村推倒重建，它所带来的震荡与冲击，容易给社会弱势者带来多方面的利益剥夺，并往往需要政府和社会付出沉重代价。而城中村的渐进式改造，也可称为整治型改造，它看重的路径是，哪个城中村容易改造就先改哪个，哪个方面容易改造就先改哪个方面。这样，既能考虑市场的灵活性，遵从市场关系的逻辑，也可更充分地考虑多元利益的诉求，尊重社会关系的逻辑。城中村租住者与原住民群体，在共生关系下形成的不同经济社会组织方式，都可在城市化中获得适应性的改变。这在广州城中村改造的既有经验中亦有例证。横沙村是黄埔区中心的一个城中村，改造规模与拆迁安置量号称全市最大，但改造方案却获得村民大力支持，其主要原因是，此改造奉行“先安置后拆迁，滚动式开发”的理念，利益相关者的利益获得良好预期。

渐进式改造的主要特点就是“慢”。慢行的城中村改造，其主要意义就是尊重城市的多样性和个性化特点。早在十几年前，在城中村改造策略上，广州就率先提出“一村一策”，这是很具人文价值含量的理念和策略，体现了对社会多样性的接纳。其实，城市本身的生命力，就依赖各种个性化的存在，而城中村是城市多样性系统中的个性化社区。“慢”行的城中村改造，往往更具社会公平性，因为“慢”可让多元利益主体有更充分的时间、空间与机会博弈，以求更合理方案。十几年来，城中村一直替代本应政府承担的提供城市廉租屋的角色，若进行激进式改造，城市中心区居住的大量低收入者，将立即失去立身之地。

在城中村改造中，尤其需要关注外来流动人口在城市化中的利益。从城中村产生那天起，其实际居民主体就已是外来租住人口。如果城市发展不考虑他们的城居需求，市区内形成奇高的居住“门槛”，不但会造成贫富分区居住的社会分隔，还会将这种分隔传导到城市各个生活领域，形成高昂的城市运行成本。值得关注的是，当城市运行的高成本发展到一定程度，就不仅是经济成本问题，还可能转化为棘手的社会问题。印度孟买处理城市贫民窟的教训应当引以为鉴。孟买是印度贫民窟最多的城市，贫困人口高达800万，占整个城市人口的60%以上。2004年，印度总理辛格雄心勃勃，提出要把孟买打造成“印度的上海”，并决心铲除贫民窟。两个月内，捣毁6万多间住所，致使20万人无家可归。但这种拆迁并没有让那些贫困者离开孟买，他们只是被驱赶到了环境更差更远的地方。2005年，政府决定只拆迁2000年后随意搭建的贫民窟，宏大拆迁计划草草收场。城中村改造中，以时间去换取更充分的城市多样性与社会公平，这才更具有合理性。

城中村改造中，如何超越“经济理性”局限，也是需要关注的具体问题。依赖市场深度参与的改造，往往难以逃脱市场铁律的侵蚀。猎德村改造由于有市场的过度参与，以致留下浓重的市场化痕迹。改造完毕的猎德新村，容积率很高，甚至远超一般的商品房小区，这给社区环境与人居生活质量带来持久性的消极影响。猎德新村总建筑面积 93 万平方米，占地面积 14 万平方米左右，容积率达到 6.6。若从远处看，整个新村的安置房区域，就像一大片密密麻麻的“水泥森林”。多数情况下，住宅小区的容积率在 2 到 3 之间会比较合适。而猎德新村容积率如此高，如果租住者众多的话，小区人口密度大，居住环境和舒适度就肯定要受到不同程度的消极影响。有人形象地把改造后的城中村称为“站起来的城中村”。因此，在城中村改造中，加强公共监督，并建立利益相关者的良性互动机制，在社区环境、经济利益与社会效益之间，在短期利益与长远利益之间，取得更好的平衡，才有可能实现更成功的改造。

借助非市场的民间社会之力促改造，这是未来城中村改造中具有方向性意义的探索，因其在抑制资本市场过度逐利及相关问题上，往往有独特功效。关于此，美国哈莱姆地区的改造经验值得借鉴。哈莱姆改造项目堪称城市低成本居住区改造的经典。在这个改造项目刚刚启动之时，政府给予了 3 亿美元的财政拨款，作为启动资金，并以此筹建起“振兴区开发公司”。新组建的公司既不归属政府也不属市场领域的开发商，而是专门负责改造项目的一家非营利组织。这个组织通过鼓励私人投资来吸引社会资金，同时也给居民发放贷款，助推商业发展。在公司努力下，两个新商厦落成，结束了区域内无大商场的历史。新建 3 万多平方米的“哈莱姆中心”，居然吸引了一些政要名流把自己的办公室迁到这里，成为区域发展的活广告。政府 3 亿美元的财政资金，最终产生出远超 3 亿美元的经济社会效益。如此看来，培育与引导我国非营利组织及社会力量参与城中村改造，未尝不是一种优化选择。

村落与农民在走向终结，但却难以真正终结，而关于村落与农民终结的研究，更不可能走向终结。现在，城中村研究已成为一个特殊的学术论题，并引起广泛的争论。如有的学者认为，城中村是我国底层社会生存发展逻辑的集中体现，实际代表一种不为城市主流所认可的经济社会形态，甚至认为城中村是城市“社会—经济的塌陷带”；也有学者认为，应把城中村置于经济全球化与社会转型背景下来认识，认为城中村有长期存在的合理性，是城市化中不可或缺的“社会阶梯”。此外，城中村研究也提出许多有待深入的问题，如城中村“外来”与“本土”的混合与冲突，实际上反映在城市化过程中社会各层面，如空间结构的社会分隔、社会关系的陌生人化、底层社会的抗争、文化传承的无根等。这些问题的集聚和沉淀，给城市未来发展增添了不确定性。梳理城中村变迁与改造的逻辑，并在此基础上建构城中村改造的制度建设路径，使城中村去“污名”化并成功转型为现代城市社区，参与塑造城市的未来，这就是本书的宗旨。

李培林

2013 年

村落进入和研究方法

十几年前，我曾翻译了法国著名农村社会学家孟德拉斯（H. Mendras）的一本经典著作《农民的终结》，但农民终结的这个话题，对于当时中国这样一个农业大国来说，似乎还非常遥远。孟德拉斯在书中指出，“20亿农民站在工业文明的入口处，这就是在20世纪下半叶当今世界向社会科学提出的主要问题”，因为在19世纪，“较之工业的高速增长，农业的缓慢发展可以给人一种安全稳定、千年平衡的印象，与工业的狂热相对照，农民的明哲适度似乎是永恒的：城市和工业吸引着所有的能量，但乡村始终哺育着恬静美满、安全永恒的田园牧歌式梦幻”，而工业化和城市化的铁律打破了原有的平衡，震撼和改变了整个社会结构。（孟德拉斯，1984／1991：1—6）对于整个中国来说，这种“巨变”可能要延迟很长时间，但由于中国地区发展的不平衡性，在一些较发达的地区，这种“巨变”已经在加速地进行。从1985年到2001年，在这不到20年的时间里，中国村落的个数由于城镇化和村庄兼并等原因，从940617个锐减到709257个。仅2001年一年，中国那些延续了数千年的村落，就比2000年减少了25458个，平均每天减少约70个。它们悄悄地逝去，没有挽歌，没有诔文，没有祭礼，甚至没有告别和送别，有的只是在它们的废墟上新建的文明的奠基以及落成仪式和伴随的欢呼。人们似乎忘却或忽略了，在故去的老人和新生的婴儿之间存在的继替关系，以及后者的血脉和身躯里依旧流淌和生存着的祖辈的血液和基因。

在我们过去的研究中，人们通常以为，村落的终结与农民的终结是同一个过程，就是非农化、工业化或户籍制度的变更过程，但在现实中，村落作为一种生活制度和社会关系网络，其终结过程要比农民的职业身份转变更加延迟和艰难。城市文明的发育，并非仅仅是工业化的伴随曲，它展现出自身不同于工业化的发展轨迹。

“城中村”在整个珠江三角洲地区是一个非常普遍的现象和非常热门的话题，围绕着城中村，街谈巷议中也有各种各样的故事。近 20 年来，珠江三角洲的工业和城市，以令人目眩的速度扩张，这种高速扩张似乎是引发城中村这种独特事物的直接原因。但问题并非如此简单，因为在其他国家的城市化过程中，这种城中村现象还几乎从未出现过，更多出现的是各种新移民的贫民区。所以，城中村现象的产生，一定与中国的一个比较独特的因素相关联，这就很容易使人们联想到中国已经实行了几十年的城乡分割的户籍制度。但这种户籍制度是所有的中国村落共有的，所以还应当有另外的特殊机制在起作用。而这种机制究竟是什么，则成为激发我们研究热情的一个“悬念”。

在调查之前，我们原来设想，所谓城中村，就是在很多城市的城乡接合部出现的、已经转为以从事工商业为主的村落，是城市地域扩张的一种自然延伸。然而，当我们到作为华南经济、政治、文化中心的广州市城中村进行实地调查时，尽管事先已阅读了一些相关的资料，但还是感到一种心灵的巨大震撼并惊讶得失语。因为现实呈现给我们的城中村，与我们心目中原来的想象，实在有太大的距离：就在繁华热闹的市中心区域，就在鳞次栉比的高楼大厦之中，每个城中村就像在方圆几公里人为制造的一个整体的高达 20 多米的“水泥巨物”。震撼还不仅仅来源于此，这个“水泥巨物”并不是由某个公司或某个经济集体建造的，其基本的住宅楼是一家一户盖起来的，但在土地和房租收益的刺激下，建筑已完全失去个体差异的美学意义，经济的铁律也碾碎了中国传统村落和谐人居空间的“文化意义”，中国传统古村落的天人合一、风水、小桥流水人家等意象，在这里都荡然无存。（刘沛林，1998）在连接着的非常雷同的七八层高的建筑物中间，是由原来的宅基地间隔确定的宽1.5—2米的街道，可是在第二层楼以上，为了最大化地扩展住宅建筑面积，街道两旁的楼都伸展出来，几乎把露天的地方全塞满，形成当地人戏称的“贴面楼”“亲吻楼”和“一线天”。村落中的大部分住宅，白天屋里也要靠电灯照明，村里的街道也形同“地道”。但就是在这样的环境中，村里的人气和商业气氛却很旺，狭窄幽暗的街道两旁，排满各种商店、杂货店和服务网点，在村里居住的人除了村民之外，还有几万租房而居的外来打工者。而在所有“日常生活”的细微之处，村落的影子似乎始终是一个徘徊游荡的魂灵。

要想了解城中村产生和存在的原因，一般来说应当从其本身作为城乡二元混合体的典型特征入手。如果说在市场经济和再分配经济之间存在着“混合经济”的话，那么城中村就是在城市和村落之间存在的“混合社区”。城中村的生活方式已经完全城市化了，村民也都居住在市区甚至是中心市区，他们已经完全或基本上不再从事属于农业范围的职业，甚至他们的户籍也已经全部或绝大部分转为城市户口，那么根据什么还称他们为“村落”和“村民”呢？难道以上这些方面还不是我们平常区别“村民”和“市民”最通行的标准吗？即便“农民工”的称谓也不仅仅因为他们的户籍是“农民”吗？

城中村的村落特征也许显示出我们容易忽视的一些更深层的城乡差异的体制因素，这些因素可以概括为以下三个方面：一是土地制度的差异。根据法律，城市所有土地的产权归国家所有，而村落土地的产权归村落集体所有。在城市化的过程中，国家可以征用作为农民生产资料的农用地，但难以征用作为农民生活资料的宅基地，所以城中村嵌入市区的住宅用地和部分村集体房产用地至今还是归村集体所有。我们在随后的分析中会看到这种差异的重要性和巨大影响。二是社会管理制度的差异。根据法律，城市社区居民委员会由作为基层政府派出机构的街道办事处进行指导和帮助日常工作的费用由政府财政承担；而村落社区则由作为村民自治组织的“村民委员会”管理，管理的一切费用由村集体承担。这是形成我们在后面要分析的“村落单位制”的一个根本的因素。三是与土地制度和管理制度相联系的“村籍”制度。我们容易认为，城市化的主要阻碍是一个户籍制度问题，农民身份的转变就是从农村户籍转为城市户籍。而城中村的村民已经由于耕地的征用而几乎全部转为城市户籍，但他们仍然保留着“村籍”，对他们来说，“村籍”比“户籍”重要得多，正是因为具有“村籍”，他们同时也是强大的村集体经济的股东，并因此与外来的村宅租客和一般市民在经济地位上有极大的差别。从这一点上来说，他们宁可为“村民”而不愿为“市民”。

都市里的这种城中村，既像是古老历史的遗物，又像是快速城市化过程中新生的活体。发生在城中村里的种种故事，也遭到一些媒体和学者的简单非议。一位学者写道，城中村的“规划、建设、管理极其混乱，外来人口膨胀，里面的出租屋成为黄赌毒的温床、‘超生游击队’的藏身之穴……这些和现代城市的生态、整洁与舒适是大相径庭的”。（马中柱，2000）还有一位记者评论这些“洗脚上田”的农民，“他们不用劳作，有村社的分红和出租屋的租金，足可以高枕无忧……他们成为居住城市里的特殊群体——出入城市公共场合，却没有得体的打扮和相应的气质，宗族观念、对求神拜佛的尊崇弥漫了整个村落。城市在进化，村庄在消失，‘村’民在夹缝中裂变。老人在麻将桌上消磨着他们的最后岁月，中年人在文化水平低下、被社会的先进产业淘汰的情况下，固守现状，任何一项有关‘城中村’新政策的出台，都会令其对自己生存状况担忧”。（记者评述，2000）

从2000年开始，在珠江三角洲地区，各城市都提出类似“一年一小变，三年一中变，五年一大变”的口号，意在加快城乡一体化进程，规划建立现代大都市。这其中的一项重要工作，就是要在五年之内基本完成中心城区内城中村的改制和改造，在城市规划区内全面推行农民公寓建设，基本没有土地、不以务农为主要职业的农民，全部成建制地转为城镇居民，实行城市化管理。（郑毅等，2000）然而，随之而来的因“消灭城中村”而产生的各种社会冲突，又使地方政府领导人意识到，城中村的改造可能“需要一个很长的时间，有的可能要花一两代人的时间，并不是三年、五年、十年可以改造好的”。（市长专访，2000）

从宏观上来看，城市化是转移农村剩余劳动力、提高农民收入水平、改造村落社会结构的必由之路；而且我们通常认为，这个过程是充满农民的欢庆、喜悦和梦幻的。然而，在这村落城市化的最后一环，在这村落的终结点上，为什么我们看到的却是一个千年村落文明的裂变和新生的艰难？

从研究对象的角度看，相对于企业、机关和城市社区，村落的进入并不困难。首先，村落是中国社会最基层的末梢，外来的调查者通常被视为是从社会的上层来的，至少是从制度架构的上层来的，所以一般都能够受到尊敬和认真的接待；其次，村落是一个熟人社会，通过私人关系很容易融入，农民也是朴实好客、没有戒心的，不像在城市社区和企业里调查，被调查对象通常带有警惕和怀疑的眼光，而调查者像一个隐私的侵犯者或寻求曝光新闻的暗访记者，即便是通过官方途径进入，也早有准备好的以不变应万变的对话文本；再次，在村落中，生活和生产经营、家庭和工作场所、私人领域和公共领域都没有非常清晰、严格的划分，你比较容易从一个日常的领域进入，然后转到你所关注的领域；最后，村落中很少有秘密可言，每一个村落大婶都是破解村落秘密的能力很强的乡土“福尔摩斯”，即便是文字档案资料，借出来复印也并不是很困难的事，但是，一旦涉及公安系统，问题就比较复杂了，我们希望复印村民户籍和村里外来租客暂住证资料，尽管做了很大努力，最终还是未能“得逞”。

我们通过行政渠道的介绍和私人关系的安排，比较顺利地进入村落。第一次调查是 2001 年 10 月，我们对广州市 9 个城中村进行了调查，它们是石牌村、棠下村、瑶台村、三元里村、同德村、冼村、杨箕村、林和村和猎德村。我们在调查中访谈了部分政府管理者、村干部、村民和居住在城中村的外来打工者。此后，我们拟定了一个更加细致的结构性访谈调查的提纲，邀请在校大学生在经过一定培训后参加访谈工作。第一批访谈调查整理了 40 多万字的访谈资料，但我们发现，学生们太受访谈提纲的约束，一些较好的个案由于面面俱到而不够深入。于是我们修改了访谈提纲，要求访谈注重挖掘日常生活的“故事”，把访谈变成了收集“生活故事”，这样第二批访谈资料又整理出约 80 万字，访谈调查的范围也扩展到 40 多个城中村。我从中选编了一部分，涉及 22 个村的访谈资料，作为附录收编在书后。在本书的写作过程中，我们课题组又多次回去调查，做一些核实补缺的工作。

据统计，广州市共有 139 条城中村，大体可以分为三种类型：一是处于繁华市区、已经完全没有农用地的村落；二是处于市区周边、还有少量农用地的村落；三是处于远郊、还有较多农用地的村落。我们调查研究的城中村，基本只限于第一种类型，因为它们最突出地呈现出村落终结的特点。这个类型的村落在广州市 139 条城中村中约占 1/3，本书中城中村概念的使用，也特指这一种类型的村落。

村落研究虽然进入调查对象比较容易，但也存在两个重大缺陷，就是类型比较上的困难和概括具有更广泛对话能力的类型上的困难。

村落生活千姿百态，每个村落都有自身的一些特殊约束条件。村落的个案调查尽管可以做得非常深入细致，但也容易囿于个案的特殊性而失去普遍的解释力。而宏观的大规模村落问卷调查所获得的数据，又往往会丢失甚至“遮蔽”一些有血有肉的现实生活。特别是对村落生活和制度历时性变迁的“过程”研究，一个时点上的共时性问卷调查显然有很大的局限性。尽管利用问卷调查数据进行生命历程的研究已经取得很大的突破，但数据反映“过程”还是欠缺“丰满”和“质感”。从生活到话语已经存在一层“遮蔽”，从话语到文本产生了又一层“遮蔽”，把生活感受转化成数据和数据之间的关系，有时就像把一道道千滋百味的精美菜肴，变成了滋味单一的维生素或蛋白质。相对于统计分析的强有力工具，口述史和个案“深描”的永恒魅力，也许就在于它的“去蔽”能力。

不过，费孝通先生很早就意识到，村落研究中存在个案解释力的局限问题，从乡村工业的形式比较，到小城镇的类型比较，再到农村区域发展的模式比较，他一直在探索乡村社区研究的现实类型比较方法，试图通过这种类型比较，走出村落个案的局限。

但是，现实类型的比较方法，实际上仍然难以克服个案解释力的局限性，只不过把局限的范围大大地拓展了。现实类型的局限性主要在于，这种比较类型不是经过抽象的理想类型（ideal type），不具有超越个体经验的普遍解释力，也不是经过还原的原型（prototype），不具有历史寻根的意义。由于现实类型的无数多样性，因此最后的分类需要某些简单的标准，但这样一来就会发现，所谓类型只是某个方面更加突出一些而已，类型之间的共性多于它们之间的不同，于是就会提出，是否需要理想类型来强化解释力的问题。此外，已有的村落现实类型的比较，多半都只是一种横断面的或共时性的比较，因此缺乏对纵深面或历时性过程的比较解释力，这些缺陷都限制了村落现实类型的对话能力。

为了走出这种局限，一些学者也在试图提炼某种村落比较的理想类型或象限图示。1988年，美国汉学家杜赞奇（P. Duara）利用日本“南满洲铁道株式会社”调查部（简称“满铁”）1940—1942年在中国河北、山东六个村庄的调查资料（六卷本《中国惯行调查报告》），写了《文化、权力与国家：1900—1942年的华北农村》一书。“满铁”资料成就了不少其他国家学者，马若孟（R. H. Myers）据此写了《中国农民经济——河北和山东的农业发展，1890—1949》，黄宗智据此写了《华北的小农经济与社会变迁》。杜赞奇的著作是对调查资料的重新解读，他显然不愿意囿于个案资料，希望发掘出这些资料的深层含义。杜赞奇在他的书中画了一个当时中国学者还较少使用的村落分类象限图，横坐标是生活的富裕或贫穷，纵坐标是邻近城市、宗教社区或远离城市、宗族社区，调查的六个村庄被分成四种理想类型，放在四个象限里。（杜赞奇，1988／1994：10）在贫富、乡城、宗族宗教这三个分类标准里，生活贫富或发展程度是历来大家都关注的维度。靠近或远离城市这个标准的选取，则显然受到施坚雅（G. W. Skinner）市场体系理论的影响。与大多数中国学者不同的是，施坚雅格外强调，中国的村落与城市和市场的联结程度及方式是村落特质的决定性因素，他用“初始市场”“中间市场”和“中心市场”的概念，把表面分割的城乡联系成统一的“市场结构”。（Skinner, 1964—1965）把宗族和宗教联系起来作为一个标准，虽然看起来似乎有些牵强，但却是一个全新的维度，而且把宗族与宗教问题联系起来，大大开拓了村落研究的视野，并提高了村落研究的对话能力。

1990 年，中国国内新一代社会学研究者王汉生等人以农村工业化为背景，试图概括出村落变迁的解释模式。他们认为，中国改革以后，农村社会分化的历程可以用“工业化”程度和“集体化”程度两个视角，在一个十字坐标上构架出四种村落或农村区域理想类型，即高集体化和低工业化类型、低集体化和低工业化类型、高工业化和低集体化类型、高工业化和高集体化类型。这些类型暗指华北、西部、浙江和江苏的农村村落制度和发展程度差异。其中“集体化”程度与“社会分化”程度具有此消彼长的意义，集体化程度越高，社会分化程度越低。（王汉生等，1990）

很难说王汉生等人这种构建村落理想类型的思路是否受到杜赞奇的影响，因为当时多数中国学者还未看到杜赞奇的书，他们似乎更可能受到贝尔（D. Bell）在《后工业社会的来临》一书中提出的分析框架的影响，该书当时在中国颇为流行。贝尔在该书 1976 年版前言中，阐述了以代表生产力的技术为横轴、代表社会关系的财产关系为纵轴，构成一个十字坐标，技术横轴划分的是工业化程度（工业的、前工业的），财产关系纵轴划分的是集体化程度（资本主义的、集体主义的），这样就出现了四种组合：工业资本主义的（如美国）、工业集体主义的（如苏联）、前工业资本主义的（如印度尼西亚）和前工业集体主义的（如中国）。贝尔认为，并不存在唯一的社会变迁解释构架，可以有不同的社会发展图式，如封建的、资本主义的和社会主义的；或者前工业的、工业的和后工业的；或者按韦伯的政治权威架构来分，就是家长制的、世袭制的和法制—理性的科层制的。"在某一历史阶段内，很可能某一特定的中轴原理非常重要，而成为其他大多数社会关系的决定因素。"（贝尔，1973／1997）

随后，农村社会学研究者王晓毅也提出了一种很类似的村落理想类型的解释框架，他用"权力集中程度"与"商品经济发展水平"两个维度构架出村落社会分化的四种理想类型，即商品经济发展水平低而权力集中的同质社会、商品经济发展水平高而权力集中的异质社会、商品经济发展水平低而权力分散的同质社会、商品经济发展水平高而权力分散的异质社会。（王晓毅，1991）表面看来，王晓毅的划分只是王汉生等人划分的一种翻版，但仔细考究，又的确有不同，因为低集体化的村庄，权力集中程度并不一定低，权力集中可以和集体制相联系，但也可以和家族制相联系；同样，商品经济发展水平可以和工业化相联系，也可以和市场化相联系，这样王晓毅的类型构架实际上是增加了两个观察和分析的视角。（王晓毅，1991）

李国庆在为一项百村调查课题设计村落类型划分方法时，把宗族权力强弱与行政权力强弱以及市场影响强弱与行政权力强弱作为两个象限图的坐标，划分出八种象限。（参见陆学艺主编，2001）这样，经济的、政治的和文化的因素似乎都考虑到了，象限图也变得更为复杂了，但与现实的距离似乎也更远了。我与李国庆曾讨论过这个问题，象限复杂化以后，看起来考虑的因素更全面了，但随之而来的问题是，我们很难从现实中找到特征完全合适的村庄放到象限中去解释。

以不同观察维度的交叉来构成具有理想类型意义的分析框架，与简单的横断面的现实类型比较，似乎在理论上前进了一步，它不仅更加注重历时性的研究视角，而且引入了其他不同的发展解释图式。但象限图示的复杂化也带来新的问题，它越来越成为无血无肉的枯燥骨架。它本来是要寻求更普遍的解释力，但却像一些“模式”的研究一样，走到了反面，随着现实的发展，连特殊的解释力也丧失了。至少从目前来看，在利用象限图示的理想类型分析具体村落方面，还没有人比杜赞奇做得更成功。

有鉴于此，在本项研究中，我思忖再三，在研究方法上想另辟蹊径，也就是试图在研究中建立一种关于中国村落终结的具有普遍解释力的理想类型。这种方法当然是受韦伯（M. Weber）关于理想类型的原创性论述的影响，但它与韦伯使用的含义又有很大不同。韦伯与很多德国思想家一样，深受德国思辨哲学的影响，即认为越“形式化”的东西、越符合思维逻辑的东西，越能反映事物的本质，这与深受经验主义影响的法国社会学家涂尔干（E. Durkheim）所说的“社会事实”有很大的不同。对于涂尔干来说，越经验主义的，才越是真实的，经验复杂的多元联系，无法用哲学的逻辑解释。而对于韦伯来说，本质的东西是超越经验的，因此只有能够“形式化”的人们有目的、有意义的行动，才是能够理解的。

但我所说的这种理想类型，不是哲学家塑造的抽象骨架，而是看起来有血有肉的东西，有些像小说中的故事和人物，它来自生活，但无法还原为生活，是生活的提炼和综合，生活中可能并没有完全相同的人物，但又有很多人可以对号入座。从研究的角度来看，老舍的《茶馆》、鲁迅的《祝福》、曹禺的《雷雨》、巴金的《家》、沈从文的《边城》等，都是提炼的具有普遍解释力的理想类型。

我给自己塑造的这个村落类型起了一个学名，叫“羊城村”，代表珠江三角洲城郊地区进入终结过程的村落。这个“羊城村”，在现实中有一个村作为基本的塑造底版，但却具有许多原型，我把这些原型中最有代表性的那些特征和故事提炼出来，用这些来自生活的原始素材，像机器压缩饼干一样，压缩成“羊城村”和“羊城村的故事”。这些故事是真实可靠的，不是捕风捉影、杜撰捏造的，但也并非是原汁原味的，它去掉了一些与主题无关的细节，突出了那些与主题联系密切的线索。

中国改革开放以来，在村落城市化过程的链条上，社会学已经有众多不同类型的散点研究，尽管很难说每一个散点研究塑造的村落类型都具有理想类型的意义，但这些散点的研究已经基本可以串起一个过程或一条线索：如周大鸣对广东都市里的村庄“南景村”的研究，王春光、项飙、王汉生等对都市外来流动民工和农民小业主聚居地北京“浙江村”的研究，折晓叶对高度工业化的东南地区超级村庄“万丰村”的研究，王铭铭对发达地区农业村闽南“美法村”“塘东村”的研究，陆学艺等人对北方地区初步工业化的“行仁庄”的研究，于建嵘对湖南农业村岳村的研究，肖唐镖对江西、安徽九个农业村的研究，黄平等人对欠发达的民工流出地四省八村的研究，吴毅对西部川东农业村双村的研究，项继权对东部山东向高村、中部河南南街村和西部甘肃方家泉村的比较研究等。（周大鸣、高崇，2001；王春光，1995；项飙，1998；王汉生等，1997；折晓叶，1997；陆学艺主编，2001；于建嵘，2001；肖唐镖等，2001；黄平主编，1997；吴毅，2002；项继权，2002）通过对村落工业化和城市化链条每一个发展环节理想类型的建立，我们就可以在理论上再现当代中国村落变迁的生动而又丰富的全过程。

我对“羊城村”的塑造方法，应当说有些像商学院里讲授的“典型案例”，这些案例的意义并不在故事本身，而在于案例揭示的法则。过去，社会学界和经济学界的朋友聚在一起，常常开一些互相“讥讽”的玩笑。经济学家喜欢“讥讽”的是，社会学没有理论，只有一些没有结论的细致描述和没有精致提炼的素材，其余的就是同情的眼泪和愤慨的话语，就像一盆“杂烩菜”；而社会学家反唇相讥的是，经济学是研究降低成本的，但无奈经济学家学问之外的收益使做学问的成本太高，所以到处都是经济学家对宏观问题的观点、看法、见解和评论，唯独不见经济学家对微观案例的深入分析，而那些所谓“见解”，就像一根根弃之可惜而嚼之无味的“肉骨头”。

后来，北京天则经济研究所设立了一个制度变迁案例分析的宏大研究项目，带动一大批经济学家像教 MBA 课程一样，去搞案例分析。这个项目的成果也结集出版为《中国制度变迁的案例研究》，并一集、二集、三集地出下去。

引起我的兴趣的，不仅是这些案例分析本身与社会学案例分析的差异，更有周其仁教授为第一集案例写的评论《研究真实世界的经济学》。他在那篇评论中，提出“超越‘实证经济学’”问题。周其仁认为，这些经济学首批案例研究成果的一个显著特点，是系统地将自科斯（R. H. Coase）以来新制度经济学的许多新发展，运用于中国近年发生的制度变迁，而科斯的研究方法强调，理论赖以成立的前提性假设不但应当是“易于处理的”（manageable），而且必须是“真实的”（realistic）。科斯一生不但偏爱用实例，而且偏爱用经过他本人下功夫调查的实例，比如英国历史上的灯塔究竟是政府还是私人修建的，美国联邦通信委员会如何通过分配频道资源集中了权力，福特汽车公司与其零配件厂的一体化程度，等等。在这些著名的问题中，科斯都是一方面利用大量一手或二手的材料弄清事实的来龙去脉，一方面自己“简化”事实，从而得到可用于经济学研究的“够格”的实例。但周其仁教授认为，虽然首批九个天则案例个个精彩，但这批成果在“把实例一般化”方面普遍薄弱，普遍存在“前理论十足，后一般化不够”的问题。而实例本身并不能自动回答问题，从实例的研究到得出对真实世界的理解，中间还须完成一个跳跃，这就是把实例一般化。所以说“真实世界的经济学”，又是“超越‘实证经济学’”的，其方法论的三个关键词是：真实世界、实例和（把实例）一般化。（周其仁，1999）

我所塑造的“羊城村”这个理想类型，也是为了“超越经验社会学”，努力把实例“一般化”，用我前面的话说，就是追求“更普遍的解释力”和“更广泛的对话能力”。

另外，我还不是把羊城村作为一个“一般的村落”来研究。对于我来说，羊城村不仅仅是一个村落，它也是一个特殊的企业，是一种村落和企业合一的特殊的经济组织，是市场网络和企业组织之间的一种形态。这种经济组织是深深嵌入村落社会网络的，它为我们提供了一个解释现实经济组织及其运行规则的很好的特例。它让我们可以在一种比较原初的状态下，观察经济组织的生成和裂变。而在市场和企业这两极的理想状态之间，是一个连续谱的种群，它在现实中有多样性的变异形态，羊城村就是其中的一种。我们在现实的一些特例身上，常常能够找到使我们更深刻理解“普遍规则”的钥匙。在科学的研究历程中，“特例”的功能从来就不是对“普遍规则”的反动，而是修正和扩大“普遍规则”的边界。

在写作的方法和分析的关注点上，我受到两本书的影响。一本是贝克夫妇（G. S. Becker and G. N. Becker）的《生活中的经济学》，那里面汇集的是1985—1995年的10年时间里，理性选择学派巨擘G. S. 贝克为美国《商业周刊》所撰写的一系列专栏文章。享有突破“黑板经济学”和走出“象牙塔”盛誉的贝克，1992年因用经济理论分析社会问题的成就而获得经济学诺贝尔奖。他在那些给普通读者写的文章里，用通俗的语言和清晰的理论，分析了真实世界的各种现象，从犯罪、移民、歧视、劳工、教育、吸毒、婚姻、妇女地位、烟酒销售，一直到税收制度、政府管制、利益团体、国际贸易、股票市场和经济衰退。他的语言朴实无华，却字字珠玑，处处渗透着真知灼见，读后更让我对晦涩、生僻、玄虚的文风深恶痛绝。记得有一次在乡下，几位学界同仁在听完一位老农的生活洞见之后，感慨万千。有一位自嘲地说，过去学富五车的学界前辈的绝活儿，是能够把深奥的道理解说得像老农的故事一样通俗易懂，而我辈近来的本事，似乎是专长于用孤冷朦胧的概念去费劲地解说大家都知道的常识。所以，这本书的叙述语言，我力戒过于学究气。

另一本影响我的写作关注点的著作，是格兰诺维特（M. Granovetter）和斯威德伯格（R. Swedberg）1992年编的《经济生活中的社会学》，他们选择了15位著名社会学家、经济学家和人类学家的文章，这些文章都是从历史的、比较的和社会学的角度，来探讨经济生活、经济组织和经济制度的问题。作者们的理论取向有理性选择社会学，有新经济社会学，有社会经济学，还有交易成本经济学和心理—社会—人类学的经济学，而他们共同关注的问题，似乎都集中在经济和社会之间，强调经济行动是一种社会行动，经济行动是嵌入社会境况的，经济制度是一种社会构成。

这也成为我这本书的主要假设，我在书中所寻求的，就是经济生活的社会规则。

土地崇拜和工商精神

在中国南方珠江三角洲的大都市羊城，有一个平凡的小村落——羊城村。与深圳由一个小渔村迅速被打造成一个现代大都市不同，羊城村正在演绎着村落终结的自然过程。在羊城，伴随着经济发展展开了圈地扩张，地处城郊边缘的羊城村跻身都市的中心地带，成为一个“都市里的村庄”，而这样的村庄，在羊城有四五十个。

像很多东南沿海地区的村落一样，羊城村人口密集而土地资源稀缺。早在20世纪50年代初，羊城村的人口就达到近5000人，而土地只有4000多亩，人均不到一亩田。土地的稀缺形成了一种“倒逼机制”——逼迫农民到土地之外寻求生路，当时离开土地从事商业等非农活动的劳动力及其家庭人口就达到20%以上。但在此后30年的时间里，屡受少地缺粮之苦的羊城村，在重农主义观念的指导下反复推行保农运动，民间在“倒逼机制”下不断滋生的“工商精神”火种往往尚未燃起便遭泯灭。

对于传统的农民来说，保农便是保土，保土就是保根。有根的农业才是本分牢靠的，而无根的工商，宛如柳絮浮萍，难以为继。所以土地稀缺的羊城村，土地崇拜和祖宗崇拜依然是最基本的崇拜。土地崇拜实际上还是祖宗崇拜的依托，因为是土地保证了祖脉的延续。土地稀缺不是消解而是更加激发了村民对土地的崇拜热情。

如今的羊城村，挤在高楼大厦快速耸起的羊城市区。走进羊城村狭窄的巷道，可以看到很多人家的门前，在实在谈不上神圣之处的门槛的两边，点着两炷纤细的檀香，缓缓地冒着袅袅升腾的青烟，并透出淡淡的香味。据村民告知，这是在敬拜土地神。其实在多数村民家里，都安置着一个制作讲究的敬拜土地神的神龛，神龛的两边，是一副在羊城村里很流行的对联，上联是“土可生财”，下联是“地能出金”。

把土地崇拜与金钱崇拜如此直接地联系起来，并如此直率地表达出来，这是中国东南一些地区村民现在的普遍做法。在中国的北方或者长江三角洲地区偏僻村落的农户，往往喜欢挂比较儒雅的对联，对联的词句往往取材自圣贤之书或著名诗句，通常是出自乡村文化人之手，像这种直率表达对金钱喜爱的对联是较少有的。

羊城村所处地区的民间崇拜，很少具有宗教的意义，多半是见神言好话，各路神仙都拜，所以那里的一些庙宇，常常是儒道释加上土地神和财神、关公一起拜。这也许是由于历史上这些地区处于中心帝国的边远地方，统治意识形态和主流文化的控制薄弱，地方主宰势力常常变动，百姓们为了安居乐业，不能得罪任何一路神仙，所以只要具有招财降福、保安护家的实用意义，拜拜又何妨，管它是哪路神仙。

土地崇拜并不是羊城村村民特有的习惯和民间信仰，很多人类学家和农村社会学家都阐释过各国农民对土地的特殊情感以及赋予土地的神秘价值。但在广义的“农民”这个概念中，包含了很多小的职业类别，如耕农、牧人、渔夫、猎人、樵夫等，而崇拜之神往往与他们维持生活所依赖的资源有关。土地崇拜一般是耕农的共同民间信仰，而牧人崇拜某种牲畜（如牛）、猎人崇拜山神、渔夫崇拜海神等是更为常见的，如中国的闽、粤、台沿海一带的农民，就普遍信奉海神妈祖。

虽然土地崇拜起源于远古时代，但并不是一开始就表现为赤裸裸的对经济实用价值的追求。这种崇拜往往是与某种神话和民间传说相联系的，并蒙上一层层的神秘色彩。而现代的解释学要剥去这一层层的神秘色彩，寻找其“本文”和“深层意义”，是一件很不容易的事，因为我们用于剥去神秘色彩的工具，也是“现代”知识体系的熔炉铸造的，新的解释很有可能也是增加一层新的色彩而已。

无论是以什么形式出现的土地崇拜，都往往代表着一种对生命和生殖力的崇拜。古人云：“凡土之所在，人皆赖之，故祭之也。”人们祭祀土地，是因为土地生长五谷，而对农耕文化来说，五谷丰登是生命和族群延续的保证。所谓“皇天后土”，通俗地说就是“天父地母”，“上天”代表着权威和权力，“土地”代表着生命和生殖力。

从皇帝每年到地坛的祭土到寻常村落百姓家里祭祀灶王爷，都遵循着同样的规则和理路。生长在一种文化圈中，想跳出这个圈子也难。我到一个地方，喜欢翻阅地方志。在羊城村里的地摊上搜寻到一本当地的旧县志，上面记载：“祭祀土地之俗，粤人一直延续，当地称为祭社。社者，五土之总神。社日在立春时节，届时县官率所属官吏备齐鼓乐到东门城郊，迎接‘土牛’，‘土牛’由县官鞭之，称为‘鞭春’，而人们争拾‘土牛’碎片，回家放在床上，说是可以压邪。”现在每年的农历六月廿六日，是当地农村的土地神“圣诞日”，仍有各种祭祀活动。当地农民在播种、收割之时，总习惯在田头置放供品，焚香祈告。贫穷的山民，有的用三块石头叠垒，就成了土地神位所在，绝对禁忌在周围方便和野合的亵渎行径。

羊城村是土地贫瘠的红沙土地带，而且人均只有几分地，是全国人均耕地面积最少的地区之一，土地是非常稀缺的资源。在中国土地辽阔、土壤肥沃的黑土地带东北，反而很少见如此强烈的土地崇拜；而在土地广阔但水源缺乏的黄土地带西北，对土地的崇拜往往被对水神或雨神雷公的崇拜所替代。

在农民只能向土地求生活的时候，这个土地稀缺地方的农民一直过着非常贫苦的生活，因为能够从土地获得的收获实在非常有限。但困境往往逼迫人们超出常规想问题，所以很早以来，这里的农民因为很难完全依赖土地维持生活，就不得不在土地之外寻找生活的出路。所谓土地之外的生活出路，最寻常的就是做各种小买卖。

做小买卖的“工商精神”，韦伯曾认为在西方是来自新教伦理的节俭、勤奋、算计。但从羊城村的情况看，这种“工商精神”，毋宁说来自更根本的求生本能，其催生的一个现实，就是土地本身不再能够维持生活，从而形成一种“倒逼机制”。

很多行为选择差异的文化归因解释，实际上都很缺乏人类学的寻根追问。文化这个东西，看似高深奥妙，其实多半都是从“土”里长出来的，其本质是一种族群的生存哲学。人们常常议论温州人的经商精神，认为是一个谜。20 世纪 80 年代末我从国外留学回来，在山东的陵县农村做了一年的调查。那里是黄河故道，农耕文化的影响很深，农民也比较贫苦，但在县城和镇上，钉鞋的和裁衣的都是温州背井离乡的农民，他们流动到各地，收入比当地农民高得多，但当地农民却不屑于做他们做的事情。文化这个东西一经形成，其潜移默化的力量有时是很大的。山东的经济格局可以分为富裕的沿海东部半岛和相对贫穷的西部内陆，近海的东部受古齐国文化影响，管子的商业精神影响很大；而西部是受古鲁国文化统辖，孔子的“父母在，不远游”以及重农轻商的思想深入人心，农耕大河文化的色彩很重。我在巴黎的 13 区也看到大量从温州来的农民，他们很多在地下工厂车衣，一天工作 15—16 小时，但几年以后，就都变成了饭店小老板，我真为他们这种改变命运的精神所折服。温州人的经商足迹遍布大江南北，有句话说：哪里有经商机会，哪里就有温州人；哪里没有经商机会，哪里就有温州人创造机会。温州人的这种精神，实际也是来自土地的“倒逼机制”，温州的人均耕地之少、土地之贫瘠，是出了名的。

当然，从土地之外寻找出路，产生所谓的“商业精神”和“创业精神”，仅仅有“倒逼机制”也不行，还要有现实的土地之外的生活出路。羊城和温州，都临近大海，在海运是最便捷的交通运输方式的时代，它们都是中国最早与海外通商的地方。经商与农耕，是不同的生活经验和知识体系，这种生活经验和知识体系会一代代地在“家庭学校”里传递、积累、发展和创新。农耕地区家庭的孩子与经商地区家庭的孩子，从小接受的是不同的教育和生活技艺。

黄宗智教授在分析长江三角洲的小农经济的时候就发现，在过去长达300年的时间里，由于耕地紧张的限制，农业无法向外扩展为规模经营，从而获得规模收益，于是转而向内发展，加大土地单位的人力、物力投入，所以虽然土地单位面积的产出不断提高，但土地的人均收益反而是下降的，他把这种现象称为农业的“过密化”或“内卷化”（involution）。（黄宗智，1990／2000）这种“过密化”，实际上是有增长而无进展（evolution）。所以，长江三角洲的小农，只有当农民在改革之后转移到土地之外求生存、收入主要来自非农产业时，农民才富裕起来，才最终走出300年来有增长而无进展的怪圈。而作为“改革圣地”的安徽凤阳小岗村，虽然在改革之初最早实行了分田到户和“大包干”，但囿于有限的土地农耕，至今仍在困顿中徘徊并难展辉煌。（陈嫒媛，2003）

不过，在羊城村，尽管土地稀缺逼迫村民很早就开始从土地之外寻找生活出路，经商的机会也为农民提供了更多的农业之外的选择空间，但农民的土地崇拜并没有因此淡化和稀释，而是似乎更加强化了。因为经商的收益要依赖于市场机会，而市场往往变化很快而且竞争激烈，所以农民的小本生意风险极大。在过去的年代，农民的小本生意都不过是补贴家用，不足以保生，保生的还是土地。这样，土地的稀缺就使土地更加珍贵，也更强化了农民的土地崇拜和重农主义。而星星点点地生长着并不断死灰复燃的工商精神，在保农和均贫富意识形态占据主流的时期，通常被视为点燃私欲的邪恶之火，随时都要防范其蔓延，防止“潘多拉之盒”被打开。

直到20世纪70年代末，事情发生了戏剧性的变化，改革的大潮很快就波及这个紧靠大城市的小村落。人们突然发现，几十年来信奉的一些“天条”，一夜之间似乎都发生了松动。最初的变化是，土地种植权和农作物收益权通过“分田到户”和“大包干”的形式回到农户的手里，而且很快农民就把种植权演变成种植选择权。紧靠城市的羊城村农民，开始大量种植蔬菜，来满足会吃的城里人日益增长的丰富餐桌的需要。而城里人的需求似乎变得更快，它就像一个有着巨大贪欲的消费机器，吃饱吃好了，又要穿得体面、漂亮、时髦，尔后又要家具翻新、添置各种电器……羊城村也跟着这个机器的运转，在农田上兴办企业。高于种粮数倍的收益，真让农民开了眼。历来只能保生、保根的农田，开始具有了刺激谋利欲望的功能。短短几年的时间内，一个个老实本分的小农似乎都成了赚钱的行家里手。

潘多拉的盒子一旦打开，就再也关不上了。从依赖土地谋生到利用土地谋利，看似寻常的日常生活变化，实际上却孕育着一个巨大而深刻的变革，这就是从“重农保根观念”到“工商创业精神”的裂变。在农耕的土地上能够长出这种精神，是一种连续中的断裂，一种平衡中的跳跃，一种亘古未有的开天。

到 20 世纪 80 年代中期，一个村落之外的事件彻底改变了羊城村的命运轨迹。羊城的古城区域，原本随经济发展自然地向周边农村发散，但这种自然的发散现在已经难以容纳超常规加速发展的经济。于是羊城做出规划，决定把市中心东移，原本在城郊的羊城村成了新规划的市中心。“新圈地运动”开始，羊城的发展，在过去 30 多年中，总共征用了羊城村 10% 的土地，而新的规划则要征用羊城村 90% 以上的土地。

个体农民从征地中实际获得的好处是相当有限的，大致包括青苗补偿金、户口“农转非”和安置招工。这些过去农民一生梦想的待遇，如今面对那些发财的机遇，都失去了往日的光环。

“圈地”带来两个改变羊城村命运的结果，一是彻底消灭了农业，并在还没来得及完成工业化的时候完成了“去工业化”；二是提供了一笔初始资本，从而把祖祖辈辈的小农转变成了经营房地产的楼主。

在中国的近 80 万个村落中，羊城村可能属于特殊的一类，因为它已经没有农业，是没有农业但村落生活还没有终结的村落。羊城村的农业耕作史断裂并终结了，而村落的历史还在延续。在这种延续的历史中，故事的主题似乎并没有改变。从传统农村的土地族群冲突到平均地权的土地革命和土地改革，从土地集体化的人民公社运动到分田到户的家庭联产承包责任制，从宅基地纠纷到土地流转中的矛盾，从国家的征地到现在土地租用收益的分配……村落故事的主题，始终都是围绕地权问题，羊城村的故事还是土地的故事。

但在未变的同一故事的主题下，却发生了故事内涵的改变。从土地生粮到土地生财，是未变主题下的一个生产和生活方式的剧变。土地的农业耕作产出遵循着年复一年的自然季节规律，是一种基本上靠天吃饭的劳作，虽然根据气候的周期，也有丰年和歉年，但这种变化周期很少能为人力所控制。尽管通过优化种子、改良土壤、完善灌溉系统、加强病虫害治理等技术革新，土地的单位面积产量可以有较大的提高，但在因土地稀缺、人地关系紧张而难以形成大规模经营的情况下，农民无法改变小农的命运。在没有土地以外的谋生手段的条件下，农民所能做到的，就是把技术革新节约的劳动更加密集地投入有限的土地上。但随着这种劳动和资金投入的增加，产出的边际效益却出现递减，所以大幅度提高收入，对缺地的农民来说始终只是一个梦想。他们的生活，还是沿着祖辈的轨迹缓慢地运行，春夏秋冬的季节交替就是最大的生活变化。

如今不同了，“奇迹”出现了，城市的扩展使羊城村的土地价格飙升，土地“自然”生长出人民币，人民币上坐着个金娃娃。这就像某一天农民脚下发现了石油，而这石油属于他们自己，于是产生了一个希望、一个梦想。

农民的生产和生活方式被彻底改变了，他们一个个从自给自足的小农，转眼间变成了富有工商谋略的“个体企业家”，只不过他们没有厂房、没有机器、没有雇工，他们经营的，就是他们在自己的土地上盖起的租屋。但农民的谋利欲望一旦有了实现的机会，那种打破一切传统约束的势头就似乎什么也挡不住了，政府的规定、传统的风水、自然采光的限制、村落祖居的规矩，什么都挡不住。看着农民月终年末坐在床头上计算收取的房屋租金的票子，以及身边供奉的财神爷前面升起的缕缕绕梁香烟，真叫人有宛若隔世之感。

按照当地政府规定，村民住宅最高只能建到三层半，但到1985年，村里有一些富户冲破禁令，盖起了非常排场的五层楼房。面对这些第一批“吃螃蟹”者，政府毫不手软，硬是把那些想造成既成事实的高层豪宅强行拆除。这一行动产生了巨大的震慑作用，使政府的限高规定得以维持近10年。1992年邓小平南方讲话以后，全国都掀起新的圈地高潮，羊城村的农民趁势纷纷建楼，谁也不再把限高的规定放在眼里。但农民的三层半楼房都刚新盖几年，完全推倒重来成本太高，所以一般都是在原有住宅楼房上加层。由于加建的出租屋有房基承受力的问题，所以一般也就是加建到六至七层，高的加建到九至十层，若不是有房基承受力和楼高需要电梯的限制，农民加建到20层都是有可能的。羊城村的农民最终完成的建楼运动的结果，是把整个羊城村变成了由近4000栋“握手楼”组成的庞然大物。而宅基地之间的那几十条并未拓宽且被两层以上伸出的建筑遮住天日的村间小道，虽然名号依旧，但都改称响亮的“大街”，就像羊城的那些“学院”一夜间都变成了“大学”。村里最小的一栋楼房，竟然在不足10平方米的宅基地上，盖起了四层高而建筑面积近60平方米的楼房，真令人对村民求生谋利的“智慧”拍案称奇。

面对村民建楼的群众运动，村委会采取了默认态度，而当地政府在既成事实面前也无回天之力，但对当初的建房限高规定，又不能收回成命，只好采用妥协的罚款方式，使农民的违规行为合法化。当地政府规定：“超一层每平方米罚款150元，超二层每平方米罚款200元，超三层每平方米罚款300元，超四层每平方米罚款500元。”这个罚款标准，相比较建房带来的租金收益，算不了什么，所以农民也都愿意接受，并未引发冲突，当然也有少数至今抗着未结清罚款的农户。

村集体也没有闲着，国家的征地最后给村集体留下400余亩自用土地，村集体也大兴土木，利用5亿多元土地征用的集体补偿金，征地盖起一栋栋酒楼、宾馆、商场，形成20多万平方米的集体物业，为村里带来丰厚的租金。

然而，对于羊城村的村民们来说，这改变命运轨迹的“第一桶金”，似乎来得太快了，快得让他们还没有做好成为“富人”和

“物业经营者”的心理准备。农民面对那个他们原本陌生的市场竞争社会、那个完全不同于土地产出的自然周期变化的社会，完全缺乏风险意识。土地价格和房屋租金的飙升，就像地里跳出金娃娃，使他们产生了一种“幻觉”，以为这价格会永远攀升上去，而他们就像地下宝库的主人，土地和物业将成为他们取之不尽、用之不竭的收益源泉。

但随之而来的打击，让他们真正知道了什么是市场风险，知道了这市场风险的黑洞比耕作遇到的天灾还厉害。在20世纪90年代中期全国都在谈论“下海”和“投资”的热潮中，一个个传奇般的在短期内发财暴富的故事，在羊城村竞相传送，不胫而走。农民心底多年来被压抑的发财梦想，现在被欲火燃烧得炙热。村经济联社和下属的各经济社联合成立羊城村物业公司，在已经盖起一批酒楼、饭店、宾馆、商场的基础上，又共同集资近2亿元，在村里的一块本想留作绿地边缘的留用地上，盖起4幢总建筑面积达6万平方米左右的综合商用大楼。这项几乎动员和耗尽全村资金存量的工程，对羊城村来说，是史无前例的大建设，因而建筑周期也较长。就在村民们还沉醉在只赚不赔的土地经营美梦中时，土地和房屋租金价格受经济不景气的影响突然下跌，并在经历随之而来的亚洲金融风暴后一蹶不振。等工程完工投入使用的时候，不仅预期的收益打了水漂，就连集资款的利息也无法偿付，而投资本钱何时能够收回，更是遥遥无期。

经过这次挫折，羊城村的村民们才真正认识到，他们步入的这个神奇而陌生的世界，并非他们梦想中遍地撒满黄金的天堂，今后在他们前面的路途上，将不仅仅是凭借传统的吃苦耐劳就可以渡过的坎坷和荆棘，还充满着残酷竞争的险恶黑洞和市场变化的未知陷阱。

从自给自足的村落小农到租房谋利的“握手楼”楼主，从土地崇拜到工商精神，从乡土的平稳社会到市场的风险社会，农民和村落的终结是一个巨变，但也是一个漫长的过程，其间伴随着无数不足以为外人道的喜怒哀乐，既有摆脱农耕束缚、踏上致富列车的欣喜和狂欢，也有不堪回首的个体和集体追忆。

无农的村落

羊城村的的确确已经成为一个“无农的村落”，村里早就没有以耕作、养殖、采撷为职业的“农民”了，它也没有了耕地，没有了农业。

现在羊城村的原住民，即那些出租屋的房主们，有一部分已经无所事事，丰厚的村落集体分红和家庭屋租收益足以让他们过上衣食无忧的生活。他们的日常生活，就是玩玩鸟、打打麻将、聊聊闲天、看看光景，他们也因此被当地的市民称为“二世祖”。所谓“二世祖”，其含义就和“纨绔子弟”差不多。这是南方人流行的特有称谓，香港过去就把有钱人家的子弟称作“二世祖”，指光知道享福不思上进的孩子。

但如果认为羊城村的村民都是“二世祖”，那是有些以偏概全的，多少带有城里人的偏见或者媒体的渲染色彩。其实村里的多数人都从事着一些可以归入第三产业的工作，村里的各种事务也都是村民自己管理，且不说村里也还有少数比较贫穷或并不富裕的村民。不过村民们现在从事的工作，对于村里那些传统的老农来说，并非“正业”。

农民的传统“正业”就是务农，但这个“正业”，却很难说是他的“职业”。因为我们一般所说的“职业”，是个人选择的结果，尽管对于不同的人，选择的自由度也不同。但农民的务农，那是他的命运，并不是他的选择，或者说是他无奈的“选择”。在各种关于青年职业选择期望的调查中，还很少看到对于务农的选择。

农民的家庭通常是世代为农。从非农职业转而为农，那是特例，或者说是被动的“选择”。如中国20世纪60年代初困难时期，一些从农村走出来的职工，由于城市里缺粮，在国家精简职工的大背景下，重新返回农村务农；再比如现在的一些资源枯竭的矿产采掘业，有些下岗职工为生活所迫而返回农业。至于那些农业的专业大户，用农村社会学家的话说，他们已经变成现代的“农业劳动者”，而不再是传统的农民。

传统农民的务农，没有从业年龄、劳动时间的限制，没有最低工资，没有劳动保护法规，也没有工龄和退休。农民的子弟很早就开始帮助父辈从事一些农业劳动，我们无法准确地界定农民的从业年龄，所以农民也没有工龄问题，农民具有劳动能力的一生，就都是他的务农生涯。农民每天的工时，是季节来决定的，在抢收抢种的农忙季节，农民的劳动是夜以继日，而在农闲季节，也可能终日无所事事。传统的农民要靠天吃饭，没有什么最低收入保障，遇到严重灾害，颗粒无收和绝产都是可能发生的。农民也没有退休，他自己雇用自己，直到他丧失劳动能力，或者生活有了安逸的保证，不再需要他劳作。多数农民真正停止劳作的时间都很晚，在目前农业丧失比较收益而仅仅成为谋生手段的情况下，农村的青年纷纷到城市里打工，剩下来从事农业耕作的，被称为“386199”部队，这是用“三八”妇女节、“六一”儿童节和“九九”重阳节来代指在农村劳作的人群。由于耕地的减少，家庭农业已不再是“整工”（full-time work），用不着“整劳动力”，越来越多的农民成为“兼业者”。

农民的务农既然不是自己选择的，不是真正意义上的“职业”，那也就没有“失业”。中国目前的失业率，就是城镇失业率；而且公布的失业率，还是“城镇登记失业率”。农民没有“失业”，只有“就业不足”，尽管由于耕地的减少，农民每年需要耕作的时间已经算不上“整业”，因此有“一个月过年，三个月种田，八个月赋闲”的说法。但农业是季节性劳动，有农忙和农闲、耕作期和收获期，这是它不同于工商业的特点。所谓农村“剩余劳动力”，真正“剩余”的，往往不是完整的“劳动力”，而是劳动力的“劳动时间”。所以我们很难用“在调查点的上一周是否从事过几小时以上的有收入工作”这样的定义，来调查农民是否“失业”。不过，“就业不足”又是一个弹性极大的概念，很多“就业不足”的农民，其实际的生活境遇，可能远不如城市中领取失业金的失业者。

中国的农民也是一个没有社会保障的群体。他们的生活保障，就是他们的土地，这土地的富饶和贫瘠，就是他们生活保障水平的差异。农学家们为了农民生活的安定，千方百计地呼吁稳定家庭联产承包责任制，强调把土地承包期延长到30年以上的重要性，因为土地是农民生活的命根子，是农民抵御生活风险的防护墙。但这种土地生活保障，已经越来越失去其生活保障的意义。在农业比较收益大幅度下降的情况下，单纯依靠那少量土地的农业收益，很难维持价格不断提高的“基本生活需求”。取消统购统销、合同订购和加入世界贸易组织以后，国内农产品的价格，完全取决于收获季节的市场供求关系和农产品进口的数量及其价格，如今农民在面对他们熟悉的自然灾害的同时，还要面对他们不熟悉的市场波动的风险，而分散农产品生产风险的期货订购，对现在的农民还是非常陌生的事物，那些远在大洋彼岸的美国、加拿大、澳大利亚的农场主，如今也成了他们的竞争对手。

羊城村村民，应当说属于农民中幸运的一群，他们在农耕竞争环境更加残酷的时候脱离了农耕。如今，羊城村的耕地被征用完了，土地保障转化成村里的股份分红保障、家庭的租屋收益保障和储蓄保障。保障的水平提高了，但保障的风险似乎也增加了。因为保障的基础从不流动的土地变成流动的货币，土地收获的粮食的使用价值是稳定的，而货币的使用价值则完全依赖于农民所陌生的市场力量。社会保障的专家们一直在策划在农村建立一种“个人账户”的“社会保障”，但这种保障的资金完全依赖农民的个人缴费，并不具有征富济贫的社会保障功能。这种保障的理论基础其实是认为保障机构比农民个人更会理财，但对农民来说，在理财问题上，他们最相信的就是自己。

农民的确是分散的，长年累月、世世代代的家庭个体经营的生产方式，使他们在现实中很缺乏自己“组织起来”的能力。真正组织他们的，往往是外在的力量。但在个人的利益要求只有通过“团体”的渠道才能真正“表达”的现代社会里，农民缺乏“业缘社团”，往往使他们的利益得不到应有的维护，他们的呼声也比较难以通过正常的渠道直接上达决策者。农村的社会冲突，也往往因为缺乏团体协议的化解机制，而经常在矛盾积累中激化。但是，随着村落的开放和农民社会交往的增多，特别是外部压力的增加，农民的“组织”和“动员”能力也在显著地增强，但农民的“业缘团体”一直受到各种限制而难以建立。我们国家有工会、妇联、共青团、工商业者联合会、个体经营者协会、私营企业主协会等，但唯独没有“农会”。“农会”往往被认为是一个不稳定的力量，“农会”的利益要求往往被假定是与工业化背道而驰的。作为现代社会重要整合力量的“非政府组织”，也往往被假定为“无政府组织”，甚至“反政府组织”。其实很多社会事务，通过政府招标、监督和提供财政支持，由非政府组织协调，是更加节约管理成本的。

学者们在描述中国村落的变迁和转型时，有两个经常使用的概念，一个是很有中国特色的概念“非农化”，另一个是很国际化的概念“城市化”。我过去一直对这两个概念的区分很不以为然，觉得这两个概念其实描述的是同一个过程。“非农化”必然要导致“城市化”，而“城市化”不可能没有“非农化”做先导。中国的学者们之所以要强调这两个概念的区别，都是我们城乡分割的户籍制度在作怪。“非农化”概念之所以被强调，与改革开放以后“离土不离乡”的乡镇企业的大发展有很大关系，意思是一些村落由于乡镇企业的发展，基本“非农化”了，但却没有“城市化”。其实国际上很少有以户籍的标准来说明“城市化”的，在那些发达国家，几千人以上的聚居点就是城市。

羊城村的变迁，让我真正开了眼，看到这“非农化”和“城市化”的区别，原来这里面大有学问。“非农化”是农民的主体运动，是农民主动的选择，渗透其中的，是农民选择职业自由的增加；而“城市化”是客观的浪潮，对农民来说是外在的铁律，农民几乎没有什么选择的余地。“非农化”是由于农民自己认为农业的比较收益过低，走向非农产业是因为农业“无利”；而“城市化”是由于城里人认为土地值钱，从事农耕是浪费，村落城市化是村落因“征地”而变得“无地”。

农业“无利”而引导的“非农化”和农民“无地”而伴随的“城市化”，在现实中的确并非同一过程。一般情况下，“无利”驱动的“非农化”过程，要大大地早于“无地”伴随的“城市化”过程。在前一个过程，“无利”是因，“非农化”是果；而在后一个过程，“城市化”是因，“无地”是果。

羊城村“非农化”和“城市化”的巨大变迁，都发生在最近二十多年。改革开放之前，羊城村是典型的农耕村落。随着改革开放后城市的发展，这个紧靠羊城的小村庄，在“非农化”之前，首先开始了“非粮化”的过程。到20世纪80年代中期，羊城村的村民主要种植蔬菜，是羊城的“菜篮子”。但80年代中期以后，农民发现办工业比种菜更挣钱，于是各种村办工业兴起，不过多数都是资本和技术水平低、可以凭借劳力便宜与城市工业竞争的产业，如榨油、造纸、制衣等。羊城村的第一批农民退农进厂，正是由于村办工业的发展。但对于羊城村来说，这个原始资本积累的黄金时期没有持续几年，因为竞争的激烈很快就暴露出这些村办工业在资金和技术上的不足，而且农民发现，邻近城市的地利，使得服务业更显示出“本小利大”的优势。到80年代后期，羊城村的非农产值就远远超过了其农业产值。

但彻底的“非农化”，是由于农民发现了土地的营利价值。城市扩展带来的土地价格飙升，给了拥有土地的农民发财的机会。他们推倒农舍，翻盖楼房出租，利用工业的资本积累盖起商业城、宾馆、饭店、写字楼，村落变成“物业公司”。村里人戏称原本祖祖辈辈都“种地”，现在改行“种楼”。到90年代初期，羊城村就彻底“非农化”了。

然而，村落之所以为村落，不仅因为其务农，还因为其拥有耕地。如果说由于农业的“无利”而引导的“非农化”是农民自己的理性选择，那么“无地”的城市化过程，则绝非农民自己可以左右的过程。羊城村的“减地”，导引于伴随国家工业化和城市化进程的征地。村落土地的所有权属于村落集体，但根据法律，国家因为建设的需要有权征用土地，征用农民土地国家要给予补偿。从20世纪50年代至80年代中期，35年间羊城村被国家征用的土地不过400多亩，仅占全村耕地面积的不到9%。那时的耕地还没有获得其由于土地价格飙升而带来的营利价值，市民的户籍身份也还附有农民所没有的待遇，所以国家征地给予的经济补偿、户籍改变和招工机会，对于农民具有很大的吸引力。很多农民都把走出“农门”、洗脚上田、改变命运的期盼，寄托在土地被国家征用上。但80年代中期以后，情况为之一变，农民刚刚尝到土地赢利的甜头，正在编织依靠土地迅速发财的美梦，大规模的城市扩展圈地开始了，在此后短短的10年间，90%以上的村庄土地全部被征用，羊城村转眼间就完成了它“无地”的过程。

如今，羊城村彻底地“嵌入”城市，既“无农”，也“无（耕）地”。它几乎丧失了所有我们传统上定义“村落”和“农民”的那些典型特征。但羊城村似乎还是羊城村，人们似乎并没有因为它的“无农”和“无（耕）地”而改变对其村落属性的看法。人们在村落终结的过程中发现，由血缘和地缘关系联结的村落魂灵，在它农民和农业的载体消失之后，仍然会长时期地“活着”。我们甚至不清楚，村落魂灵融入城市，究竟是它的死亡，还是它的新生。

但现实中的“现代化”铁律，又似乎具有难以控制的摧毁力量，可以碾碎一切价值平衡和选择协调的希冀。失去了农民和农业载体的“村落”，其文化意义已经慢慢地让位于其利益共同体的意义，这个“community”，也越来越成为一种外在的符号，它的历史身躯，就像工业挖掘机下幸存的古朴瓦瓮，已经踏上进入民俗博物馆的路途。

也许相对于大多数的中国村落，羊城村的结局并不是必然的命运。“无农的村落”，也可以有另外的延续形式。例如孟德拉斯在20世纪80年代曾描述了法国乡村社会出现的惊人复兴：“在巴黎人、城市人、郊区人、小城市居民和乡下人之间，已经不像20年前那样具有系统的差别。所有的家庭都配备有浴室、现代化厨房、洗衣机、电冰箱、电视机和小汽车……乡村的孩子去上学都有客车接送，在小学和中学里，他们和城里的孩子一起上课。”“10年来，一切似乎都改变了：村庄现代化了，人又多起来。在某些季节，城市人大量涌到乡下来，如果城市离得相当近的话，他们有时甚至会在乡下定居。退休的人又返回来了。一个拥有20户人家和若干处第二住宅的村庄，可能只有二三户是经营农业的。这样，乡村重新变成一个生活的场所。”（孟德拉斯，1984／1991：304—307）。中国是一个区域发展很不平衡的国家，这种乡村和城市生活同质化的过程，在沿海地区的很多乡村，特别是那些处于城市周边的乡村，都在静悄悄地发生着大致相同的变化。但是，对于更多的乡村地区来说，这还是一个比较遥远的梦。幸福的村落似乎都有同样的幸福，而不幸的村落则各有各的不幸。由于地理、资源、环境、气候等的影响，那些仍处在现代化过程之外的村落，要走出贫穷，还有非常漫长而艰难的路程。在没有其他求生手段的情况下，村落的“无农”，则无异于“无命”。

在过去的二十几年时间里，羊城村向我们展示的，是一个数千年农耕生活消失的过程，这种农耕生活，曾一直是我们古老文明的根基和脉络。它养育了我们，似乎只是为了它最终的毁灭。它走得那么悲壮，千年古风，一朝逝去，没有乡愁，也没有挽歌。从此不再有“西塞山前白鹭飞，桃花流水鳜鱼肥”，不再有“远上寒山石径斜，白云生处有人家”，也不再有“枯藤老树昏鸦，小桥流水人家，古道西风瘦马”。但千百年来农民的睿智和生活哲理形成的道德规范和交往规则，仍然是我们现代社会的精神和制度财富的一部分。月亮还是那个月亮，但村落已不再是那个村落，羊城村从“农村”变成“工村”，又从“工村”变成“商村”，只是“村”的帽子仍难以摘下。

村落边界和生活半径

处于市中心的羊城村，远远望去，就像圈在高楼大厦的山峰之中的一片石林，房子密密麻麻，在这阴霾、潮湿的南国天气里，让人感到气闷和压抑。压抑的还不只是天气，村子周围越来越多地出现高耸的摩天大楼，使羊城村像群山包围中的洼地。那些遮住阳光和视线的高大楼身以及反射阳光的耀眼的玻璃墙壁，令人目眩、头晕。过去都说农村包围城市，这儿是城市包围村落了。

羊城村拥挤的一大片石林般的楼房，与城市几乎没有了边界。它三面都紧靠城市大街，是完全开放式的，只是在村庄的南面，还有一段矮墙，把村庄与外部世界隔开。可以作为村庄边界标志的，除了这段矮墙，还有过去村口的牌楼，如今正对着车水马龙、人潮熙攘的大街。牌楼的匾额上，写着“羊城村”三个笔锋苍劲的大字，看起来就像某个沿街大门的牌子上写着某某机关大院；而那一段矮墙，则像某个古城外让人怀旧追思的残垣断壁。我调查的时候，曾在这段矮墙下长时间徘徊踯躅，周边是村民投来的诧异目光。我惊讶于工业化的铁律，怎么会像机器制造饼干似的，把村落挤压成这个样子。如今，羊城村的边界究竟在哪里？

关于什么是乡土中国的基本研究单位，过去一直有很多的争论。费孝通先生强调，乡土中国的基本研究单位是村落。因为中国乡土社区的基础单位是村落，不管是三家村还是几千户的大村，村落是血缘、地缘关系结成的一个相对独立的社会生活圈子，是一个各种形式的社会活动组成的群体，而且是一个人们公认的事实上的社会单位。这个看法在乡土中国的研究中一直是主流的看法。在这个基本研究单位的确定上，费孝通先生曾与拉德克利夫－布朗（A. Radcliffe-Brown）教授、吴文藻博士、雷蒙德·弗思（Raymond Firth）博士等进行过反复的讨论。他们认为，应以一个村作为研究中心来考察村里居民间的相互关系，如亲属的词汇、权力的分配、经济的组织、宗教的皈依以及其他种种社会联系，并进而观察这种种社会关系如何互相影响，如何综合以决定这社区的合作生活。从这个研究中心循着亲属系统、经济往来、社会合作等路线，推广我们的研究范围到邻近村落以及市镇。（费孝通，1939／1999：5）

施坚雅属于另一派，应当说是较少受人类学研究方法影响的一派。他们研究的关注点，是如何从底层的研究中概括出解读中国农村社会结构的模式和框架。所以在他看来，研究的基础单位不能局限于村落划定的地域边界，要注重研究农村经济社会关系的网络，而这个网络的中心，就是农村的集市（市场）。所以，以集市为中心的农村经济社会网络，才是打开理解中国农村社会结构之门的钥匙，才是乡土中国的基本研究单位。在施坚雅的分析框架里，从城市的市场到农村的集市，是一个层级联结的结构，只有弄清村落与城市的关系密度，才能准确理解特定村落的社会位置。（Skinner，1964—1965）

其实，以什么作为基本研究单位，与研究本身的假设有极大的关系。"村落派"假设，乡土社会是相对封闭的，它的那些最基本的社会关系及最基本的生活和交往规则，虽经历史风雨的冲刷，但没有根本性的变化。村落就像乡土中国的活化石，这活化石不仅蕴含着历史文化的积淀，还隐藏着解读中国深层社会结构的脉络。而"集市派"假设村落并不是封闭的，它的地域边界并不是经济社会联系网络的边界；村落也不是孤立的，它与一个宏大的市场网络联系在一起；村落更不是不变的，通过文化的传播，它随着宏观的、以城市和市场为中心的社会结构的变化而变化。换言之，"村落派"注重解读的是"小传统"，那是人类学和中国乡村社会学的传统；

而“集市派”注重解读的是“大传统”，那是经济社会学和历史社会学的传统。但在以往的学术史上，注重“大传统”而轻视“小传统”是一种普遍的倾向。

美国著名人类学家雷德菲尔德（R. Redfield）1956年在他的《乡民社会与文化》一书中提出“大传统”（great tradition）和“小传统”（little tradition）的概念，很大程度上也是针对这一倾向的。雷德菲尔德这两个概念的提出，是基于他在墨西哥尤卡坦州所做的关于“城乡联续体”的权威研究。他选择了四个规模不同的社区，研究焦点在于比较不变的封闭同质社会与变动的开放异质社会的区别。通过这种比较，他提出，在文化上可以分为以城市为中心的、反映都市知识政治精英文化的上层“大传统”和在城市之外、生长于村落共同体之中的乡间“小传统”，“小传统”形成的是“俗民文化”（folk culture）。雷德菲尔德的这一组大小传统的观念，虽然发展于他自己的墨西哥与中美洲的研究，但是他认为这一观念却最适于研究古老文明的社会，例如印度、伊斯兰和中国社会。他说这些古老文明社会的研究，一向因为他们的上层士绅文化或精英文化较为突出，所以容易引起史学家、思想家以及古典学者的研究兴趣，只有在后来，人类学家与民俗学家才开始注意到代表大多数民众一般生活的小传统文化。（Redfield, 1956）

后来，多数学者在解读雷德菲尔德关于“大传统”和“小传统”的区分时，都把二者对立起来，赋予“小传统”以更加真实、更加深层的意义，并以此来批判“大传统”的遮蔽和霸权，甚至认为，那些表面看起来的“小传统”，才是真正的“大传统”。这种倾向在后现代主义、后结构主义关于“符号”和“本文”、“能指”和“所指”、“结构”和“建构”的解说中，进一步得到强化。

实际上，雷德菲尔德认为，不论是“大传统”还是“小传统”，都对了解该文化有同等重要的意义。台湾著名人类学家李亦园在一次关于“中国文明的民间文化基础”的演讲中，专门阐释了雷德菲尔德这一思想，认为这两个传统是互动互补的，“大传统”引导文化的方向，“小传统”却提供真实文化的素材，两者都是构成整个文明的重要部分，如果只注意到其中一部分，而忽略另一部分，总是偏颇而不能综观全局的。余英时在《论士衡史》里谈到如何理解对“大传统”和“小传统”的区分时说，“这个理论中最重要的一点即是强调这两个传统之间的互相依存、互相交流的关系。这与西方人一向强调上层与下层文化或思想互相对立与冲突确是不同”。（余英时，1999）

近年来，随着中国工业化和城市化的快速发展，村落的自然边界和社会边界都发生了很大的变化。折晓叶在研究“超级村庄”（政经社合一的发达村落经济集团）时发现，由于村落经济的扩展以及经济与社会之间的分化，村落的边界也多元化了，传统的村落社区边界，即以血缘、地缘关系为基础的村落共同体边界，以土地所属为依据的村界，行政关系制约下的村组织行政界限，都无法再限制村落经济的扩展疆域。“这种经济关系的结构也像一个网络，以村公司为中心，既沿着经济的从中心至边缘的差序格局，也沿着‘利、权、情’的差序格局向外推展，直至参与国家大市场经济和国际经济。”（折晓叶，1997：287—288）

村落边界的多元化，似乎在增强学者们对施坚雅等“集市派”的市场网络的认同，也部分地动摇了关于村落作为相对独立的基本分析单位的看法。但折晓叶却坚持认为，村落始终是乡土中国的基本社会单位，无论是过去行政管理体制上的变动（如自然村变行政村），还是工业化和在此基础上的自然城镇化（如农业村变工业村），都不仅没有改变，反而更加强化了它作为基本社会单位的功能。（折晓叶，1997：341）

贺雪峰在一篇短文中认为，抽象地讲，村庄共同体由三种边界构成，一是自然边界，二是社会边界，三是文化边界；一个村庄同时具有自然、社会和文化的边界，我们说这个村庄是一个共同体。三种边界不很健全的村庄，不一定不构成共同体，但这种共同体不太完整。自然边界构成人们交往的空间与基础，当前村委会一级的自然边界一般都很清晰。社会边界是对村民身份的社会确认或法律确认，具有村籍就具有村民的公共待遇，就可以承包村集体的土地，就可以从村集体收益中享受再分配的好处。文化边界即村民是否在心理上认可自己的村民身份，是否看重村庄生活的价值，是否面向村庄生活。这三种边界以社会边界最为重要，因为村庄的社会边界决定着村民的村籍和他们在村庄的法律地位。（贺雪峰，2002）

现在需要讨论的是，像"超级村庄"或城中村这种边界多元化的村庄，是否还是"完整的"村落共同体？村落作为乡土中国的基本社会单位的约束条件是什么？村落终结的标志是什么？

根据各种已有的研究成果来看，一个完整的村落共同体，其实具有五种可以识别的边界：社会边界、文化边界、行政边界、自然边界和经济边界。文化边界是基于共同价值体系的心理和社会认同；社会边界是基于血缘、地缘关系的社会关系圈子；行政边界是基于权力自治或国家政权下乡的管理体系；自然边界是基于土地属权的地域范围；经济边界是基于经济活动和财产权力的网络和疆域。

对于传统的、相对封闭的村落来说，这五种边界基本上是重合的，这些边界划定的范围，也就是一个农民一生的生活半径。但随着村落的开放，随着村落的非农化、工业化、去工业化和城市化，村落的边界也发生了分化，这五种边界也变得不再重合了。但是这个边界分化的过程并不是杂乱无章的，它有一个从边缘到核心、从经济边界开放到社会边界开放的基本次序。

在开放社会的大趋势下，羊城村很难再保持完全封闭的状态。经济的逻辑和铁律，不可避免地要侵入羊城村这个工业文明海洋中的孤岛。和其他那些经济上发达起来的城中村"超级村庄"一样，羊城村首先以其经济上的实力冲破村落边界的限制，把村落经济活动的触角，通过市场的网络，与城市和整个外部世界连接起来。在经济边界拓展以后，自然边界也很快发生变化，对地处乡里的"超级村庄"来说，这种变化是地域范围的增加，而对于羊城村这样的城中村来说，则是土地和地域范围的缩小。随后变化的是行政边界，经济集团的拓展已不满足狭小行政的束缚，不再是行政权力驾驭经济权力，而是行政权力依附于或合并于经济集团、经济联社、公司等各种村落股份合作组织。这时文化边界和乡土认同也被动摇了，自然城镇化的趋势使得村落价值体系也多元化了，村落中越来越多的人趋同于城市的生活方式、思想观念和价值体系。最后，社会边界也难以保持完整了，血缘和地缘关系逐步淡化和消解，社会边界的彻底解体，意味着村落的终结。

在乡土中国的大变迁过程中，一些村落壮大了，一些村落衰落了，但不管是壮大还是衰落，村落边界分化的过程，大体上都是沿着一个从边缘到核心的次序。我不敢说羊城村从经济边界开放到社会边界开放的次序就一定是“普遍的”次序，中国村落的情况千变万化，特殊的例子总是有的，但在一般经验感知和理性思考的层面，这应该是一个“基本的”和“自然的”次序。由外在力量决定的行政边界和地域边界的变动，不在这种考虑的范围。不过，这里的核心和边缘概念，只是表示次序先后的概念，不是在某种村落边界对于村落的重要性程度上使用的，作为村落核心边界的社会边界，其存在与村落经济利益上的排他性，其实是联系最密切的。

当然，一些新技术、新制度的产生和普遍运用，也许会打破这种村落边界变化过程的基本次序，如信息技术的发展、电视的普及、互联网的快速传播，使世界上过去长期封闭的一些乡土社会，也能实时地了解世界各地发生的事情，各种强势广告、肥皂剧、商业大片、流行歌曲等，也在不断灌输与村落价值异质的文化。所以，对一些村庄来说，文化边界也许会成为最先被动摇的村落边界，但无法改变的是，社会边界必定是村落边界分化的最后堡垒。

在过去衡量人的“现代性”的各项指标中，有一个很有意思的指标，即人的“生活半径”。生活半径越大的人，现代性程度也越高；而生活半径越小的人，乡土性程度越高。过去在那些封闭的村落，一个老农一生的生活半径，可能也就是几十公里，他生活半径的边缘，通常是几个村落共有的集市，“赶集”就是传统农民生活半径可以伸展到的边界。而能够“进城”，已经是属于传统村落中见过“世面”的人。

在村落的五种边界高度重合的时候，“乡下人”的生活半径虽然也有差别，但总体的分化程度很低，所以比较容易保持共同的文化和社会认同。而一旦村落边界发生剧烈的分化，同一村落中的“乡下人”，生活半径就会出现非常大的差异。我在东南沿海一些发达村落调查时，经常会碰到一些乡下的精英人士，他们对天下时局、现实机理、发展大势的深刻见识、精辟分析和优雅谈吐，真是远胜于我在北京各种理论研讨会上听到的发言。一般来说，“乡下人”生活半径的扩展，基本上也是沿着从边缘到核心、从经济边界开放到社会边界开放的基本次序。“乡下人”靠农业积累有本钱了，要出去做生意、办产业或者外出旅游开开眼界，无钱又无法靠土地自养的年轻人，则出去打工闯世界，这是村落人生活半径的经济边界的开放；城市的生活诱惑使他们把更多的时间留在城市生活和工作，这是自然边界的开放；而后举家迁到城镇，或者在城镇成家落户，甚至改变农村户籍，这是行政边界开放了；等到自己不再认为自己是“乡下人”，而是“城里人”了，就是文化边界开放了；最后，基本的社会关系网络也在城市里建立了，乡下的社会关系网络成为从属的网络了，社会边界也就最终开放了。当然，这个生活半径从边缘到核心、从经济边界开放到社会边界开放的次序，只是一个“抽象”出的、一个大概的基本次序。很多个案可能不符合这个次序，但作为群体，大体上符合这个次序。

同样，由于信息技术的飞速发展，信息传送成本的大大降低，人生半径的扩展有了更多可以利用的载体。“乡下人”不仅可以坐着牛车、骑着自行车赶集，乘着汽车、轮船进城，也可以乘着火车、飞机远游，还可以通过电视、无线电话和互联网与整个世界联系起来。

村落边界开放的过程，其实也就是农民生活半径扩展的过程，也就是现代化的过程。

村落单位制到村落公司制的转变

所谓“单位制”，原本是指在中国再分配经济体制下城市国有部门特有的组织形态，已有众多的研究。（Walder, 1986；李汉林等，1988；路风，1989；李培林等，1992；李汉林，1993；李培林、张翼，2000：17—41）在“单位制”下，国家机关、国有企业和国有事业单位，不仅是一个工作或经营单位，也是一个社会生活和政治管理单位。单位成员在身份、就业、养老、医疗、福利等诸多方面，都对其所在的单位组织具有很强的依赖性。

一个社会的宏观组织结构变化，是社会结构变迁的重要标志领域。改革开放以来，在宏观组织结构领域里的最大变化，就是非单位组织的产生和快速发展。这方面我们还没有精确的统计数据来说明单位组织和非单位组织的比例关系变化，但这种变化与所有制结构比例关系的变化至少是同步的。

不过在改革的过程中，人们也惊奇地发现，原有“单位组织”的机制改造，要比新建“非单位组织”困难得多。尽管原有的单位组织在就业、工资、住宅、社会保障、后勤服务等方面进行了一系列的改革，但那种深层的由“利益均衡”的大家庭观念主导的运行机制并没有从根本上改变。这方面研究的一个有意思的发现是，在改革初期，本来是以企业的单位制特征为改革目标，但为此而实施的扩大企业自主权和放权让利等改革措施的结果却是进一步强化了企业的单位制，因为虽然企业具有了更大的剩余分配权，但资源分配仍然是按照单位制的机制配置的。[Lü and Perry (eds.), 1997]

在《转型中的中国企业》一书中，我曾把国有企业的单位化特征概括为四点：一是行政属性，即政经合一；二是功能泛化，即企业办社会；三是资源的非流动性，即人、财、物的流动非常困难；四是成员利益的非阶层化，即单位之间的利益差距很大，但一个单位内部的利益分配仍坚持平均主义取向。所谓“单位化”，一方面是指企业成员的身份、地位、利益分配、行动方式等，与企业的所有制、行政等级、资源占有状况等密切相关，另一方面是指企业成员的一切社会生活都对其所在的企业有很强的依赖关系。（李培林等，1992：95—100）

我们本来以为，“单位制”是中国城市的一种组织形式，是特指中国城市国有或集体部门的一种组织形式。但在羊城村里，我们惊奇地发现，那里竟然也存在着与国有企业单位组织形态很相似的“村落单位制”。尽管人民公社已经解体，村落也已经完全非农化，但村民们在收入、生活、情感、社会交往、心理认同等诸多方面，依然对自己的“村落”具有很强的依赖关系。

“村落单位制”是三方面的原因促成的：一是村社共同生活的社会关系网络的影响，这种深层的传统力量奠定了村落大家庭的基础框架；二是村落集体行政管理制度的约束，这是集体化的制度遗产；三是村落集体经济的分红和福利，这是村落“单位化”成为可能的物质基础。当然，还有一个附加的因素，就是羊城村变成了一个城中村，如今外面包围着它的是一个体制不同的陌生世界，这也给羊城村的存续带来了新的压力和威胁，进一步驱动和强化了羊城村的单位化取向。在“村落单位制”下，羊城村就像是镶嵌在陌生人世界里的一个大家庭。

羊城村的村落社区管理与城市街道社区管理实际上有根本的差异，尽管在社会的物质层面，我们看不到截然的界限。在街道社区的管理中，居民委员会只负责有限的事务，而教育、卫生、治安、供水、供电、道路、环境建设、征兵等社会事务的服务供给，都是由相关机构直接负责的；而在村落社区的管理中，村民委员会几乎要负责与“村落生活”有关的这一切事务，村长的责任就类似于村落这个大家庭中家长的无限责任。

街道社区建设和管理的费用是国家财政支付，而村落社区建设和管理的费用由村集体支付。羊城村里生活着 9000 多名“原村民”和 4 万多名外来打工者，为了管理村落社区生活，村集体雇用了 120 多个治安人员、50 多个卫生打扫人员、25 个市场管理人员、10 个计划生育管理人员、30 多个垃圾运送人员，此外村集体还要负责 1500 多位老年村民的养老金、村民的医疗补贴、村小学教师工资外的福利补贴及小学硬件建设、村道路和管线建设、村民服役补贴、献血补贴、上高等学校补贴等。近两年，羊城村每年的村集体经济纯收入 1 亿多元，税收 500 万—800 万元，日常行政支出几百万元，用于社会事务的公共支出 1000 多万元，剩下的可分红的利润 4000 万—5000 万元。羊城村每年用于社区管理、建设和服务的公共支出，占税后总利润的 12%—15%。这种公共支出的比例关系在其他城中村也大体如此。

村集体对村落社区生活的全面负责，形成了村民对“村落单位”的依赖。但这种依赖还来自另外一个更加利益攸关的因素，这就是具有村落排他性的、社区内非村民不能分享的村落集体经济分红。

羊城村早期的集体收入来自一些集体兴办的劳动密集型产业，如纺纱、酿酒、造纸、制砖、制茶、石料加工、服装加工等，但随着城市劳动力价格和土地使用价格的升高以及城市劳动密集型产业的衰落，城中村经历了一个“去工业化”的过程，现在村集体的收入主要来自村集体的物业收入。管理村集体经济的组织是经济联社，下属若干个经济社，它们都是独立核算的，与行政管理上的村委会和村民小组实际上是一体化的。在这里我们仍能看到过去农村人民公社体制下公社、大队、生产队“三级管理、队为基础”的影子。对于城中村来说，公社彻底解体了，但大队和生产队的组织遗产却保留下来，成为村民在股份合作的基础上重新组织起来的组织架构，村民既是经济社的股东，也是经济联社的股东。

早在20世纪80年代末，羊城村就建立了股份合作经济组织，出台了《羊城村合作经济股份制章程》，将全村集体资产共折成36545个股份，规定股权持有人原则上为1966—1988年享受村民待遇的村民，对出嫁女、知青、社会招工、农转非、招婿、退休、参军以及犯法违规人员的股份待遇，都做了具体规定，同时也规定股份可以继承，但不得买卖转让、抽资退股及以股抵债。到90年代，股份制的章程又做了一些调整，经过进一步清产核资，确认了村级股份合作经济组织共有财产约6000万元，全部用于折股，并且规定，其中70%为集体积累股，30%为村民个人股，股权持有人的资格也改为"1966—1994年间享受村民待遇的人员"。

股份的分配依据两个原则：一是"按籍分配"，凡是村民，不分长幼，股份平等，一般每人5股，俗称"人头股"；二是在此基础上的"按劳分配"，也就是"按工龄分配"，每一年工龄折为1股，俗称"年资股"。除此之外，还有两种根据这两个原则的特殊配股，即"劳动安置股"和"福利股"。"劳动安置股"是专门分配给转居的征地农转非人员，转居后的1985—1994年间仍处于劳动年龄的，一年计1股。"福利股"是配给享受"劳动安置股"的村民家属，每人配给6股。

"人头股"加上"年资股"有一个最高限，一般是25—30股，股份可以继承，但不能转让、退股和抵债。在羊城村的股份分配中，我没有发现其他发达地区工业村为了吸引资金、技术和权力的支持而设立"资金股""技术股"和"关系股"（干股）等。我对此一时还很难做出解释，因为羊城村不可能身居"利、权、情"的社会大网之外，也许它有更便捷有效的方式与那张大网连接，当然也可能由于它的非工业性和自有资金的充裕，对外来资金和技术的需求较弱。

在羊城村，股红分配是村民们最关心的事，分红的日子，就是羊城村的盛大节日。村民的集体股份分红来自两个方面：一是村集体，即村经济联社，经济联社每年从纯收益中拿出两成多用于村民的股红分配，股份中来自经济联社的份额对于每个村民来说含金量一般是一样的；二是经济社，由于村公共开支一般都是联社支付，所以经济社的纯收益一般 85% 以上都直接分给村民。羊城村有 20 多个经济社，由于经济社之间经济实力相差很大，各经济社股份的含金量差别也很大，为了缩小这种差别，村经济联社的分红也发挥一些调节作用。如 2001 年羊城村每个股份平均分红 236 元，最高 455 元，最低只有 120 元。其中，村经济联社给每个股份统一配给 40 元，加上经济社分红后股份总值不足 120 元的，全部给予补足。

经济联社和经济社实行的所谓“股份合作制”，是一种特殊的经济组织，它与“股份制”和“合伙制”都是有区别的，实际上是村落共同体与股份经济混合的产物。“股份制”是“一股一票”，“股份合作制”却是“一人一票”；“合伙制”是合伙者都是老板，并可退出资本，而“股份合作制”的一般村民股东谈不上有什么决策权，股份也是不能退出的。然而也有共同点，就是按股份分红。这种“股份合作制”可以说是中国农民的一种创造，显示了农民的睿智和随机应变能力，因为它简直就是“联合国”和“国际货币基金组织”的混合物，把本来似乎不能混合的东西，并不矛盾地通过“新村落共同体”混合在一起。羊城村在大事决策上是“联合国”制，实行相当于“一国一票”的“一人一票”，而在经济分红上是“国际货币基金组织”制，是“一股一票”。

这种混合制经济组织，既是“企业”和“村落”的混合，也是股东价值取向（stockholder-value）的经济组织和利益相关者价值取向（stakeholder-value）的经济组织的混合。它产生的理由，一方面是为了在市场经济条件下，避免亚当·斯密式竞争带来生活共同体的破裂；另一方面也是为了在保证分利集团的“排他性”的同时，通过允许分利集团内部的“搭便车”，来提高奥尔森意义上的分利集团的“相容性”。（Olson, 1980）

近两年，羊城村发生了两个重大的体制转变：一是经济体制从经济联社到集团公司的转变，这是村民主动选择的合约式转变；二是行政管理体制从“村民委员会”到“街道委员会”的转变，这是政府主导的新的制度安排。这两个转变的过程是完全不同的，前者是实质转变快于形式转变，而后者是形式转变快于实质转变。

在经济体制转变方面，1994—1995年，为了避免村民流动和迁移带来的股权纠纷，彻底解决集体经济产权内部边界不明、产权主体不清的问题，在村民的呼吁、推动和政府的支持下，羊城村实行了“一刀断”的产权制度改革，从一个时点开始，实行“生不增，死不减；进不增，出不减”，即村落新增人口、劳动力不再增加股份，减少人口也不再减少股份，此后不论集体经济组织的资产增加或减少，都由股东按股份共有。这项“股份固定化”改革以后，村民获得几乎完整的产权，自己的股份不仅具有收益权，也有了自由处置权，股份不仅可以继承，也可以转让和抵押了，但退出还是有限制。这样，产权的运作不再是遵循村规民约的非正式制度，而是遵循法律的正式制度了，在此基础上实行“公司化”，也是顺理成章的了。但是，由于这种“公司”的收入主要是来自几乎“无成本”的物业收入，所以产权的占有和收益具有集体的“封闭性”，它不允许外部资金的注入来改变产权结构和分享他们的“好处”。

另一项转变是行政管理体制方面的。2000年，地方政府为了加快城市化速度，出台了“‘城中村’整治建设计划方案”，要求城中村逐步实行“政企分开”，村集体经济组织要进行公司化管理，原村委会及其管理社会事务的职能由村民委员会替代。然而，截至我们调查的时候，羊城村的这种管理形式的转变并没有带来实质的变化，村里除了不再负责外来人口的暂住登记，其他一切社会事务仍然是由村里负责，村集团公司成了“影子内阁”，因为政府很难并且也并不急于拿出巨额财政来替代原村委会管理社会事务的公共支出。原来设想的“村落”改“街道”这种结束村落体制的根本性制度变迁，却似乎并没有真正改变什么。

“村落单位制”与“国有单位制”实际上面临着同样的问题，即单位利益的排他性和对内部福利的追求，增加了其内部的凝聚力，但限制了资源的流动并提高了社会事务管理的成本。改变“单位制”的关键，不论是“村落单位制”还是“国有单位制”，并不是某种形式化的制度变迁，而是要找到替代或消散“单位制”的“社会事务成本”的办法。

在城中村从“村落单位制”到“村落公司制”的转变中，如果其“社会事务成本”真的可以由政府公共支出替代，那么公司本身运行的效率和效益应该是提高的。然而在调查中发现，羊城村的干部似乎并没有对此前景表示乐观，不知究竟是由于行政管理权力的失落，还是由于村经济的发展本来就很难离开这种权力的支持。

羊城村因为“身”融入城市而发生很大变化，但其“村落单位制”却依然顽强延续，关键还在于其“心”不变，这个“心”就是村落的社会关系网络以及与其配套的共同价值观。

关于单位制的历史起源，目前这方面的历史考察有多种说法：第一种是“公有制移植起源说”，如认为起源于苏联的机构模式或解放区的供给制；（李汉林等，1988；路风，1989；何帆，1998）第二种是“发展战略起源说”，即认为起源于20世纪50年代的“重工业优先发展战略”，因为由这一战略“内生出了与这一战略相适应的集中的资源计划配置制度和毫无自主权的微观经营制度”；（林毅夫等，1994）第三种是“国家控制起源说”，如有的国外学者认为，单位制是出于国家控制基层社会的需要，而在国有企业中产生的权威和工作关系，其典型特征就是职工在经济和社会方面依赖企业，在政治上依赖管理机构，在个人方面依赖上级，这是不同于苏联的“共产主义新传统”的；（Walder, 1986）第四种是“行会起源说”，有的国外学者认为，单位制起源于20世纪20—40年代上海工人运动中产生的注重保险和福利的地方技术工人行会；［Lü and Perry (eds.), 1997］第五种是“事件起源说”，我们在《国有企业社会成本分析》一书中分析国有企业的单位制特征时指出，中国工业以国有为主的特征，几乎可以追溯到中国的工厂工业产生的初期，比单位制的产生要早一个世纪左右，而企业单位制的那些特征，如行政性、功能泛化、内部分权、资源的非流动性、终身雇用制、相对的平均工资制、单位保障制等，都是20世纪50年代初期逐步形成的，那时国家为了解决严重的“通货膨胀”、大规模的“失业”及“粮价的暴涨”等“事件”，出台了关于统购统销，控制农村“盲流”，国家安置就业，国有企业负责职工的医疗费、退休费的一系列“暂行规定”，但以后这些解决“事件”的“暂行规定”，都演变成正式制度延续了下来。（李培林、张翼，2000）

但问题在于，为什么改革开放以后，中国的经济体制、宏观发展战略和企业自主权状况都发生了非常大的变化，而单位组织的运行机制却很难从根本上改变呢？对于这个问题，经济学的回答，一是认为关键还在产权问题，二是认为制度的“路径依赖”。从现象上来看，前者似乎是很有道理的，但能够证伪的案例也并不是没有，世界上很多公有产权组织都并非单位组织的运行机制。而关于制度的“路径依赖”问题，则涉及依赖的是什么，究竟是什么原因造成单位制运行机制的顽强存在。

在对羊城村的研究过程中，我逐渐形成了单位组织的“村社起源说”，这个设想也许过于大胆，即认为中国传统的单位制有其很深的村社共同体基础。所谓“单位组织”，本质上是大家庭机制，是具有现代科层制外表的“新村社共同体”。

中国的革命是农民革命，革命成功的结果是农民进城。在城市和工业这个新的领域，尽管血缘、地缘关系被逐步打破，尽管小农的生产变成大工业生产，但是“大家庭”的村社治理方式、传统村落社会关系的联结方式、均贫富的传统观念、相互封闭而且生活和生产不分的村落共同体生存规则等，都成为我们“集体血脉”里流淌的血液和“集体身躯”里的遗传基因，其变异和更新都必然要经过一个非常漫长的过程。

在羊城村从村落单位制到村落公司制的转变中，农业没有了，耕地没有了，一家一户的小农生产方式没有了，血缘、地缘关系在快速的社会流动中也变得松散了，村落社会生活管理的职能在形式上也被取消了，村落的共同资产如今也都通过股份的形式量化到每个村民的头上，但“村社共同体”的那些深层运作规则，却仍然顽强地存在并继续发挥作用。

企业化的村落和内部市场

羊城村在经济方面的组织架构是一个地地道道的企业。20世纪90年代初期，在羊城村的最高一层，成立了“股份合作经济联社”，原来村属的20多个生产队都改制为“股份合作经济社”。到90年代中期，村里为完善股份合作制度，将所有的集体资产全部折股，量化分配到每个村民的个人名下，村民成为村里经济组织的所有者，而经济联社正式注册为“羊城村企业集团公司”。从经济产出上看，这是一个规模庞大的企业，到2001年，其总资产达到近10亿元，当年的经济总收入2亿多元，纯收入约1亿元，上缴税款900多万元。

羊城村这个“企业集团”的组织架构用日本人的“株式会社”这个词来形容，可能更加形象贴切。这个把企业制度与村落制度混合在一起的“株式会社”实行的是一种特殊的企业制度，我一时还找不到一个恰当的词来概括它的产权和组织特征，姑且称它为“嵌入性企业”，意思是它是嵌入村落社会关系的一种企业形式。

这种企业形式很类似于“企业集团”，因为从特征上看，它的确是由多个法人经济体，在共同利益的基础上，通过资产等联系组带，以实力雄厚的企业为核心组建的具有多层次的组织结构及多种经济功能的大型法人企业联合体。它的核心层是村经济联社，相当于母公司；它的紧密层是下属的20多个经济社，相当于子公司；它的半紧密层是村里的十几个多种混合产权形式的企业，相当于其他参股控股公司；而它的松散层是建立在互惠基础上的村民们之间的各种经济合作行动。

但它又不是一个法律意义上的企业集团。它的第一个“嵌入性”特征是，集团公司下属的经济社在产权上是独立的，与经济联社的产权界限是清晰的。经济社的产权收益只供部分所属村民分配，而不是供全体村民分配。经济社的资产，经济联社也没有处置的权力。从这个特征来说，母公司并不对其子公司拥有控股权。在这个村落企业集团里，所谓母公司（经济联社）和子公司（经济社）的“母子关系”并不是通过控股来实现的，而是由村社的行政组织架构决定的。这意味着，如果哪一天村社的行政组织解体，作为子公司的经济社要脱离母公司而独立，并不存在法律上的障碍。所以说，羊城村企业集团是一种非正式化的企业集团，它的企业集团的外部形态是由它所“嵌入”的村社行政组织架构和社会关系网络所决定的。

其“嵌入性”的第二个特征是，隶属于村落、在母公司属下的那十几个公司，股权结构也非常多样，并不都是母公司控股，其中有一部分是以下属的经济社为主建立的，理论上属于子公司控股的企业的收益也是按照股权的结构来决定的。

羊城村企业集团“嵌入性”的第三个特征，是它的控股股东就是作为个体的村民和作为集体的村民，虽然作为个体的村民占有绝大部分的股份，但真正控股的是作为集体的村民，作为个体的村民，很类似股市上的股民，他们只是名义上的股东，并不拥有真正的决策权。

所有这几个“嵌入性”特征都可以归因于一个更根本的“嵌入性”特征，即村落产权的“有限性”。换句话说，村落产权并不是完整的产权，它“嵌入”村社组织和村落社会关系，受到了很多的约束，这使它只有有限的权利。首先，村落产权虽然具有明确的排他性，但却没有可让渡性，村民的股权不能转让，不能退出，也不能抵押，所以不可能出现股权向少数人集中，从而改变控股结构的情况；其次，村落产权的收益权和决策权是相对分离的，虽然分红是按照股份的多少来分配，但分红的规则和村里的重大经济决策是由股民“一人一票”来决定，而“一人一票”是村社共同体的一种维持机制；最后，母公司对村里下属的作为紧密层的经济社和作为半紧密层的村办企业的有效控制，并不是完全通过产权控股来实现的，村里自上而下的权力控制是通过母公司的党委会、与母公司合为一体的村委会来贯彻的，而这种正式权力的贯彻又是与村落宗族权力的均衡相契合的。

羊城村企业集团是由许多不同的产权主体组成的，这些产权主体既包括作为法人产权主体的经济联社和经济社，也包括作为自然人或家庭产权主体的村民。在这些产权主体之间存在着无数的各种各样的交易关系契约，从这个特点来看，它又像是一个“内部市场”，一个由各种内部交易关系的契约组成的网络和联合体。这些交易关系契约大致可以分为三类：一是法律契约，它是按照规范的法律规定签订的正式合同，特别是涉及产权归属的关系，一般都有法律契约来约束，如不同产权主体间的收益分配规定和经济往来合同、宅基地的契约等；二是民规契约，一般都有文字规定，如股民“一人一票”的重大经济事务决策机制，股份不得退出、转让、抵押的规定，“外嫁女”要取消股份的规定，民间借贷的利息议定，民间融资中的“作会”规则，等等，这些规定并没有严格的法律依据，只是村民共同达成调节村落利益关系的契约；三是“关系契约”，它类似于一种口头契约，是墨守成规的东西，但仍然具有很强的约束力，如村民盖房在二层以上可以伸出的距离，不同产权主体间以信誉担保的口头承诺，村民们之间互惠的人情往来，村落权力格局与宗族利益格局的契合，宗祠、小学、幼儿园、老人活动中心可以有特殊的土地使用权，等等。

当然，与一般的企业集团或网络化企业的内部市场不同的是，村落企业集团内部市场的这三类契约，实际上都是“嵌入性契约”，它的功能是多元的，既协调经济利益关系，也协调社会利益关系。即便是那些法律契约，在出现纠纷时，也从未弄到上法院去对簿公堂的地步，村落里自有它能够“摆平”的方式和人物。

村落企业集团这种既具有现代企业组织的外形又具有村落乡土特征的混合体，究竟是什么呢？是企业还是内部市场？抑或什么都不是，只是一种过渡性的杂交体？

这让我想起学术界过去关于农村“集市”性质的一场争论。经济史学家波兰尼（K. Polanyi）等人在他们写的《早期帝国的贸易市场》一书中，把经济分为“实质经济”和“形式经济”，前者是指满足人们物质需求的活动，后者是出于效率考虑的理性选择逻辑。他们主张对经济进行实质性研究，把经济视为一个“嵌入”社会生活的、被不断制度化的过程。他们的这种观点激起西方反“经济学帝国主义”学者的共鸣。但他们关于“市场”类型的区分，却在人类学界掀起轩然大波，意外地遭到严厉批评。波兰尼等人认为，虽然市场制度是交易制度，但市场和交易并不具有共同的边界（not coterminous），在早期的互惠（reciprocative）和再分配（redistributive）整合形式中，交易是按“固定价格”（set rates）进行的，而在市场定价制度下，交易是按“议价”（bargained rates）进行的。（Polanyi, Arensberg and Pearson, 1957）波兰尼等人本来是要说明，所谓“市场制度”，在历史上有各种形式，并非就是人们抽象出来的今天的议价交易市场。但没有多少人类学根底的波兰尼却贸然断言，议价的自由交易市场“是19世纪和20世纪工业化所独有的现象”，结果引起人类学界的众怒，认为这是无视人类学已有成果的“荒谬可笑的无知”。

因为在此之前，人类学家已经对早期市场进行了相当深入的研究，如关于早期阿兹特克人集贸市场的研究、关于14世纪中期在苏丹西部集贸市场的研究、关于1600年黄金海岸城镇集市的研究、关于17世纪中叶尼日尔河上游地区穆斯林集贸市场的研究、关于非洲集贸市场和奴隶市场的研究等，都证明早期市场就普遍存在“议价交易”，而非“固定价格交易”。

著名人类学家格尔茨（C. Geertz）有一篇文章，题为《集市经济：小农市场买卖中的信息和搜寻》，很好地回答了关于集市性质的争论。格尔茨说，在过去的几十年里，人类学家和经济学家在很多问题上发生对立，如发展理论问题、前工业史问题、殖民统治问题等，但在小农市场体系的研究方面，这两个学科却摈弃前嫌，实现了理论互补。格尔茨认为，人类学研究小农市场的历史很长，但其中很多都只不过是杂乱无章的描写和归纳，而具有分析意义的研究，则分为两派：一派是所谓的“形式主义”派（formalist），他们把“集市”视为真实世界里最接近新古典经济学纯粹竞争市场的制度；另一派是所谓的“实质主义”派（substantivists），他们认为“集市”深深嵌入其社会文化结构，以至于所有的现代经济分析都未能对其有真正的了解。在格尔茨看来，现在对“集市”信息搜寻和交换的研究，可以消除人类学与经济学、形式主义与实质主义的对立。格尔茨研究的，是非洲摩洛哥阿特拉斯山脉中部脚下的乡镇“集市”，他用英文中来自波斯语的“Bazaar”一词来命名，这种“集市”也具有一般市场的共同特征，如卖者追求最大利润、买者追求最大效用、价格与供求关系相联系等，但它不同于现代市场的特征是，集市的信息贫乏、稀缺、分配不均、传递没有效率，而且极为昂贵。这个特征决定了小农集市的两种惯常的现象：一是相对固定的顾客关系，二是多面而深入的讨价还价。这二者都是集市信息稀缺的产物，前者是为了节约信息搜寻成本，而后者是在商品的适用性、质量、价格等信息都不确定的情况下反复搜寻的过程。（Geertz, 1978）

人类学家和经济学家关于“集市”性质和特征的争论，对我来说，是一种启发。羊城村企业集团也许就像世界某个族群的“集市”一样，如果单从表面的特征和性质看，它可能会有许多独有的特征，这些特征既非“原始”的，也非“现代”的，这容易使我们要么把它看作一个没有普遍意义的偶然的变种，要么把它推崇为一种更接近真实世界的新模型。

经济学家习惯于认为，一种经济行动、经济组织或经济制度，必须按照清晰的推论逻辑，从人们趋利避害的行为动机出发，去探讨其产生的原因，这些原因虽然是复杂的，但有些是无足轻重的，只要建立起逻辑清晰的因果关系，经济的行动、组织和制度就是可以分析和测算的。而社会学家习惯于认为，任何经济行动、组织和制度，都是“嵌入”特定的社会关系网络的，只有弄清这些社会关系网络的联结方式，才能理解它们运行的现实法则。尽管经济动机也许是“一般”动机，但附加的“特殊”动机也会改变事物运行的轨迹成为一般的规则。

例如，生活中的聚餐，西方人一般是费用分摊的AA制，而中国人通常是由一方埋单。对这样一个案例，经济学的解释是，西方社会的流动性高，社会关系不稳定，聚餐是一次性博弈，所以依靠人情往来不可靠，容易造成一方吃亏；而中国社会流动性差，聚餐是连续性博弈，一人埋单的人情往来，最后的结果仍是互不吃亏的“分摊”。而社会学的解释是，聚餐埋单对于中国人来说，有多种不足以为外人道的功能，如联系亲情友情、建立特殊关系、搜寻稀缺信息、打通办事的渠道等，所以中国人的聚餐，多数情况下就是“生意”，就是“办公”，就是培育“社会网络”和积累“社会资本”。对中国人来说，没事谁往饭馆里跑？而在西方人看来，恰恰是没事才有工夫去饭馆进行私人聚会。正是由于中西方聚餐的功能不同，因而产生了付费方式的不同。

其实在这个案例中，经济学和社会学的解释原因都在现实中起作用，而二者的解释都是偏向一方建立起的解释模式，但现实中存在的因果关系或相关关系往往是在二者之间。如果我们分析一下为什么西方人只是“一般”聚餐实行费用分摊，而公务请客和家庭请客都是邀请方做东，分析一下中国农村婚丧嫁娶聚餐凑份子的“习惯”起到的分摊费用的功能，也许离真实的世界就更近了。

羊城村企业集团是一个生长在村社组织和村落社会关系土壤上的经济合作组织，它的“企业化村落”“村落化内部市场”和“社团化的企业”（所谓“株式会社”的形象），其实都是在纯粹的“企业”和纯粹的“市场”之间，存在的无数多样性的真实世界，而这种“多样性”并不妨碍我们对真实世界的理解。

在古典的关于企业组织的社会学、经济学理论中，现代的等级化科层组织结构与组织效率之间的紧密联系被广泛地论述。（Weber, 1968；法约尔，1982）对他们来说，等级化的科层制是理想的企业组织形式，它建立在个体理性行动的基础上，当个体行动具有工具合理性特征时，才可能在此基础上建立起法理型的支配关系，组织行动才会是有效率的。这几乎成为一个铁律和很少被挑战的命题。对这一命题的批判，也大多是从人文关怀的角度来痛斥把人变成机器。

科斯在《企业的性质》这篇后来成为交易成本经济学奠基之作的短文中，从考察企业性质入手提出了为什么会存在企业组织的问题。在他看来，企业组织的存在正是为了节约市场的讨价还价造成的交易成本，交易成本过高在很多情况下导致通过市场交易来配置资源是不经济的。市场是通过议价有效配置资源，而企业组织是通过企业家的令行禁止有效配置资源，企业和市场是适用性不同的两种资源配置方式。（Coase, 1937）

在科斯之后，威廉姆森（O. E. Williamson）对这一问题做了扩展，他在《市场和等级制》一文中，把市场和企业等级制组织置于比较的两端，强调市场和企业组织的运行都存在交易成本。市场的交易成本，是由于市场的信息阻塞、人的有限理性、机会主义倾向、市场的不确定性等产生的，而企业组织的交易成本就是企业的管理成本。（Williamson, 1975, 1987）

科斯和威廉姆森都注意到，企业和市场作为两种资源配置形式，存在着相互替代的关系，二者替代的边界是由交易成本的比较来决定的。所以企业并不是规模越大越有效率，市场也不是竞争性越高越有效率。

后来，经济学家拉尔森（R. Larsson）进一步修正了科斯和威廉姆森的关于市场和企业的二分法，建议用“市场”“组织间的协调”和“等级”三极制度框架代替原来的两极。遵循亚当·斯密和钱德勒把市场和企业分别称作“看不见的手”和“看得见的手”的隐喻，拉尔森把组织间的协调称为“握手”，并认为组织间的协调具有其特定的适用范围和条件。（Larsson, 1993）

我的设想是，在市场和企业这两种资源配置的理想化类型之间，真实的世界是一个连续谱，存在许多看似“过渡”、其实相当“稳定”的资源配置类型，它们的产生都是对特定社会条件及这种条件的变化所做出的反应。“网络化公司”是一种类型，“产业集群”是一种类型，集团“内部市场”是一种类型，“农村集市”是一种类型，羊城村的“企业化村落”也是一种类型。

真实的世界，并不因为它的多样性而变得“不可理解”，我们仍然可以从中寻找出“普遍的规则”。如果我们深入地分析那些关于“网络化公司”“产业集群”“内部市场”“农村集市”和“企业化村落”的个案，就不难发现，实际上它们在特定条件下的产生，都具有节约信息搜寻、传递、筛选成本，加强监督、信任，规避机会主义和不确定性的理由。

真实世界里的“连续谱”现象，以及我们由此建立的“连续谱”分析框架并不只是针对“企业”和“市场”的二元对立，而是对二元分析框架的颠覆，当然也可以说是一种补充。换句话说，在我们已经习惯了的那些二元对立之间，事实上都存在着“连续谱”的真实世界，并非完全依赖理想化的二元对立分析框架就可以解释的，如乡村和城市、私有企业和国有企业、传统和现代、实质主义和形式主义等。在现实中我们会发现，企业产权形式，从个人独资企业、合伙企业、私有责任或股份有限公司、股份合作组织、集体企业、地方政府所有企业、国家参股企业、国家控股企业，一直到全资国有企业，是一个产权形式多样性的“连续谱”，仅仅一个“股份合作制”，细分析起来，又可以根据产权的“私有化”程度，分成很多不同的形式。

但是，我所说的这种“连续谱”的分析框架，只是一种方法论，它是在方法论的意义上颠覆或补充二元分析框架，它的目的还是在追寻“普遍的规则”。这有别于后现代的解构主义，因为解构主义消解了真／假、本文／隐喻、实在／虚构、经验／先验、事实／价值、客观／主观之间对立的“话语霸权”，但他们同时也排斥任何对“普遍规则”的追求。

屋租市场和农民的理性

农民的经济理性一旦爆发，其结果又往往令人始料不及。从经济理性选择的角度看，城中村石林般的密集建筑怪物，是农民在土地和房屋租金快速增值的情况下追求土地和房屋租金收益最大化的结果。我的学生蓝宇蕴在她的博士论文《都市里的村庄》里，这样描述城中村当年的“造房运动”：“1992 年以后的那几年，由于全国各地同时涌起的经济大潮，广州更是外来寻梦者的乐园，而珠江村就自然地成了这些寻梦者暂时栖息的家园。因此，围绕着土地产生的‘租金’，村民们展开了一场热火朝天的、以追逐租金为目的的‘竞争赛’。在 1993 年到 1997 年间，绝大多数村民都先后倾其所有资金存量，不足往往再在自家的关系网络中动员起所能动用的资金，或者在原来的基础上往上加建，或者干脆就毫不犹豫地推倒了刚刚建起没有几年的楼房……在租金利益的驱动下，几乎全体村民家庭都投入了这场轰轰烈烈的‘造房运动’，1996 年前后，整个珠江村变成了一个巨型建筑大工地，人们的建房热情之高并非是当年学大寨可以媲美的。”（蓝宇蕴，2003）

我在调查羊城村的过程中了解到，村民平均每户的宅基地面积才 40 多平方米，用市亩制计算（1 市亩约等于 667 平方米），不到一分地。但羊城村的农民，却在这狭小的宅基地上，创造出古往今来农民住宅史上罕见的“一分地奇迹”：他们最大化地利用了土地价值，把楼房盖到六至八层，使拥有的住宅建筑面积增加到 300—400 平方米，而且建筑从二层以上探出，完全挤占了公用街道的“空域”，并没有占用公用街道的“领土”。村民们一般是自己居住一层，而把底层的铺面和其他住房全部出租。铺面的租金要视商业位置而定，差异较大，而住房的租金一般在每平方米每月 10—15 元，这在市中心的地理位置是非常便宜的价格。每层楼一般有两个单元房，但由于租客很多是外地单身来打工的，所以一个单元也可能是几个租客合住。

羊城村里一个有趣的现象是，在村落的租屋市场上，一个单元的租金并不是固定的，比如一个单元如果一家人居住，租金是每月 600 元；但如果是 4 个单身的人合住，就是每月 800 元，每人分摊 200 元；5 个人合住每月就是 900 元，每人分摊 180 元；6 个人合住就是每月 1000 元，每人分摊 160 多元。但是这种逻辑并不会一直持续下去，因为村民们已有了住房折旧的概念和规避“拥挤”风险的意识，他们有一个约定俗成的符合效用最大化的房客与居住面积匹配的比例。

羊城村的这个故事，使我想起张五常应用于亚洲的著名的“佃农理论”。以前，西方的学者一般都认为，耕地的固定租金制比收入分成制更有利于产出的最大化，因为固定的租金比随产出增加而增加的租金对佃农的劳动和资金投入具有更大的刺激力。张五常则根据理论逻辑和经验数据证明，在竞争和由于人多地少而造成的劳动力充分供给这种特殊的约束条件下，耕地的一定的收入分成制也是最有利于产出最大化的合约安排。他的论证逻辑是一个简单的假设“故事”：假如一个佃主有一大块耕地，他租给一个佃农，获得的收入分成率会较高，因为规模经营的效益可以使佃农不另谋高就。但佃主并不满足于此，于是他把土地分租给两户佃农，虽然他的分成率会下降，但由于耕作规模变小后单位面积的投入增加，总产出的增加会使佃主的总收入也增加。但是，如果佃主不断地把耕地切开分租，这种分成率下降而总收入提高的逻辑不会一直持续下去，到某一点佃主再切下去，佃主的总收入就会下降。也就是说，耕地分租的曲线上，只有一个点是符合收益最大化而又与竞争均衡没有冲突的。亚洲某些地区土地改革确定的佃主的分成率不能超过耕地收入的37.5%，就是接近这个点的一种分成率，这说明依靠政府管制实行的土地改革的成功，实际上也是一种竞争合约的成功。

羊城村"屋租故事"与张五常的"地租故事"很相似。实际上，城市土地的收益率存在着一个自由竞争的均衡价格，在某种制度约束和管制的条件下，会出现收益率降低和"租金蒸发"的现象，但"租金"不会真的蒸发和消失，它会以别的形式得到补偿或以政府成本的形式表现出来。城中村的住宅建筑不是没有制度约束的，政府规定村民的住宅最高可以盖到三层半，否则就要罚款，但村民们都违规盖到六至八层，因为租金增加的收益足以超过罚款付出的成本。在市区地价高涨的情况下，一般分布状态的六至八层的住宅还不足以达到土地收益的均衡价格，而六至八层似乎是政府可以容忍村民违规建筑的最高极限。在此情况下，村民为了补偿自己的土地收益低于竞争均衡价格的差价，就只有最大化地利用可支配的面积和空间，这就是城中村密集建筑"怪物"产生的根本原因。所以，如果在改造城中村的过程中，村民不愿意损失租金收益，政府也不愿意付出巨额补偿，唯一的办法，就是使住宅向更高层发展，以更高层的空间收益置换目前空间收益，这样才能基本保证达到或接近市区土地收益的竞争均衡价格。

羊城村的怪异建筑，可能代表了一种为了租金而牺牲其他价值的极限状态，单从空间建筑的容积率来测算，它也许是"最经济的"。与此相比，那些城市里高耸的豪华办公大楼，可能代表了另一种完全不考虑租金收益价值的极限状态，但其"租金的蒸发"都转化成消费者的税收成本。

问题在于，就宏观的正式制度来讲，全国都是一样的，为什么唯独在珠江三角洲这样的地区出现如此密集的、把土地使用价值最大化利用的村落建筑群体？农民难道没有意识到，这种违反城市人居空间规则的异化的建筑"怪物"，从它诞生之日起就意味着"短暂的生命”和“最终的毁灭”吗？即便是从经济收益的角度看，农民为什么不能把住宅盖得更“优雅”一些，同时也把租金提高，就像房地产商开发的住宅区那样？是农民缺乏房地产商的资本实力和开发眼光吗？对这些问题，很多学者从制度变迁的角度进行分析，认为这是发达地区超高速的城市化扩张与严重滞后的村落制度变迁之间形成的巨大落差所造成的，这种落差形成城市化的社会理性与农民个体非理性行动之间的矛盾和冲突，而羊城村就是这种矛盾和冲突的“异化物”。我更倾向于从一个相反的个体理性选择的角度，来分析羊城村建筑格局和租屋市场产生的原因，因为这样更能够从逻辑上推导出改造羊城村的真正难点。

从个体理性选择的角度看，羊城村这种特殊的建筑群体和村落体制的形成，是农民在土地和房屋租金快速增值的情况下，追求土地和房屋租金收益最大化的结果。但是，农民是否具有或能够具有追求收益最大化的经济理性，这本身就是学术界长期争议的一个问题。人们似乎还从没有对其他社会群体表示过这种疑虑。这种疑虑实际上来自一个根本性的提问，即农民在工业化的过程中，如何实现从传统到现代的过渡？这个过渡是否意味着价值取向上的裂变和革命？

在社会学关于传统乡村的研究中，传统的小农在很长一个时期，一直被视为一个另类，通常被描述成传统、封闭、保守的群体象征符号。几乎在所有经典社会学家的论述中，农民的价值取向和群体特征都被作为与现代理性相对立的另一极，如梅因（H. Maine）关于“身份社会”与“契约社会”的对立、涂尔干关于“机械团结”和“有机团结”的对立、滕尼斯（F. Tönnies）关于“礼俗社会”和“法理社会”的对立、雷德菲尔德关于“民俗社会”与“都市社会”的对立、韦伯关于“前现代社会”与“现代社会”的对立、帕森斯（T. Parsons）关于“特殊价值”与“普遍价值”的对立等。对他们来说，从前者到后者的过渡是一种“结构的转型”或“模式的转换”。所有的这些阐述都在暗示，农民具有的是一种“哲理”，它不同于以经济理性为基础的现代理性，因为虽然农民也追求趋利避害，但不追求收益最大化。

在人类学的研究中，由于多数研究是采用参与观察的个案调查方法，更注重远离“宏大历史记述”的非文字经验事实、集体记忆和口述文化，因而努力挖掘的往往是个案的特殊性。即便探讨小农行为一般规则的研究，也往往强调这种规则不同于其他社会群体行为规则的特殊性，特别是强调这种特殊行为规则的文化意义。在这样的探讨中，小农的生存方式成了一种特殊的文化遗产，并不因为普遍的现代化而发生彻底的转变。在多数人类学家看来，把传统乡村的小农纳入社会现代化变迁的研究，是一种学术上的“武断”。

为了说明这一点，人类学家习惯引证的经典例子有两个：一个是马林诺夫斯基（B. K. Malinowski）在西太平洋群岛发现和概括并随后被许多人类学家解说的“库拉交换圈”，对于这种具有经济交换功能的“臂饰”和“项圈”的交换圈，几乎所有人类学家都指出了单一经济理性维度解释的“荒谬”和“幼稚”；另一个是格尔茨发现和描述的作为“深层游戏”的“巴厘岛斗鸡”。边沁（J. Bentham）在《立法理论》一书中从功利主义立场出发，提出“深层游戏”（deep play）的概念，指那些参与赌注过高的赌博游戏的人陷入一种非理性的行为逻辑；而格尔茨揭示，巴厘岛人类似赌博的斗鸡游戏，在深层阶段更为重要的已经不是物质性获取，而是名望、荣誉、尊敬、敬重等“地位象征”，这种被边沁主义者视为非理性的“深层游戏”，蕴涵了巴厘岛人社会生活的“核心”驱动力和全部意义。（Geertz, 1973）大部分注重“小传统”“地方性知识”的实体主义学者都不认为小农是非理性的，只不过认为小农的理性是一种不同于“功利主义”的“另类理性”。

在经济学中，关于农民理性的争论形成了两大学派。恰亚诺夫（A. V. Chayanov）在《小农经济的理论》中认为，小农经济是一个不同于资本主义企业的独立体系，有自己独特的运行逻辑和规则，它对最优化目标的追求和对利弊的权衡体现在消费满足程度和劳动辛苦程度之间的估量，而不是在利润和成本之间的计算（Chayanov, 1925/1986）。斯科特（J. C. Scott）在他研究东南亚小农生计的《小农的道义经济》一书中也指出，小农经济行为的动机与“谋利”的企业家的行为动机有很大差异，在小农特定的生存环境中，其“规避风险”的主导动机和与自然的“互惠关系”，体现的是小农对抗外来生计压力的一种“生存理性”。小农由于生活接近生存线的边缘，并受制于气候的变幻莫测，对于新古典经济学的收益最大化几乎没有计算的机会。典型的情况是，小农耕作者力图避免的是灾难性的歉收和绝产，通过冒险发大财对他们来说是不切实际的想法。用决策论的语言说，小农的不冒风险是为了缩小最大损失的主观概率，在这方面，他们与熊彼特式的企业家完全不同。这类解释隐含的一种判断是，现实中并不存在独立的和抽象的经济行为，一切经济行为都是社会行为，所以单一的经济推论是武断的和外来的逻辑。（Scott, 1976）

与这种小农“另类理性”的解释相反，另一派经济学家论证了“经济理性”解释小农经济行为的“普适性”。舒尔茨（T. W. Schultz）在《传统农业的改造》一书中认为，小农并非没有经济理性的另类，他们作为“经济人”，其实很类似企业家，同样富有进取精神，尽管他们由于技术和资本的限制，经济规模较小、收益较低，但其生产趋近一种既定条件下较高效率的“均衡”水平，一旦有新的经济刺激，小农同样可以进行传统农业的改造，而不需要外来的集体组织。（Schultz, 1964）波普金（S. Popkin）在《理性的小农》一书中分析小农的政治行为时则更进一步认为，小农简直就可以比拟为一个“公司”的投资者，他们的行动选择完全是在权衡各种利弊之后为追求利益最大化而做出的。（Popkin, 1979）

也有一些学者试图在研究中包容和调和以上这两种解释逻辑的矛盾。黄宗智在研究中国长江三角洲小农经济时指出，人口的压力和耕田的减少，使小农采取了趋于“过密化”的生存策略，即在单位劳动日边际报酬递减的情况下，小农为了生存仍不断增加单位耕田面积劳动力的投入，以换取单位面积产出的增加，这种维持生计的策略完全不同于追求利润最大化的资本积累策略。但这并不表明小农缺乏经济理性，一旦有了外部的刺激，如随着中国改革开放后乡镇企业的发展，其他替代的就业选择使小农耕作劳动投入的“机会成本”增加，小农就能走出支配他们的“过密化”生存逻辑。（黄宗智，1990／2000）

黄宗智的分析是很有道理的。其实，从过程分析的角度看，以上两派观点并不存在根本的理论冲突和差异。冲突和差异只在于，我们是否能够假设，会发生使农民从“生存理性”过渡到“经济理性”的“巨变”。这种“巨变”就是中国目前“流动民工”所反映的“小农终结”过程和城中村所反映的“村落终结”过程。

农民的经济理性像所有人具有的经济理性一样，隐藏在他们的心底。但每个人的行动轨迹都受其他价值目标的约束，而不是受单一的谋利价值的约束，医生要救死扶伤、教师要为人师表、和尚要食素行善，这都是职业道德和职业声望的约束。在这个越来越“自由”的世界上，“自由”在代表束缚的减少和个人选择能力增强的同时也意味着对经济理性约束的弱化，而当这种约束完全崩溃，经济理性异化所爆发出的逐利欲火就会吞噬一切心灵。

羊城村失去和谐的建筑格局，大概就代表了突然释放的经济理性在寻求新的规则的过渡中所可能产生的变异结果之一。

实际上，农民的真正理性是深深扎根于他们生活所处的社会关系网络之中的。当农民由于外部的刺激要冲破这个网络时，这个深层的网络仍然会产生巨大的影响力，从而使一些表面看起来的裂变仍然具有深层的延续性。但有时人们矫枉过正的“破旧立新”，却不惜摧毁过去的一切价值，尤其是在那长期被压抑的经济理性突然被唤醒的时候。

人们可以在几个月之内平地起高楼，但却很难在废墟上构建历史。在废墟上构建历史的举动，需要花巨大的代价进行历史的修复。也许，把传统的哲理融入现代经济理性的理性，才是真正的理性。

社会嵌入和产权残缺

出生在维也纳，但在布达佩斯长大的波兰尼，大半生默默无闻，到他58岁时的1944年，却写出了一本很有影响的著作，即《大转型》（*The Great Transformation*）。这本书的主题，社会学家和经济史学家们已经耳熟能详。波兰尼在这本书里证明，资本主义是历史上的一种"非常规"（anomaly）现象：因为在此之前，经济的安排是"嵌入"（embedded）社会关系的，而资本主义产生以后，这种关系颠倒了过来，社会关系反而要用经济关系来界定。在波兰尼看来，在连绵延续的人类历史上，互惠、再分配和社区义务等规则远比市场关系更经常地起作用，只不过资本主义获得优势后，不是发挥它们的作用，而是不可挽回地摧毁了它们。所以，资本主义并不是"自然的"和"必然的"结果，它的发展是由于新重商主义和资产阶级需要国家保护他们新生的企业和脆弱的社会地位，而政府则成为资本主义的侍女，用法律和军队的强制来帮助推动资本主义的发展。因此，所谓"大转型"，就是从嵌入经济向资本主义市场经济的转型，而波兰尼的社会理想，是走向一种"自我调节的市场"（self-regulating market）。看得出，波兰尼的思想深受欧陆传统，特别是马克思、韦伯和齐美尔的影响，即认为从深层来看，人们的经济行为要受他所嵌入的社会关系网络的影响。（Polanyi, 1958）

1985年，美国社会学家格兰诺维特（M. Granovetter）在《美国社会学杂志》上发表了一篇文章——《经济行动与社会结构：

嵌入性问题》，重提波兰尼的“嵌入性”命题，但完全消解了该命题的政治含义。格氏是在反“经济学帝国主义”的大背景下重新提出这个问题的，他认为经济学将个人的经济行动从社会关系中抽象出来，只研究“纯粹的”“理想化的”经济动机，而事实上，个人的经济行动深深“嵌入”社会网络的结构之中。(Granovetter, 1985)他的一项经验研究证明，在美国这样的市场经济条件下，个人的求职行为也不完全依赖“完全竞争的劳动力市场”，就业的信息更多来自“社会关系”，特别是交往频率较低的、非“亲友关系”的“弱关系”，因为“弱关系”更能够提供新的异质信息。(Granovetter, 1973)

事实上，即便是在发达的市场经济条件下，经济行动的社会嵌入也是多方面的，只不过在经济逻辑的强势下，人们对此往往会“集体失忆”，或者当作无关紧要的方面，为了方法的简单性而把这些约束条件省略掉。但在现实生活中，有时恰恰是这些看似“无关紧要”的社会约束条件，改变了人们经济行动的轨迹。

羊城村在土地资本和人力资本归属中显示出的“产权残缺”，就是这方面的一个例证。农村实行家庭联产承包责任制以后，羊城村的大部分土地都分给了个体农户，但还保留着一部分集体土地，其收益用于维护村集体公共事务的开支，就像过去的族田、学田、义田等。这种村公共事务的开支，在一般村落是依靠向农户征收提留款和统筹款，即所谓“三提五统”(“三提”是指公益金、公积金、行管费，“五统”是指教育费附加、计划生育费、民兵训练费、乡村道路建设费和优抚费)。随着羊城村实行股份合作制，大部分土地都股份化了，这使我们可以更清晰地分析村落土地的产权特征。

首先，羊城村所属的乡有一部分乡集体企业，它的初始资本来自乡集体土地收益，但乡集体企业的产权与村集体企业的产权有很大的不同。村集体企业产权的外部边界是清晰的，它属于村落全体村民共有，在股份化过程中，可以落实到每一个人头。但乡集体企业产权的主体是空置的，在股份制过程中，一般也只是“将净资产的10%—30%划归企业劳动群众集体共有，并设置企业集体股”而已，所以这实际上等于乡民们放弃了自己名义上集体共有的土地权。

其次，属于羊城村集体所有的那部分土地产权，内部的划分也不是完全清晰的，而是受各种社会关系条件的约束。农民关于产权排他性的朴素认识，就是“我们”和“他们”的划分，属于“我们”的，是村落土地产权的“共有者”；而属于“他们”的，则在共有产权的边界以外。但在现实中，“我们”和“他们”的区分，又是可以根据社会约束条件而变化的。

一个故事是羊城村“插队知青”和“外嫁女”的土地权规定。插队知青本来是属于外来户，不属于羊城村的“我们”，而是属于城市的“他们”。羊城村的土地规模在知青到来之前就确定了，知青的到来并没有带来新增的土地，也就是说，他们只是增加了分利的群体，而没有增加可供分利的土地。但在集体土地股份化过程中，留下的知青不仅获得了按劳动时间计算的“工龄股”，也获得了按户籍计算的“人头股”。羊城村从1988年开始土地股份制，当时规定工龄股计算时间“从1966年1月1日起，凡参加本村农业、企业劳动满一年者，每年计算一股”。村民解释说：“土地没有人耕作，就是荒地，就什么都不是，他们参加了劳动，才使土地有了收获，他们理应享受土地的分配。”可见农民的“土地产权”概念，是与土地收获及土地价值的实现相联系的。外嫁女本来是属于村落中的“我们”的，但按照羊城村土地股份制开始时的规定，外嫁女不能带走土地股份，她的外嫁也就意味着她土地股份的丧失，尽管她并没有因为外嫁而使本村土地有任何减少。因为村民认为：“外嫁女也嫁走了她的劳动，她丧失的土地股份，就相当于外村给予本村的聘礼，而且各村都是这样规定，我们不这样做就明显吃亏了。”这条规定不仅改变了产权关系，甚至也改变了婚姻关系。羊城村过去一直属于比较开放的村落，村里60%以上的女孩都是村外婚，但有了这项规定以后，由于羊城村属于股份分红可观的村落，致使村内婚的比例大大超过了以前，适婚女性因婚嫁关系而发生的社会流动相对减少，土地产权股份化的进步反而带来通婚圈子的倒退。

另一个故事是羊城村“转居”村民的“倒流风波”。在快速的城市化过程中，羊城村的耕地很早就被国家大量征用。征地的补偿待遇是政府单方面确定的，并不是依照市场交易双方的合约。所以说，农民的土地被征用，实际是农民土地产权有条件的放弃，此后土地开发的收益，并不是放弃土地权补偿的考虑因素。按照国家当时有关的征地规定，可以按照征用耕地占村全部耕地的比例，拨给村民相应比例的“农转非”名额，被招工和“农转非”的村民实际只获得了青苗补偿款，而大量土地补偿款则由村集体作为发展集体经济之用。起初，由于农民收入低，招工和“农转非”还是争夺的目标，往往是具有特殊关系的人才能获得，安排秩序中具有优先地位的往往是退伍军人、党员和干部亲属，用村民的话说，是“‘好人’走光，‘坏人’留下”。但随着地价的飙升，村里有了丰厚的土地股份分红，招工和“农转非”的“转居”村民很快意识到“吃亏”了。这时，新的“农转非”名额已经被人“弃之如敝屣”，有些“转居”村民甚至愿出高价“赎回”农民村籍和相应的地权。村里的征地转居这时只好实行抓阄，谁摊上只好自认“晦气”。在此情况下，“转居”的村民们开始上访、集会、聚众和找村领导闹事，要求返回村庄、争回地权，这就是震惊一时的“倒流风波”。“转居”的村民认为，村里的股份分红是村集体土地转化的收益，而集体土地是早在合作化时期就形成了，因此，“转居”后丧失的，只是属于个人的承包地，不包括集体土地及其收益，所以他们要争回自己的“合法权益”。而村里认为，土地是一种生产资料，不论是招工还是以其他形式离开村落的原村民，他们要么带走了属于自己的全部土地（如征地招工），要么通过国家政策安排，获得了另一种形态的生产资料或生存发展的必要条件（如当了国家干部或读书毕业后进入机关、事业和企业部门工作），所以不能因为农村有了点钱，就想回来分一杯羹，当初村里穷的时候，他们为什么要走？所以不能和村民“共苦”的，也不能“同甘”。

这样，“共苦”的道德要求成为村落产权的约束条件。因为不能“共苦”，“转居”的村民和“外嫁女”，由产权划分中的“我们”变成了“他们”，而能够“共苦”的“知青”，则由产权划分中的“他们”变成“我们”。

在现在的羊城村，村里的居民已经几万人，原村民成了少数，大多数是外来打工、创业的租客。但在村民们观念里，村民是村子的主人，是拥有土地股权的“我们”，而外来的租客，像城里人一样，属于“他们”。而且，即便是属于“我们”的集体土地产权，也并不是可以完全落实到个人的完整产权。很多村规民约和乡土道德规范，都对村落土地产权具有限制和约束。例如，按照羊城村的规定，“凡是违反计划生育的，取消该户的所有股份，待其落实计划生育并且交清罚款后，才能恢复股权”；“劳教、劳改人员在改造、服刑期间停止股红分配”；“负案在逃人员在逃期间不计算工龄，且不能参加股红分配”；“配股前后被政法机关处决和被剥夺政治权利终身的，注销其股份”；“纯女户招婿入户的，给予从迁入并参加劳动之日起计算的工龄股，不属纯女户而招婿入户的，一律不计算工龄股”。另外，根据村规，福利股“不能继承，随持股人寿终而自然消失”，而“被确认的人头股、工龄股和劳动安置股可以依法继承，但不得退出、转让和抵押”。尽管这些规定都很难找到法律依据，但却被村民们普遍接受，并在现实中执行。

村里产权的这种残缺或者说弹性，一方面为解决一些乡土冲突提供了可以利用的资源，因为这种残缺或弹性提供的机制，就是只要是村民们认同和接受的，在村落里就是“合理合法”的，至于是否符合国家的法律，只要没有无法“摆平”的冲突，并不重要；但另一方面，它也为对产权的侵犯留下了巨大的空间，我们可以在羊城村的各种土地纠纷中找出很多的例子，说明在产权残缺的情况下，从政府到村集体再到个人，他们之间的土地纠纷，通常是强势的一方利用产权残缺的特点，侵犯弱势一方财产的所有权、使用权、处置权或收益权。

随着羊城村地权收益的货币化，土地股权的残缺带来各种国法和村规之间的冲突。这些冲突越来越超越村落可以“摆平”的传统领域。于是，1994 年，由区政府下达了“关于农村股份合作经济组织的基本规定”，羊城村村委会据此制定并经股东代表大会通过了“羊城村股权终极配股方案”，决定实行“一刀断”的产权制度改革，彻底解决原来集体经济产权边界不清、产权主体不明的“矛盾”，股份从此之后“生不增，死不减；进不增，出不减”，即村社家庭新增或减少人口和劳动力，股份不变，集体资产无论增加或减少均由股东共有。

这些年来，一个一直令我困扰的问题是，按照经济学的一般理论，产权越清晰，财产的使用越有效率，但在现实当中，中国的村落土地产权很少有非常清晰的，或者说大部分村落土地产权是残缺的，是嵌入一些具体的社会关系网络的。发达地区的农村普遍实行了“股份合作制”，而所谓“股份合作制”，不过是农民创造出来的调和制度，是调和产权明晰与村落共同体生活之间冲突的制度。那么，是村落产权普遍无效率吗？或者农民缺乏有效率的经济制度的设计能力吗？我看都不是，村落不同于一般企业的是，它是一个生活共同体，即便村落成为一个大的经济集团，它的生产经营和生活、公域和私域、经济体制和社会体制，也是很难分开的，或者说村落的经济体制同时也就是社会体制。在村落中，再有效率的经济体制，如果无法与其嵌入的社会体制相契合，也会使这种体制因实行的交易成本过高而变成无效率的。这是村落产权普遍残缺的一个重要原因。

如果我们从人力资本的产权来考察这个问题，就会看得更加清楚。就像农民所说的，土地如果没有人去开发和耕种，就是荒地，就什么都不是。退耕还林还草，也是一种“开发”，是开发其环境保护和水土保持的价值。物质资本只有与人力资本结合，才能对产出做出贡献。但人力资本不同于机器、土地、货币等物质资本，构成人力资本的要素，即每个人的知识、技术、才能、健康、体力、努力程度、容貌、对机会的把握和选择等，是属于他个人的，你可以消灭人们的肉体，摧残人们的精神，压抑人们运用人力资本的积极性和创造性，但却无法剥夺人们的人力资本。这是人力资本不同于物质资本的一个特征。有些民族，像犹太人，因为宗教或其他原因，在历史上经常受到排斥，生活的流动性很大，积累的物质资产很容易被剥夺或散失，但他们很早就认识到人力资本不可剥夺的特性，所以特别注重教育，在知识大师中，犹太人的比例向来很高，马克思和爱因斯坦都是犹太人。中国俗话说“一招鲜，吃遍天”，讲的也是这个道理。

但村落人力资本的产权也有残缺问题，因为每个人都是嵌入村落社会关系网络的，只不过是这个网络的一个网结。你的人力资本，只有依托于这个网络，才能发挥作用。

国内较早注意到人力资本产权问题的，是北京大学的周其仁教授。我在法律思想网上看到他写的一篇文章《人力资本的产权特征》。他总结出人力资本产权的三大特征：一是人力资本天然归属个人；二是人力资本的产权权利一旦受损，其资产可以立刻贬值或荡然无存；三是人力资本总是自发地寻求实现自我的市场。周其仁教授用了一段很形象的话，来说明为什么在各种资本中，唯独人力资本需要“激励”：“人力资本这个东西还有一个特性，就是会千方百计找机会实现自身的价值。我们不是看到过，十冬腊月在公家地里睡觉的‘懒虫’，一回到他的自留地里，居然会干得满头大汗吗？当年‘脸难看’的国营商场的售货员，走起‘后门’来的干劲、热情和‘服务质量’，哪里会输给他们在西方世界里面带‘职业微笑’的同行！凡夫俗子‘走资本主义’的花样百出，无师可以自通。‘知识分子’的名堂，更是‘罄竹难书’也。这些写来可成‘大全’的故事，说明了什么？说明作为私产的人力资本，从来没有‘干净彻底’地被消灭过。它要么‘没有’了，在权利完全不被承认的时候；要么顽强地表现自己，‘发现市场’，没有白市找灰市，没有灰市找黑市，‘人还在，心不死’，就是要实现自己的市值。”（周其仁，2002）

多数经济学家认为，人力资本的激励不足是由于产权的残缺。根据产权大师德姆塞茨（H. Demsetz）的定义，产权包括对资源的使用权、转让权和收益权等，如果产权的排他性和可转让性受到限制或者禁止，就称为“产权的残缺”。（Demsetz, 1967）菲吕博滕（E. G. Furubotn）和配杰威齐（S. Pejovich）认为，一种产权结构是否有效率，主要看它是否能为在它支配下的人们提供将外部性内在化的激励，换句话说，只有产权能够明晰地人格化，才能使社会成本内部化，从而产生更有效的资源配置的激励。（Furubotn and Pejovich, 1972）

但产权的实施是有条件的。在村落中，嵌入村落共同体的人力资本，其产权的残缺与村落土地产权的残缺是相契合的。羊城村的“天伦哗变”故事很好地说明了这个道理。天伦公司是羊城村的一家村办股份合作制企业，从事房地产开发，实际上就是通过兴办物业，使村落土地增值，它的收益和发展势头很好。但到1996年，村里招商引资，与香港一家公司合作，使天伦公司成为合资企业，羊城村占51%的股份，但委托港方公司负责经营管理，为的是享受一些当地的优惠政策。一直把公司作为“我们的公司”而努力工作的一些中层管理和业务骨干却觉得这样一来，公司由“我们的”变成了“他们的”，尽管羊城村拥有公司的控股权，尽管他们的待遇和分红没有改变。于是他们要求像其他一些外资企业一样，管理和业务骨干要持有公司的部分股份。港方公司认为，这是羊城村自己的事，如果羊城村愿意让渡给这些骨干部分股份，他们没有意见。而羊城村认为，村里掌握的股份属于全村所有，他们已在其中，不能额外多占股份，何况他们的待遇没有变化，为什么以前可以相安无事，现在突然出来叫板。由于矛盾无法调和，这些管理和业务骨干“集体哗变”，另立门户，退出天伦公司，成立了另一家物业公司，与天伦公司成了竞争对手，结果两败俱伤。新成立的公司由于得不到村里的支持，特别是由于村里垄断着地产资源，所以只能惨淡经营，很快就难以为继了。

这个故事说明，这些业务骨干，以前人力资本产权是残缺的，但由于把企业看作“我们的”，所以可以“相安无事”，而一旦企业成为“他们的”，他们就要挣回自己完整的人力资本产权，但这个清晰完整的人力资本产权却与其嵌入的社会关系网络难以契合，所以导致交易成本过高而变成不经济的。所以说，清晰而完整的产权，并不一定就是激励机制的充分条件，还要看它与其嵌入的社会关系网络的契合程度。

也正是由于产权可以细分为一系列的权益，是一个“权益束”，所以在现实中，产权残缺的情况是非常普遍的，并不限于村落产权。当你嵌入一个生活共同体，为了相安无事地共同生活，产权的残缺，或者说放弃和让渡一部分产权，有时就是各种选择中最好的或最不坏的选择。所以，产权的明晰化，必须与它所嵌入的社会关系网络的转型相契合，才能建立起更有效率的经济运行体制，这并不仅仅是对村落经济而言。

城市公共楼梯过道里堆放杂物，是中国的一大“景观”，即便是在首都北京，也难逃这种“习性”。本来就不宽敞的楼梯过道，总是堆放着旧箱子、废瓶子、菜篮子甚至不用的家具和怕偷的自行车。这种现象具有很大的普遍性，无论是在北大、清华过去的教授楼，还是在酒仙桥的工人住宅楼，直到20世纪90年代中期，清清爽爽的公共楼梯过道，可谓凤毛麟角，这种“习性”似乎与居民的生活水平、社会地位、文化修养并无直接关系。在这种景况中，人们有时甚至会觉得，在别人都在家门口堆放点什么杂物的情况下，自己要不堆放，似乎就有点吃亏，还会让人觉得有点清高、不合群，实在谈不上是“理性选择”。

有一次，我住的那个区为申报卫生先进区，要进行卫生大检查，居委会贴出布告，限期三天之内各家自己清理掉门前堆放的杂物，否则视为扔弃之物。三天以后，居委会租来了一辆大卡车并雇了一些民工，把各家仍遗留在公共楼梯过道里的各种杂物通通当作垃圾清理掉，装车拉走。我心想，这下好了，可以享受清爽楼梯过道了，看来改变“习性”，要靠点这种特殊情景下的“运动”。没想到，卫生大检查之后，公共楼梯过道只清爽了一周，在某一家试探性地带头又堆放出杂物之后，各家就像事先约好一样，又把在楼道里堆放杂物演变成一种法不责众的“集体行动”，一切又都回到原来的景况。

在近两年的住房改革中，为了推动住房的福利补贴向货币补贴转变，采取了停止福利分房、把现有的公有产权的住宅都按成本价卖给个人的政策。在购买住房的面积中，有一块是公摊面积，也就是说，楼房全部出售给个人之后，楼梯和公共过道的产权也都从法权上分解到私人手里，原来的住宅单元的公有制联合体已经转变为“承认个人产权的法权地位的市场合约性组织”。但这并没有改变楼梯公共过道的两个特点：一是“公共过道”使用权的“不可分割性”，即住户个人虽然拥有公共过道的一部分，但却不能只使用一部分，私人对公共过道部分产权的占有改变不了其使用权不可分割的“公用性”；二是在公共过道堆放杂物的“习性”，并没有因公共过道产权结构的变化而完全改观。

那么问题在哪里呢？我后来发现了一点奥妙。这是我从 20 世纪 90 年代后期一些新兴商品住宅楼中“堆放杂物”这种“景观”的“自然”消失中悟到的。

随着住房制度的改革和住房的自有化，多数新的住宅楼都委托给物业公司管理，过去由熟人街坊邻居构成的“互识社区”也转变成多半由陌生人组成的“匿名社区”，维系社区生活的私人关系日益淡漠了，谁要在楼道堆放私有物品，马上会有人给物业管理人员打电话，后者也不会再讲“情面”，轻则限时改正，重则罚款，于是延续了几十年的“公共过道”堆放杂物的“景观”自然消失了。从“互识社区”到“匿名社区”的转变，预示着社会结构的重大变化，也是产权实施环境的重大变化。

这也说明，像“公共过道”这样的公共空间，其使用权的不可分割性和所有权的不可单独让渡性（必须与住房一起），使得它的产权深深地嵌入公共生活的社会关系中，如果不改变产权所嵌入的社会关系，产权明晰化本身并不能从根本上改变它的使用特性。这就像很多国有企业，由于其内部是个传统体制的“互识社区”，在明晰产权的股份化以后，仍难以改变其嵌入社会关系网络的利益格局和运行机制。

非正式制度与村落社会网络

如果我们把一个社会比作一座楼房，那么可以说这个社会的结构，就如同楼房建筑的框架和格局。但这个框架和格局是什么呢？现在问卷调查流行了，很多人习惯于把人口的性别、年龄、文化程度等方面的分布作为分析社会结构的切入点。其实这些还只是社会表层的结构，并不代表社会结构的本质。换句话说，一些表层结构相似的社会，很可能具有本质上的差异。

一个社会的深层结构，其实是由那些实际的运行规则组成的。而决定人们行为规则的东西就是制度，但制度可以分为正式制度和非正式制度：正式制度就是由法律、行政法规和政府政策组成的一套行为约束；而非正式制度大体相当于我们所说的习俗和惯例，也包括具有行为约束力的道德、信仰和意识形态等。

在中国南方的大都市羊城，现代文明发展的铁律正在快速改变着很多传统的东西，但对很多人来说，这个现代文明的汪洋大海，变成一个越来越陌生的世界，嵌入这个大海之中的羊城村，像一个传统文明的孤岛，它那熟人的互识社会与外部陌生的世界形成了一个强烈的对比。

这个处于鳞次栉比的高楼大厦包围之中的羊城村，似乎并不理睬周围世界的变化，而是按照一种农民的睿智，一方面采取各种圆滑、权宜和灵活的方式，汲取那些有利于自身的新东西，另一方面，仍按照似乎千年不变的传统逻辑行事。尽管羊城村已步入村落终结过程，但它的运行逻辑依然保持着村落的深层特征，就像一个出土的古老瓦罐，即便是在现代文明的阳光下，表征还是非常久远的历史记忆。

所谓“传统逻辑”，实际上就是一套村落历史上延续下来的习俗定规。因为传统的村落就像一个大家庭，而家庭一般来说是一个“无讼的世界”。当然，现代文明似乎也在改变着所有“无法的角落”，媒体上报道的家庭诉讼和父子打官司的事也越来越多，但尽管如此，大多数老百姓的日常家务事还是靠“情理”来调节，况且人们都期望现代文明仍能保持家庭中“无讼的温馨”。

羊城村的故事并不是孤立的，从深层上来看，它实际上依然是在复制着千万个中国村落的叙说。从管理、发展上来看，羊城村属于那种村落精英比较成功的类型，而这种类型的村落，村落精英一般都是长期执政，虽然外部世界几经风雨，发生了各种社会事件和人事更迭，但他们依然遵循“外圆内方”的策略，我行我素。因为他们深谙乡土社会的运行规则，是村落中少数能够“摆平”各种乡土社会冲突的村落精英。

羊城村里调节人们社会关系的那些“习俗定规”“情理”“说法”等，用过去的学术语言来说，就是与“法”相对而言的村落之“礼”，与“法统”和“政统”相对而言的村落“道统”；用现代的学术语言来说，就是与法律法规等正式制度相对而言的非正式制度。

对非正式制度的关注和研究，似乎是中国社会学的一个经典主题，这个主题由于新制度主义理论研究视角的兴起而再次成为社会学关注的焦点。如果说社会学与经济学、法学有什么研究上的区别的话，我想这种区别已经越来越不是研究的现实领域的区别，而是研究所使用的理论、概念和方法的不同。比如，如果说中国的经济学和法学研究的更多的是正式制度的话，那么社会学和人类学更多研究的则是非正式制度。

中国社会学对非正式制度的关注，与中国过去一直是一个东方的乡土大国有关。费孝通先生在《乡土中国》一书中，认为中国乡土社会的基层结构是一种所谓的“差序格局”，它与西方社会的

“团体格局”是不同的。“差序格局是由无数私人关系构成的社会网络，网络的每一个结，都附着一种道德规范要素，所有行为的价值标准，都无法超脱于差序的人伦而存在。”（费孝通，1947／1985）根据我的理解，这个“差序格局”就是乡土社会的一整套非正式制度。

这套非正式制度的维系，表面看来是自觉遵循的“默契”“共识”“习性”，没有外部的强制力量，其实它与市场规则一样，也是冥冥世界中无人格的上帝。孔子曰，“克己复礼”，一个“克”字，表明了“约束”的存在。行为的选择是由意念而起，对意念的约束也是一种对“心”的强制力量，正像法制是对“身”的强制，尽管强制的方式不同。有时对“心”的强制压力甚至是很可怕的，就像鲁迅在《狂人日记》里说的：“礼是会杀人的！”

羊城村的“身”已经进入城市中心地带，但它的“心”还是村落的，它还是一个由血缘、地缘等社会关系网络构成的生活共同体。在过去村落以“集体化”或“工业化”为目的而“组织起来”的过程中，人们曾试图打破这种社会关系网络，以现代法人的行政体系或经济组织来替代，但很少成功过。这些外部注入的现代构造，在嵌入村落社会关系网络之后，都被潜移默化地进行了彻底的改造。中国一些所谓的“工业村”，改革以后在经过一段时间分田到户后，往往又有一个为了发展工业而进行的“再集体化”或“新集体化”过程。王颖和折晓叶等人基于珠江三角洲一带村落经济发展的经验，把村落在人民公社解体以后在非农化和工业化过程中再组织的形态概括为“新集体主义”或“超级村庄”。（王颖，1996；折晓叶，1997）不过，这种再组织与其说是形态上向“旧集体化”的复归，毋宁说是向“村落共同体”的复归，因为这种“新村落共同体”顽强存在，不仅仅是由于土地紧缺造成的非农化或工业化需求，还有它更深层的社会关系网络根源。

在羊城村中，甚至在村里客居的进城“农民工”，他们就像“新客家人”，在进城打工以后，还会把他们的村落社会关系网络移植到城市，形成像北京“浙江村”那样的生活共同体。人们一直很不理解的是，这种传统的村落社会关系网络为什么有那么大的延续力量？

地处城市中心的羊城村，虽然生活水平和生活方式已经非常城市化了，但原有的社会关系网络并没有因此而发生断裂。羊城村的“村落社区”与城市的“街道社区”和“单位社区”都有很大的差异，它不是一个由陌生人构成的生活共同体（如街道和物业小区），也不是一个仅仅由于业缘关系而构成的熟人社区（如单位宿舍大院），而是一个由血缘和地缘关系结成的互识社会。

羊城村和其他城中村一样，有一个共同的特点，那就是在非常拥挤的建筑群中，似乎只有三处“豪华建筑”具有空间的“特权”，可以超越“租金最大化”逻辑，这就是宗祠、小学幼儿园和老年活动中心，它们是作为村落里敬宗收族、尊老爱幼的共同价值观象征而存在的。城中村一般都有3—5个大姓，不同的姓有不同的宗祠，宗祠的气派是该宗的村落地位的象征，村落权力配置一般要与其宗族结构相协调才能“摆得平”。华南村落中的宗族关系似乎远比华北农村盛行，这可能是由于整体迁移性群落对他们的“根”都有特殊的关注。

从我们访谈调查的情况来看，村民们由于各种复杂的亲属和联姻关系，平均每户村民至少与20户村民具有血缘和亲缘关系，大的家族可以把这种关系扩展到50户甚至上百户。在宗族群体的地位划分之下，是家族之间的地位划分。宗族就像村落“集团公司”下属的“主干公司”，而家族是“主干公司”下属的“子公司”。经济组织产权架构的下面，是深层社会关系网络的基础。

村落“大家庭”的内聚力与村落社会关系网络的相对封闭性有重要关系，这种相对封闭性保证了村落“做蛋糕”的集体与“分蛋糕”的集体基本一致。过去村里有嫁出村的姑娘，也有娶进村的媳妇，大体保持着集体利益的平衡。但进入20世纪90年代后，这种相对封闭性下的平衡难以保持了，年轻一代与城市青年的“涉外婚姻”越来越多，作为村落社会关系网络基础的集体经济利益受到威胁，因为“分蛋糕”人数的增加意味着平均分配数额的减少。所以，到90年代中期，城中村大多数都实行了此后任凭生死婚嫁而股份不再变动的制度。

在中国的历史上，历来有“富不过三代”的说法，这也可以被称为“家族盛衰循环定律”。对此定律的道德解释是，富家子弟多半是纨绔子弟，是败家子，其实这并非普遍真实的，因为人力资本的家庭再生产假设更容易得到证实。从继承制度上对此定律进行解释似乎更加可信：中国传统的家庭财产继承制度与欧洲国家有很大不同，也与中国的皇位继承制完全不同，它不是聚集财产和权力的“长子继承制”，而是分散财富和权力的“兄弟分家制”。这种兄弟分家制的功能类似于现代国家的“遗产税”，似乎是一种国家的设计，它不允许一个家族的力量无限扩大，可以与皇权和国家抗衡。对于家族的盛衰来说，创业人去世后的分家，往往成为产生内隙、内讧和由盛变衰的转折点。在一些家族企业悲壮的盛衰史上，我们仍可以看到这一定律在起作用。所以，历来大家族规避和抵御衰落风险的根本办法，就是不分家，因为分家就意味着产权和社会关系的重组。

羊城村实际上仍然是一种由血缘、亲缘和宗缘等社会关系网络联结的“大家庭”。这种村落社会关系网络具有聚集财富和资金的实际功能，村落股份制一般都有不能退股的严格规定。农民在改变职业身份以后，之所以对村落社会关系网络还有那么大的依赖性，是因为他们面对一个全新的陌生社会，具有共同抵御风险和外部压力的需要。城中村里村落社会关系网络的顽强存在，实际上是村民为了大家庭的持续兴旺而坚持不分家的结果。他们本能地按照自己的理性选择，试图保持他们大家庭的气脉不断。

非正式制度的研究是社会学和人类学历来的经典主题，改革开放以来的经验事实表明，那些经济迅速发展和起飞、民众生活快速改善的地区，往往并不是那些具有大量国家投资项目的城市地区，而是那些具有传统的工商精神（business spirit）的乡村地区。这种地区（苏南、闽浙、珠江三角洲）在发展中所利用的许多行为规则，既不属于科层制的令行禁止的规则，也不属于市场的交易契约规则，而是靠传统伦理、家族网络和人情信用等维系的一套非正式制度的规则。

这套非正式制度得以发挥巨大的作用，在中国有它的特殊条件：

首先，中国的乡村历来是正式制度薄弱的区域。费孝通先生在研究中国过去的皇权和绅权制度时，就曾提到过皇权止于县的现象，在县以下，是科层制贯彻不到的民间绅权区域，或者说是一个自治的区域。中国现在的行政科层制贯彻到了乡镇，但乡镇以下，实际上留有很大的自治空间，也是正式制度薄弱的区域。在法律上，村一级权力也属于乡村自治组织。自治的空间和正式制度的薄弱，成为非正式制度生长和发挥作用的土壤。

其次，中国正处于一些旧的正式制度被突破或破除而新的正式制度（行政的和市场的）尚未建立或完善的时期。这里涉及一个正式制度的起源问题，即正式制度究竟是自下而上的，通过非正式制度的过渡而形成正式制度的呢，还是自上而下的，通过理性设计、法令法规的颁布形成的呢？在我看来，前者是更基本的过程，后者的形式化过程一般都是以前者为基础的。中国的经济体制在从计划经济向市场经济转变的过程中，往往在某些方面形成正式制度“缺位”的状况，而正式制度缺位的区域和时期，正是非正式制度活跃和发挥更大作用的区域和时期。

最后，在那些历史上具有工商精神的区域，一直存在着与市场活动相契合的，或者说市场活动“嵌入”其中的非正式制度的社会网络。在公社制度解体以后，这种传统的社会网络成为新的经济活动扩展和运行的依托，而经济活动本身具有的扩张性，又使这些非正式制度到处传播。

中国的非正式制度在很多情况下都是与“传统”相联系的，所以用“现代性”的价值尺度对其进行价值评价具有很大的“风险”。

因为一方面它们（非正式制度）的本质特征往往是“传统的”“乡土的”“前现代的”或“反现代性的”，另一方面它们的功能在一定的范围和时期又是促进市场化和现代化的，并似乎成为向现代化正式制度顺利过渡的必要桥梁。正是这种复杂性，使得对非正式制度的研究成为社会学研究的“真问题”。

社会学和人类学对非正式制度的研究有很悠久的传统。社会学对社会关系的研究及人类学对初民社会的研究，其实都是对非正式制度的研究。但是，这种研究很少与行动效率的问题联系起来，或者更多的情况下，是把非正式制度视为行动效率或“现代化”的反面。把非正式制度的研究纳入一个规范的领域，并与行动效率问题紧密联系起来，是诺思（D. C. North）的一个重大贡献。

在诺思之前，对于大多数经济学家来说，产权、法律、意识形态、习俗等都是给定的常量，而且是不可测度的，除了美国旧制度学派的几个代表人物如康芒斯（J. R. Commons）等之外，很少有人认识到制度对于个人选择的意义。

但诺思对非正式制度的研究和重视，使得社会学和经济学有了一个重要的对话领域。在《制度、制度变迁与经济绩效》一书中，诺思指出，制度是一个社会的游戏规则，或者更正式的，是定义人类交往的人为的约束，而法律、习俗、道德都是制度的一部分。制度是一个社会赖以存在和运行的基础，其主要作用是消除或降低社会交往中的不确定性。诺思喜欢把非正式制度称为“非正式约束”（informal constraints），是指那些对行为的不成文的限制，也是文化遗产的一部分，它是相对于法律等正式制度的概念而言的。从发生学的角度看，非正式制度的起源早于正式制度，后者是对前者的逐渐替代。所以，研究非正式制度的最好起点是没有正式制度的原始部落和正式制度开始建立的初民社会。人类学家的研究成果表明，看似简单的原始部落，其实包含了现代文明社会的许多基本制度的萌芽。从非正式制度的适用范围看，传统视野里的私人领域，特别是正式制度执行成本很高的私

人领域，通常都是由非正式制度来调节人们的行为和社会关系的。（North, 1990）

但是，在现代社会里，在公共领域中，非正式制度也是广泛存在的。诺思把非正式制度分成三类：一是对正式约束的扩展、丰富和修改；二是社会所默认的行为准则；三是自我实施的行为标准。

在诺思看来，非正式制度的延续主要依靠社会的学习和传递，而在不同的社会里，非正式规则的学习和传递渠道是不完全相同的，但一般说来，家庭、社团和国家是三个主要的渠道。传统的现代化理论框架习惯于把非正式制度传递渠道局限于家庭关系，而把正式制度的传递渠道局限于国家，但当法国政治史学家托克维尔（A. de Tocqueville）于 19 世纪 30 年代踏上美国这个新大陆时，他惊奇地发现，“在美国无论年龄大小、地位高低、志趣如何，人们时时刻刻都在组织社团。那里不仅有人人都可以参加的工商业社团，而且还有数以千计的其他类型的社团：宗教的、道德的、严肃的、无聊的、宗旨一般的、目的有限的、庞大无比的和规模很小的……只要有什么新的事业，在法国就是由政府出面，在英国就是权贵带头，而在美国，你会看到人们一定在组织某个社团”。（Tocqueville, 1948）强调托克维尔是社会学家的阿隆（R. Aron）认为，托克维尔在制度起源和传递的分析上，继承了孟德斯鸠的传统，即把地理—历史的、法律的和习俗的因素作为解释制度的三个原因，不过在托克维尔对美国民主制度的比较分析中，地理—历史因素不如法律重要，而法律不如习惯、风俗和宗教重要。（阿隆，1967／1988：245—246）

诺思在后期的研究中，十分重视非正式制度对正式制度变迁的制约作用，他的一个被广泛引证的概念就是制度的“路径依赖”（path dependence）。诺思说这个问题首先是由戴维（P. David）提出的，之后引起经济史学家们的广泛注意。戴维在 1985 年的一篇文章中，试图通过打字机键盘上英文字母的特殊组合如何标准化和固定化的过程，来解释为什么一组偶然发生的事件会引起持续的后果，即便是在出现更有效的替代选择的情况下。（North, 1990: 93）

关于“路径依赖”问题，人们后来经常引用的一个多少经过演绎的经典例子是“火车铁轨与马屁股的联系”：美国火车铁轨中间宽度的标准距离是 4.85 英尺（约 1.48 米），现在的人们常常为这个宽度不是一个整数而迷惑不解，于是有人追索求证，发现原来美国铁路最早是英国人建的，为了使用英国的火车，就用了英国的铁轨标准。而英国的铁路最早是由制造有轨电车的人设计的，铁轨的宽度用的是有轨电车的标准。但人们进一步追问，有轨电车的轨道宽度标准又是从哪里来的呢？原来造电车的是以前造马车的，电车的标准来自马车的标准轮距，而英国马车的轮距是来自古罗马人制定的标准。因为包括英国在内的欧洲，主要道路都是古代征服欧洲的罗马人为军队和战车铺设的，4.85 英尺就是战车的轮距。罗马人用小方石块，铺成便于战车行走的很坚实的道路，这种道路到现在有的还在使用，但在古战车反复行走后形成车辙，如果按其他标准造马车，在这些老路上行走就很容易损坏。那么罗马人为什么选择 4.85 英尺这个奇怪的战车轮距标准呢？其实道理很简单，那是两匹并排拉战车的马的屁股宽度。故事到此并没有完结，美国设在犹他州的 THIO-KOL 公司的工程师为美国最早的火箭设计推进器，原初设计的两个推进器之间的宽度比现在的要宽一些，但他们很快发现，推进器造好后要用火车运到组装场和发射场，路上火车还要经过一些隧道，所以他们只好修改了设计方案，以便适应运输的火车和隧道的宽度。但谁会想到，如果追根溯源，这是受马屁股宽度的影响呢？这就是制度的“路径依赖”力量，所以从制度起源上看，大多数正式制度都来自于对非正式制度的标准化和固定化。

诺思认为，理解“路径依赖”的钥匙是文化，他在演讲中谈到苏联和东欧的剧变时说：正式规则、非正式的习俗及其实施方式决定着经济绩效。尽管正式规则可以在一夜之间改变，非正式的习俗通常变化缓慢……当一些经济实体采用另一个经济实体的正式规则时，其绩效将与那个经济实体有很大不同，因为它们有不同的非正式习俗和实施方式。这意味着把成功的西方经济的政治和经济规则引入第三世界和东欧经济实体不是（产生）好的经济绩效的充分条件。

现代社会学的先驱涂尔干曾把社会学定义为“关于制度的科学”，而把经济学定义为“关于市场的科学”。对于涂尔干来说，社会制度是由符号系统，即知识、信仰、集体情感和集体表象系统构成的。（Durkheim, 1901/1950）不过，在社会交换理论、新制度主义、理性选择理论等新学派兴起之前，从涂尔干到帕森斯的社会学传统，一直把规范视为一种先验的或至少外在于经验的社会实在，要通过个人的“社会化”过程来“内在化”，而不是通过主体的“日常生活”和“社会交换”来建构和重建。这种理论定式容易造成人们否认或忽视主体行动对制度建构的意义，特别是忽视非正式制度对正式制度形成的意义，并容易把非正式制度与正式制度的区别视为传统与现代的区别。

美国斯坦福大学经济学教授青木昌彦先生2001年出版了一本题为《比较制度分析》的新著，该书总结了经济学、社会学、人类学关于制度研究的许多新的案例成果。青木昌彦指出，近来的一些研究成果表明，“集体合作”“互相回报”和“共同分享”这些过去被视为“前市场经济”的乡村社会规范，在一定条件下能够发挥积极作用，促进前市场乡村向市场经济的过渡，因此，“彻底摧毁传统乡村社会对于市场发展既不充分也不必要。换句话说，在一定条件下，前现代社会关系的存在可能对市场发展是互补性的”。（青木昌彦，2001：53）例如，以研究美国硅谷知名的萨克森尼安（A. Saxenian）在考察了台湾新竹高科技园区后，发现由在美国受过教育的台湾工程师组成的“一个跨区域和以分享信息、信任和密切联系为核心资产的社区”，是新竹保持技术信息获得和产业升级成功的关键。（Saxenian, 1999）

在羊城村中，甚至在村里客居的进城“农民工”，就像“新客家人”，在进城打工以后，还会把他们的村落社会关系网络移植到城市，形成像北京“浙江村”那样的生活共同体，从羊城村里，走出了一批批市场中的创业人。究竟是什么机制，使这种传统的村落社会关系网络有那么大的力量呢？调查的结果表明，在缺乏正式制度供给的情况下，民间的社会网络及其合作方式，成为低成本传递各种社会资源的主渠道，这些社会资源包括信息、信任、信念、经验、影响，甚至技术和资金。

乡土人情和民间信用

我上小学的时候，语文课本里有一个妇孺皆知的寓言故事——《狼来了》。故事讲的是，一个牧童在山上放羊，看到山下劳作的农夫，就大声喊“狼来了”。农夫们听到后，就拿着木棒、铁锄前来搭救，牧童看到农夫们被戏弄的样子，开心地大笑起来。如此几次，当狼真的来了时，孩子再喊已没人理会了，结果牧童仓皇上树逃命，羊被狼叼走。这是我所接受的正式的学校教育中最初的诚信教育。现在我儿子的小学课本里不知为何没有这个故事了。中华民族的古老文化是非常崇尚诚信的，因为这是维系共同生活的社会关系很重要的因素。在传统文化的“思想教育”中，“仁、义、礼、智、信”是最基本的道德规范。《孟子·告子上》云：“鱼，我所欲也；熊掌，亦我所欲也，二者不可得兼，舍鱼而取熊掌者也。生，亦我所欲也，义，亦我所欲也，二者不可得兼，舍生而取义者也。”可见在我国古代的道德观中，信义是比生命更重要的。

可是在当前的现实生活中，假冒伪劣商品充斥市场，商家违约司空见惯，借贷赖账的成了大爷，跳槽的明目张胆偷走企业专利技术，传销的专门“宰熟”，贪污的官员上午做反腐败报告下午被“双规”，上市公司、证券公司联手“圈钱”欺骗股民，会计事务所做假账，律师事务所提供伪证，发票、文凭满街卖，故意买假索赔者成了打假英雄……诸如此类，人们似乎已习以为常。当我们说正在走向一个法治社会时，这个社会支撑信义的脊梁究竟是什么？

我在羊城村的调查中，一直在寻找这个问题的答案。我想知道，在我们乡土社会的最基础单位里，是什么在维系着民间信用。我发现有三个因素，在维系村落的传统民间信用中至为关键，即人情、民约、族权。简单地说，就是情、法、权。在村落社会中，它们代表社会交换中的“面子”“路子”“门子”。在现代市场社会中，这些因素虽然发生形态变异，但仍不外乎这三个因素所发挥的功能。

乡土社会是“互惠社会”，有别于“市场竞争社会”，而互惠的基础是人情信用。邻居有难时互助，朋友盖房时帮忙，如果细算得失，对村民来说那叫“见外”。言外之意是，如果我换成你，我相信你也会这样做。

人情交换与市场交换不同。人情交换的第一个特点是不等价交换。市场交换遵循等价原则，而人情交换不可能等价。因为人情本无“通价”，无法用货币衡量，人情总是“特价”的，有些一般人看起来属于单方面的赠予，如慈善捐赠和“献爱心”，如果排除现代社会某些人的免税和广告动机，对行善者来说，他也获得奉献爱心、回报社会、品德守成、信念追寻甚至赎罪的心灵安慰。但人情也并非完全“无价”，人们常说“欠了人情”，如果完全无价，哪来这欠债之感。尽管老百姓的心都有人情一杆秤的定盘星，但人情不可能完全等价交换，所以一般来说总要加倍偿还。春天邻居送我一把自家房后地里种的葱，秋天我会送邻居自家庭院树上收的一箩枣。从这点上来看，人情交换就类似于一种“高利贷”。

人情交换的第二个特点是有时差。与大多数经济交换“一手交钱、一手交货”的即时结算不同，人情交换的来往有时差。如果一个人头一天接受了朋友的礼物，第二天马上买别的东西送回去，就会令朋友生疑，“是不是以为我有事求他”。从这个特点看，人情也是一种“信用卡”，“人缘好”的人，可以得到邻里、乡亲、朋友更多的关心、照顾。“老实人”“厚道人”“规矩人”“言而有信的人”“有声誉的人”，这就是人情信用的凭证。“看在我的面子上”，就是“以我的声誉做担保”或“以我的人情做抵押”的意思。对于村落社会来说，有时人情信用比签字画押更可靠，因为契约可以违反，但人心不可违。当然，“人情信用卡”虽然可以“透支”，但也不能无限透支，总是欠人情不还的人，也会丧失人情信用，他的“人情信用卡”就会过期、失效。

人情交换的第三个特点是无法结清。经济账可以结清，人情账实际上永远无法清算。经济交换中的赊购赊销、期票、汇票、债券、支票、信用证等，都是信用凭证，但这只不过是把结算的时间延期而已，最终都是要清算的。而人情的交换，实际上没有最终的清算，因为没有“通价”，所以是算不清的。虽然人们常说“知恩必报”“冤有头债有主”，但世间的恩恩怨怨永无终了。“滴水之恩当涌泉相报”和“以命抵命”的结果，都是结下新的人情债。人情债的清算，就等于断情、绝交、结仇或以命相争。金庸武侠小说里那无数的动人心弦的恩恩相报和冤冤相报的故事，讲的还不就是“问世间情为何物，直叫人生死相许”？

但人情交换不能是单次博弈的“一锤子买卖”，必须是连续性博弈。如果是经济交换的“一锤子买卖”，那就要“亲兄弟，明算账”，“交情是交情、生意是生意”。村落社会中保证人情交往的连续性博弈和博弈规则的，就是长期的共同生活和民约。长期的共同生活使人们“低头不见抬头见”，想退出博弈都难。而所谓民约，并不一定要有文字性的合约，它包括村落生活中的那些“惯习”，即共同遵守的一些做法、一些道德规范。违反这些“惯习”，就要受到惩罚，轻则是受到众人的谴责、斥骂、断交、视为异己，重则是要施以宗规家法。

民约对人情交换的连续性博弈规则的保证，在羊城村的借贷还钱行为中表现得尤为突出。民间借贷因为是个体之间的行为，价格自然会比较高，这就像零售店的商品价格通常要高于超市和批发店。羊城村的村民现在虽然多数都比较富裕，但遇到大项支出时，一时还是拿不出那么多现款，所以仍然有借贷的习惯。最常发生借贷的理由是开店、盖房和婚丧。按照羊城村民间的借贷“惯习”，如果是年息，一般在8%—17%，根据物价波动和银根松紧而变动。假若是有急用，使用的时间较短而数额较大，如企业注册时需要周转的注册资金，或股市出现飙升行情和发行新股时需要较多股资，那就不得不借贷“印子钱”，即我们所说的“高利贷”，月息可高达15%—20%，甚至以日计息，利息预扣，到期不还，利上加利。这种借贷，如果是近亲挚友，一般没有抵押物，也就是立个字据，按个手印，而且有相当一部分仍采取口头协议的形式，并没有书面字据或签订书面合同。即便是立了字据，也不过是在人情担保之上，再加一层字据的担保。而一旦违约或出现纠纷，这种民间字据有时很难保护债权人的权益。因为一般村民并不懂法，如《民法通则》规定：“向人民法院请求保护民事权利的诉讼时效期间为二年，法律另有规定的除外。”如果债务人不遵守人情信用，借故拖欠、回避债务甚至赖账，而债权人又碍着情面，不愿撕破脸皮告到法院去，一拖再拖，等过了约定还期两年，字据就失去了法律保护。在民间借贷中，借贷双方最易在利息上产生矛盾，而《合同法》规定：“自然人之间的借款合同约定支付利息的，借款的利率不得违反国家有关限制借款利率的规定。”同时根据最高人民法院《关于人民法院审理借贷案件的若干意见》的有关规定：“民间借贷的利率可以适当高于银行的利率……但最高不得超过银行同类贷款利率的四倍（包含利率本数）。”本条同时规定：“自然人之间的借款合同对支付利息没有约定或约定不明确的，视为不支付利息。”所以，民间借贷出现纠纷后，即便有字据，如果商定的利息违反法律规定或不愿在字据上写明利息，也都难以得到法律保护。

但在现实中，羊城村的民间借贷虽然是很经常的事，但发生纠纷的比率并不高，最起码并不比国有企业之间在正式契约下发生的“三角债”纠纷比率高。羊城村很多个人的店铺或小企业在创业初期，都是依靠亲戚、朋友或熟人的财力帮助。这种以亲情、友情、交情为纽带，收取一定的利息，并不一定以赢利为目的的民间借贷，在村落经济生活中发挥着很大的作用。羊城村有一个做牛仔服装批发生意的村民，干了十几年，他就从未向银行贷过一分钱，做生意全靠自有资金和向亲戚、朋友临时借，最多时曾借了100多万元。他说，他借钱一般由他写张私人借据即可，一年还一次利息，期限也很灵活，利率则由借贷双方自行协商，不像银行，既要审查财务报表和抵押，还要半年结算本、利息。他说："做服装生意讲究的就是信息灵，反应快，耽误不起。现在亲戚朋友借给我钱，利息也就是8—10厘，而银行现在尽管利率降了，也还有5厘多，还要审批，太麻烦。人家借给我钱，利息比银行贷款高一些，也是正常的，我对人家是心怀感激的，只有好朋友才这么肯帮忙。我也一直按时还本付息，俗话说好借好还，再借不难嘛。即便有什么预料不到的事情，我也会跟人家说清楚。这么多年了，大家彼此信任，互相帮助。真要按银行的5厘利率，我还不干呢，那也显得我太不够意思了，因为你是借钱挣钱啰。"

"惯习"这种民约，要保证它被遵守，光有众人的谴责之类的软约束，仍然不够，还要有对违规者惩罚、让其付出应有代价的机制。在羊城村，这个机制是由权力和权威保证的，过去是家族、宗族的长老们依据祖宗规矩的审判，现在这个具有裁决权威的圈子，也包括村里新的有地位、有名望的人物，如村里的干部、有实力的企业主、村办小学的校长等。

在羊城村，我没有发现真实的村落审判或惩罚裁决的例子，因为绝大多数村落纠纷是通过调解来解决的，有裁决权威的人物多半是扮演调解人的角色。但我发现了一个"作会"的例子，也很能说明问题。

"作会"在当地也叫"呈会"，是一种民间融资互助的小规模组织形式。传统的村落，大凡带点群体意义的活动，都习惯叫"会"，如"庙会""香会""赛会"等。"作会"的目的，通常是为了在本钱不够的情况下，通过亲友间的互助融资，实现创业。按照村里"惯习"的规矩，"作会"通常有十几人参加，称为"会脚"，发起人则称为"头会人"，会钱多少视邀会者即头会人需要而定，一般的做法是，第一次收集到的钱由“头会人”拿去创业，第二次收集到的钱再交给一个人去创业，依次下去，结果是互相借钱，轮流坐庄。会钱的利息一般都是事先商定的，而轮回坐庄的次序，除头会人必然列首位之外，其他人的次序，过去多半是靠掷骰子决定，但现在则多半事先就约定好一个次序。“作会”把民间借贷的人情担保扩展到多人，因为如果有一人违约，“会”就难以再转下去。这是一种类似“连坐制”的社团，个别社团成员的不当行为，会损害每个社团成员的个人利益，这样社团成员就有实施集体惩罚的动力。西方社会教徒比不信教的人更容易让人信赖，中国有单位的人比无单位的人更容易让人信赖，也是这个道理。但这种信赖或信用的维持机制，表面看是集体惩罚，实际上是集体惩罚背后担保惩罚严明的权威。这个权威，对于宗教来说是上帝，对于单位来说是政府，对于羊城村的“作会”来说，就是宗权，尽管这种宗权可能已经穿上各种现代的新衣。我在羊城村看到，充当“作会”邀会人的“头会人”，后面通常都有一位有地位、有势力、有威望的亲戚朋友，这人实际上起到担保人和监管人的作用，是以他的身份、地位或声望来维系“作会”的人情信用，他的威慑力量和权威，在于他通常能够“摆平”村落的各种纠纷，或者说，他就是村落里的“公正”和“天平”。

“作会”这种民间融资形式，并不是羊城村的特产。类似的“草根金融”，在很多村落经济活跃的地区都有，它发展的高级形式，就是钱庄和银行。在中国历史上，享誉全国的山西“票号”也是这种“草根金融”同宗的一脉。而现在的浙江温州、台州一带农民，都是“作会”的高手，他们对此类民间融资方式真可以说驾轻就熟，家家户户手里都有大量手持现金，民间资金聚集和流动的速度远比银行来得快。那些移民到巴黎、伦敦、旧金山去的温州人，也把村落社会关系和“草根金融”带过去，刚去时还都是两手空空打黑工的，几年以后，通过“作会”开店摇身一变，都成了店铺小老板。

村落社会关系和经济活动是这种“草根金融”自然发育的土壤，如果没有交易成本更低的金融组织替代它的功能，它就会长盛不衰。有些农村地区，多次“整治”和“清理”这类“草根金融”，但它就像地里种的韭菜，割了一茬又生长出一茬。

从羊城村的情况看，真正对“草根金融”产生一定威胁的，还是社会关系的变动。这些年来，村落的生活越来越开放了，人员流动量大了，村民们的价值观念也发生了分化，年轻人和他们的上一代产生价值观念的断裂，传统的家族、宗族的网络出现很多漏洞，集体的村规民约约束力越来越弱……总之，羊城村的传统“互识社会”渐显式微，而一种新的“匿名社会”正在生成。

发生在羊城村的“化妆品传销宰熟事件”是这种变化的一个端倪。2001 年，一家较大的化妆品合资公司在羊城村推行洗发液之类商品的“传销”方式，据说这种传销方式还是美国“marketing”的一种创新，部分在家闲居的村民加入其中。这种“传销方式”，俗称“老鼠会”，似乎很接近村民们熟悉的人情信用，不需要太多的技术和商业经验。“老鼠会”是一种金字塔式的多层次直销方式，具体操作规则是：交纳一定“权利金”后，就可以成为一个新加入的直销员，从公司进货，可得 35% 的折扣。但直销员赚钱的主要渠道还不是兜销商品，而是发展直销的下线。每发展一个下线，他都可以从下线的销售活动中提成。如果能发展到 25 个直销的下线，而且他们每个人都购买一个月的供应量，他就成了“保荐人”，这时他可以从自己下线直销员的销售额里最高抽成 25%。而当他和他的下线直销员累积到 150 个顾客时，他就变成了靠近“金字塔”顶端的“代理商”。而如果下线的直销员也变成了代理商，他就成了可以坐享其成的总代理。“老鼠会”给那些没有什么文化和专业技术，又闲不住老想不受累而发财的老大妈们，提供了一个“发财”和出人头地的“梦想”，而且个别成为“代理商”的老大妈的“风光”产生了极大的“示范效应”。但加入直销员行列的老大妈们发展下线的渠道就是向亲戚、朋友、邻里们游说，俗称“宰熟”。后来人们发现直销的商品价格都高于市场的价格，于是感到受骗上当，不仅告到村委会，而且纷纷退货，由此引出众多熟人间的纠纷，使传统的村落人情信用受到极大的打击。村里一位年长的离职教师谈起当年的此事，摇着头一脸忧患地深叹：“世风日下，人心不古！”

社会变迁中出现的人情信用危机，并不仅仅是村落的危机，它也是普遍的信用道德和信用制度的危机。“老鼠会”的“宰熟”，是“匿名社会”的产物，是从外部导入羊城村这个“互识社会”的，从而使传统的人情信用资源变异成走向“失信”的桥板。这也不是一个独特的事件。同一年的年底，美国华尔街发生了“安然”“安达信”等失信事件。具有上百年历史、资产规模最大的美国安达信会计事务所，因为做假账东窗事发，结果百年信誉一朝崩溃，举世哗然，引发华尔街“地震”，使号称市场经济最发达的美国一度陷入了信用体系的危机，那可能是“匿名信息社会”的出现对现代信用制度的挑战。而我国同样不能幸免，也在同年，国内连续爆发“月饼造假事件”“上市公司造假事件”“注册会计师帮助造假事件”等。从假冒伪劣产品到上市公司报表造假，从豆腐渣工程到假文凭、假学历，从统计数据的浮夸虚报到学术界的论文抄袭，这一切都在昭示着社会信用的普遍危机。

这究竟是怎么了？什么发生了问题？是人们的道德观念和操守，是社会的信用体系和制度，抑或是人们基本的社会交往关系出了问题？

过去对村落信用体系的危机，多半是从社会转型的角度分析，认为从“人情信用”到“契约信用”，从“互识社会”的熟人信用到“匿名社会”的陌生人信用，从特殊主义信用到普遍主义信用，这都意味着社会结构的转型。村落信用体系的危机，就是传统人际关系对现代社会的不适应。

韦伯在《儒教与道教》一书中认为，信任关系有两种方式：一种是特殊主义信任，以血缘性社区为基础；另一种是普遍主义信任，以信仰共同体为基础。中国社会的信任关系大多建立在亲缘或类亲缘的私人关系基础上，所以中国人对圈内人有“特殊的信任”，对“外人”却非常不信任；而新教的伟大之处，是冲破了氏族的纽带，使商务信赖的伦理品质建立在实际职业经验的考验上，他说这一点为所有的观察家所“证实”。（韦伯，1915／1997：261—274）现代学者福山（F. Fukuyama）在《信任：社会道德与经济的繁荣》一书中也认为，经济深植于社会生活之中，一个社会成员之间的信任普及程度，通常是经由宗教、传统、历史习惯等文化机制所建立起来的，中国社会的本质和信任关系的基础是家族主义，由于文化的差异，不同社会的信任度差异很大，美国、日本、德国属于高信任度国家，而法国、意大利和中国属于低信任度国家，而只有那些拥有高信任度的社会，才有可能创造较稳定、规模较大的企业组织，从而在新的全球化经济中具备竞争力。（Fukuyama, 1995）

卢曼（N. Luhmann）的研究走出了这种社会类型的分割。他在《信任与权力》一书中指出，在所有的现代社会中，都存在着两种信任体系，即人际信任体系和制度信任体系，前者建立在“熟悉性”（familiarity）人情上，后者建立在法律等惩戒性或预防性机制上，二者都是在特定条件下，人们对风险的心理预期和估价，都有其特定的功能，而信任最基本的功能，就是“简化”社会交往复杂性的功能，但社会需要的不止是一种“简化”功能。卢曼甚至认为，不信任和信任是相辅相成的，同样具有“简化”功能，只有在一个不信任被制度化了的系统里，也就是说具有完备的监督机制的系统里，信任机制才能正常地发挥它的功能。（Luhmann, 1979）

现在研究信任的多数学者都是从信任的正面功能入手，把信任视为一种可以获得资源的、不同于物质资本和人力资本的“社会资本”，并试图揭示和测算出这种社会资本的运行规则。不过，与卢曼一样，新制度主义的威廉姆森和理性选择学派的科尔曼（J. S. Coleman）也都看到信任的另一面，他们在把信任视为降低交易和监督惩罚成本的机制的同时，也都指出信任实质上是建立在成本—

收益算计上的一种“风险行动”。(Williamson, 1975, 1987; Coleman, 1990)

继卢曼之后，还有一位社会学的信任问题专家，也对维持信任体系的基础提出类似的看法，他就是巴伯 (B. Barber)。巴伯在《信任的逻辑和局限》一书中，把人们的信任分成不同的层次：最高的层次就是对自然秩序和社会秩序的信任，其次是信任专业和权威人士控制社会秩序的能力，最后是信任社会交往的对方能够履行其义务和责任。在巴伯看来，信任体系的危机通常是发生在后两个层次，它来自权力、知识的滥用带来的监督机制失效。(Barber, 1983)

所以说，人情信用和契约信用，二者并不具有完全替代的意义，它们在不同的层次上调节着人们的经济社会生活的交往。尽管二者的具体运行规则不同，但深层的道理都是一样的。现在看来，卢曼提出的不信任的功能问题，可能是过去的信任研究有所忽略的方面，对于探索信用体系危机的原因来说，关于不信任功能的研究，是一个非常有价值的角度。

道德教育是要劝善的。人们总要相信“世上还是好人多”，才能产生信任关系。但法律法规的制定必须建立在“好人也会变坏”的不信任基础上，在每一个不信任的环节，都建立监督和惩戒的机制。民众要具有普遍的不信任的权利，也就是对信用的监督权利，并能够把这种不信任的机制扩展到所有的担保社会信任体系的权威人士和组织，因为谁也不可能完全排除，权威人士也有上演牧童“狼来了”的故事的可能。而一旦人们普遍感到，他们的不信任根本就无法控制“失信”的蔓延，那才是真正的信用体系的危机。

美国前总统克林顿在“莱温斯基绯闻事件”中，先是在电视里向公众信誓旦旦地宣称“绝无不正当关系”，最后却不得已为撒了谎向美国人民道歉。他的窘态和汗颜，显示了一个社会不信任的力量。“托拉斯”(trust) 这种行业垄断组织，在英文里和“信任”“信托”(trust) 是一个词，这不是偶然的，它表明权威的组织来自人们信任的委托。但权威组织也要有对其不信任（distrust）的监督机制，这就是反垄断（antitrust）的规制。只有民众感到，他们的不信任，在权威人士和组织的层次上也能控制“失信”，日常生活中的信用危机才能真正化解。

从羊城村的人情信用到现代社会的信用危机，看起来像是两个世界，但其实是一个逻辑。

村落权力的复制循环和更新继替

村落是中国历史上存续最为长久的社会自治单位，它建立在农耕经济的基础上，这一基础使村落获得一种超稳定结构。村落共同体的延续、权力的更迭继替、社会的治乱周期乃至个人命运的轨迹，似乎一切都打上了农耕经济周而复始的季节性循环规律的烙印。

村落就像是一个基因结构高度稳定的生命体，它具有生存和延续的强大生命力。建立在村落基础上的国家与社会，表面上看，似乎展现了它丰富多彩的变异，但骨子里和基因上却还是它的复制。我们可以从个人生命轨迹、权力更替、体制变动到社会治乱和国家兴衰，抽象出许多周期复制的规律。

中国民间有一种关于社会复制的俗语说法："龙生龙，凤生凤，老鼠生儿打地洞。"电视里曾播放过一个记者采访一个传统牧区的牧童："你为什么放羊？""挣钱呗！""挣钱干什么？""以后娶媳妇。""为什么娶媳妇？""生娃。""生娃干什么？""放羊。"这种子承父业的"生命周期"，反映的是一种复制型的个人生命轨迹周期变化规则。

对于中国村落权力的复制循环，以往的研究较多的是从自给自足的小农经济的基础上解释的。马克思在1853年从英国下院关于印度事务的官方报告上看到印度闭关自守的村社制度的特殊性："从很古的时候起，这个国家的居民就在这种简单的自治制的管理形式下生活着。村社的边界很少变动。虽然村社本身有时候受到战争、饥荒或疫病的严重损害，甚至变得一片荒凉，可是同一个村社的名字、同一条边界、同一种利益，甚至同一个家族却一个世纪一个世纪地保持下来。居民对各个王国的崩溃和分裂毫不关心；只要他们的村社完整无损，他们并不在乎村社受哪一个国家或君主统治，因为他们内部的经济生活是仍旧没有改变的。”（马克思，1853／1973：66）后来，马克思在写《资本论》第一卷时，依据更多的有关东方社会的文献，指出自给自足的小农经济是理解亚细亚社会结构高度稳定的一把钥匙。他说：“这种公社的简单的生产机体，为揭示下面这个秘密提供了一把钥匙：亚洲各国不断瓦解，不断重建和经常改朝换代，与此截然相反，亚洲的社会却没有变化。这种社会的基本经济要素的结构，不为政治领域中的风暴所触动。”（马克思，1867／1975：397）

从历史上看，单纯的游牧经济结构是很不稳定的，古代单纯依靠游牧经济的亚历山大帝国和伊斯兰帝国都很快就瓦解了。欧洲，特别是古希腊古罗马的牧农混合经济，是一种亚稳定经济结构，它比游牧经济具有更强的适应和维持能力，同时又有较大变异和选择的可能性。而中国自给自足的单一小农经济，则是一种高度稳定的经济结构，中国历史上战乱频仍，帝国依旧，从根本上说，是有这种高度稳定的经济结构作为基础的，即马克思所说的东方特殊的闭关自守的村社制度。

也有的学者从中国政治制度和政治文化方面来分析权力复制循环问题。1943 年，英国著名学者李约瑟访问中国《资本论》的首位翻译者、经济学家王亚南，向他提出中国封建官僚政治问题，两人就此问题进行了深入探讨。几年之后，王亚南写出了《中国官僚政治研究》。王亚南指出，中国由秦以降的 2000 多年，虽然政治上从贵族统治转变为官僚专制统治，经济上从分田制禄的领主经济（landlord economy）转变为履亩而税、佃田而租的地主经济（landowner economy），但本质未变。中国的社会政治制度自西周实行井田制、分封制，中经春秋战国的大动荡，至秦建立统一的中央集权国家，完成了一大变迁。此后历代虽然全都有所增减，但作为

这种制度灵魂和主干的君主官僚专制却始终没有变化。（王亚南，1948／1981）

1945年，著名民主人士黄炎培在抗战胜利前夕访问延安，回重庆后出版了一本小册子《延安归来》，记下了在延安与毛泽东关于“周期率”的那段著名对话：

黄说：“我生六十多年，耳闻的不说，所亲眼看到的，真所谓‘其兴也勃焉’，‘其亡也忽焉’，一人，一家，一团体，一地方，乃至一国，不少单位都没有能跳出这周期率的支配力……一部历史，‘政怠宦成’的也有，‘人亡政息’的也有，‘求荣取辱’的也有。总之没有能跳出这周期率。中共诸君从过去到现在，我略略了解了的，就是希望找出一条新路，来跳出这周期率的支配。”毛泽东答：“我们已经找到新路，我们能跳出这周期率。这条新路，就是民主。只有让人民来监督政府，政府才不敢松懈，只有人人起来负责，才不会人亡政息。”（黄炎培，1945／1982）

黄炎培先生所说的中国历史上的这种王朝更迭的“周期率”，是当时国内学人的一种普遍的历史观。早在1937年，梁漱溟先生在《乡村建设理论》中就认为中国旧的社会结构的特征是“只有周期的一治一乱而无革命”，所以非有历史大转变，中国文化已盘旋而不得进。（梁漱溟，1937／1989）从史实上看，有从“文景之治”“贞观之治”到“康乾之治”的太平盛世，但盛世的前后，形成鲜明对照的，是“白骨暴于野，千里无鸡鸣”的乱世；从抽象出的周期规则看，有“分久必合，合久必分”，“五百年必有王者出”等表述。这个周期在漫长的中国历史中以二三百年为一轮周而复始：先是王朝初期的“与民休息”，励精图治，接着很快出现盛世的繁荣和骄奢淫逸，接着是贪贿横行、吏治腐败加剧着危机，再接着是遍地流民饿殍和大规模农民起义，最终是战乱之后，在这废墟上再来一次重建和复制。

还有学者从社会深层的结构来分析政治变迁。孔力飞（Ph. Kuhn）在《晚清之叛乱及其敌人》一书中，将清朝的衰亡与中华文明的衰落区别开来，认为尽管帝国行政机构在土崩瓦解，但旧秩序的重要基础——地方士绅的权威并未动摇。（Kuhn, 1970）杜赞奇在《文化、权力与国家》一书中，则想从中国村落更广泛的社会生活领域来论证孔力飞提出的问题，杜赞奇引入“权力的文化网络”这一概念，他通过对村落中的家庭、宗族、宗教、自愿和非自愿组织等的分析，试图超越“士绅社会”和“儒家思想”的精英文化，从一个更深层的村落大众文化视野来看待中华文明的历久不衰。（杜赞奇，1988／1994）

新近又有学者重新从政治体制改革角度审视村落权力的复制循环问题。一直专注于“农民学”的清华大学教授秦晖，2000年在《中国经济时报》上发表《“农民减负”要防止“黄宗羲定律”的陷阱》一文。文章说，黄宗羲认为，历史上每搞一次“并税”改制，就会催生出一次杂派高潮，这就是现代史学家概括的“黄宗羲定律”。秦晖进一步解释说，包括一条鞭法在内的历代“并税式改革”，连同“易知由单”这样的配套措施，在中国历史上都是屡屡出现。由于我国传统赋役历来就有“明税轻、暗税重、横征杂派无底洞”的弊病，而在专制王朝费用刚性增长的条件下，财政安排只能“量出制入”而不能“量入为出”，因此为克服胡征乱派之弊，减少税收中途流失和官吏层层贪污中饱，并税—除费—简化税则就成为主流的改革思路。一般说来，上述改革大都可以在短期内使“向来丛弊为之一清”。然而它的中长期效果却无例外地与初衷相反。原因很简单：原来税种繁多时虽有官吏易于上下其手之弊，但这些税种包括了能够“巧立”的一切“名目”，也使后来者难以再出新花样。如今并而为一，诸名目尽失，恰好为后人新立名目创造了条件。时间稍移，人们“忘了”今天的“正税”已包含了以前的杂派，一旦“杂用”不足，便会重出加派。黄宗羲精辟地把它总结为“积累莫返之害”。秦晖还认为，“黄宗羲定律”实际上是专制王朝时代的又一个怪圈，从并税改制到又一次杂派高潮的“周期”，与所处王朝盛衰阶段有明显关系。王朝治世吏治相对清明时，这一

周期较长，改制的积极效果也持续较久；王朝衰世吏治腐败，周期就会大为缩短。（秦晖，2000）

2003年3月6日下午，在第十届全国人民代表大会第一次会议期间，时任国务院副总理温家宝到湖北代表团与代表们一起审议政府工作报告。在谈到农村税费改革问题时，温家宝说："历史上税费改革进行过不止一次。像唐朝时的'两税法'、明朝时的'一条鞭法'、清代时的'摊丁入亩'等，每次税费改革后，由于当时社会政治环境的局限性，农民负担在下降一段时间后会涨到一个比改革前更高的水平，走向了原先改革目的的反面。明清时期的思想家黄宗羲称之为'积累莫返之害'，这就是所谓的历史上有名的'黄宗羲定律'。""共产党人是彻底为人民群众谋利益的。我们一定能够把乡镇机构精简下来，一定能够把过多供养的人减下来，一定能够走出'黄宗羲定律'的怪圈。"

历史上关于个人生命轨迹、权力更替、体制变动、社会治乱和国家兴衰的周期复制规律，也许带有些许史学家修史的"圆一个说法"的痕迹。但村落生活的文本话语，道出的故事反映的是同一个道理。

通过羊城村的故事，我们从村落权力的复制循环和更新继替中，也可以看到这种周期率的再现和改变。羊城村在近半个世纪的历史上，一直存在五大姓氏，过去这五大姓氏都有自己的宗族组织，有大体相同的一整套族法、族规和作为宗族领袖的族老，还有可观的宗族"公共财"，包括族内宗祠与"太公田"（宗族公共田）。1949年以前，羊城村平均每个姓氏宗族拥有太公田达到400多亩，整整占了全部村有土地面积的四成多。如此巨大的族内公共财产，是族老权威得以凌驾于各家庭之上并对族众行使威权的经济基础。

这五大宗族，就是乡土的微型列国，是五大村落势力。驾驭这势力并形成村落"共治"，依靠的是乡土社会士绅阶层中的权力平衡。所谓乡土士绅，实际上就是由村落中有权威和声望的家族领袖人物组成的。而主掌村落权力的，就是这些领袖人物中能够对内对外把各种利益关系“摆平”的代表人物。在过去的村落历史上，所谓村落权力的继替，就是父子之间的权力继替，而所谓村落权力的更迭，不过是能够“摆平”的代表人物之间的权力周转。

在20世纪30年代，行政当局为了使国家权力伸展到村落社会，在农村施行了历史上曾经推行过的保甲制度。羊城村从1943年开始正式推行保甲制，全村编为10个保、99个甲进行管理，并由一个带有官方色彩的村落权力机构“中立堂”来处理公务和调解纠纷。中立堂设文书、父老团、更夫馆（治安管理）、更夫队（治安员），堂主由保长担任。中立堂处理公务的经费由五大姓氏宗族按人口比例分摊，并从太公田租金收入中划出。村民们把中立堂也称为“乡约”。这种村落保甲制度实际上只具有一个官僚制的外壳，骨子里仍然是乡土的权力运作规则。

1949年以后，羊城村和中国千千万万个乡土村落一样，也经历了土地改革，并被纳入经由互助组、合作社（初级社、高级社）而建立的人民公社制度。这实际上是又一次国家权力下乡运动，所不同的是，过去的国家权力下乡，旨在使乡村权力格局受国家权力的驾驭，而这种驾驭一般是建立在乡土权力势力的归顺和依附上，建立在村落社会关系网络的维持上，而人民公社的建立，则是要彻底打破和击碎原有的权力格局和社会网络。

保甲制废除了，中立堂瓦解了，地主和宗族公共财产被没收了，土地重新分配了，旧有权力格局全部打碎了，意识形态和统治话语完全改变了。村落的一切，似乎都经过急风暴雨式的洗礼。一种新的权力格局似乎诞生了，在公社体制下，羊城村成为羊河人民公社下的“羊城大队”，下属20多个生产队。与其他村落不同的是，羊城大队与其下属的生产队的关系，并不是行政村与自然村的关系。换句话说，羊城大队拥有一张统一的社会关系大网，它是一个完整的村落，而不是每个生产队都像自然村那样，有自己独立的社会关系网络，大队只是一个行政的架子。

起初，“一大二公”的公社制度试图将乡土权力在更大范围内集中起来，超越传统的村落关系网络，使乡土权力不仅成为国家机器的一个部分，而且成为兼管乡村政治、经济、社会、文化的全能主义总体性社会。但是，公社制度确立后随之而来的食品短缺和饥荒，使公社制度面临合法性危机。为了克服危机，最终确立了得以使公社制度延续二十几年的“三级所有，队为基础”的新体制。

在“三级所有，队为基础”的体制下，原本要在公社层面集中的乡土权力，又归还和落实给拥有完整社会关系网络的村落。羊城村的权力集中到大队党支部书记池有德的手里。他是土改和公社化的积极分子，贫农出身，上过几年私塾，也是羊城村有点文化的人，可以谈天论地，而且，他姓池，代表着村里第一大姓，公社的领导是他的老上级，绝对信任他。更为重要的是，经验证明，他能够“摆平”村落的各种势力，能够理顺乡土社会利益关系，能够理顺国家权力和村落权力之间的冲突。村支书池有德成为羊城村权力的中枢和核心，是羊城村一言九鼎的强力人物和乡土精英，他就是羊城村的法律、信用和声望的象征。公社从打碎一切、新建一切开始，而最终的结局表明，它只不过是融入村落权力循环“黑洞”的又一次国家权力下乡。

张乐天在他写的《告别理想：人民公社制度研究》一书的绪论中，也提到循环陷阱的问题。他认为：“传统的村落社会犹如一个具有强大吸纳力的‘循环的陷阱’。资本主义的萌芽，商品经济的渗透，小城镇的兴盛，城市工业的发展，新式学校在农村的建立，党派向农村的延伸，一切进步的因素一旦进入村落，就被强大的传统势力所化解。尽管村落也在缓慢地发生变化，但是，村落的特质未变，村落依然沿着传统的轨迹再生。”尽管张乐天赋予“人民公社”一种过去国家权力下乡运动所未有的“神力”，这种“神力”在激情、憧憬和理想的烘托下，“超越了传统的循环，并为最终摆脱‘循环的陷阱’创造了条件”；但面对公社的结局，张乐天又深刻地指出，“过分理想化的大公社制度过分地破坏了传统村落的生存方式，过分强烈的外部冲击使受冲击的传统农民无所适从。外部冲击—村落传统的互动在这里出现了断裂，断裂的结果是普遍的灾难，灾难迫使大公社制度的设计者们向传统村落让步。于是有了'三级所有，队为基础'的人民公社"。（张乐天，1998：3—6）

《农村人民公社工作条例修正草案》（著名的"农村工作六十条"）在1962年9月中共八届十中全会上通过。该草案规定："生产队是人民公社中的基本核算单位。他实行独立核算，自负盈亏，直接组织生产，组织收益的分配。"这标志着"三级所有，队为基础"的人民公社新体制的确立，也是国家权力向传统村落制度的让步和妥协。

曹锦清等人在《当代浙北乡村的社会文化变迁》一书中，详细分析了陈家场村的人民公社集体化过程，认为"三级所有，队为基础"的公社体制，实际是把农村基层生产组织建立在传统的自然村内，在集体组织与家庭之间达成某种程度的妥协，这才使该制度维持20余年之久。（曹锦清、张乐天、陈中亚，1995／2001：108，372）

20余年后，国家实行改革开放政策，羊城村与中国的其他村落一样，也实行了家庭联产承包责任制，把土地分给了农民。池支书领导了羊城村这场改革，就像他领导羊城村公社化运动一样。分田到户后的羊城村，仍留有一部分集体土地，这部分土地以及随着地价上涨所带来的丰厚集体分红，成为维系羊城村村落单位制的经济基础，就像当年的宗族公田是维系村治族治的经济基础一样。

羊城村靠近羊城，随着羊城的扩展，羊城村的土地被不断征用，羊城村依靠国家征用土地补偿的款项兴办各种非农产业，特别是房地产业。公社体制解体后，原来行政和经济合一的"羊城大队"实行政经分离，分成"羊城村委员会"和"羊城村经济联社"，后者实行股份合作制度。但经济上做大和嵌入城市以后，原来的经济联社这个名字，在村民的眼里也变得十分"土气"。于是，村委会决定，把"羊城村经济联社"改为"五雄企业集团公司"，集团公司成立党委会和董事会，原来的池支书一变而成为“五雄企业集团公司”党委书记、董事长兼总经理。九位身份重叠的党委会和董事会成员是羊城村的九大领袖和领导集体，池支书则是这领导集体的领导核心。九位成员中，有池支书和副董事长的儿子，他们已经用政绩树立起了威信；有和池支书一起打天下的创业人，他们也是村里其他姓氏的代表；还有从部队复员回来的，是池支书手把手培养起来的年轻人。羊城村的村民代表大会这时也改为“五雄集团股东代表大会”，不过村里起初制定的集团章程规定：“董事会是集团最高权力和决策机构，集团的发展规划、生产经营等重大事项，由董事会集体讨论决定。”后来才知道这不符合《公司法》的规定，于是修改为“股东代表大会是集团最高权力和决策机构”。不过，这些组织形式和组织章程的改变，都改变不了羊城村深层的村落权力运作方式和游戏规则。用池支书（尽管他已成为池董事长，但村民们还这样称呼他）的话说，这叫“村外千条线，村内一根针”。

但这“村内一根针”，在 20 世纪 90 年代末期开展的村民直接选举中受到挑战。挑战来自一个“黑马”式的人物潘老师，他当过村里的民办教师，是村里有名的文化人和会算账的人，分田到户后，他先后当过种菜专业大户和建筑队的头，后来成为羊城村经济联社下属的一个经济社的理事长。给他在村落中带来巨大声誉的，是羊城村与一家政府下属企业的经济纠纷诉讼案件。当时地方政府出面调解，主张协商解决，并传达了“上级领导”的意见：“过去的就让它过去了，以后如何合作双方坐下来好好谈。”村领导在来自上面各种有形和无形的压力下，准备委曲求全，解释调解方案。但村民们不答应，推选出潘老师草拟诉状打官司，最后一纸诉状告到法院，经过潘老师整整一年的奔波，法院最终判决赔付给羊城村 500 万元经济补偿。

这赢得 500 万元补偿的官司，使潘老师名扬乡里，成为村里传奇式的人物，他彰显出村落权力精英的独特人格魅力。在随后的村民直接选举中，原本不在上级推荐的村领导班子候选人名单中的潘老师，被村民们联名推荐参加竞选，结果以高票当选。但选举出的是九位领导成员，这九位领导成员开会选出的领导核心，还是池支书。不过池支书原本要交给儿子的总经理位子，在村民们的压力下，交给了潘老师。

村落权力格局在泛起一层波澜之后，又恢复了往日的平静，达到了新的平衡。池支书仍然是领导核心，当上总经理的潘老师也并没有要改变村落权力格局的“非分之想”。潘姓是羊城村仅次于池姓的第二大姓，用潘老师的话说，潘姓的“房头”在选举中成为自己的“游说压力集团”，这种权力结构的配置，“村民们比较能够接受”。

仿佛一切又都回到村落权力格局复制循环的起点，但在这种循环中，一些新的对村落权力格局发生作用的因素在渐渐地成长。创业能力、经营业绩、视野、文化程度、市场和法律知识、理性计算和对外交往能力等，都越来越为村民们所看重，尽管深层的血缘、亲缘、宗缘等村落社会关系网络还在村落权力配置中起着重要作用，尽管能够“摆平”村落各种利益关系和驾驭村落各种势力还是村落最重要的“领导素质”和“权威”来源。

存在的和生成的社会分层结构

在关于社会分层结构的研究中，一直存在着理论视角和方法论上的两大流派：一派是制度主义（包括新制度主义）理论视角和整体主义方法论，他们强调“存在的”社会分层结构的强制性力量，认为个人的行为在制度化结构面前是非常微弱的，除非具有彻底改变结构的集体行动，而新制度主义相对于传统制度主义的区别，不过是更多地强调制度变革的创新能力而已；另一派是理性选择理论视角和个体主义方法论，他们强调有意义的个体行动的建构能力，认为每个人的这种行动都能够影响社会分层结构的生成，而社会分层结构处于不断变动的过程中。在制度主义或新制度主义的理论视角下，对已有“存在的”社会分层结构的研究，通常产生的结论是“精英再生产”，但这个从英文“reproduction”翻译过来的“再生产”一词，译为“复制”可能更为恰当，因为这个理论强调的，是社会分层结构“龙生龙、凤生凤”的社会复制机制。而在理性选择理论视角下，人们更关注的是哪些因素在影响社会分层结构，通常产生的分析结论是“精英循环”，同样，这个从英文“cycle”翻译过来的“循环”一词，似乎译为“替代”更为恰当，因为它强调的是个人获得性因素（教育、努力、机会、选择等）对社会分层结构生成的影响，以及在此影响下产生的社会精英更替机制。

实际上，在现实当中，“社会复制机制”和“社会更替机制”是同时存在的，只不过前者侧重于描述“存在的”社会分层结构的延续性，而后者侧重于刻画“生成的”社会分层结构的变异性。在羊城村，我们可以明显地看到，既有“存在的”社会分层结构，也有“生成的”社会分层结构。在羊城村社会分层结构中发挥作用的分层因素基本有四个：一是身份和房产，二是组织权力，三是资本，四是知识技能。前两者是“存在的”社会分层结构的主要影响因素，后两者是“生成的”社会分层结构的主要影响因素，但这些因素对羊城村目前的社会分层结构共同发生着影响作用。

首先是身份上“有村籍”和“无村籍”产生的分层。“无村籍”者的收入几乎全部来自经营和劳动，而“有村籍”者的收入主要来自三块：分红、房屋出租收入和经营劳动收入。分红和房屋出租的收入一般都远远高于经营劳动收入，所以“有村籍”者的经济地位，不仅高于外来“无村籍”的打工者，也远非普通的市民工薪阶层可以望其项背的。所以不少城中村的村民完全靠分红和房屋出租收入过着悠闲的日子，成为新型的“租金食利阶层”。即便是村民自己住宅的铺面，一般也都租给别人经营，他们自己并不屑于从事这种劳累的“微利”生意。村民自视为城中村里的上层，一些富裕的村民已经另购住宅，搬到环境幽雅的地方居住，因为他们认为与外来打工者混居，“影响孩子的成长和素质”。

其次是“有村籍”者内部由于拥有“组织权力”的不同而产生的分层。城中村虽然只是一个很小的社会，但管理体系却有很多的等级，经济联社有财务部、物业管理部、劳资人事部、行政办公室、法律顾问室等，其下属的经济社又有很多分属机构。此外，治安、卫生、市场管理、计划生育、教育、养老等方面的管理人员都是“本村人”担任，他们都拥有不同的组织权力资源。本村人担任管理工作的薪水都是不菲的，如村一级的领导年薪可达 10 万元。但组织权力的分层作用还不只如此，因为拥有组织权力的人更能够使他们的房产获得较好的收入，并把他们的存款变成“活资本”。

再次是在“无村籍”的外来人员中因“有资本”和“无资本”而产生的分层。每个城中村居住的几万外来人口基本上可以分为两类，一类是“有资本”的在街面上从事各种商业和服务业的小业主，即我们通常所说的“个体户”；另一类是“无资本”的完全靠打工生活的工薪阶层。然而，这种“有资本”与“无资本”之间的差异，并不像通常认为的那么大，这可能是因为，在城中村住的小业主都是从事小本生意的，很多是家庭自雇人员，他们在缴了铺面租金和税费之后，所剩的收入其实也就是略高于普通工薪阶层而已。在这里我们看到所谓“第三产业”的复杂性，在城中村里，本村的“房地产主”和外来的“小业主”从事的都是第三产业，但经济地位和社会等级却有很大的差异，这种差异甚至要大于农业和工业的差异。另外我们也观察到，在城中村这样的经济活跃区域，存在很大一块“隐形经济”，像村民租房这样的大宗经营活动，是GDP里统计不到的，所以与一些地区相反，这里的GDP不是因为有“统计水分”而高于实际增加值，而是因为有“隐形经济”而低于实际增加值。

最后是在“打工族”中因拥有的知识技术的差异而产生的分层。“打工族”都是“无资本”的工薪阶层，但由于具有知识技术上的不同而产生“白领”和“蓝领”之分。城中村中居住的“白领”一般是企业技术员、营销人员、教师、医生、出租车司机、编辑、记者、公司文员等，“蓝领”一般是加工制造业雇工、建筑装修业雇工、餐饮商铺等服务业雇工、运输装卸工、散工等。除此之外还有“发廊小姐”之类的“粉领”以及从事非法行当的“黑领”。我们在调查中发现，近几年来流动“打工族”中出现一个新的发展趋势，即外来打工者已经不是都来自乡村，从小城市到大城市、从欠发达地区城市到发达地区城市、从经济不景气城市到经济活跃城市的流动打工者越来越多，这也许是一种新的流动就业大潮的前兆。城中村的“打工族”中的“蓝领”多数过去是农民，而“白领”则多数过去就是城市职工。

以上是羊城村里“存在的”社会分层结构，但这个结构并不是凝固不变的，在个体理性选择的机制下，正在“生成的”或“建构的”分层过程并不是原有结构的“复制”。城中村里的小业主和“打工族白领”，他们或者是由于具有旺盛的创业精神而实现了快速的资本积累，或者是由于具有知识技术的优势而在分层体系中具有良好的社会升迁前景，总之，从羊城村这个“闯世界”的客居地里，已经走出了一批批成功的创业者。而一些属于羊城村上层的“租金食利者”，他们在知识技术上的劣势地位使他们难以找到自己满意的工作，安逸和无所事事的生活又泯灭了他们的进取心和创业精神，所以在流动的社会分层体系中具有下滑的可能，他们中的一部分最终会成为不进则退的农业文明的守业人。

羊城村的社会分层结构情况，也使我们看到社会分层标准的复杂性。实际上，根据不同的分层目的，可以有不同的分层标准。虽然社会分层结构是一种客观存在，但观察和分析社会分层结构的人并不是完全被动的，他可以有不同的观察和分析的角度，可以从不同的侧面来揭示社会分层结构。也就是说，社会分层结构是立体的，而不是平面的，并不是只存在一种观察角度。只从一种角度观察，很可能得到的是“瞎子摸象”的结果。有时候，一种新的视角的出现，甚至会改变人们既有的社会分层结构的观念。

比如，人们比较早地有了东方人和西方人的区分，有了白种人、黑种人、黄种人和棕色人种的区分，又有了天主教、新教（基督教）、伊斯兰教、佛教、道教、民间信仰、无神论等宗教信仰的区分，中国历史上很早就有士、农、工、商的区分。

每一种区分方法的后面，实际上都有一整套的理论。古典经济学家亚当·斯密认为，进入工业社会以后，“工资、利润和地租”是一切收入的三个最初来源，劳动者获得工资，资本家得到利润，地主得到地租，因此，社会上形成工人、资本家和地主三个主要阶级。古典社会学家韦伯认为，一个社会具有经济、政治、社会三种基本秩序，所以就产生了根据财富收入、权力和社会声望区分人群的三种基本的分层系统。

社会分层结构并不是一种固定的物，而是一种变化和流动的活体，它处于不断建构的过程中，人们从两个方面参与这种建构。

一个方面是人们的行动。一个人在社会中的位置并不是固定的，他处于流动之中，社会的发展变化越快，他流动的频率就越高。他对各种机会的选择，都参与了社会分层结构的建构。当然，每个人或群体的建构目标，与实际的社会建构结果常常是逆反的，比如在正常的股票市场上，人人都想发财，但分层的机制决定了最终发财的总是少数。英国当代著名社会学家、伦敦经济学院前院长吉登斯（A. Giddens）认为，社会根据三种“市场能力”划分为三种阶级，即掌握生产资料的市场能力的上层阶级、具有教育和技能的市场能力的中产阶级、具有体力劳动的市场能力的下层阶级。但他同时认为，从确定的市场能力到阶级形成之间，还有一个过程，而这个结构化过程是由流动机会的分布来控制的。一般来说，流动机会的封闭程度越强，越容易形成阶级的冲突，反之，流动机会的开放，可以缓解阶级关系的紧张。（Giddens, 1976）

另一个方面是人们的观念。一个社会或一代人的观念，具有很强的继承性，观念的改变常常比现实的改变更困难、更迟缓。而这种观念，又成为影响人们行动和看法的重要因素。比如一个老年的工薪阶层，习惯了一辈子省吃俭用，闲暇时间顶多打打麻将，尽管他可能有不少银行存款，但他的生活方式使他自己和别人都认为他属于中下层；而一个年轻的工薪阶层，接受了新的时尚，虽然没有多少积蓄，但常去听听音乐会、泡泡酒吧、参加郊游或打个网球什么的，他自己和别人都觉得他属于中上层。法国当代著名社会学家、法兰西学术院的院士布迪厄（P. Bourdieu）有一句名言：“分类者是由分类的方式来分类的。”他通过不同的人群对吃、穿、住房、商店、诊所、家具、汽车，以至音乐、书籍、戏剧、宠物、花、儿童玩具等的消费品位偏好，来分析和揭示这些消费品位偏好形成的社会分层结构。他认为消费品位偏好具有很强的继承性和很大的影响力，造成社会分层结构的复制和再生产。（Bourdieu, 1984）

现在，根据不同的理论体系和不同的分层目的而使用的分层标准有很多，如生产资料的占有、财富和收入、组织权力、社会声望、知识技能、受教育程度、消费偏好、象征性权力、信息资源占有、职业等。而比较共同的看法是，要全面地把握社会分层的状况，要使用比较综合的标准，而不是单一的标准，这样人们就设计了各种各样的社会经济地位综合指数体系，产生了很多测量和分析的模型。

不过，为了简化社会分层的方法，现在学术界主流的看法是倾向于把职业看作包含了各种经济社会资源占有和使用信息的标准。把职业作为社会分层的标准，把资源占有作为基本维度，并附以社会经济地位综合指数的测量，也比较容易与常识衔接，为一般人所接受。我曾在地摊上买到一本《当代民谣顺口溜》，辑者是一个叫“鲁文”的人。他说，明代有杨慎辑的《古今风谣》，清代有杜文澜辑的《古谣谚》一百卷，所以他现在要编辑这本“褒贬时风、议论时政、抨击时弊”的《当代民谣》。他在书中辑录了民间流传的各种把人群分成三六九等的顺口溜，多数都是饭桌上的谈资和话语作料，但这些社会分层顺口溜的共同特征，也都是把职业和消费特征作为分层的标准。

不过在现实当中，有些人群的构成是比较复杂的，划分就比较困难。例如“中产阶级”（middle class）这个概念，现在各种传媒上的文章多数是从刻画生活状态上定义，就像人们在刻画边缘群体或“布波族”是怎样一种生活状态一样。这种被塑造的典型中产阶级生活图像是：“三间房一部车，月薪收入五千多，消费手持信用卡，周末郊外度假热。”这让人想起过去小农对小康生活的憧憬：“几亩地一头牛，老婆孩子热炕头”；以及过去小农朴素的生活理想：“楼上楼下，电灯电话”。类似的生活理想自古就有，孟子的描述是：“五亩之宅，树之以桑，五十者可以衣帛矣。鸡豚狗彘之畜，无失其时，七十者可以食肉矣。百亩之田，勿夺其时，数口之家，可以无饥矣。”（《孟子・梁惠王上》）

一般民众对中产阶级生活的朴素理解并没有错，中产阶级当然首先是一个生活水平的概念。但是，中产阶级又不是生活水平的标准可以完全说明的。比如说，羊城村里有没有中产阶级？有的话又应当包括哪些人呢？

从“存在的”社会分层结构看，羊城村里生活富裕的是那些出身农民的有房产、有分红的原村民，他们在地价和房地产价格快速上涨的城市化过程中，通过自己出租屋的丰厚收益，达到了大大高于城市工薪阶层的收入水平，但几乎没有人认为，他们自己也不认为，他们属于城市里的“中产阶级”。因为他们没有真正实现进入中产阶级的职业转变，他们的意愿、社会态度、生活方式和消费偏好等，与中等收入职业阶层也相去甚远。发达国家的农民是一个很有社会结构指标意义的群体，在学者的研究著作和社会分层研究的统计分析中，农业劳动者是很少被作为中产阶级来看待的，但家庭收入和生活水平的统计分析却表明，他们属于中等收入和生活水平。如果说发达国家的中下社会阶层是传统政治左翼政党的选民基础的话，那么农业劳动者却通常是传统右翼政党的选民基础，他们的社会态度也通常倾向于保守，在各种文学作品中，他们也常常被作为家庭、婚姻、宗教信仰等传统价值的化身，与中产阶级追求现代生活价值的趋向形成鲜明对照。

所以说，“中产阶级”这个概念，在很大程度上是用来描述“生成的”社会分层结构的，特别是反映社会职业结构的变化。中产阶级为主的社会结构是与一定的社会发展阶段相联系的，这个发展阶段从就业结构上看，既不可能是农业劳动者占多数的社会，也不可能是体力劳动者占多数的社会。按照国外一些著名学者的说法，中产阶级的扩大必然与“新服务阶级”（new service class）的兴起相联系。中产阶级的扩大要依托于社会职业结构的转型和一些特定社会职业阶层的成长。金融、房地产、旅游、保险、商贸、传媒、法律、咨询、策划、社会服务、公用事业等领域的职员，科教文卫体等领域的专业人士，政府和社会管理部门的公务人员，企业里的管理者和专业技术人员，农业的专业户等，一般是中产阶级的社会职业主体。比如，香港目前出现一个人们谈论很多的“负资产阶层”。过去香港的房价奇高，港岛上的一个单间套房售价也要100多万港元，传统中产阶级的最大期求就是拥有一套自己的满意住宅，所以多数中产阶级家庭的主要投资通常是按揭供楼，即通过贷款和分期付款方式购买住宅。在亚洲金融风暴以后，由于香港房地产价格大大跌落，房屋的市值大幅度缩水，过去按500万港元价格分期付款的住宅，现在市值可能不到300万港元，但你又不得不继续供楼，每月仍然要按过去购买的价格分期付款，从而导致资不抵债，沦为“负资产阶层”。但是，这个“负资产阶层”与企业破产、职工失业又有很大不同，尽管生活质量特别是心理上受到很大影响，但他们的职业、消费偏好、生活方式等并没有太大的变化，他们总体上仍然属于他们过去属于的那个中产阶级，当然他们对于政府政策的社会态度可能会发生一些变化。再比如，羊城村里住着一些到羊城打工的出租车司机，现在他们平均每月的净收入在2000—3000元，可以说是羊城的中等收入水平，可他们一天要工作13—14个小时，还没有周末和节假日，特别是还不能生病，因为即使一天不干也要上缴170—180元的“份钱”（租费和管理费），你说他们的生活质量能属于中产阶级吗？即便是在香港，出租车司机平均月毛收入在4万港元左右，扣除每月的2万港元车租和3000港元油费，每月净收入1.5万港元左右，但他们同样一天要工作12小时，没有学者认为他们达到中产阶级的生活质量。羊城村里也住着一些白领工薪阶层，尽管他们的生活水平目前并不如羊城村的原住民，但他们却似乎更接近正在生成的社会分层结构里的中产阶级。

诺贝尔经济学奖得主阿玛蒂亚·森（A. Sen）的研究成果表明，贫困的标准并不仅仅在于收入和消费水平，更重要的是对教育、医疗、职业等的选择自由度，以收入指标衡量的贫困是工具性贫困，对贫困的实质性衡量必须使用“能力”的指标，饥荒是对人的能力的完全剥夺，而贫困是对人的能力的慢性剥夺。在森看来，能力同时也是一种自由，一个人所拥有的能力，不仅包括他所拥有的权利和物品，而且包括这个人使用这些权利和物品的能力。(Sen, 1999) 森对贫困的判断标准，其实也同样适用于对中产阶级的定义。

在过去的社会分层研究中，人们主要的关注点是“存在的社会分层结构”，虽然“社会流动”的研究本质上是在探索“生成的社会分层结构”，但这种探索一般都是假设分层结构的变化是由于分层的主要因素从传统的“先赋性”(ascribed)因素转变成现代的“获得性”(achieved)因素。但在某些社会转变的过程中，如市场化转变的过程中，在分层中起重要作用的“获得性”因素本身，其内涵会发生很大变化，以至于造成某种“获得性”因素“失灵”的现象。

羊城村里住着很多外来打工的人，他们有的从农村来，过去就是种地或者已经有了务工经商的经验，文化程度一般在初中以下；也有的是从城市里来，如国有部门的“下海”职工、刚毕业出来闯世界的学生、希望发财的淘金者等，文化水平相对较高。但仔细分析那些从羊城村里走出去的创业成功人员，就会发现，他们的创业成功其实与他们的主要获得性因素“受教育水平”并没有密切的相关性。羊城村就像是一个新的竞技场，把不同的外来者放在一个共同的起点上，计划体制下的学校教育和国有部门中的工作经验所形成的“人力资本”，在新的市场竞争领域中出现了“失灵”，一切都要从头开始，而市场竞争中的知识和经验成为实现创业成功的关键性因素。

在社会转型时期，“人力资本失灵”其实是一个相当普遍的现象。例如现在的大学教育中，有些学科、专业和课程设置，还是几十年一贯制，没有知识的更新，培养出的学生很难适应新的社会需求。同样都是大学毕业，因学校、学科、专业和课程等而造成的知识效用差距，会使“人力资本”的含量也产生很大的差异，这种差异有时甚至比“先赋性”因素与“获得性”因素之间的差异还要大。我们所做的一项关于下岗职工的研究也表明，下岗职工的再就业收入水平、阶层主观认定以及社会态度的理性化程度，都与他们下岗之前的受教育水平和技术职称没有直接的关系，出现了转业过程中的“人力资本失灵”，其重要原因就是他们的再就业也意味着从一个计划经济知识编码系统向市场经济知识编码系统的转换。

人们主观认定的社会阶层与客观指标所区分的社会阶层，在很多情况下是不一致的。我们在羊城村所做的简单的上、中、下社会阶层的主观认定调查显示，被调查者对社会阶层的主观认定，事实上与收入、财富、教育、过去的社会地位等客观指标的分层存在着很大的差距。这种差距，几乎在所有的主观社会阶层认定的调查中都有显示。那么，究竟是什么因素导致这种差距，影响着人们的主观社会阶层认定呢？

从羊城村的调查来看，一个关键性的因素就是人们对“生成的”社会分层结构的预期。认为自己的“素质”会使自己以后有较好的“发展前景”的人，其社会阶层的主观认定通常会高于其客观指标显示的社会地位；而认为自己缺乏发展潜力的人，其社会阶层的主观认定一般又会低于其客观指标显示的社会地位。在快速转型时期，由于收入、权力、声望三大分层体系的错位，这种情况会更加突出。在改革的初期，个体户曾一度收入地位很高而社会声望很低，而知识阶层也曾一度社会声望很高而收入较低。羊城村里依靠租屋收入生活的村民，收入要远高于村里租房而居的职业白领，但职业白领在那个“生成的”社会分层结构中却具有更好的未来发展前景。所以说，“存在的”社会分层结构和“生成的”社会分层结构之间的差异，是造成客观社会阶层和主观社会阶层认定之间差异的重要因素。

关于“生成的”社会分层结构的研究，对于理解人们的行为选择具有特殊的价值，因为人们的社会态度和行为取向在很多情况下不是由“存在的”社会阶层地位来决定的，而是深受自己对“生成的”社会分层结构中所处地位的预期所影响。

村落地下经济

羊城村的“夜生活”闻名遐迩。这里虽然甬道狭窄、光线暗淡，但店铺密集，沿街都是茶馆、酒肆、饭店、发廊、歌厅、士多（store），到了晚上，更是灯红酒绿，菜肴飘香，乐音袅袅，顾客摩肩接踵，人群熙熙攘攘，一派市井经济的繁荣景象。这里是大都市下层生活的天堂。

羊城村的相对自治和权力边缘位置，使它产生了巨大的包容性和社会自由度。在社会层面，它有些像几国或几省交界的地区，是权力交叉控制中出现的“空档”。这种交界区，过去在战乱时期常成为反叛者的根据地，而在和平时期，又常成为倒卖违禁品的大本营。但在经济层面，它又有些像自然形成的纳税保护区或特区。这里活跃着各种各样的为现代城市所不容的地下“隐形经济”，形成城乡交界处特有的商业“繁荣”。羊城村的村民希望因此而获得的收益能够长期保持。但是从城市管理者的角度看，羊城村有成为“新贫民窟”和“藏污纳垢”之地的可能。而且羊城村的超密集建筑群体，在日新月异的城市发展中，的确像是一个现代社会的“异物”。

在市民的眼里，这一派市井繁荣的背后，藏匿着许多灰暗神秘的地方，它让人联想到龌龊和罪恶。曾有两位社会专栏的记者，带着批判的眼光跑了数十个包括羊城村在内的城中村，在浮光掠影的调查之后，以犀利的笔锋，概括出了城中村的八大罪孽。[①]

---

① 以下是我帮数位记者又加工提炼的包括羊城村在内的城中村的八大（转下页）

其实，促成羊城村商业繁荣的因素，除了其在市中心的优越地理位置、居住人群的高度密集，最重要的就是管理控制上的宽松和经营税费较低，特别有利于小本经营和初始创业者的生存。

羊城村的地下经济，概括地说，包括这样几大块：一是租屋经济的避税部分；二是商业、服务业经营中避税、漏税、偷税的部分；三是没有经营执照的流动性生意；四是违法的走私、贩毒、卖淫、黑社会、制假卖假等交易。

（接上页）罪孽：一曰黄流横行。村里的美容厅、发廊、按摩店、咖啡馆、休闲屋、卡拉OK厅等场所林立，店内小姐穿着暴露，忸怩作态，搔首弄姿，频频向过往行人递送秋波。整晚的嬉戏声、吵闹声、音乐声，吵得人无法安宁。村里的民房、电线杆、围墙、厕所、走道……无一幸免地贴满治疗梅毒、湿疣、淋病等的广告。

二曰赌博盛行。村里聚集了很多游民闲客，参赌者不分男女老幼。街道边、店铺内、出租屋里、老人活动中心、祠堂皆可设赌。游戏机、台球、麻将、牌九、骰子、扑克、六合彩等，花样繁多，赌资从几角几元到数十元直至上百元。

三曰吸毒猖獗。在村里经熟路人指引，有渠道买到K粉、摇头丸、白粉、大麻等毒品，这已是公开的秘密，在垃圾堆放点常常可以看到吸毒用的针头、箔纸、“爱托菲”药丸袋。社会上的一些三教九流，常躲在出租屋内窃窃私语，窗口不时飘出怪异的烟草味，这些人一到晚上便结伙外出。

四曰售假贩假。村里的商店，假冒伪劣商品居多，而且出售各种假冒名牌商品，从服装、箱包、鞋袜、腰带、眼镜、化妆品到各种日用品，你都能找到各种国际名牌的假冒产品，而价格可能只是市面正牌价格的1／10。

五曰黑帮肆虐。一些拉帮结派的老乡团伙，人称“东北帮”等。他们欺街霸市、强买强卖，受雇充当打手、黑保安，替人追讨债务和打击报复，以各种名目对商家和居民收取保护费。

六曰偷盗抢劫。村里七拐八弯的巷子是案发最频繁的地方，也是罪犯们藏匿的最佳场所。偷盗抢劫的事情时有发生，特别是女性，被抢的概率更大，手机、提包、首饰，都是被偷被抢的主要目标。村里到处布满警示牌，上面写道：“凡过往行人，注意防盗抢；凡住租屋者，注意防小偷；停放摩托车，注意锁上防盗锁。”

七曰火灾隐患极大。村内楼房的“挤”最为突出，公共道路狭窄、供水紧缺、排水不畅，楼与楼之间的通道通常不足2米，部分百余米巷道只能供一人侧身行走，两侧的墙壁上电线纵横交错。一旦发生火灾，后果不堪设想。

八曰“二世祖”现象。村子在由于土地价格飙升而迅速富裕的同时，也造就了游手好闲的下一代。很多年轻人根本不愿意为了微薄的薪水出去工作，只是坐在家中等着分红，时间一长便养成了衣来伸手、饭来张口的恶习，成了游手好闲的“二世祖”。更让人担心的是，这些“二世祖”受教育的程度普遍不高，精神生活空虚，在很多城中村里，年轻人吸毒、赌博、嫖娼成风。

羊城村的屋租是一块很大的市场。整个村落私人住宅楼共有3500栋，共80万平方米，占总建筑面积的90%。据2000年统计，羊城村的本土居民9000余人，人均拥有建筑面积约86平方米，平均不到2.36人就拥有一栋私人住宅楼。拥有一栋住宅楼的家庭约占84%，拥有两栋或者两栋以上住宅楼的家庭约占16%。

绝大部分羊城村村民都从事屋租生意。如果全村按照人均20平方米建筑面积计算村民自己居住的面积，那么整个村仍然有60多万平方米的空间可以出租，户均有200多平方米。而且，近年来陆续已经有10%左右的村民家庭外迁出村，村里的空余楼房则基本全部用于出租。因此，全村用于出租的住房面积，包括村集体的物业部分，估计在66万平方米左右。

从羊城村的屋租价格来看，一单间套房月租金介于200元到450元之间，一室一厅月租金介于350元到750元之间，二室一厅月租金介于450元到900元之间，三室一厅月租金1000元左右。商业用房的屋租，价格要高一些，另外根据地点，还有一定的级差地租。但保守估计，总的平均价格大约在每平方米每年租金150元。羊城村地处市中心，屋租又相对低廉，所以空房率极低，可以忽略不计。这样粗略估算下来，羊城村每年的屋租市场规模在1亿元人民币左右，平均每人1万多元。

羊城村的村民屋租不需要纳税，但村里要收一定的管理费，大体相当于城市住宅小区的物业管理费，但这管理费不到屋租收益的1/10。集体物业的出租，如商场、酒店、写字楼，当然要按法律纳税，但这一块还不到羊城村屋租市场的20%。所以，仅羊城村的屋租市场，就形成了很大的一块“地下经济”。

而且，伴随着快速城市化的房地产效应，这块“地下经济”迅速膨胀。村民们盖起的楼房，凭借屋租，往往三年就能收回全部成本。这么巨大的利润空间更刺激着村民在有限的土地上千方百计地扩展租屋空间，以至于羊城村意外地成为建筑容积率异常高的地方。一般城市改造中，拆迁平房和村落，其经济上的理由就是通过提高建筑容积率来提高土地的使用价值。但羊城村以牺牲生活环境为代价，使六至八层的建筑容积率超过了二十几层高楼住宅小区的容积率。它成为一个经济规则驱使下的建筑“怪物”，而这个“怪物”又有那么大的市场，与此形成对照的，是那些新建的豪华和高档住宅超过 30% 的空置率，以及那些奢侈的宾馆化的办公大楼的空间浪费。这是一个值得深思的现象，即生产和消费的背离。正是由于“地上经济”的不经济，“地下经济”才出现畸形的繁荣。

羊城村地下经济的第二大块，涉及商业、服务业网点。据 2001 年的统计，羊城村共有各种经营性店铺 1300 余家，其中百货士多约 550 家，餐饮熟食店约 200 家，美容美发店约 100 家，诊所与药店约 65 家，服装鞋具店约 60 家，音像制品店约 35 家，通信器材店约 30 家，旧货市场约 25 家，此外，还有诸如五金油漆、杂志报刊、车辆维修保管、首饰金银加工、娱乐健身、电子游戏、酒吧旅店等行业。这些店铺，有的规模较大，雇用几十个人，日平均营业流水数万元；也有的就是个体或家庭的自雇者，也就是挣一份工资收入，仅供养家糊口。但平均估算，每家店铺年收入可达 10 万元，1300 家店铺一年下来，就是 1.3 亿元人民币收入，相当于一个效益很好的大型企业。

羊城村的这些店铺的营业收入，一般都不需要缴纳 33% 的企业收入所得税和累进制的个人收入所得税。因为这些经营体在工商管理部门那里，基本都不是注册为“企业”，而是注册为“个体户”，尽管有的店铺营业规模较大、雇用的人数也远超过 8 人。新的《个人独资企业法》颁布后，这些个体户只要有固定经营场所、经营时间可以连续计算、经营的目的不是为了自身消费，都可以注册为“个人独资企业”。按此规定，假如你愿以自己的家庭作为经营场地，有家属亲朋愿为从业人员，你就可以用 1 元钱注册一个企业当老板。但羊城村的这些个体店铺，很少有注册为“企业”的。

作为个体户，这些店铺中，规模小一些的，几乎没有会计制度意义上的账目，可能会用孩子不用的作业本记一下每天的流水，即所谓的“流水账”；就是比较正规的大店，也没有细分的经营收入账、经营费用账、商品（材料）购进账、库存商品（材料）盘点表、利润表等，更谈不上以收支方式记录的总分类账、明细分类账、日记账等。而且，有的店铺记有几本账，总结经验的人来，给他看一本账；检查的人来，给他看另一本账；收税的人来，还有一本账，而真实的收支账目，可能只存在老板的脑袋里。在这种情况下，所得税是无法收取的，因为仅从账面看，哪一家店铺都能向你表明他的亏损，并且可以说出充足的亏损理由，而没有收入所得，何谈所得税？作为个体户，这些店铺也不用缴纳17%的增值税，实际上即便税务部门想收，也难以收缴。在没有严格的会计制度的情况下，增值的部分实际上是无法计算出来的。

这些个体户店铺，事实上只缴纳营业税，但也不是按照服务业5%的营业税率，基本都是实行“包税制”。所谓“包税制”，就是按照工商部门对其月营业额的估算，确定一个固定的月税额，这个确定后的月税额，与实际经营收入不再有直接的关系，赚了或赔了，都是店铺老板自己的事。大多数店铺都是赚钱的，由于税率低，收益有较大的弹性空间。在调查中，我为几家通过关系混了个“脸熟”的商家算过粗略的收支账，他们的包税额，实际上还不到1%的税率。

羊城村里的店铺与羊城村外面城市里店铺最大的差别，并不是缴纳的“税种”和“税率”，而是缴纳的“费”。坊间流传的说法是，“头税轻，二税重，三税的收费是个无底洞”。“头税”是指国家税收，“二税”是指地方税收，而所谓“三税”，并不是法定的税收，而是各种行政部门设立的需要缴纳的费用，如卫生保洁费、治安费、雇用登记费、计划生育费、绿化分摊费、教育附加费、防疫费等，收费多的地方，可以数出几十种。这些费用的总和，往往使这些缴费成为一个税率很高的变相“税种”。“三税”的出现以及它的屡禁不绝，与行政部门的“创收”有直接关系。由于机构臃肿、行政经费紧张，很多行政部门及其所属的事业部门，行政经费都成了只够发工资的“人头费”，因此这些单位的收入和福利增加都必须依靠“创收”，以至于这些单位的一些功能性的正常公共服务提供都成为“收费”的途径。

羊城村的情况则完全不同，它的治安、卫生保洁等所有的公共服务，总体上都是由村里出钱，基本上不向商家收取任何额外的经营费用，或只是收取很少量的费用。这样一来，就大大降低了羊城村商家的经营成本。我曾与羊城村主管社区经营的领导聊天，这是一位身材不高，但两眼炯炯、很精明的年轻人。我给他“献招”说：“羊城村的卫生、治安声誉并不好，这个状况应当改变，可以从商家那里收点钱，增加这方面的投入和人手，那些商家挣那么多钱，收这么点小费，他们也不会在乎。”谁知这位年轻人却城府很深地说：“这你就不懂了，香港、深圳为什么繁荣？那是因为经营的税低、税少，所以大家都能开店，开店关店就像换件衬衣，容易嘛。我这个村为什么生意繁荣，一样的道理。它就是羊城的免税区、免税店。我这么个环境人家干吗还挤着要来？还不是经营成本低、自由度高、管理宽松。你收那么点钱没什么，但随便收费把声誉砸了，人家就跑到别的城中村去了。古人云，水至清则无鱼，人至察则无徒。你说环境重要还是钱重要？”

我所说的“声誉”与他心目中的“声誉”，显然是不同的。羊城村的“管理宽松”，的确营造了第三块地下经济，即没有营业执照的流动性生意。说是“流动性”，实际上多数也是相对稳定的，只不过他们往往没有铺面，就在露天摆摊，生意的规模也比较小，经营的领域变化比较大，什么好卖、什么挣钱就经营什么。做这种生意需要的本钱很少，进入比较容易，所以即使在就业比较困难的情况下，做这种生意的人也还是很多，以至于在羊城村形成一个颇具规模的“地摊集市”。由于东西便宜，又形成规模，而且出售的商品五花八门，从苏联军官的皮带、望远镜，瑞士的旅行刀，到“文革”时期的像章，过去抽鸦片的烟袋，烫金字的佛经等，商品真可谓鱼龙混杂，也弄不清是真是假。这一块经济到底有多大规模，很难估算，因为看着很热闹，其实在这儿闲逛的顾客很多都是慕名而来，想看看有没有什么稀罕的玩意，一般是看的多买的少，所以大多数摆摊的也就是挣一份微薄的工资钱。

羊城村也的确还存在着第四块地下经济。在谋利和寻租获益的诱惑下，庞大的合法和避法地下经济之中，也混杂着一些非法的生意，如卖淫、贩毒、走私、制假贩假等，还有黑社会团伙。这是羊城村最受指责的一块，羊城村也因此被地方政府和治安部门整治过多次。每次整治之后，这些活动都会收敛一段时间，但很快又卷土重来。这种非法的地下经济与合法的地下经济就像是孪生体，整治了非法的地下经济，合法的地下经济也由繁荣转为萧条了。这是村民们睁一只眼闭一只眼、村领导采取放任甚至庇护态度的根本原因。在一些村民们看来，这些被社会痛斥为“毒瘤”的生意，自然也影响到他们的生活“秩序”，但与“经济的繁荣”比起来，这点“秩序”的代价算不上什么。当然，那块非法的地下经济也似乎遵循着“盗亦有道”“兔子不吃窝边草”的规矩，尽量与村民和租客们“相安无事”。但近两年来，随着生活水准的提高，已经有不少村民搬出羊城村，到一些花园小区居住。他们说，不能让自己的下一代“学坏”。

实际上，在世界各国的经济中，地下经济都是占相当比例的一块。“地下经济”（the underground economies）这个词，因为容易被人们完全理解为非法行当，所以又被称为“隐形经济”“影子经济”“灰色经济”“第二经济”“非正规经济”“黑市经济”等。

英国的《经济学家》杂志最近公布了奥地利的施耐德教授（F. Schneider）的最新研究成果，该项研究估算出全球地下经济总值约达 9 万亿美元，占世界经济总量的 23.1%。根据施耐德教授的定义，地下经济是指不见于账册、躲过税务监控、在国家统计人员掌握之外的经济活动。地下经济的范围很广，既包括像发给建筑工人的现金这样的合法但未公开的所得，也包括像贩毒和卖淫这样的非法活动。地下经济从其定义上看，实际是无法准确估量的。施耐德教授基于某些经济学推理，对 76 个发达国家和新兴市场国家地下经济的规模进行了尝试性测算。在取样的国家当中，发达国家的地下经济活动平均相当于官方国内生产总值的 15%，在新兴市场国家则达 1／3。根据国际货币基金组织的统计，1998 年全球官方国内生产总值为 39 万亿美元（根据购买力平价方法计算）。根据这些数据推算，全球地下经济总值几乎有 9 万亿美元。

施耐德教授假设，地下经济活动大多是以现钞进行，以规避税务人员和警察，也就是说，如果地下经济较为庞大，所需要的现钞数量也就水涨船高。施耐德将“多余”的现钞流通和促使人们投入地下经济的力量连在一起，然后计算出每个国家地下经济的规模。但这个方法对于相当贫穷的国家并不完全适用，因为现钞在这些国家的官方经济活动中使用率非常高。所以，他在估算新兴市场国家的地下经济时，使用的是“实体投入法”，试图将“过度”使用电力（例如，相对于官方产出超常的消费）等同于“地下”活动。

施耐德教授使用上述方法，发现尼日利亚和泰国地下经济活动在全世界首屈一指，两国地下经济活动占国内生产总值的比率都超过 70%。而在新兴市场国家，地下经济的驱动力反倒不是为了规避税收（这些国家税率通常远比发达国家低），其出发点大多是为了逃避法律的制裁。例如，泰国的地下经济十分蓬勃，大多数是犯罪活动，包括黄、赌、毒等。

在富裕国家中，意大利、西班牙和比利时的地下经济活动占国内生产总值的 23%—28%。在这些国家，税赋越重，逃税的动机越强。在意大利和比利时，总税率（指每位薪资所得者平均支付的营业税、所得税和社会保险费）可以超过所得的 70%，而美国人的平均税赋负担只有 41%。

施耐德教授还估算了一些国家从事地下经济的人数（包括没有申报所得的劳工、非法移民和拥有第二份工作的人）。在意大利，几乎有一半的劳动人口不是兼职就是全职投入地下经济。德国有 22% 的人涉入地下经济。

另外，日本横滨银行综合研究所最近公布了一份报告。报告指出，日本的地下经济在泡沫经济时期最盛，1990年约达33.5万亿日元，相当于名义国内生产总值的7.6%。此后，由于经济不景气、国家减轻税负以及加大了对暴力团体和卖淫活动的打击力度，地下经济的规模一直在不断缩小。截至1999年，日本的地下经济规模缩小到23万亿日元，相当于名义国内生产总值的4.5%左右。

曾担任美国财政部和联邦储备系统顾问的经济学家法伊格（E. L. Feige）编过一本《地下经济学》。根据法伊格的定义，凡是在国家正常统计之外和税务局无法进行正常税收的经济成分即是地下经济，法伊格在该书中专门研究了地下经济的性质、意义、测度和含义。（法伊格，1993）

国内学者黄苇町在1992年写了一本《中国的隐形经济》，根据他的研究和分析，中国隐形经济的高增长期出现在20世纪80年代中期至90年代中期，规模相当于GDP总量的15%—20%。黄苇町将地下经济分为“灰色经济”和“黑色经济”。“灰色经济”主要指没有纳税的收入，一部分是在国家监控之外的非法经营，另一部分是在职职工的非工资性收入，例如工作之外从事副业、公款私存、挪用公款炒股等。据黄苇町估计，有多达50%的国有企业、80%的乡镇企业、60%的合资企业及95%的个体户存在偷、漏税现象，对高收入者征收不到税的问题相当严重。而“黑色经济”则是指贪污受贿、侵吞国有财产、走私贩毒、卖淫嫖娼、黑社会、制假卖假、洗钱等非法活动。（黄苇町，1992）

国家统计局的官员不久前在接受传媒采访时也表示，中国目前的地下经济已相当可观，统计部门已开始正视地下经济的存在，并与国际组织合作，对此进行密切观察。他说地下经济又被称为隐形经济，主要分两大类型：一类是生产经营活动本身是合法的，但因为逃避税收等原因没有从国家税收、工商、质检等部门获得相关的手续，如隐形就业的隐形收入（我们常说的灰色收入）、没有营业执照的经营行为、偷税漏税等；另一类是经济活动本身严重违反法律，如走私、贩毒、卖淫、黑社会、制假卖假等行为。两种类型在性质上存在差异。地下经济是世界上每一个国家都要面对的问题。从学者估算的结果看，中国地下经济保持着增长的态势。

从已有的研究成果来看，地下经济的存在和庞大，并不是由于发展水平低或管理落后，世界上也有一些发达国家，其地下经济比重很高。地下经济的规模其实与两个因素具有很密切的相关性：一个是不同制度的并存；另一个是税收的负担。

不同制度的并存也有两种情况：一是时间维度上的，如转轨经济；二是空间维度上的，如城乡连接处、几国交界处。欧洲转轨经济的国家，地下经济都非常活跃，乌克兰总理不久前非常忧虑地表示，他对乌克兰“规模庞大”的地下经济造成国民收入的流失表示不安，希望与总统、议会一起，制定“合理的游戏规则”。羊城村无论从时间维度还是空间维度上看，都属于不同体制并存的生活共同体，既是从权力经济到市场经济的体制并存，也是乡村体制与城市体制的并存。在不同体制并存的区间，必然会产生很多体制空白区域，成为地下经济滋生的土壤和环境。

另一个与地下经济的生长关系更为直接的因素就是税负，税费负担与地下经济具有共生共长的关系，税费负担越高，地下经济的发展就越容易受到刺激。布坎南（J. M. Buchanan）在《自由、市场与国家》一书中指出：“几乎在所有西方国家，都在日益关注 70 年代地下经济或经济中的非纳税部分的增长，这种增长是为非常高的边际税率，特别是通货膨胀环境下的非指数化边际税率所刺激起来的。”（布坎南，1989 / 1993：117）税率越高，偷税、漏税在成本不变的情况下（如最小的成本都是罚钱，最大的成本都是杀头的风险），其收益就越大，就越可能刺激一些人铤而走险。

比如，假设我们不满意目前贫富分化的影响，想通过增加税收来扩大征富济贫的社会再分配，于是在扩大税基、增加税种的同时，大大提高税率，但这种“税制改革”的结果，很可能是事与愿违。原因是税款从税源流向国库之间是一条“漏河”，那些从偷税漏税中获益高的人，最有可能偷税漏税，而他们本来是应当分摊更多税额的，税率越高，逃税的人就越多，等到税率高到不逃税就无法挣钱的程度，逃税就会变成“法不责众”的群体行为，并大量出现纳税人与税官之间的交易行为。高税率实际上也是在鼓励一种非正规部门对正规部门的不平等竞争，因为正规部门的代扣税制度成为相对于非正规部门的竞争“劣势”。而且各国的纳税经验都表明，由于富人更容易得到各种减免税优惠，因此增加的税收其实更多地来自中下层纳税人。中国总的税率，与发达国家相比也许并不算高，但如果加上征收的各种“费”，就会明白地下经济存在的理由。

此外，即便从富人那里抽取了更多的税，征富济贫的转移支付再分配，也像奥肯（A. M. Okun）所说的，任何“税收转移平均化提案”都是一只“漏桶”，漏出的部分包括高昂的管理成本、某些税官的腐败、税收的截留、对工作和创业积极性的影响等。（奥肯，1975／1987：82—89）所以从富人那里收取的1000元税款，等到了国库，可能只剩下60元，而再转移到穷人的手里，可能就只剩下10元。

在常规情况下，行政管理部门也是理性行动者，他们的行为也可以按照理性选择的路径分析。羊城村这样的小商业集中地，收费的成本比较高，特别是那些流动性的摊主，就像打游击战，“你进我退，你抓我逃，你追我跑，你撤我回”。从“社会核算”的角度看，向类似小商品散户收费是很不经济的行为。

对穷人的救助，除了财政的补贴，更有效的方法也许是就业和创业的税费负担的减免，这可以减少从税源到国库再到穷人的税流中产生的大量的漏出。羊城村的地下经济也有积极的正面效应，这就是创造了大量的就业机会。之所以说它是穷人的天堂，是因为穷人在这里很容易找到一条谋生之路。而城市的穷人可以自养，等于节省了国家的财政补贴支出。现在的城市改造过程往往只关注城市的美化，拆掉了一条条传统的大排档商业街，盖起了金融房地产和政府机构的摩天大楼，但原有的人气再也找不回来，解决千百万人就业的传统小生意难以为继。在我们的建设当中，类似的缺乏“社会核算”的举措，往往造成社会的断裂，即你构建的那个“现代社会”，对于一般百姓的生活来说似乎是一种外在的东西。

所以说，对于地下经济要做一些具体的分析，不能把地下经济等同于罪恶。至少目前从宏观上来看，中国越是发达的地区，地下经济的份额越大。换句话说，越是经济活跃的地方，实际国内生产总值高于名义国内生产总值的部分就可能越大，而越是经济死寂的地方，国内生产总值冒报和虚报的可能性越大。

地下经济将越来越成为一个值得研究的领域，这不仅是因为我们作为转轨国家，这一块经济的比重可能较大，更因为随着就业和工作方式的多样化，家庭工作者、自雇者和自由职业者的经济活动有可能成为很大的一块未被统计的地下经济。如果地下经济庞大，而我们又没有正确的估计，就会在宏观统计数据的分析中，甚至在有关决策中出现重要的误差。

村落终结的冲突与整合：迁坟与迁居

我们已讨论过，一个完整的传统村落具有高度重合的五种边界，即社会边界、文化边界、行政边界、自然边界和经济边界。在工业化、城市化过程中，村落的边界发生分化，这种分化遵循着一个从边缘到核心、从表层到深层、从经济边界到社会边界的次序。而每一层边界的分化，都伴随着新的社会冲突和社会整合。冲突的发生，似乎也是按照这个边界分化的次序，由外围向核心推展。随着这种推展，冲突也不断升级，由利益的差异、摩擦、矛盾、纠纷上升到利益的对抗。我以前不太理解亨廷顿（S. P. Huntington）的“文明冲突”概念的意义，以为有点故作深刻，其实经济利益的冲突还是最根本的冲突，人们常说，国际关系中“只有永恒的利益，没有永恒的友谊”，但羊城村的故事让我有了新的感受，当一种与特殊文明相联系的社会实体面临生存的威胁时，由此产生的冲突的确不同于我们对“常态社会”中“文明冲突”的理解。

羊城村面临的最激烈的冲突，是由于村落最核心的社会边界受到威胁，因为这意味着村落社会关系网络的解体，而这种解体，也就是村落的终结。

人生有两件事是很难的，那就是迁坟与迁居。如果说迁坟是历史沉淀的村落社会关系网络的解体，那么迁居则意味现实社会关系网络的解体。

迁坟和迁居如同阴间和阳界整体搬移。就像一些古老建筑由于兴修水利或城市改建而实行的异地重建，要冒很大的破坏原有结构的风险。像上海音乐厅那样的建筑结构上的整体平移，对于社会结构来说几乎还无法实现，因为我们无法重塑平移社会关系的托盘。

我在巴黎读书的时候，有一个我愿意在过度紧张之后去独自沉思的地方，那就是拉雪兹神甫公墓。它在巴黎是与凯旋门、埃菲尔铁塔、卢浮宫、巴黎圣母院、巴士底狱遗址、先贤祠、协和广场、香榭丽舍大街等齐名的历史名胜，也是巴黎最大的历史公墓。拉雪兹神甫是法国国王路易十四的宗教顾问和忏悔师，据说墓地由他主持规划建造，1682 年墓园落成后就以他的名字命名。300 多年来，墓地的面积扩展到 50 公顷，先后埋葬了 100 多万死者的遗骸，其中有为数不少的一代名流。

我愿意去那里，是有特殊原因的。在“文革”那个无书的时代，我父母去农村干校，当时任图书馆馆长的好心邻居怕我自己在家学坏，就偷着把一些被禁的外国文学名著拿回来给我看，就这样，我接触了雨果的《悲惨世界》和《九三年》、巴尔扎克的《人间喜剧》等小说，莫里哀的《悭吝人》等戏剧，拉·封丹的著名寓言和诗作，还有意识流开山鼻祖普鲁斯特的《追忆流水年华》、缪塞的抒情诗《露西》、巴比塞的《火线》、都德的《最后一课》，以及左拉和莫泊桑的作品。那些作品成为扭转我人生轨迹的界碑。在巴黎，除雨果和左拉安葬在先贤祠、莫泊桑长眠在蒙巴那斯公墓外，其他文学大师都沉睡在拉雪兹神甫公墓。公墓的东北角，还有 1871 年倒下的 147 位巴黎公社战士的“公社社员墙”。

先贤祠的气氛过分凝重，而蒙巴那斯公墓，由于有了存在主义反叛大师萨特和情爱写作大师杜拉斯的加入，变得不那么宁静了。只有拉雪兹神甫公墓是特别理想的沉思之处：古树环抱，绿草小径，阵风习习，宁静清幽，设计各异的墓碑和墓屋像一座座艺术建筑，墓碑上时有的警句格言使氛围充满诗意，而墓前常换的鲜花和稀疏的游客，一扫墓地常有的阴霾之气。

我在中国没有见过历史上留下的这么大型的公墓群，中国能够留下的有文化价值的墓地，都是帝王的（如十三陵）或名门望族的

（如孔林）。温州一带的坟山，虽然规模浩大，蔚为壮观，但缺乏文化和历史的味道。在我调查的羊城村，有一个规模可观的“池族墓道”，占地20余亩。墓道正门有雕刻精致的石牌坊，牌坊上方与两侧都留有名家题书，四周是灰砖高墙。进入墓道大门，有一座古朴典雅的凉亭。墓道中古树参天，芳草茵茵，布满形态不同的坟茔，大大小小共有800余穴。而很多墓穴，都是数位先祖同葬，同一墓碑上刻有多人的名字，这里共安息着池氏25代、数以千计的逝者亡灵。这座池氏祖坟修建于明朝永乐年间，600年来，这一方民间墓地，叙说着历久不衰的村落氏族文化，记录着乡土社会关系的集体记忆。

据说1935年，地方当局曾想征用“池族墓道”，用以扩大毗邻的中山大学，但遭到村民的强烈抵制，并因此发生冲突，结果有村民被抓。时任中山大学首任校长的邹鲁闻讯前往视察，惊叹于“池族墓道”的历史久远与坟茔密聚，于是顺遂乡民意愿，决定放弃征用，并且愿每年接受三位村庄子弟入学，以表扰民歉意。

时光如梭，随着羊城的城市建设的扩展，羊城村成了都市里的村庄，“池族墓道”迁移的问题再次被城建部门提出。政府给出的迁移补偿方案是，“骨殖的起迁、火化费由政府负担，如果坟主对先祖遗骨要自行选择存放地点或购买墓地埋葬的，其费用由坟主负责”，“每具骨灰（骨殖）补偿坟主800元，经费由区政府负责”。

在一些媒体的报道中，“池族墓道”只不过是影响城市建设和美化的“乱葬岗”，村民反对迁移只不过是为了向政府讨价还价。而在村落传统文化中，“踢寡妇的门、挖祖宗的坟”，那是最悖人理的恶行。于是，羊城村的池氏后裔联名向政府上书《请求保留“池族墓道”报告》。报告提出保留墓道的理由是：第一，墓道的历史文化特色鲜明，文史价值不可替代；第二，墓道里边已经无处建新坟，不存在“死人与活人争地”的问题；第三，墓道位于偏静山冈，腾空他用并没有多少经济价值，墓道与都市可以和谐共处；第四，墓道坟墓的迁移劳师动众，政府与村民都要遭受经济上的损失；第五，“池族墓道”历史上一向归属羊城村池氏集体公有，600年来与社会相安无事。

然而，在城市“三年大变样”的规划思想指导下，政府迁坟的决心已定。结果围绕着迁坟，经历了长达数年的冲突，最后经过政府层层做工作，特别是村委会的从中斡旋，达成了一个村民们能够接受的妥协方案，即采取“挖上不挖下”的方式，不触动地下墓穴，而地上的墓碑牌位，政府帮助迁移他处以供凭吊，另外政府也加大了迁坟的经济补偿力度，并保证墓道原址不盖建筑物，改建为公园和绿地。

围绕迁坟的多年冲突，最后总算有了一个平静的结局。羊城的报纸为此刊登一则短讯说：羊城再次举行大型迁坟行动，位于羊城村“池族墓道”800多穴坟墓被全部迁移，该处将修建公园或绿地……此次行动得到村民的积极支持与配合。

其实我们也可以设想另外一种结局，如把“池族墓道”划归毗邻的中山大学维护管理，作为该大学人类学系的民俗实物馆藏，那可能是一种更加圆满的结局。因为这样规模的民间墓道，在羊城已不多见，其历史和文化蕴涵，单从民俗旅游上看也甚有价值，何况中山大学的人类学系是中国内地最重要的一个人类学本科教育机构。

然而，事情并没有到此结束，因为城市还在不断地扩展，而地方政府“为保证经济发展和城市建设用地，防止乱占乱用，实现城市规划，抑制征地补偿费用急剧上升，保证政府的土地收益，决定对已规划了的土地提前征用”，羊城村的土地过去已被征用过多次，又刚刚迁了祖坟，但这次仍不幸在土地征用范围，而且是整个村落的土地（包括宅基地）都在征用的范围，这意味着整个村庄要全部动迁。

对于羊城村来说，村落的集体迁居比迁坟更加困难。迁坟损害的是历史沉淀的村落社会关系网络，迁居损害的则是现实的村落社会关系网络。而在村民眼里，这阴间和阳界的村落社会关系网络，是他们生活安全和生活秩序的保障。

面对涉及每一个村民利益的村落动迁，这次村委会不再像对待仅涉及池姓家族的迁坟那样，担任斡旋的角色，而是代表村民集体上书政府，提出："我们祖祖辈辈在这块土地上生活，熟悉这里的一草一木，离不开具有浓厚感情的故土。这次征地，我们强烈要求整体征村而不分散征地。"

征地与征村的区别是，征地是政府针对每个村民家庭的行动，迁居后村民各奔东西，而征村是政府针对整个村落的行动，是村落的整体迁移。对于村民来说，他们凭经验意识到，反抗也无法扭转迁居的大局，在这种情况下，整体迁村较之迁居来说，一方面能够保持村民的聚居，另一方面有利于团结起来与政府交涉。

经过反复的交涉、摩擦、冲突和调解，政府基本接受了羊城村村民的要求，由城市土地开发中心与羊城村村委会签订了《征用羊城村土地协议书》，明确规定："按照不少于原来村址面积划给复建用地 50 亩，异地复建新村。"村民们虽不情愿，但还是接受了这种制度安排。

但一波才平，一波又起，问题出在对这 50 亩地产权的理解差异上，并由此演绎成宪法条文之争。羊城村所在的羊城区政府和市国土局认为，根据《宪法》有关土地法，城市征用的土地，产权属国家所有，并由地方政府国土局代理，羊城村获得的 50 亩复建用地，只是获得居住使用权，并不包括开发权，因此决定，这 50 亩复建用地由羊城区城镇房地产开发总公司与嘉润香港贸易公司共同合作，组成嘉华房地产公司，全面负责和承包羊城村的拆迁、复建和安置。而按村民的理解，"羊城村 50 亩复建地是《宪法》《土地管理法》赋予村民的合法权益，是市政府考虑到农民的生活出路给我们的，纯属村民集体所有……不完整地划归羊城村，任何解释都是贪官污吏的借口，而实际是贪赃枉法，存心夺去我们农民赖以生存的生命财产"。

随后，隶属国土局的市土地开发中心，与新组建的嘉华房地产公司签署了《关于羊城村搬村复建工作的协议》。协议约定："农民复建房不能将土地分割给各家各户自建，要按规划建设多层住宅，统一分配。由此节约的一部分规划建筑面积，可用于商品房开发，所得利润用于拆迁旧村庄及复建房建设的包干费用，市土地开发中心不再承担拆迁及复建的费用。农民复建房建设过程中有些税费可以申请减免，开发的商品房则按规定交营业税、所得税等。”

这一完全把利益相关者羊城村撇在一边的复建协议，自然遭到村委会和村民的强烈抵抗，拆迁工作根本无法进行。于是市政府出面调解，经与村委会和区政府斡旋，由市政府颁布了《关于羊城村房屋拆迁补偿安置的通告》。这个通告是村委会与政府妥协的产物，村委会让出了50亩地的开发权，而政府在通告中规定，凡是1992年10月以前批准的、三层半以内的房屋面积，一律按建筑面积给予房屋补偿。

但村民们并不买账，因为这个规定实际意味着，1992年10月以前建的三层半以上的房屋和1992年10月以后新建、扩建的房屋，一律作为违章建筑处理，不给补偿。而实际上，虽然过去政府有农民住房建筑不得超过三层半的限高规定，但村民们都未理会，早就把住宅楼房盖到六至七层，而1992年以后的那几年又恰好是大量外来人口入村租屋时期，村民的相当大一部分出租屋是那以后扩建的，这部分租屋是村民目前的重要财源，不给补偿意味着村民家庭的重大经济损失。更核心的问题是，村民要夺回50亩复建地的开发权。

一封署名“羊城村全体村民”的上诉信摆到了市政府和更高层政府的桌面上。上诉信在陈述各种理由之后，提出三个希望政府解决的问题：“第一，要求嘉华房地产公司停止拆迁行为，并且不能再让其承包羊城村的搬迁；第二，要求政府调查50亩地的处置问题；第三，要求与过去搬迁的村落享受同样的待遇，即拥有自己的复建用地，因此要求归还村民50亩复建地。”上诉信还向政府保证：“我们有能力按照市政府的要求，高标准、高起点地重建家园，世世代代永迁。”

然而，在村民漫长的上访过程中，负责羊城村复建用地开发的嘉华房地产公司并没有停止开发工作。等到政府在村民抗争上访、要求调查的舆论和呼声越来越高以及拆迁无法进行的各种压力下，最终决定彻底解决这个经历了几年冲突的问题时，羊城村的 50 亩复建地已经由嘉华公司建成了大半个“南国嘉园”住宅区，已经不可能进行开发权的改变和重新安排。

当然，村民的上诉也取得了一些成果，地方政府与村委会又重新回到协商的桌面上。在经过多轮难度并不亚于中国加入世界贸易组织谈判的反复磋商之后，羊城区政府下达重新制定的《关于羊城村拆迁有关问题的意见》，将原划归嘉华公司负责的羊城村“拆迁补偿工作”，改划归羊城村企业集团公司负责。随后，以市土地开发中心为主拟制了《羊城村拆迁安置补偿协议》，羊城村再根据这一协议，具体制定了《羊城村拆迁安置补偿合同》。为了落实拆迁工作，政府还划拨了村民搬迁的费用，而不再是完全“从 50 亩地的商品房开发中支付”，这些追加的利益使得村民房屋补偿标准有了提升，特别是违建部分一般都得到补偿，而且，在等待回迁房全部落实以前，村民合法面积的搬迁费每平方米每月发 20 元，至少在等待回迁期间，这笔资金比起某些出租屋的收益还要高。在夺回复建地开发权完全无望的情况下，多数村民也同意接受了这个补偿方案。

可是，仍然有少数被称为“钉子户”的村民对这个方案表示强烈的不满和抵制。他们认为自己的利益被村委会出卖了，村委会无权代表他们，与政府签订的未经他们“按手印”的协议没有法律效力。于是，他们开始了新一轮的上访和投诉，但这次投诉的对象，转移到羊城村村委会和羊城村企业集团公司。不过村委会的回答是：“村民的拆迁补偿与回迁安置方案，经过了村党支部、经济社理事、户主代表和村拆迁领导小组数十次会议的讨论和研究，也征询了多数村民意见，从开始制定直至最终落实，都是在公开、公平、公正的情况下进行的，并且得到了绝大多数村民的认可。”

这样，一场围绕村落迁居而形成的村落与政府之间的冲突，最后戏剧性地演绎成村民与他们的村落领导之间的冲突。少数钉子户的顽强抗争和“闹事”已经无法阻碍拆迁的进行。然而，村委会和政府仍然担心，对钉子户的强行拆迁会酿成事故，所以有了拆迁之前非常具有戏剧性的一幕——在羊城村的拆迁现场举行了一场警察实战演习。

演习开始，在羊城村拆迁工地现场，一位60多岁、多次因拆迁闹事的村民，口吐白沫躺倒在地上，村拆迁办工作人员马上拨打110电话报警，警察迅速赶到，经勘查初步认定死者是服农药自杀。此时，几十名村民闻讯赶来，因有人说是拆迁办逼死老人，村民们把拆迁办与警车团团围住，要求追查凶手。不明真相的村民们情绪越来越激动，拿起棍棒围攻民警与拆迁办人员，场面顿时失控。紧接着，拆迁办的办公楼里响起爆炸声和枪声，并冒出浓烟。随后，大量警车鸣笛而来，一队队手持盾牌、警棍、防暴枪、冲锋枪的民警与武警冲进村内，投入排爆、解救人质、驱逐闹事人员、救火等工作，此时还有两架警用直升机也在低空盘旋……参加这次演习的警员达千余人，这是羊城近年来规模最大的一场警察实战演习。

经过长达数年的冲突之后，冲突的各方都已经非常疲惫，他们都不愿再谈起此事，只盼望拆迁早日结束，有一个平稳的结局。

如今，羊城村的多数村民已经入住具有欧陆风格的“南国嘉园”，其住宅市场均价每平方米7000元，在羊城是个不菲的价格，园内有小桥碧水、鲜花绿草、热带树木和古典回廊，环境清新雅致，与原来的羊城村相比，可以说有天壤之别。但羊城村的迁居村民仍然有诸多抱怨：“小区自然是很漂亮，但幼儿园和车位都贵了很多倍，住房还要交物业管理费，这哪里是我们农民住的地方。”导致村民抱怨的是迁居前后的最大差别：过去他们是具有丰厚房租收益和村集体地产分红的业主和股东，是“以房生钱”，如今变成不再有固定物业收入而且什么都要自己交费的普通市民，反过来“以钱养房”了。

羊城村的所谓复建，其实不过是复建了住宅楼房，而过去的村落社会关系网络，已在迁居过程的重新布局中彻底打破，再也难以真正复建了。

一个具有上千年历史、经过历朝历代风风雨雨的古老村落，完成了它的终结过程。从宏观上看，这也许属于历史发展的必然，但从微观上看，其中有多少值得回味和深思的坎坷与冲突。

村落的终结过程，不仅意味着搬迁和翻建，而且意味着产权如何重新界定和村落社会关系网络如何重组。羊城村的故事，恐怕也是羊城仍存在的百余个城中村此后的必然命运，只不过是时间早晚的问题。

一些城中村的领导已经从羊城村的终结过程中意识到这种必然性，开始进行改造自己的城中村的经济核算。根据一位很有心计的老村长的测算，他们全村各类房产的建筑面积100多万平方米，按村民可以接受的平均每平方米2000元的补偿价格计算，拆迁全村的房产需要20亿元补偿金。以此粗略推算，要完成市中心40余个城中村的拆迁，就需要800多亿元，这将是一项耗资比“三峡工程移民”还巨大的动迁（三峡移民总投资约600亿元）。不过，与三峡移民不同的是，城中村的土地都是可以生钱的“活资本”。在很多城中村村民的家里或住宅门口，都供奉着土地神，两旁的对联就是“土可生财，地能出金”。

在城中村拆迁改造的博弈中，存在着三方对弈者：政府、房地产商和村民。城中村的最终改造方案，将是这三方利益平衡的合约安排。村民的要求是在改造中保护他们的租金收益或对损失的租金收益给予补偿，房地产商的要求是在投资改造中至少获得平均收益，而政府的要求是避免财政的压力和保证市场、社会的稳定。

在这种情况下，城中村改造的真正难点，就是改造的资金从哪里来。从纯粹开发经营的角度看，似乎问题很简单，要改变城中村为人们所诟病的建筑“过密化”和混乱无序状态，无非是开发高度空间来替代低度空间的拥挤。仅就资金来源来说，香港依靠土地批租获得财政收入和开发资金的做法，以及珠江三角洲以房屋期权置换建设资金的做法，都是现成的成功经验。

政府在这种博弈中显然处于主导的地位，可以通过另辟一块住宅地来置换城中村的地产，并通过放宽房地产商在改造城中村中建筑高度的限制和减免开发中的部分附加费用，使房地产商有能力以新建住宅的期权来置换城中村在一个规定时点的现有住房；同时，还可以通过将村民现有村落住宅的使用证变更为城市住宅产权证，使村民获得新房产的完整产权，从此可以出售和抵押房产，以此来换取村民在住宅拆迁补偿价格上的让步。为了防止因城中村的改造带来房屋过量供给和房地产市场的波动，改造显然不宜大规模进行，而要有步骤、分阶段进行，不能奢望在短期内完成。城市建设是百年大计，应切忌在“几年大变”的冲动下一哄而起。不过，对规划中必须改造的城中村，要立即确定和公布改造范围以及房屋改造补偿的建筑时点，以免进一步加大改造的成本。

但复杂的是，开发过程也是一个利益博弈的过程，必须创造一种对弈各方共赢的合约安排，才能使开发顺利和成功。政府的担忧是，拆迁过程中的利益冲突会成为社会不稳定的因素，政府自己开发因成本过于高昂难以启动，而给予优惠政策吸引房地产商介入开发，又可能造成房屋过量供给，冲击业已趋近饱和的房地产市场，使目前房地产开发中大量的国有银行贷款无法收回。房地产商的担忧是，此种拆迁开发中的利益矛盾重重，不确定的变数很多，高昂的交易成本会吞没和消散房地产开发的正常收益，政府对楼层高度的管制会使开发最终变得无利可图。村民的担忧是，他们既得的房地产租金收益在开发中得不到保护，而且会损失市中心区域房地产升值前景的好处（过去的五年，铺面租金翻了五倍左右），所以他们最期望的是自己获得拆迁改造和新建楼盘的开发权。

这样，冲突的焦点其实并不在于村落是否要拆迁改造，因为改造的过程，从整体的核算来看，是盈利的而不是亏损的。冲突的焦点，是拆迁过程中的利益安排，即谁获益、谁受损，获益者的收益是否合理适当、受损者的损益能否得到应有补偿的问题。在冲突的过程中，尽管博弈的各方利益相关者都有讨价还价的权力，但权力格局并不是对称和均衡的，政府实际上拥有最终的制度安排的决定权。在这种情况下，政府的科学民主决策、政治智慧和发展远见，就成为新型社会整合中的关键因素。

过去多数对村落城市化的研究，都把问题的焦点放在工业化、非农化和户籍制度的改革上，以为户籍制度的彻底改革会使城市化进程一路凯歌。然而我们从羊城村终结的过程中看到，这个村落早已实现了生产和职业的非农化，也已经实现生活方式和户籍制度的城市化，甚至村民的乡土观念和价值取向也已经被动摇，但村落共同体依然如故，村落的城市化并没有因此而完成，村落的终结还要经历一个艰难的产权重新界定的过程和社会关系网络的重组过程。羊城村的故事，或许有它许多超阶段发展的特殊性，但它兆示的村落终结过程中的各种摩擦、矛盾和冲突，是有普遍意义的。

一个由血缘、地缘、民间信仰、乡规民约等深层社会网络联结的村落乡土社会，其终结问题不是非农化和工业化就能解决的。村落终结过程中的裂变和新生，也并不是轻松欢快的旅行，它不仅充满利益的摩擦和文化的碰撞，而且伴随着巨变的失落和超越的艰难。

附录　羊城村的故事

这里收集的，是从广州市22个城中村的个案访谈中整理出来的故事。这些村庄包括三元里村、石牌村、猎德村、棠下村、冼村、杨箕村、同德村、珠江村、河沙村、东冲村、车陂村、永泰村、石东村、陈田村、长湴村、盐田村、泰宁村、槎龙村、棠涌村、下沙村等。但在整理的过程中，根据“为受访者隐”的原则，我把这些村庄统一冠名为羊城村。受访者的姓名也做了技术上的处理。所以，如果你在阅读的过程中发现，这些被称为羊城村的村庄，其实不是同一个村落，你不必感到惊讶，因为羊城村不过是众多城中村的统一代码符号而已。

如何处理和使用个案调查和访谈资料，在社会学的所谓“质”的研究方法中，一直是一个令人困惑的问题。在这方面，过去中国的村落研究存在着两种调查原材料加工的方法。

一种是费孝通先生的方法，我称之为“文本概括法”，就是把调查的资料和受访者的话语，慢慢地咀嚼，然后转化成比较精练、比较条理化的文本语言表达出来。上海大学的李友梅教授曾对我说，她20世纪80年代随费老重返开弦弓村调查时，费老交给她这个本分听话女孩的重任，就是把每天发生的事情，详详细细、原原本本地记录下来，而费老很善于把这些原材料转化成有揭示力的文本语言。这种语言不像那些充满学术概念的推论，它比较通俗易懂，但也不是文学语言，它要表达的是事实，不是故事，也不是逻辑，就像现实之树去掉了多余花叶的枝条，所以谈不上好看，主要还是供专业人士阅读，一般读者可能会觉得没有故事而难以读下去。费老的《江村经济》和李景汉的《定县社会概况调查》，应该说都是使用的这种方法。另一种是林耀华先生的方法，我称之为“文学概括法”。这是把调查的原材料进一步加工成文学的语言，更具体地说，是小说的语言，它不舍弃生活语言中那些鲜活的东西，而是把调查的一些片断、零碎、芜杂的原材料，转化成一个完整的故事，就像是一部小说，因为小说的原意，就是区别于“文本大说”的市井故事。这方面的代表作，就是林耀华先生的《金翼》，这本用小说体裁写成的人类学著作，它的写作方法数十年来一直面临着一些学者的不断质问，这究竟是虚构的故事，还是科学的研究？尽管林先生自己一再表明，这部书的故事是真实的，是东方乡村社会与家族体系的缩影，展示了种种人际关系的网络，它是运用社会人类学调查研究方法的结果；尽管有国际著名经济人类学家雷蒙德·弗思教授为它作序并对其学术价值给予极高的评价，但在学术研究如同工匠的手艺活儿和工业流水线的今天，如何调查、如何收集处理资料、如何分析问题，都有了标准化的“规矩”，所以林先生别出心裁的“文学概括法”，一直被视为一个“另类”。

在西方社会学界，对使用访谈和实地调查资料的重视，可以追溯到美国的芝加哥学派。1918—1920 年，美国社会学芝加哥学派的领军人物之一托马斯（W. I. Thomas）和兹纳涅茨基（F. Znaniecki）发表了五卷本的《身处欧美的波兰农民》，震动了学界。托马斯等人甩开史学界传统上侧重围绕领袖人物和重大事件的政治、战争等主题的写法，寻求从普通人的失业、贫困、社会动荡、拥挤、无根漂泊等问题入手，“自下而上”地书写历史。他们称自己的新方法是“生活研究法”（The Life Study Method），是让外来移民自己讲述生活故事，注重收集研究对象讲述生活经历的文献，特别是信件。五大卷的《身处欧美的波兰农民》，多数都是汇集了类似的活材料，作者有自己的假设，即认为不管是青年男女离开美国的农场去都市寻找工作，还是一个美籍非洲人离开南方农业区迁向哈雷姆或芝加哥；也不论是一个波兰农民来到匹兹堡的一个钢铁厂工作，还是一个意大利家庭离开家园到布法罗的罐头食品厂谋生，在所有这些情况下，人们都是将一种结合紧密的、以家庭为基础的传统文化抛到身后，而去努力适应一个更为个人主义的、更具竞争性的社会。但作者希望，这种普遍性的东西能够通过生活故事自己述说出来。他们反对“社会普查”堆积数据和偏于道德说教的“常识社会学”（common-sense sociology），如《匹兹堡调查》写道：“在那儿你会看到瓦解社会的力量多么令人不可抗拒，而进步的力量又如何被萎靡不振和自私自利的社会风气拒之门外。”根据托马斯的“生活研究法”，《身处欧美的波兰农民》中占主导的是来自外来移民的“活材料”，而不是作者对这些材料的解释和分析。

受托马斯等人影响很深，也属于美国社会学芝加哥学派的老怀特（W. F. Whyte），似乎在试图走出一条独特的、更加文学化的加工调查材料的道路。之所以称他为老怀特，是因为他的儿子小怀特（M. K. Whyte）现在是美国以研究中国问题而著名的社会学家。老怀特1943年写的《街角社会》，研究的是波士顿的意大利人贫民区，他在研究上不愿循规蹈矩，而且有点桀骜不驯，这本书的文体，有些像介于学术著作和小说之间的东西，在叙述故事的过程中，还不断地引证调查访谈的对话，就像一般的学术著作引证经典的名句。老怀特曾想成为一名小说家，并以《街角社会》的初稿去参加非小说书稿大赛，但他又成功地使《街角社会》被富有严格学术传统的芝加哥大学社会学系接受为博士论文，并在答辩中大胆地反击对他的论文“没有明确概念定义和系统文献回顾”的严厉批评。《街角社会》后来成为芝加哥学派的代表作之一，甚至成为一种“讲述外部世界的叙事方法”，成为后来喜欢个案访谈调查方法的学者争相模仿的楷模。

《街角社会》更加文学化的方法，使得它与早期的那些经典社区著作都有很大的不同，如沃纳（W. L. Warner）的《扬基城》（*Yankee City*）、林德夫妇（Robert and Helen Lynd）的《中镇》

（*Middletown*）以及韦尔（C. Ware）的《格林尼治村》（*Greenwich Village, 1920—1930*）。韦尔的《格林尼治村》其实与本书的主题很相像，它是写20世纪30年代格林尼治村在快速的城市扩张中被并入纽约市的过程，而韦尔的关注点是，在这个过程中，格林尼治村独有的特征如何仍能得以保持、未被吞噬。但这几本社区研究的经典，在叙述方式上，仍然是以逻辑线索为主，而不是以故事线索为主，就像《中镇》的写作，是按照谋生、成家、育儿、闲暇时间的利用这样一些通用的题目来写的。

实际上，如何利用个案调查的访谈资料，面临着很大的困惑和窘境，这也是所谓“质”的研究的困惑和窘境。一方面，很多学者希望，这种访谈资料也能具有统计意义上的“代表性”，所以在一个社区里面，也采取分层抽样和统一访谈问题的办法，但结果是，统一的访谈提纲限制了访谈的话题，使访谈的记录枯燥而且重复；更为尴尬的是，这种使访谈资料“科学化”的努力，不仅未使访谈资料获得科学化的形式，而且还丢失了真实鲜活的实质。另一方面，访谈资料作为生活语言，具有话语／本位、符号／意义、能指／所指的两重性，它本身是一种隐喻，意义的揭示需要解释的过程，而研究者的解释，根据研究者的不同而有差异，有时这种差异甚至会扩大为对立。换句话说，研究者和被研究者的关系，其实并非主体和客体的关系，而是主体间性的关系，即访谈资料的意义会根据主体间性而发生变化。这样一来，研究者是否能自认为比被研究者高明、深刻，而具有肢解、切割、筛选和重新解释生活语言的权利呢？研究者的解释，是否会并不是“揭示”而是“遮蔽”了生活语言的真实含义呢？因为访谈资料的话语毕竟与问卷调查的数据不同，它的意义对访谈的“情景”有很大的依赖，而使用访谈资料的人是无法再造和重复“情景”的。问卷调查数据的问题是完全舍弃和遗忘了调查“情景”的，并主观假定这些“情景”并不影响对数据的解释，所以数据的测算是可重复的“科学工作”，而访谈资料的解释则变成不可重复的“艺术工作”。

我们目前还无法解决这种方法论上的窘境和尴尬。在本书中我们采取了妥协的办法，既没有像《中镇》和《江村经济》那样，把访谈的资料转化成文本语言，并按通行的逻辑线索编排，也没有像《街角社会》和《金翼》那样，尽可能地用生活语言来叙述一个完整的故事。本书的前半部分，是我个人的解读、理解、看法、认识和判断，是我试图从纷杂的现象和故事中提炼出的一些可以从学术的知识框架角度来理解的规则和道理；而书的后半部分是原汁原味的访谈记录，我把解读和理解的权利交给每一位用心的读者。读者通过自己的解读和理解，可以证实，也可以证伪我在前面的论述。

应该说明的是，访谈记录中有些粤语或其他方言词汇可能与普通话略有区别，为保持原汁原味，只要不致引起误解，一般都保持原样。

一　羊城村的原村民

家乡巨变

望着车窗外的景物，一种莫名的感慨油然而生，这是我从小生活的地方，本应是我最为熟悉的，但此刻，我却发现面前的它竟是如此陌生，我渐渐陷入了深深的回忆之中。五年前，我考上了上海医学院，背着沉重的行李，离开了家乡。到了大上海才发现，那儿的物价原来是如此高不可攀，作为一个农民的女儿，我对于家里每年要支付上万元学费已是深感歉意，因此从不敢乱花钱。从广州到上海的车票来回要上千元，所以除了头两年实在耐不住思乡之苦回了家外，后来的三年我都只是在上海打假期工，并没有回来。即使是打长途电话也不敢说得太长，只是报个平安而已。因此，在我的印象里，家乡还是那个间间平房、片片农田、棵棵大树、个个鱼塘，一个充满浓浓乡土气息的地方。然而，在这条回家的路上，我预感到家乡的变化，它已不再是我印象中的景象了，看到的“家乡”在我的脑海变得模糊和陌生了。

车子在羊城工业区停了，我站在路边竟有点茫然不知所措。这时我看到一个写着羊城工业区的巨大的羊城坊，静静地矗立在我面前。我轻轻地舒了口气："终于回来了。"迈入工业区，在路的左边，整整齐齐地盖了两层高厂房，不时地传来轰轰的机器声和偶尔几下的金属撞击声，这些终于使我寻回了一些亲切感。三年前，这里便已经是工业区了，只是当时的路没有这么宽，厂房没有这么整齐，墙壁也没有这么雪白。穿过工业区，我却被眼前的景物再一次惊呆了，刚刚才寻回的一些亲切感一下子跑得无影无踪，怎么昔日一间间瓦顶砖墙的平房变成一幢幢红白相间的小别墅，昔日的一片片农田竟变成了一条条平坦的大道。黄土地泥路不见了，流浪狗也不见了，取而代之的是城市般的景致，"城中村"这名字取得实在是太妙了。我本能地摸出手机，想打电话回家求援，但转念一想，这可是我土生土长的地方呀，连回家的路都不认得，这也太丢人了。于是我鼓起勇气，决定自己摸索着回家。

我凭着依稀的记忆，朝着家里的方向慢慢地寻去。经过半个多小时的"艰苦奋斗"，我终于在一根电灯柱前面停了下来。我俯下身子，看到了柱上的一朵小花图案，不错，这正是我小时候在上边画的，我到家了！电灯柱对着的就是我的家，我转身，看见面前是一幢白色瓷片贴面的四层楼高的小洋房，左右分别是钟表店和小士多，士多的老板娘正用好奇的眼光看着我，而中间是一个开着的铁门。我犹豫了，这里是我的家吗？三年前，我离开家里的时候，这还是一间黑瓦顶红砖墙的小平房。我慢慢地把手伸向门边的门铃，轻轻地按了按，不一会儿，房里传出开门声，接着是下楼梯的缓慢的脚步声，一个中年妇女终于出现在我面前。"妈……"我情不自禁地喊了声，她呆了呆，睁了睁眼睛："静，你，你终于回来了。"我一时间说不出话来，眼睛有点湿润。这时，士多的老板娘突然说："哟，莲姨，这是你的女儿呀？"妈妈转过身去带点骄傲地回答道："是呀，她在上海读大学，三年没有回来了，现在毕业了，就回来过年啦！""呀，女孩子能上大学真了不起呀！"我听了带点轻蔑地望了她一眼，她似乎看不出我的不屑，还冲着我恭维地笑了笑。妈妈接过我手中的行李，转身拉起我的手，便往楼上走，我看着妈妈那纤瘦的背影，鼻子不禁又是一酸，更觉得自己没有尽女儿的责任了。家里的楼梯只有一米左右宽，虽然在转弯处都有窗户，但可能是楼房之间的距离实在是太小的缘故吧，楼梯显得有点昏暗。由于不太熟悉环境，我只能放慢脚步慢慢上楼，而前面的妈妈提着行李却是健步如飞，我想这都是长期在田里劳动而锻炼出来的吧。到了二楼，虚掩着的铁门里传出来阵阵搓麻将的声音，我匆匆地向里边瞟了一眼，只见里面杂乱地坐着七八个人，正围着桌子打麻将，浓烟熏满了整个屋子。我迅速转头上楼，三楼的铁门锁着，妈妈在四楼停了下来，推门进了屋，屋子里一前、一左又有两个铁门，妈妈打开正前面的门，帮我把行李都放到一个房间里。“我把你的房间都收拾好了，对了，不是说明天才回来吗？怎么这么早就回来了，也不通知我们去接你！”我一伸舌头：“想给你们一个惊喜嘛！”“瞧你，都20多岁了，还像小孩！”妈妈充满了慈爱和喜悦地说。

我环顾屋子，只见彩电、音响、冰箱、煤气炉应有尽有，哪像是农民的家里，这俨然就是城市人家。我惊叹道：“妈，咱们家怎么变得这么漂亮呀！”妈妈倒了杯水递给我说：“你不知道，你走后不久，就有个什么新土地政策，国家要征收咱们的田地，用来办厂、盖商品房和批发市场什么的，后来又统一盖了这些小洋房，以低价卖给咱们，就是上年咱们才搬进来住的。”我点了点头：“哦，这屋子这么大，有100平方米吗？”妈妈连忙摇头说：“没有，听说咱们农民最大的住房面积不能超过80平方米，这间屋只有70平方米。”“哇，那要多少钱呀？”妈妈笑着说：“买回来的时候花了20多万元，再加上自己装修，一共用了30多万元。”我瞪大了眼睛问：“咱们哪里来的这么多钱呀？”妈妈笑着说：“哦，听说最近几年咱们村租出去的土地都赚了不少钱，所以近年来咱们得到的分红也多了，一年也有一万多，加上你哥在工业区承办了厂，也赚了些钱，再向亲戚借点，凑合着也够了。”我喝了口茶，又问：“咱们家不是租给别人住吧？”妈妈点点头说：“是呀，一楼的两个铺位和二楼三楼都租出去了，共分租给了四户人，一个月收租金大概是两千块吧。他们都是外地来的，但咱们也顾不了这么多了，反正整条村的人都是这样租的啦，只要他们不闹事就好了。再说，你看看，现在羊城村呀，外来的比原来村民还要多！”我说：“那他们有没有闹事呀？”妈妈说：“多多少少是有的。这不，前几天保安队才抓了四个从湖南来的，听说他们是偷窃的，不过也不能说全部的外地人都是游手好闲的，他们大多都是来这里打工的，市区的租金又太贵，也就租我们这里住了。”我用手指了指屋子左边那一扇关着的门又问：“这间房也租出去了吗？”妈妈笑着说：“不是，那是你大哥大嫂和婷婷住的。”

提起大哥大嫂，我的兴致来了，大哥自小便最疼爱我，而大嫂则是我的中学同学风。记得有一次，我把风带回家玩，想不到却成就了大哥和风的姻缘。我马上笑着问道：“对了，怎么不见风呀？她不是不工作吗？”妈妈答道：“她刚刚去幼儿园接婷婷放学，应该快回来了。”话音刚落，就听到门声一响，风抱着婷婷进来了，妈妈笑道：“看，刚说你，你就回来了！”我和风是从小的好朋友，见了面自然是兴奋不已，我把婷婷抱过来，逗她玩。婷婷瞪大双眼看着这个素未谋面的姑姑，显得有点胆怯。我不禁感叹：“唉，我走的时候她还是个刚满月的小婴儿，想不到转眼间长这么大了。”风说：“你这么久没有回来，现在呀，什么都变了。”我点了点头说：“是呀，我刚才回来的时候真的吓了一跳，整个村子都变了模样！”风说：“对呀，近两年政府提出要改造城市周边的农村，建设城中村，咱们村的小洋房就像雨后春笋一样一夜之间建了起来。”风说得兴起，拉起我的手又说：“要不我带你去逛逛，向你展示一下新村貌，咱们也好好叙叙旧！”我被吸引了，兴奋地点点头。妈妈从厨房里走出来说：“你们俩可早点回来，我准备了好多菜呀！”我和风答应着，手拉着手出了门。那一刹那，仿佛又回到了中学时代。

我们并肩而行，慢慢地走着。刚才回家的时候，只顾着寻找归家的路，也没有留意村里的景物，此刻身边有个“导游”，也就细心地欣赏羊城的新村貌了。我们漫步到了羊城小学，看到校园变大了，课室变明亮了，设施也增多了，只有校园中间的那棵老槐树，依旧静静地守在那儿，仿如一个慈祥的老师，默默地看着一代又一代的学生走进学校又步出校门。在这里，我们仿佛又看到童年的自己在树下追逐的身影，仿佛听见了天真无邪的欢声笑语。我们步入了“梁氏宗祠”，这庄严、神秘而带点陈旧的祠堂，与满布小别墅的城中村显得有些不协调，但只要看到祠堂内那插满香烛的香炉，便可知它在村民的心目中仍有着举足轻重的地位。看来村里的环境虽然变了，但村民的一些传统思想仍未改变。我问风：“这里常开放吗？”风说：“不，只是每逢初一、十五才开给村民上香，现又临近过年了，也就开放了。”我笑着说：“你当年和大哥的喜酒还是在这里摆的呢！”风幸福而又带点羞涩地笑了笑。我们出了祠堂，继续往前走。我问：“风，其实你以前读书也不错，为什么不出去找份工作呢？”风说：“你哥在工业区承包了一家厂房，是专门做铁闸门、防盗网这类的，近一两年来，村里的新房子多了，家家户户都需要装铁门、铁窗，加上你哥是原村民，大家都信任他，所以你哥他忙得不可开交，常要加班加点的，有时晚上还要在厂里睡觉呢。近两年来也算赚了点钱，家里的生活还过得去，而且你哥也不喜欢我抛头露面的，所以我也就待在家里了。”我笑了笑，说：“哥呀，和爸爸一样，就是大男子主义，当年我去上海读书，爸爸还不肯呢，说什么‘女子无才便是德’。他们呀，就是改不掉旧思想！”说到这里，我看见风的神色不太对劲，连忙问：“怎么啦？”风收敛了笑容，带点委屈地说：“你爸爸不喜欢我。”我奇怪地问：“怎么会呢？”风叹了口气，说：“唉，都是我不好，一连生了两个都是女儿，你爸爸是怪我没能为你们梁家添个男孙。”“都什么年代了，爸爸怎么还会有这种重男轻女的思想？”我带点不满地喊，风低下头说：“唉，老人家有这种思想也是难免的。”我说：“那你再生一个不就行了嘛！”风连忙说：“不行，咱们农村户口的只能生两个，不能超生呀，否则要扣分红的，隔壁黄婶的儿子超生了，就连她的分红也被扣了！”风边说边用手指着路旁的标语给我看，我顺着她手指的方向看去，只见在一堵围墙上用醒目的红字写着“控制人口增长，提高人口素质”。风说：“现在抓得可严了。”我看了看，原来那堵围墙里面是村民委员会，有假山、水池，还有一个小凉亭，倒也挺别致。村委会对面是间老人院，名叫“羊城怡乐园”，长亭内围了十多个老人在下象棋、打扑克，呈现出一片其乐融融的景象。

我们边说边走，来到了“羊城公园”。记得以前这里是片乱葬坟地，听风说这里是由区里无偿拨款和村民捐资建成的，虽然园里只有几个小山坡，设施不多，但也为村民提供了一个娱乐休闲的好去处。我们坐在树下的石凳上继续聊着，我问：“风，你每天在家不闷吗？”风摇摇头说：“都习惯了，其实上一年我自己也搞过一间发廊，但是真的经营不下去了。”我奇怪地问：“为什么呢？”风说：“唉，本来生意是不错的，但后来越来越多的外地人来到咱们村里，那些外地妹也跑来开发廊，她们穿得很性感，也会招引客人，听说那些还……唉，反正我们这些正经做生意的是斗不过她们的啦。”我听了，一时间不知道说什么好。风继续说：“其实现在生活也还挺充实的，有时间就参加村团委办的一些义务劳动，也不错。”我们边走边聊，差不多走遍了整条村子，沿途经过了村里的幼儿园、卫生所、信用社等许多地方。整条村子，俨然如同一座小城。

不知不觉，我们回到家的时候已是傍晚时分了。妈妈早已准备好晚饭，婷婷、玲玲两个坐在饭桌边。妈妈一见我们回来便迎了上来说：“你们怎么这么晚才回来呀，看菜都凉了。哦，对了，你哥打电话回来说，厂里很多订单没有做完，今晚不回来吃饭了，你爸爸在怡乐园下棋，迟点再回来，咱们先吃饭吧。”我嗔笑着说：“爸爸和哥哥还是老样子，一提起工作和下棋就什么也顾不得了，看来我呀，是越来越没有地位了！”我转念一想，马上问妈妈，“妈，怎么这一天都不见伟仔呢？”伟仔是我的孪生弟弟，当年我们姐弟俩一同考上大学，成了村里的一件大喜事，生产大队还专门为我们俩颁发了奖学金，当时我们家可风光了，即使是现在想起来我仍情不自禁地微笑起来。可是妈妈的表情却是出乎意料的平静，她叹了口气说：“阿伟他已经一年多没有工作了，整天游手好闲，还常和村子里的一些不良少年结群，经常去打牌赌钱，有时好几天也不回家一次。”我几乎不敢相信自己的耳朵，我瞪大了眼睛问：“怎么可能呢？阿伟以前很听话的呀，他还考上了华农（华南农业大学），他不会变成这样的！”风说：“不错，自从前两年他从华农毕业以后，几个月都没有找到合适的工作，村里每个月都给他 280 块钱的失业补助金，久而久之，阿伟的进取心越来越弱，依赖性却越来越强，再也不找工作了，只顾享乐。钱不够花了，就回家向我们要，我们劝也劝了，他就是不听，真拿他没有办法。”我的心一下沉了下来，怎么平时懂事听话的弟弟也变了呢？难道不仅村里的景象变了，连人也发生了变化？这到底是谁的过错？是伟仔？是社会？是那些不良少年？还是失业补助金？我一时想不通。正在我思想混乱的时候，门外突然冲进一个人，我定神一看，是村头姑姑家的儿子阿彪，他一进来就气急败坏地对妈妈说：“舅妈，不好了，阿伟表哥他……他被村委会保安队的人给抓了！”我们一听，大惊失色，妈妈连忙问：“到底发生了什么事呀？”阿彪喘着气说：“哎呀，我们几个一起打牌，本来好好的，就是阿伟和珍哥多喝了几杯，又输了点钱，和别人吵了几句，就打了起来，还打伤了人！”我们三个人一边听阿彪说着情况，一边快步来到村口的村委会。真是造物弄人，今天早上我还和风经过这里，没有想到晚上便要来“营救”我的弟弟。我们几个人在一个还亮着灯的办公室前停了下来，只见衣衫不整的弟弟和几个打扮得不伦不类的年轻人站在一边，一个有点发福的中年人正坐在办公桌前滔滔不绝地说着，一见我们进来，就马上站了起来，皮笑肉不笑地对妈妈说：“莲姨，我已经好好地教育了阿伟，他也保证以后不会再犯，你带他回家后要好好地看管他，不要再闹事了！”妈妈边点头边说：“这回可真要感谢梁副主任您了，给您添麻烦了，真不好意思！”那个梁副主任用手托了托眼镜，打着官腔说：“阿伟醉酒闹事这事嘛，是可大可小的，不过我已经在主任面前求了情，这事嘛，赔点医药费，问题也不大了。”妈妈答应着，从袋子里掏出钱塞到他手里，边说：“梁副主任，这事就有劳您多多关照了！”那梁副主任收下钱，终于露出了满意的笑容。我们踏出村委会的大门，长舒了口气，正以为事情了结的时候，梁副主任追了出来，压低声音对妈妈说：“莲姨，这回我可是帮了你的大忙，到了4月份村里第二届村委会选举的时候，可别忘了我哦！”

事情终于了结了，我回到村里的第一天也在这晚的小风波中结束了。我站在楼顶的小天台上，放眼望着这楼房林立、灯火阑珊的羊城村。早上刚回到村里的那种莫名的感慨又再次袭来。但与早上感觉不同的是，此刻的我不仅感受到村里景物的变化，还感受到人和事的变化。羊城村不再是农田片片的农村了，而是楼房幢幢的城中村。购物、求医、读书不再长途跋涉，这里商店、医院、市场、学校、公园一应俱全。村民不再依靠耕种农田为生，而是靠收租、分红、自办企业致富。然而，随着农村环境的现代化、村民的逐步富裕，人与人之间的距离拉大了；农民勤劳、诚实的品质渐渐淡薄了，游手好闲、坐享其成的思想多了；真正愿为村民办实事的工作态度少了，学会钻空子、讨便宜的多了……或许变化的本身就包含好与不好两面。我抬头望着繁星点点的天空，似乎感到刚刚重新熟悉了的家乡，又在走向一种不确定的陌生未来。

回村记

今天下午，太阳依然猛烈，我怀着复杂的心情来到了羊城村，一半是为了做城中村的调查，一半是为了重温我童年时的生活。我二婶是羊城村的村民，因为我爸爸妈妈在市区工作，没时间照顾我和弟弟，所以每年放暑假，我们都被送进村里跟堂兄、堂弟一起生活。现在回想起来，真是太辛苦婶婶了。那时她不但要到田地里干活，还做手工活帮补家用，还要额外照顾我们两个捣蛋鬼。记忆中的羊城村，是充满田间乐趣的地方，每家每户都养狗，那些狗跟现在的宠物狗不同，它们叫得狠、跑得快、通人性，但我觉得它们比现在的宠物狗更可爱。我们在街上跑，惹得家家户户的狗乱叫，我们活像过街的老鼠。有时还会被狗追，狗一边追着，我们一边拿石头扔狗，当然我们不是真的扔过去，只是吓唬吓唬它们。我们也有怕狗的时候，就是我们偷别家水果树上的水果时，我们觉得那时的狗叫得特别凶，可能是我们心虚吧。想着想着，不知不觉到了婶婶家。

我二婶今年51岁，小学没有毕业就不再上学了。婶婶见了我很高兴，忙拿出各种食物来，我们就拉起家常。我跟婶婶说，觉得羊城村变了很多，婶婶点点头，我们俩回忆起以前的生活来。婶婶以前是种田的，每天早上4点多钟，鸡还没有叫就要起床，弄好早点给我二叔、堂兄弟和爷爷吃，然后就去菜地。到了菜地，天就快亮了，二婶忙着拔菜，然后赶着6点钟就要去市场卖菜，因为不是固定的摊位，所以还要去占位置，风雨不改。二叔跟爷爷去上班，我们一班小鬼头就没人管了。在堂兄的带领下，我们就在街道上打打闹闹，还到别人家偷水果吃。以前的羊城村差不多每家每户都有水果树，像桂圆树、石榴树等，其中要数石榴树最多。以前的房屋大多数都是平房，而且每间房子前都有空地，外面用一人高的围墙围起来，所以家家户户都养鸡养狗，种水果。村民之间大家都是认识的，而且关系都很好，所以无所谓偷与不偷，只是你家的小孩爬我家的树，我家的小孩吃你家的水果。大人们都心里明白，只是我们小孩子好像赚了，而且还可以展现一下自己的爬树技术。到了中午12点，市场上来往的人已经不多了，婶婶就会从菜市场回来，做午饭给我们吃。吃完午饭我们小孩子没事干就睡午觉，但是二婶还不能休息，她除了要做家务外，还要做手工制品，即绣花。这可以说是羊城村的一大特色了，差不多每个羊城村的妇女都会穿珠绣花，这成了她们的又一经济来源。有一个制工艺品的台商，把一些需要穿珠绣花的原料交给村里，村里就分给各家各户，按件数或手工的难度大小分别来计价，每件二角到一元不等，多劳多得；村里收了做好的产品，最后统一交给台商，并从中拿取差价，这样婶婶每个月有10多块的收入。到了下午4点钟，婶婶又要回到田地里去施肥，肥料是原始的粪料，每天到厕所舀一桶粪便，放在老式“二八”自行车后面。我二婶一米六，对于当时的妇女来说，已经是算高的一个了，但骑这种男式自行车还是有一定的难度。本来羊城村里，施肥这活是男人做的，但由于我二叔不是村民，结婚后才搬到村里住，而且又要上班，所以田里的重活只有落在我二婶一个人身上了。羊城村的耕地面积很广，每个村民都会分得一亩耕地，而且那时的耕地不是全集中在同一个地方。我婶婶远在长洲都有几分耕地，要乘小船去。长洲那里都是种一些不用花很多心血打理的粮食。但有一次，婶婶到长洲去施肥，遇上了天突然变黑，像要下暴雨。那次把二叔吓坏了，二叔穿上雨衣，到码头接婶婶，怕婶婶有危险。船夫们都不愿渡去对岸，二叔只能焦急地等。暴雨过后，二婶平安回来了，夫妻俩全身都湿透了，二叔就在那时下定决心，要自己做生意，不让二婶种田了。

1986—1988年，许多发展商都到村里租地。村里经过一番研究，决定把耕地的一部分租出去，按租地的面积，村里发一些补贴给农民。当时许多村民都很担心，怕自己以后收入没有保证，村干部在这个时候做了很多思想工作，而且还起了带头作用。二叔便抓住这个机会，用补贴的钱承租了鱼珠木材厂的门市部，开始了卖木板的生意。婶婶也没有闲着，依然是做绣花活。现在婶婶跟村里的居民聊天，大家都十分感激当时村干部做的决定，是这个决定让他们逐步过上了好日子。

近几年，随着经济的发展，耕地已经全部租出去做厂房、仓库，而且租金也越来越多。村里把得到的租金按比例分给村民，每年的分红都不一样，有多有少，但近年每家平均都是万元以上。比起以前，无论收成如何，每年都要交统筹和提留款给村里，剩下的才是自己的，现在心理负担减少了很多，不用干活都有收入，而且现在福利也越来越好了。例如，像二婶这样一般的村民（只有以前有耕地的才是村民，其他属于居民），每两年就会享受一次村里组织的旅游，有国外的，也有国内的。去不去就随村民自己的心愿，不去的可以补钱，我婶婶也去了几次。村干部则每年去旅游一次，今年“五一”假期，村干部们去了泰国旅游。除此之外，村民每一个月都会一起到酒楼吃饭，50岁以上的老人家，每个月都有100元的补贴。

出租耕地之后，有了资金，解放了劳动力，家里的男人都到外面去打工或做生意，村民的生活逐渐富裕起来。现在，村里的平房都不见了，换来的是一幢一幢四五层高的楼房。但是由于缺乏统一管理，村民本身素质也不高，有钱以后把楼房向外扩展，原来宽阔的街道变得越来越窄了。有钱有势的村民的楼房，占用街道面积越来越多，普通的村民都不敢在地上一层占用街道，但在第二层以上，就把阳台伸出去，占空中的空间。所以村里二楼以上，楼层与楼层之间几乎没有空间，如果有火灾，牵连面积就会很大，而且很难逃出去。楼房盖得高，除了自己一家人居住外，剩余的房间就出租给别人。一间二房一厅的套间，租金达500—600元。村里要求出租者必须了解承租者的身份来历，而且承租者要办暂住证。羊城村的外来人口跟村民的比例大概是一比一。承租者大多数是外来打工的，也有做买卖的，还有一部分人在村里开发廊，但是其中不乏以开发廊为名干着不法勾当的人。外来人口的增多，也给村里的治安带来不良的影响，经常会有一些外来人员打架、欺骗村民。村里对出租屋的管理还是比较严的，除了要求承租者办理暂住证以外，还会召集出租者开会，介绍政策，还会定期到出租者家中检查。承租者有异常，出租者要及时到村里报告情况，配合村里开展工作。

自从广州市不准养狗后，羊城村的狗越来越少了，但还是有一些村民养狗。开始村里抓得很严，但近年来好像也松懈下来了。这次回来，仍看见有几条狗在街上跑，但是，比起以前真的少了很多。计划生育村里一向都抓得很紧，经常会宣传要计划生育，特别是对外来人口。村里要求每一对夫妻只能生一个小孩，否则就没有分红，而且还会连累亲戚朋友；承租者违反计划生育，如果出租者知情不报，也会受罚。村里有一种说法就是，想多生一个不是不行，但是，至少准备 30 万元，除了自己没有分红以外，还要赔偿亲友损失。所以，羊城村的计划生育工作一向都做得比较好，这除了村干部的努力之外，还有村民的配合。

二婶对于村里的经济发展十分满意，现在家家户户都富了，村里的妇女们都不再穿珠绣花了，大都留在家里带小孩。但现在不及以前热闹，没有成群结队的小孩在街上乱跑，每家人都把门锁得紧紧的，治安反而不如从前了。以前，屋子是不用锁门的，而且村民之间串门也是很平常的事，傍晚吃完饭，有时你到我家聊天、我到你家聊天，平淡的日子，也有乐趣。现在，有些村民已经搬到闹市中去，年轻人都早出晚归，小孩子除了上学之外，就锁在家里。二婶还是很满意现在的生活，堂兄弟都在读书，婶婶也在家里做全职的家庭主妇，全家人每月收入 8000 元以上，生活稳定，自己有一栋房子，多余的房间就出租给别人，亲戚也不多，只有姨妈还住在村里。村中的大姓是李、梁，二婶在村中没有什么地位可言，只是一个安分守己的普通村民。在二婶的心中，羊城村里的人只要不是沾黄、赌、毒，而且肯努力干活的，都富裕起来了。她觉得村里的贫富分化不及闹市区明显，大家生活都差不多，外来人员的生活就差一点。

今年清明祭拜，是二婶和村民们最后一次在自己村的山头进行。因为祖坟的小山头将要被打平变成公路，村民虽然心里非常不快，但在经过一段对抗和补偿的谈判之后，还是妥协了。工业经济的铁锤，似乎打破了传统村落的一切。

卖帆布的杂货店老板

受访者：某男，45 岁，已婚，初中毕业，村民，杂货店老板。

我们羊城村被周围的高层楼房包围，是一个典型的城中村，至今仍保留着农村的气息。

我一家五口人，我们夫妇二人还有两女一子。我们两夫妇一起开了一间杂货店，地是自家的，以经营红白蓝帆布为主，按各种长宽尺码的不同来分门别类。我的大女儿 20 岁，由于没什么学历，找不到工作，也留在我们的杂货店帮忙。小女儿在附近一所中专学校就读，小儿子还是一名初中生。我的父母在村里住，和我家住得也比较近，岳父和岳母已去世了。

我们家全年的收入主要来自房租，还有村里分红。我们开的店铺，其实只是作为一种精神寄托，而且给女儿一个可以有经济来源的地方。我们自家住的那幢楼房有三层，第三层用来出租，有三间房，每间月租 200 元。前几年，在离自家不远的地方，我们又建起一幢四层高的楼房，专门用作出租，那块地是村里分给我和我父母的，每层楼有三间房，每间房每月租金 300 元，现在所有的房间都租出去了。另外，我们还在粤海花园里买了一层楼，没有装修的，也租出去了，每月收租金 800 元。至于村里分红，是不定期派发的。我们开的店，一个月净利润大约 1000 元。（而且在他们铺里观察到，他们并不在乎自己的生意，有没有顾客都无所谓，顾客来问价钱，他们就回答一下；有熟人来铺里，他们就聊天。所以，他们的生意真的是可有可无的。）

房租收入、村里分红、工作收入，这三项在全年总收入中所占比例，大约是 50%、40%、10%。每个月开支主要是水电煤气费、伙食费、儿女的读书费用，另外还有各种要上缴的税费，如国税、地税，还有其他附加税、工商管理费、清洁费等。

我们家现在的住房是 1996 年建起的，建筑面积 60 多平方米，当时只需 1 万多元就搞定建房、装修、家具了。以前是和父母一起住的，一层平楼，有天井的那种。建房子的钱是依靠村里的分红，还有自己的房租收入。在村外就没有住房了，外面的楼价贵，而且我们都很少出去的，也没必要买呀。现在的住房还算可以的，在这里住了大半辈子，都不想搬出去了。对外面环境又不熟悉，有多余钱的就把现在的屋子装修一下就行了，没什么计划和准备可言的。

我们家族里的人，没多少有学历的，读过高中的已经很厉害了，我也只是曾经帮村委会做过事。家里有个表哥的儿子，是管理村治安队的，我们都不热衷做村干部的。我们家不算富有的了，在村里最多算是中等偏上水平。

我父母以前都只是普通的农民，我家里六口人靠耕种那几亩田过日子，那时是比较穷的，吃得饱已经是我们最渴望的事。我有个哥，以前也是靠房租过日子，跟我们差不多，下有一弟一妹，弟弟现在某家企业做司机，生活就不算好了，有时我们会去帮补一下他家，因为他每个月只有 800 元左右收入，养两个儿子很艰难的，住的是一层的平楼，和我父母同住。妹妹高中毕业后就出了村到外面找工作，现在政府做文职，有个女儿。他们一家人住在城区，和我们来往当然少了，她生活过得还可以，2000—3000 元一个月吧。我们只有一部分亲戚还留在村里。嫁出去的就跟着丈夫了，有点学历的都会出去找工作，不愿留在村里。留在这里的，都是同我们差不多年纪的，年轻的一辈，没什么才能的就经营家里的小生意，或者摆了地摊卖东西，或帮别人卖衣服之类的。

我们这个家族，只是普通的平民百姓，没有什么社会势力。以前填得饱肚子就好了，前几年我们家族才开始达到中等的生活水平，吃住都不成问题了，我们才抬得起头做人。“家族”在我们村里并不是很重要的。现在只要有钱，就有人去尊重你、拜访你，你家没有钱，就不会有人有空来理睬你，家里都没人来串一下门的。

我们原来的房子，是 40 多平方米的平房。从 80 年代中期开始，有相当多村民，把原来的平房改建成两层的。90 年代初期，村子里有农业户口的人可以每人分 20 平方米的住宅用地。这时候，又有很多农民把两层的房子再改建成现在的三层的住房。扩大面积，面子上好看，有这方面的原因，至于赚钱，多数都是出租以前的旧房子，出租新建的比较少。

从 80 年代末 90 年代初开始，就有外省人来找工作，很多都是做建房子的泥水工，还有建桥的、筑路的……大批外来人进村是1993年前后，那时大部分的地都被征去建大型工厂的厂房，另外一部分就变店铺、住宅用地，还有出租的仓库，所以需要大量的劳动力。来的人多了，必然带来较多的商机，当地的村民开商铺、开小型工厂、开大排档，所以外来人员在各行各业的都有。

管理外来人口有一定的难度，现在很多村民的房子租给外来人住，虽然做登记，但他们进进出出比较频繁，治安也差了，社会环境比以前更复杂了。打架、盗窃的现象层出不穷，并不时可以看到一些无业游民在街上游荡。外来人和村民是有区别的，这方面单从居屋就可以看出，村民是居有定所，外来人却是居无定所。而且，从衣着打扮来说，村民虽然是文化层次较低，但也穿得整齐，而外地人刚好相反，可能他们大多数是体力劳动者的缘故吧。不过现在也有穿得挺时髦的外来人，这部分人就应该是属于搞技术、管理的了。现在呀，外来人与本地人的工资收入、生活追求已经是相当接近的了，外来人有个别有本领的，还当上了老板，住在自己建的房子里，还能说粤语，不仔细分还可能会把他们错当成本地人呢。

在村里的村民之间，也有贫富差距，而且有的差距还挺大的。能干的，有自己的事业；而年老体弱的、不愿意勤奋工作的，还有只是满足于村里分红的，多数都是只能糊口度日。村里的分红是靠集体出租赚取的，还有就是搞一些小商店赚取的，分红基本上是分三个等级：儿童、壮年、老年。老年人能拿较多的分红，这些福利外来人是没有的。

居民之间的关系还是比较和谐的，因为大家都已经做邻居好多年了，例如说哪家哪户有什么问题的，邻居都是乐意帮助的，而且大家的空余时间都多，平时打打麻将、下下棋、谈谈家事，气氛也不错。

现在村里的干部起码从形式上看是大家选的。到了改选村干部的时候了，村委会就会派选票，成年人每人一张，然后交上去，这是叫民主选举吧。要知道，前几年遇上村干部改选，都由镇领导说了算，领导同意谁，就让选民在谁姓名后面“打钩”。老百姓大都习惯了，一般情况下也没多大意见，按领导的要求圈画圈画也就算行使了民主权利。近几年，听说镇领导特别强调民主，选谁，由选民自己决定，他们不再参与。但我们对选村干部一事向来不大关心，说起改选就心烦，这让我想起上次村干部改选的麻烦事。那次我刚回家，候选人之一李某就来了：“你家不是有三张选票吗，你可得亲手填写啊，这可是你的民主权利。”李某吐了一个很大的烟圈：“那上面有我的名字，还望大哥考虑考虑我，咱哥俩关系也不错。只要我当选，自然不会亏待你。哦，你修房的地皮批了吗？”“没有，如今找人办事可真不易啊！”“这事包在我身上。”李某胸有成竹地说着，同时从内衣口袋中摸出三张十元票放在桌上，说是劳务费，随后又对我说了几句讨好话就告辞了。然后，张某又来，醉醺醺地说：“大哥已超生了吧，别愁！只要我当上村长，你老婆要生了孩子，我是不会为难你的。绝不上报，这你完全可以相信，怎么样？那你就投我的票吧！”估计张某没走多远，× 老伯又来了，开始莫名其妙地说：“明天全村要开选民会了吧，你家选票填好了没有？”我说：“您老这把年纪了，也不准备再当村干部，急啥！”“怎么不急呢，傻小子，我是在关心某某啊！你这次可得替他想想。无论如何都得选他，一笔也写不出两个 × 字吧。还记得去年在前村修公路的事吗，为了分段那点小事你差点和李某打了起来，还是某某仗义，带着自家的几个兄弟吓跑了李某，要不你非得遭那小子一顿毒打不可。那都是过去的事了，就说将来吧，某某当选，以后村子里有什么好事，他还不得先考虑咱姓 × 的？”

最后我决定，我们家三张选票，一人投给一票，谁也没有占到便宜，这样才解决了这件为难的事。现在这种选举，说它不合理又不是不合理，但我们的权利好像就没行使过似的，处处受到别人的骚扰、阻碍。这样哪有办法选出我们想选的人呢？制度是对的，但“上有张良计，下有过墙梯”。上面有新制度下来，下面就有新的应付办法来从中达到自己的目的，获得利益，我们也做不了什么！

村干部手里的权力就是利益，不然怎么会有那么多人争着去做，用尽办法也要做啊！他们通过权力从中获得的利益，远比他们做村干部的工资要多得多呀！至于权力是哪些，就说不清楚了。平常见他们可以决定的，是那些分红利、是否超生的事吧。总之他们的权力大得很，村民之间的纠纷，乃至本村与外面的经济往来，都是他们一手包办，处理完了，我们才知道的。

当然，他们对发展村子的作用是有的。例如，村里的大小事务，都有人来处理解决，他们也找来了很多投资者到村里设厂，使我们村民和外来工有了工作的机会。上面的政策方针，又由他们来告诉我们，指导我们怎么做，告诉我们有什么权利，而且他们也会为村里争取福利。就是有了他们来集中管理我们的事，我们才有这么轻闲。

村集体经济以前是很有必要的，因为土地是归我们的嘛，由我们来管自己的事当然好啦，也方便；而且以前搞的是小型的经济，村委都可以搞定，但现在搞的都是大型投资，连外国人也到我们村投资设厂了。许多经济往来都不是村委会可以办得来的，需要很多有高文化水平的人来管理这些事情，一个小小的村委会又怎能担当得起。最好还是由上一级派人来或直接管理了，农村里的人始终是文化水平不高，不懂得真正的管理。集体经济是好的，我们也一直沿用了那么久，也有它一定的存在价值，只是管理的人水平不够高，难以适应现代化的发展。

现在的人际关系与以前的大不相同了，连邻居之间都变得生疏了。那些做村干部的，好的见面都会打声招呼，有些就高傲得不得了，选时就拼命承诺些东西，对你又很熟悉的样子，当选后就翻脸不认人了，走过也当不认识。求他办点事情就迟迟不回复，给他点好处就勤快些，不然还懒得理你，能拖就拖。

城中村的改造现在已经成了街谈巷议的事，前段时间报纸呀、新闻呀都有讲到。城中村必须改造。以前遗留下来的不文明的习惯，还有由于外来人口而带来的黄赌毒方面的问题，都是必须改造的。你看看，我们村里，楼与楼之间，窄窄的弄，黑咕隆咚的，楼底下两层，白天也要开电灯，楼与楼之间可以互相握手，在底下只能见窄窄的一线天，还随意往阳台上搁湿淋淋的拖把，洗衣服的水滴滴答答，浇花浇盆景的水不时滴下。村里由于缺少垃圾箱，村民仍像以前那样，垃圾任意往水塘边乱倒。最后不仅水塘被填平了，垃圾还堆成了山，结果在“山”上撒些黄土，铺上草皮，成了假山。只是若哪一天“山”体腐烂了陷下去，出现窟窿，那就惨了，当心跌进去。还有黄赌毒现象，到了晚上 10 点以后，这里的街巷就成了红灯区，站街女郎隔段就见，深夜了还听到他们的讨价还价声，真是“污染”了村里的环境。

我这也只是发发牢骚，我又不是村里的什么干部或重要人物，我只是平民百姓，哪会有人听我的意见啊？再说，即使反映到村委或政府部门，等到有人来听我的意见时，都不知道是什么时候了，让领导知道我的意见时，又不知是何时了。要反映就要集中而全面地反映，集体联名才会引起一定的轰动，让有说话权的人代我们说话，这样的反映才是有效的。但我还是留恋这里的生活的，我半辈子都是住在这里的，这里有我的亲戚朋友，有我许许多多的回忆，我开始老了，也不愿再多走动了。

对城中村改造很有看法的出租车司机

受访者：周某某，男，45 岁，已婚，高中文化，村民，出租车司机。

在改革开放初期的 80 年代，羊城村就开始出现出租屋现象。近 20 年来，随着社会经济的发展，出租屋的数量不断增多，外来暂住人员不断增加，出租屋的房屋结构在不断改进，从过去的低矮平房为主到现在以多层楼房为主。发展到今天，房屋租赁业已成为羊城村村民的主要个体产业，租金收入也成为村民的主要收入来源之一。村民从过去的“耕田”为主转化到今天的“租屋”为主。不断增加的外来暂住人员有效地拉动了当地的消费，促进了本地区的经济发展，但同时也给当地的社会治安、城市管理带来巨大的压力。出租屋无序发展、管理混乱的状况，已成为该村社会治安严峻的最大原因。下面是我的房东讲述的故事。

我家里有父母、老婆、儿女，共六人。父母已退休，我开出租车，老婆是工厂工人，儿女正在学校读书。我们家虽然没有人在村里当干部或管理人员，但在村里的经济地位还算可以，有两层房屋出租。家庭全年的总收入约 25 万元，其中村里分红 17 万元，占总收入的 3/4，是家庭主要的收入来源。我们夫妻二人年工作收入为 6 万元，占总收入的 1/4；余下为房屋出租，2 万到 3 万元。

我们家庭的开支主要有三项：教育费用、日常生活开支以及保险。我家在羊城村有自建房屋一栋，共五层，建筑总面积为 600 多平方米，其中有两层供出租。这之前所居住的房屋是低矮的平房，比较拥挤。现在的住房是在 1995 年拆建而成的，当时投资约 30 万元，资金来源主要靠分红和平时积蓄。另外，我在市区还有一套面积 100 多平方米的住房，是为了方便儿女在市区读书。

我父母都是羊城村的农民，经济状况一般。我有一个姐姐，出嫁后已离开村子，现在市区银行工作，月收入 2000 元左右，在海珠区有住房一套，是单位分的，面积不大，但交通比较方便。我在村中还有叔父等亲戚，整个家族当中没有人当过村干部，现多以出租房屋和开士多维持生计，有个别在村中的幼儿园和小学里任教。

90 年代以前，我们村都是低矮的平房，且多为家庭祖屋。1992 年开始，房屋的格局开始有所变化，由一层变为两层或两层以上。1995 年村里的房屋大都已建成四五层以上。村民改建房子，不只是为了改善居住环境，更为了出租房屋给外来人员以增加收入。当然其中也不排除有个别人是为了充面子而改建，但毕竟这种变化是可喜的。改革开放特别是邓小平视察南方后，广东的经济发展迅速，人们的收入普遍都有很大的增加，村民以集资或入股的方式利用村中的闲置土地成立一些公司或酒店，盈利后形成比较丰厚的利润。村民按股份分成后手中的钱多了，人们对住房条件的要求也相应提高了，因此不断改变住房的格局。我们家的房子从 80 年代以来就改建了四次，如果有条件，我还会对房子进行进一步装修。

外来人口进村出现在 1993 年前后，1994 年外来人口开始大批进村，原因是外来人员来广州打工，而羊城村附近民办工厂比较多，外来人员多在这些厂里工作，加上村里的发廊开始增多，村中的房屋多租给这些外来人员。

外来人员多数还比较安分守己，工作勤奋。但也有一部分外来人员，由于找不到工作，有的染上毒瘾，因此在村中开始偷、抢，严重影响村里的社会治安状况和村民的安全感。当然外来人口进入，增加了房屋租赁，增加了村民的收入，带动了当地的消费，对村里的经济起到了促进作用。

虽然大家住在一个村，但贫富差距比较大。最有钱的人往往是村干部，他们权力较大，分红比普通人多，每年分红有七八十万，很多村干部都买了小车。最穷的是外来人员，他们打工收入一般很低，每月 1000 元左右，而且很多只有几百元。交纳房租和支付日常支出后所剩无几，另外有家属跟随的还要解决子女的教育费用，负担很重。

我们羊城村福利比较好，有村办幼儿园、老年活动中心，对村民的收费很低，另外每年村里还会组织优秀村民免费外出旅游。这些福利有些也可供外来人员分享，目的是为了挽留外来人员，增加村里的收入和消费。

现在村民之间的关系不如以前，因为现在村民都各自建房且筑起防盗网，彼此之间的来往少了，以前那种平房式的邻里关系现在已不多见。现在互相往来的都是较为熟悉的朋友和亲戚，邻里之间甚少打交道。即使有往来，也主要是打麻将和参加村中的娱乐活动。

我也听说政府要改造城中村，但我希望在美化生活环境和整治治安秩序的同时，不会影响我们现有的住房情况和收入来源，希望政府能在整顿拆建的同时，给村民以适当的补偿。现在村民与政府在改造城中村问题上有很大的意见分歧，主要是未能很好解决改造后村民收入分红和土地使用等问题，政府与村民各执一词，要彻底改造，难度很大。以后房屋出租必须要有出租许可证，这就意味着出租房屋以后需要向政府缴纳税款，这样村民从出租屋所得的利润就会减少。政府要拆除城中村的房屋以扩建道路和兴建市政工程，村民的房屋拆除后，不能再搬回原居住地，只能居住到政府安排的其他地方或接受政府补偿；然而村民的房屋有很多在改建的初期只有一两层，后期所增加的层数由于当时没有意识要申报到房管局或房管局不允许加建的原因，现在得不到政府的补偿，因此村民的意见很大。而且政府改造城中村，必然会收回村中的土地使用权，影响村集体经济，村民的分红收入也势必受到影响。改造需要解决的问题很多，不是短时间能解决的，另外有些问题由于政府与村民之间的分歧可能得不到解决，所以要彻底改造很艰难。

很多村民都表示不愿意离开城中村住到其他地方。就我个人来说，对城中村改造最关心的是政府对我的补偿问题。最合理的补偿是能接近市场价，而且如果要搬迁到别的地方，希望能在附近安置。若不能得到合理的补偿，我们将会到市、区政府要求合理补偿，并可能发生一些不愉快的事件，这样的局面将会造成很大的矛盾。关于改造城中村，我整天在外面跑车，听得也多。其实，我都说过了，要改造还要尽早下手呢。任现在这种情况发展下去，到时再改造的难度就更大了。还有啊，政府要改，千万不能一个模子改，各个村有各个村的具体情况，应该认真调查，下来走访，确定一个可行的改造方案才行。我作为这个村的一员，村子改造这么大一件事，我当然要有发言权，大家都为了这个村子好嘛。至于采不采纳我的意见，我就不知道了，要看政府领导是不是真的务实了。当然，我的意见也并不一定完全有用的，或者全是对的，只是作为村民，我要有提出建议的权利。改造的难度当然是大啦，又不像在白纸上画画，随你怎么下笔，怎么画。你看，这么多乱建乱盖的房子，没有合理的规划，政府该怎么改？这些都是比较头痛的。再有，改造后，村子要发展又靠什么来维持？现在村集体经济都差不多萎蔫了，村干部的工资是村民来发，还是政府发？

从我个人角度来说，还是这个村将来改造成什么性质，我比较关心。改成城，还是改成现代化一点的村？我想得比较远，我想村就让它还是村吧，但要全面规划好，吸引一些人来投资，或者合资的形式也行，但让这个村的人仍有一点血脉上的联系。

至于利益上的补偿，我们不想占政府什么便宜，也不想平白无故地受损失。最主要的，是改造要合理，要在群众中多听、多问。只要政府切实去考虑了我们村民的得失，即使到时难以公平，我们也可以谅解，这不需要做好什么心理准备。当然，我只代表我自己，或者我们家的想法，其他一些人可能又不这样想了。总之，改造的问题会很多，政府要做好充分的准备。

对村干部不满并留恋村落生活的村民

受访者：某男，59岁，已婚，高中文化，村民，村一般管理人员。

受访者的家是一座四层高的小洋楼，外观十分漂亮。踏入屋内，发现每层面积很大，至少有80多平方米。屋内家具、日常家用电器一应俱全。看得出，这户人家的经济条件是相当不错的。下面是被访人讲述的故事。

我们家有七口人，孩子都在工厂里工作。总收入很难说准，房租收入大约占30%，村里分红占40%吧，工作收入30%啦，也说不定。开支不外乎就是电费、电话费、生活费这几项。我现在住的这个四层楼，有300平方米吧，1998年建成的，投资了18万元左右。改革开放前最早的屋是那些砖啊，瓦啊，木屋啰，大约1984年开始由一层变成两层吧，1996年从两层变多层吧，到1998年就变成现在这样的格局，这中间的过程也很难说清是在哪一年变化的。现在你都看见啦，有四层。建房的钱多数是村里的分红啰，还有工作收入。新屋一般都自己人留一层，其余都出租了。我家在村外小区还买了楼，有钱嘛，当然想生活过得好一点啦。

房屋建筑的快速改善，一方面当然是为宽敞的住房，另一方面也是为了赚钱，可以租出去嘛。从80年代以来我家改建了两次，以前的屋不好住啊，下雨漏水，天冷风又容易吹进屋。现在有钱了，都换上了铝合金窗，每个人都想生活过得好些啦，这可以说是一种进步。但你看，现在村里有些年轻人不干活了，等着收租，他们终日游手好闲，有的就会拿着笼鸟去饮茶。从这个角度看，也是一种倒退。

我的孩子都在工厂里上班，每月两三千元的工资，我也不太清楚，但他们每人都有一幢楼的。我的家族中有人当过村长，但关系也不太密的，挺疏的吧，有点帮助吧，其实也没有什么大的帮助。

外来人口进村是从1992年开始的。他们来赚钱啊，做生意的、做小贩的、打工的都有。他们也来租屋住。那些外来人口大都素质不高，我们都排斥外来人口的。他们跟我们语言不通，生活习惯又不同，简直属于两个完全不同的群体。我们逢年尾将要过年时，就要提防那些外来人口偷东西！而且那些外来人口很多喜欢吃辣的，一到煮饭的时候，那股气味熏得人流眼泪。

村里最有钱的当然是村干部了，他们的钱是大队的工资，最穷的是农民吧，他们要劳动，要等收成才有收获，很多时候受天气等环境因素影响。其实一个家庭是穷是富，看他们家劳动力多不多、地位高不高、会不会巴结村干部了。村集体收入分配不太合理。那些少数的村干部占了分配的大部分，还有那些跟村长关系密切的也分得多。有些内部已经分配了，你都不知道啊。村里基本上没有什么福利，有一部分医疗费。

村里的股份，可以分成三个等级吧，按田亩、按年龄分。按年龄0—15岁有两股，16—30岁有三股，31岁以上有四股。另外田亩多的股份也多，田亩占分红有60%—70%吧。老人、小孩没有田的，有“人口钱”。

村民间的关系大不如前了，彼此间基本上也没什么往来了，以前一个人有事，整个村的人都关心，就算是一个人发烧，也有很多人轮流上门看望。以前天气热时大家都不关门的，出来走走，过年也家家串门的。现在有往来，主要是参加村里的大会，或者涉及个人利益的问题时，有时为了要不要分钱给外面嫁进来的媳妇，一班人在那儿吵。交际圈也仅限于亲戚、家族了。

现在这里的建筑越来越高大，还建了商业城之类啦。以前买东西也得出去买，这儿哪有什么可买呢？现在已经方便了。但我还是希望重见以前很清的溪水，还有那些田野，还有就是呼吸到新鲜的空气啦，以前这里早上还能听到小鸟的叫声的。唉，现在反而变得不伦不类，现代化又不现代化，半农村半城市的，总之不喜欢了。

村里的干部虽说是我们村民选出来的，但程序不合理。拉票的现象很严重。很多人上门啊，送礼啊，请饮茶啊，为的是你投他一票。村干部都是那些有钱的，会“擦鞋”巴结人的。所以，村干部不一定是最能干的呀。村干部权力很大，什么事都由他们决定。分多少钱啊，有哪些大事啊，都是他们说了算。

集体经济现在应该已经没有存在的必要了。过去大家多种些菜，多卖些菜、水果的，钱也分得多一些。现在不同了，卖菜什么的，算是自己挣的，不计入分红。做事与不做事都有钱分，也是一个样。哪还谈什么集体经济？人人不再以集体为中心，不再为集体做贡献了，个个人都等着分钱。集体经济已经名存实亡了。当然管他什么经济，有钱分就行了。就村民与干部的关系来说，不瞒你说，表面相处嘛，还是相当融洽的，其实大家各自都有不满吧，背后是是非非一大堆。但是不满归不满，表面上还是要装出来很融洽的呀。谁也说不定将来有什么事情要求他呢！当初在拉选票时对你很好，现在当上村干部了，就对你不好了，你说，这叫人家心里怎么想呢？

我们也听说政府要改造城中村，好像要到 2005 年改造完吧，具体也不太清楚。我觉得城中村改造还是要的。我们这些村民对城中村改造能有什么发言权？就算有意见或看法，也应该不会被采纳的，政府说要改造，说怎么改就怎么改，我们有什么办法呢？

但城中村改造的难度还是挺大的，这里的村民大多自小就成长在村里，一下子要他们接受大的改变当然不容易，而且改造成了高楼大厦，可以说阻碍了村民之间的来往。我们世代就生长在村里，要短期内改变，思想上也不容易接受啊。虽然现在城中村已变得不伦不类了，可是村民的思想是世代传下来的，根深蒂固了。

改造城中村的话，改变了我的生活环境，改变了我的生活习惯，一切熟悉的东西都没了。以前5点多就起床，不去耕田也要坐在田边听听鸟叫、聊聊天、晒晒太阳，现在不会一出门就见到田了，要走一段路。离开城中村，连最熟悉的土地都见不到了，生活好像没什么寄托。我当然不愿意离开了，我最关心的是我的住房问题了。分我们到哪里去啊？虽然现在村民间的关系不如以前了，但见到面还是很熟悉的面孔啊。城中村改造，把我们拆散了，要补偿我们屋啊、钱啊。

但城中村被改造，我想也总会有这一天吧。我思想上还是有准备的。不过留恋的东西太多了。以前大家都很真诚的，那是世世代代留下来的凝聚力吧。秋天收成时看到整棵树都结满果实，好开心的。毕竟生活在村里这么多年了，对村里的一草一木都有感情啊。还有村里的风俗习惯，村里的分红，谁不留恋？太多东西留恋了，说也说不完啊。

爱买彩票的技工

受访者：某男，48岁，已婚，大专学历，村民，技术工人。

我一家三口人，我、我太太和儿子。太太在羊城村村委会工作，儿子还在读书。我月收入在4000块左右，太太每月工资是1000多块吧，具体的数字我也不大清楚，没有过问，还有每月收回的房租大概500块吧，加起来年总收入应该有6万来块吧。

除此之外，还有分红。在总收入中，房租占8%，村里分红占12%左右，工作收入占80%左右，大概是这样吧。生活上的开支，包括电费、水费、伙食费方面的费用，还有手机、电话的话费，其次是儿子的学费等费用，还有就是购置一些电器、家具的费用。再有一样，最近不是有足彩这回事嘛，我每期都有买。每期买100块，还有福彩、体彩我都有买，一个月下来，加起来要800块左右吧。

我已经中过一次几百块的奖，还有10块的奖就记不清楚多少次了，不过不多。我是从上两个月才开始买彩票的，我觉得这已经是很好“彩”（好运气）的了。才两个月里，我就中了一次几百块钱的，你说值不值呢？况且，我买彩票，首先考虑的不是中奖，是出一份力，为体育事业、福利事业出一份力。

我家的这栋楼共三层，每层80多平方米，是前年建成的，也就是1999年，当时一共好像花了近80万元吧。这是在我的旧房地皮上翻建的，以前的住房是那种旧式的一层半的房屋，是我结婚前爸爸出资大半给我盖起来的新房。

我读书时本来可以早点工作的，但我爸爸支持我读完大专，“学点东西”再出来工作，毕业后由于有一技之长，在我们那种年代，有技术是挺吃香的，并且，在我的一个亲戚介绍下，也可以说是帮助吧，我在一家大企业谋到一份还挺合适的、令我满意的工作，收入也比较乐观、稳定；而我太太则一直在村委会里工作。钱是从孩子出生时开始积蓄的，那时候我们就只想着挣钱养孩子，专心工作，没有别的什么花费，所以每年都有一定数目的钱存入银行，多少年了，我儿子都快20岁了，这么多年来的辛苦总算没白费，终于有个安乐窝过下半辈子了。

我有两间出租屋，这两间房子是我几年前从朋友那里买过来的，价格很低。他们都搬到别的城市里去了，留着也麻烦，就低价转手给我了，我现在已经收租收回本钱很久了。每间房屋收费250块，不算贵吧？都是租给外来民工，一家是三口之家，都是给这里的小企业打工；另一家是单身的民工，搞建筑的。本来我在单位里有一套住房的，但后来觉得没有必要，又建成了新房子，转让给别人了。我现在这栋房，装修费都不止50万了，但迟些还会做一些改动。可能厨房那里要改一下，因为最近我太太说，她近来发觉厨房似乎变窄了，其实啊，只是她把越来越多用得着用不着的东西堆进厨房里，东西多了，地方当然窄了，所以，不久后可能会把厨房拆一下。

我们家在村里的社会经济地位，不高也不算低，算是中等水平吧，现在有钱的人多得是。我的父母都是普通村民，他们现在都到我哥家里住了。以前我爸当过村干部，那也是几十年前的事了，好像是什么生产组组长吧。他们一直勤勤恳恳地工作，挣钱供我们兄妹三人读书。现在当然退休很久了，每月领退休金，生活过得挺好的。我有一个哥哥、一个妹妹。哥哥在外市经营一家快餐店，由于地段不错，生意还算红火。妹妹的丈夫是一家中外合营企业的中方管理人员，她自己只是在家里当一名家庭主妇。哥哥的住房不错，也是自己出钱盖起来的，妹妹则因丈夫单位分房住进“积德花苑”里去了，住房的条件不用说是挺好的。

我在村里现在的亲戚不多了，本来不少的，但前几年大多数因为工作原因都搬到村外了，只剩下我叔叔和我太太的哥哥，也就是我的大舅子吧。叔叔现在也退休了，一个人住，阿婶在三年前去世了，他儿子在外省工作，不过逢年过节都会回来看一下叔叔，尤其是过年，他会住上一段时间。我问过叔叔，为什么不到儿子那儿去住，他说，舍不得村里的一切，到外地住不习惯。

而我的大舅子则是村里的准干部，他的工作相当于以前那种制度的副村长，负责日常村务工作。我太太是我的贤内助，在工作之余照顾我们全家的起居饮食，还有每逢村子里有什么大事，诸如有什么重大新政策实施，或时事动态，她都会在茶余饭后跟我说说，使得我工作虽忙却避免了与时代脱节。我的大舅子由于是同村，住得较近，常来往，同时，因为他十分疼爱这唯一的妹妹，所以每每我们有什么困难，只要他知道，他都会问上一句“要帮忙吗”。而他给我们家最大的一次帮助，莫过于把我介绍给他的一个战友了，所以这样说呢，因为他的战友不是别人，正是我们单位的老总，而正是他把我聘进现在这个企业的，已经有十几年了吧。

现在各个家族都有一部分成员搬到村外去住了，真正还保留着数量规模的大家族已经没有了。家族统治的现象过去出现过，但却是很久以前的事了，自从外来姓氏搬入，单一姓氏家族统治村庄的现象就没有了。

村里多数人是靠自己的钱建房，但也有人贷款建房子。既然是贷款，无论跟谁贷，都是一定要还的，贷款虽然可以还清，但为了建新房加重了后来的负担，还有一定的风险，万一到期不能够清偿呢？怎么办？借西家补东家吗？这自然不可取。所以，我比较反对为了面子而借钱建房。

我对那些对城中村的非议不以为然。我觉得这挺好的，起码反映出原来的农村住房条件大大改善了，反映出人民生活水平提高了，房子盖高了，不是说要有效利用空间吗？向高发展该比扩大占地面积好吧，是不是这样说呢？这是社会的一种进步，是农村向城市过渡的一个环节吧，该不会有人建起茅屋“回归自然”吧。我觉得目前这种建筑格局既然是一个过渡，就一定还会变，所以没有什么喜欢不喜欢的，喜欢是住，不喜欢也是住，对不对？不过，我倒觉得自外来人口大批涌入后，村里的环境卫生大不如以前了。

在我的印象中，外来人口的涌入，大概是从 80 年代中期开始吧，大部分都是来找工作的，那时候不是有一句顺口溜嘛——“东南西北中，发财到广东”。广州是广东省府，又是羊城三角中心地带，自然要来闯一闯啦。但外来人口大批进来的时间应该是 90 年代初吧，受天河区工业带动的影响，羊城村及其附近村镇工业也逐渐兴起，小厂房、小企业办起了不少，就业机会当然大增，导致外来人口大批进来。

外来人口在经济、社会地位和生活习惯等方面与村民都大不相同。村民是世代住在这里的，自然有一种主人的味道，而外来人口则是“客”，所以在村中，在社会地位上外来人口自然不如村民。而经济上，我觉得很难判断谁优谁劣，因为要看他们从事的工作如何，但总体来说，外来人口是来这里打工谋生的，村民则在某种程度上可称“雇主”，所以总的来说，经济地位上外来人口也比村民低。外来人口有很多都喜欢找乡里（同乡），几个或十几个乡里聚集在一起。而本地村民则很少会聚集到一起，因为没有“离乡背井”那种心境，村民们一般不比外来人口团结，这一点村民不如外来人口。

就我们村来说，村里的贫富差距不算大，至少没有市区那里大吧。最有钱的都是一些办企业的老板，合资的也好，合作的也好，私营的也好，反正是办企业的。当然，有些人是投机倒把致富的，这钱不清楚。村民中最穷的莫过一些务农的，也有打工的，似乎都因为有“懒”的毛病，还有极个别不务正业、游手好闲的人。不过，如果算上外来人口，最穷的却不是这些人了，有一些外来人口或者因为找不到工作，或者因为失业而失去经济来源，从而沦为流浪汉、捡破烂的，甚至是乞丐，这些人一般没有固定的住所，专挑一些被遗弃或废弃的破房子住，生活上更是“难熬”。他们没有固定的哪怕是很少的收入，所以常常是食不果腹，吃到一餐算一餐。

村子里的人，照我看来应该分四个等级：第一个等级是那部分社会经济地位较高的人，他们一般比较有能力、有才干，在人群中挺有威信；第二个等级是社会地位、经济地位普通的人，能基本上靠个人能力养活自己的家庭；第三个等级是那些社会经济地位低的人，就如我前面所说的那些，由于失业或找不到工作而沦为流浪汉的那一部分人；第四个等级与前面几个等级的划分标准有点不同，我觉得第四等级的人是人格、素质上差，并非个人能力、才干差，他们很可能很有才干，但由于没有用到正道上，所以比第三等级的人还要差，我说的这些人就是社会上的一些犯罪分子、违法乱纪的人。

村民之间的关系应当说远不如以前了，可能因为工作、生活上彼此间的竞争大了，节奏加快了，彼此的关系随着年月逝去而疏远。只有很少数是由于友情、亲情往来，大多数人即使有往来，也都是因为有利益相关的事情要协商或涉及。村民的交际圈子更多的是业务上的，或利之所趋。

村干部是村里的代表、领头人啦，他们对村集体的发展起着推动促进的作用，当然如果是无能之辈，则相反。但我们村民的眼睛是雪亮的，无能的人能选上吗？最能反映干群关系的，我觉得应该是在生活方面和政策的实施方面吧，有什么政策要村里落实或者村委会有什么决定（重大事情），看一下公布后村民们的反应，是否拥护，就可知道村干部与村民的关系怎样了，就我们村而言，我觉得还是不错的。

担心失去分红的村民

受访者：某女，56岁，已婚，初中文化，村民，退休工人。

羊城村属于中型的城中村，村民人口与外来人口的比例约为1∶11。过去村里吸毒贩毒的现象较为普遍，很多人在街上吸毒、打针。现在羊城的治安有所好转，街道随处可见治安巡逻队伍在巡逻。村里外来人口较多，随处可听到很多外来语言。街道有很多各地的饭馆，如湘人家、江西煨汤馆、兰州拉面、新疆馕（新疆的一种烤制面饼）、伊斯兰饭店等，呈现很多地方不同的饮食文化特色。村里也有一定的商业发展，如正大万客隆、文源西汽配城，还有一家大型的皮具城。下面是被访者讲述的故事。

我现已退休回家，退休前在白云面粉厂工作，属于一般的从事体力劳动的打工者。我家现在就我和丈夫两口人，丈夫也是退休工人。我有三个女儿，都已出嫁，两个女儿是商店服务员，一个女儿在家带小孩子。

现在我们全年的收入，收房租约占60%，村里分红占35%，退休金约占5%，年底村里一般有几万元的分红。家里最主要的开支是伙食费、旅游费、租房税。每年上缴的税费为6000—8000元不等，主要税费项目为房租税。

现在我们住的这栋楼有七层，我们住一层，其余的六层都出租，每层建筑面积为80平方米。这栋楼是1997年建的，当时投资40多万元，在此之前，我们的住房是三层的楼，每层同样为80平方米，投资约为11万元。建房子的钱主要是靠村里每年的分红、夫妻两人未退休前工作的工资以及女儿在未出嫁前在村里得到的分红。房子出租一层1000元左右，房子出租情况不及早期，因私有房屋过量增长，租金下降。我们在村外还有住房，因为这里的居住环境越来越差。

我家在村里的经济地位属一般的，不高。父母在村里都是一般村民，没有当过村干部，经济状况属于差的一类。我兄弟姐妹较多，都是村里老实本分的村民，有的开车，有的在私营企业工作，有的退休。生活都有保障，并各自有房屋出租。我在村里的亲戚大约有8家，他们的职业主要是外出打工兼职或替私人企业打工，家族中没有人当村干部。

村里的房子，最早是由水泥砖砌成的泥屋、瓦屋，上顶盖瓦，习惯叫“三间两廊”。大约80年代开始出现用红砖建成的楼房，有的一层，有的两层，大约从1985年开始出现高楼吧。改革开放以来，村民就不断改造房子，追求水泥、钢筋的楼层格局，在90年代初变成现在的这个格局。早期人们为了面子而建房，但后来，是为了赚钱而建房，这种变化跟家庭的经济增长有很大关系，也说明了人们生活有所改善，社会有所进步，是好事。总之，应该说是社会的进步。

从1988年左右开始，有外来人口到村里来做生意、开档口或租房住，外来人口大批进村的时间是1993年左右，因为村民都有房屋出租，而且价钱比市区要便宜。本地人跟外来人口的联系，都是从租房开始的，是房东和房客的关系，一般仅仅限于经济往来。外来人口到村里打工谋生，或是做生意，带动整个村的经济上升。但本地人总觉得自己比较高贵，给人一种上等人的感觉。

村里最有钱的人是当干部的，凡是当村干部的没有一个真正靠工资度日的。最穷的人应该是家庭成员比较少，也就是儿女数目较少的家庭，因为村里的分红是按家庭的人头数分的，有男丁会分得更多红利，所以家庭人数较少的，他们的综合分红就不多，而且没有什么靠山。尤其对外嫁女来说，并不是一律平等的，总是某一个人说了就算。村里有福利，比如医疗等。外来人口没有权利分享这些福利，因为外来人口不是村里的一分子。村民之间的关系不如以前了，由于村民在经济和居住环境上都有所改善，家里一切几乎都具备，没有必要过家过户。村民彼此见面的机会不多，有事用电话联络，彼此极少往来，如果有往来，肯定是一方有事相求或家属之间往来，可以说，村民的圈子仅限于亲戚、家族。

因为村里家族现象较普遍，集体经济的存在是吸引村民踊跃当村干部的重要因素之一，如果没有了集体经济，可能就没有人愿意义务当村干部。但是，集体经济很容易被一些不正之人利用，甚至会被一些为官不正的人侵吞。现在村民有事时才找到村干部，没事时，关门看电视。而村干部也不会主动联系村民，除非接到上级部门的会议通知要开会、村里有重大活动或村里有分配的任务等，这个时候，村民与村干部才会走在一起。

城中村改造是迟早的问题，因为社会是发展的，格局当然要变化，甚至打破，我对怎样改造、怎样分配等，都没有意见，因为这不是我一个人的问题，是整个社会的问题，我说了也是白说。不过改造城中村的难度相当大，首先，因为改造城中村涉及村民的经济、就业、生活的问题，所以这就要做好村民的思想工作。因为不是每一个人的思想都是单纯的，很多人就不愿意打破现在这个格局，因为村民担心一旦城中村改造，会影响到他们的个人经济收入，他们害怕有朝一日失去集体分红的待遇。

自认为生活水平属村落下层的村民

受访者：王某，女，40 岁，已婚，高中文化，村民，工人。

我今年 40 岁了，儿女都这么大了。（她用手抚摸着坐在旁边的一对子女的头发，笑意盈盈，看上去挺幸福的。）刚念完高中，我就到村里的工厂去当工人，每天重复着同样的生活。我们一家四口人，吃穿不成问题，我在厂里打工一个月也有几百块钱，孩子他爸到外面当司机，收入比我好，多的时候一个月有几千，少的时候也有几百，子女还小，正在读书，还不懂赚钱。

村里分红的名目很多，什么股份分红，即按村民自己在村办企业所占的股份比例分红，还有田亩分红，大概一年1万元吧。生活开支方面，首先是供养子女读书，另外就是家庭日常生活开销，还有每年我都会买保险的，为了子女而买的人寿保险，主要是为了使他们有个保障，这笔钱说多不多，每年要近4000元，不过值得。

我现在住的这栋房子是三层楼，每层50平方米，刚够住，大约1991年建的，当时孩子他爸在外面当司机，挺好赚钱的，休息时间也帮人运货，而且当时的钱比现在好用多了，几万元就搞定这屋子。现在暂时不会改变了，也许等子女长大后，会到羊城边去买房子吧，那里环境和空气较好，治安也跟得上。

我们家在村里，生活水平属于比较低的。（不过看她家的陈设，彩电、冰箱、高级红木家具，还有那硕大的金鱼缸里养着的几条别致的小金鱼，窗台外面还有些精心栽培的盆景，配上几幅字画，算得上小康之家了。）我父母现在都退休了，退休金每个月不过几千元，不过村里分红挺多的，一年有三四万元呀，比我们好多了。我的哥哥早就到外面打工了，摸爬滚打几年，就当了个公司经理，收入还算不错，一个月少不了几千元。前些年，在福利分房的热潮中，还得了三房一厅，有时候我也会带着小孩到那去玩玩。我的大妹跟我一样，在村里的工厂当工人；而小妹知识多，人又靓，跑去当美容顾问了，公司福利不错。

村里的亲戚多是我娘家的，也有我丈夫家的，现在来往比较少了，只是逢年过节才聚一聚，他们有的在村里开杂货铺，有的在村办企业打工，能闯的就到外面，有了一官半职了。我大嫂在村计生办工作，都帮不上什么忙吧。（看她笑的样子，有没有帮助，只有她才知道了。）我姥爷以前在生产队里当个“小卒”，令我家挺有面子的，至少在生产队里的一些投资中也有得益，而且我丈夫当司机也可随时为生产队“效劳”呀。不过近年来，都要靠自己了。

我们家在村里可以说比上不足、比下有余，跟那些全家都当过官的比就当然别提啦。早先村里当干部的，遇到什么指标，就把它往自己那儿靠，有些干部就把自己的子女调到外面的好单位就职，户口也农转非了，但等到村里分红，也有他子女的一份。我们当村民的，也只得眼睁睁地看着别人赚到盆满钵满。

村里住房的大变化，大约是 1991 年开始的，那时村民都赚了些钱，而且物价也不太高，就急着为自己造个安乐窝，隔了两三年，很多人都把自己的房子加高了，这样一方面自己可以住宽松点，另一方面多出来的也可以出租，就当作拿本钱出来做生意，慢慢收回本钱吧。

从 80 年代初开始，就陆续有些陌生面孔来到村里了，都是来谋生的，外省的人都认为广东是个发财致富的好地方，特别是广州。大批外来人口进村，大约是 90 年代初吧，那时候村里办了些企业，需要些廉价体力劳动者，而且村民有些也到外面赚大钱了，回来做生意需要人手，外来人口就如洪水般涌入我们村，有的还干脆一家几口住了下来。这些外来人，语言各式各样，有时候都不知他们说啥，吃的东西也古怪，辣得要命也往口里塞，有的穿着很另类，大红大紫的……其实有些外来人口也挺有文化的，很快就跟我们混为一体了，我也很乐意跟他们交往。

村里最有钱的人当然是村干部和到外面投资赚钱的啦，他们有权有势，赚钱门路又多。还有村里那些出外打工的聪明仔、聪明女，有知识、有文化，而且在城中村长大，能吃苦耐劳，赚钱也容易。一般水平的就是房东，再就是开店铺的；比较穷的就是待在村里，靠分红度日的；最穷的当然是好吃懒做，兼好赌好酒的。

村里的福利每个月有粮食差价补贴，成人 100 元一个月，小孩 30 元一个月。还有医药费报销 50%，不过是住院才有的。这只是村民福利，与外来人口无关，不过如果他们在村工厂打工，可能会另有规定。

现在村民生活好了，但为了追求更好而忙于赚钱，都很少来往了，就算有，都只是谈一下今年的村分红、收入，都是一些较熟的左邻右舍，关系就大不如以前了。

说实在的，我们也希望政府把旧的村屋拆除，重新规划，因为旧村环境差，房屋密集，空气、阳光都不足。只要政府下大决心，肯花钱，绝对没有问题，村民一定会乐意配合，村民也希望村庄改造得更好。不过如果要拆房屋，当然要按面积来补偿，要么补钱，要么换个地方给我啦，最重要的是要合理。

注重子女教育的村民

受访者：王某，男，43岁，已婚，高中文化，村民，赋闲。

王先生高中毕业后回家务农，做过工厂工人，开过杂货店，现在什么也不干，在家收租，是名副其实的房东。他父亲早逝，母亲今年也已80多岁高龄，共有六兄妹，他排行老四，上有三个姐姐，下有一弟一妹。大姐是家庭主妇，现已搬到村外的集资房住，把村里的二层楼全部租给外来人，每月回来收租金，有1000—2000元的租金收入。二姐、三姐在村子里没有房，也没有分红，并已迁居中山，一个在政府部门工作，一个在电池厂工作。弟弟在香港打工，月薪4000元左右。小妹在广告公司做广告设计，月薪在2000—3000元。弟、妹暂时还没有自己的住房，回来时和王先生一起住，不过，他们已找到合适的对象，打算迟点供楼、结婚。

王先生自己工作收入不多，他说做工赚钱难，家庭收入主要靠收房租和村里经济社的股份分红。股份分红占总收入的50%—60%，房租占30%左右，工作收入仅占10%。家里最主要的开支首先是伙食费，其次包括日常生活费用、电话费等。还有就是供孩子读书的教育费，王先生有一儿一女，儿子在广东工业大学读书，女儿在华南师范大学附中读高中。王先生很重视对下一代的教育，说做了一辈子的农民，不想儿女也一样没有文化，就算是借钱也要让儿女读书，更何况现在生活宽裕了很多。孩子每年的教育费要2万—3万元，几乎占了总收入的一半。

王先生有一幢五层高的楼房，建筑面积达400多平方米，除了自己住一层以外，其余的都用来出租。每层有两套房，每套格局都是两房一厅，生意好的时候一个月有几千元租金收入，但也有房子丢空一两个月，没人租的情况。现住房建成一年左右，当时投资了20多万元，没建房之前住的是旧村屋，建房的钱主要靠平时的积蓄、生产队的分红、房租和赚回来的钱。王先生在村外没有住房，据王先生透露，村里有八成的人已经搬到村外住，只是每月回村收租金。王先生对现在的住房还是挺满意的，暂时没有再改变住房的打算，他认为现在有屋就住，住自己的房可以减少开支；不过长远来说，有钱的话也会买商品房或集资房，搬到村外环境好的地方住，毕竟村里外来人又多又杂，大部分房都是出租，造成环境卫生和治安等问题。

王先生认为，他的生活水平在村里是中等的，用他自己的话来说就是比上不足比下有余，虽然没有大富大贵，起码也是小康水平，比起那些下岗失业的工人和没有村里分红又没有什么房租收入的人好得多。

据王先生回忆，房子的变化过程大体为“泥屋—砖屋—低层楼房”。最早是泥屋，上面用茅草或瓦片铺盖的那种，七八十年代转变为砖屋，80年代改革开放后，逐渐出现两层的楼房，那时极少有高楼。一踏进90年代，村里有钱的纷纷建新屋、盖楼房，最低的两层，高的有四至六层不等。到了90年代中后期，建房盖楼几乎停下来，基本形成现在的格局。因为从1998年开始，政府不批新建房，建房的速度慢下来，于是有钱的外出购买高档舒适的商品房，没有多少钱的就去买集资房，经济实惠。村里起初家家盖高楼，并不是地方不够住，主要是面子好看，但后来主要是以赚钱为目的，因为外来人租屋市场供不应求，村民有意识地盖成小套间形式出租赚钱。村民因此不仅解决了温饱问题，还有了富余的资金做生意，例如开杂货店、小药店等。

在70年代，羊城村是东圃最早成立经济社的。开始有股份分红时，一年几百元，90年代初分红就过千元了，到90年代后期，经济社效益好的，分红都达到一万至两万或三万不等，收入比以前高几倍。但单靠分红，还不足以维持正常生活开销，也有很多人做生意、打工赚钱。虽然经济好转，但贫富差距反而拉大了，有人住高楼，有人住瓦屋，加上大量外来人口涌入，造成村环境混合、参差不齐。这也是历史遗留下来的一家一主，没规划的局面。就拿王先生的房子来说，从80年代起就改建了两次，第一次一层变两层，第二次两层变五层。早在70年代末80年代初，村里就开始有外来人，到80年代后期，湖南籍的外来人居多，90年代以后，就哪里来的都有了，这是因为1994年后全方位开放，盲流、打工或做生意的就大量进来了，周围村镇增加很多外商投资企业。所谓外资企业，就是香港的，包括来料加工、制衣厂、化工厂等，给外来人带来了很多就业机会。外来工的涌入，带动了当地经济，带旺了出租房屋收入，同时也带旺了附近地带的各类市场。

虽然外来人口带旺了经济，但本地人和外来人之间除了房屋租赁关系外，几乎没有什么联系。王先生认为本地人不及外地人能吃苦，好多辛苦的工作都由外来人代替了。外来人带来了经济的发展，同时也带来了环境的污染和治安的混乱。有的外来人由于客观因素和自身因素，没有责任感，不讲卫生；有的不办暂住证、计划生育证，欺骗村委会。

本地人和外地人是两个完全不同的群体，首先是阶层不同，本地人一般拥有土地、房屋，是物主，生活稳定，有保障；外地人多为打工，有时入不敷出，生活没有保障。其次是生活圈子不同，本地人讲求享受、舒适的环境；外来人口千方百计省钱，赚的钱除了自己用，还要寄回老家。还有就是生活习惯、饮食、语言等各方面不同，造成彼此难以沟通。

王先生说，村里贫富差距并不大，中上层较多，有钱的是个别出去办工厂、开店铺、搞工程的，当然也有入不敷出的中下层，主要是那些破产的，或下岗工人以及外来打工仔、打工妹。村集体收入分配是基本合理的，都是经社员大会研究，充分考虑后订立的，各比例不同，早劳动的股份多，迟劳动的少。居民去工厂做工，有收入的分红相对少，村里还有各项福利，例如医疗，村里有卫生站，住院的报销医药费50%，老年人过身有补偿，按政策生小孩的有计划生育补贴等。当然福利的对象仅限于村民，因为外来人不属于村里的人，与村里没有必然的联系。

至于村民之间的关系、往来，王先生感叹道："不如以前了，各忙各的啦！"以前大家在同一个生产队里做工，交往较密切，现在大家比较分散，聚头的机会少了，主要是过年过节才见见面，平时只有比较要好的才有点来往。

王先生说，村里经济社的社长、理事等干部，都是由社员一人一票选举出来的。也就是按人头投票制，户籍必须是经济社的。不过按人头选也有一定的弊端，房头大的、家族大的，一般会投自己家族有能力的人，造成有本事的人上不了位，但总的来讲，还是会选真有本事有能力的人当任，因为选出的社长、理事的办事能力，与全村村民的利益相关。经济社效益好，村民才会得到丰厚的分红。

村干部现在主要是充当领头人、发起人，知会大伙小事大事，王先生认为对自己的生活不会有太大的影响。因为现在权力已分散，小事由村委、社长、理事们开会讨论决定，大事才开全体村民大会共同商讨。村民要相信村干部，因为村干部是为村民谋利的，贪污、受贿、舞弊的也是极个别的人。没有村干部为村民谋取福利，就不会有较多的分红，经济社搞得好不好，直接关系村民的利益。

王先生说，城中村改造的事，早有听说，但恐怕没有那么快，只怕是雷声大，雨点小。在王先生看来，他们普通村民人微言轻，文化浅，不懂政策，提的一些见解、看法未必顾全大局，并不要求政府完全采纳，只是涉及民生利益的事情，要多听一下普通村民的意见，归纳地定出政策，如果政策会损害村民的切身利益，必定会遭到反对。现在哪里也没有无私奉献，而且大多数村民都会有小市民意识，对自身没有利益的或会危害他们利益的，他们肯定不配合。归根到底还是涉及如何合理赔偿、妥善安排。不是开空头支票，要有强大的经济后盾支持。村民最关心的，还是政府如何改造，是拆了旧的重新起，保留已建好的楼房，还是集体统一拆掉，再起一个有规划大规模的建筑群。改造是好的，主要还是看政府如何规划，补偿的事情，人无知足，多年来拆迁都有争议，需要分时间、分地段地补偿，需要确定细则、依据，只要补偿的和以前在村里的收益不相上下的话，就没有多大意见了。

退休工人的一家

受访者：黄大婶，女，54岁，已婚，初中文化，村民，退休工人。

20世纪80年代以前，羊城村还是个贫困的村庄，大部分村民都是靠耕田种菜为生，村民的生活都很俭朴。80年代以后，随着改革开放，村庄发生很大的变化，村民的生活渐渐富裕起来。1993年政府征用村民的田地，修建新广公路（105国道），从而吸引了不少外商来投资建厂，村里也建起几十幢商品楼房，如白云堡豪苑、羊城新村等，从而带旺了村庄的经济，吸引了不少外来人口涌入。村里的分红增加了，村民有了工作收入，再加上政府田地补贴，村民们的住宅都改建成新型楼房。现在的羊城村已经没有几间是瓦片顶的旧房子，而多是外表贴了瓷片的新型房子，并靠出租房子来赚得收入。外来人口涌入村里，干起各种各样的行业，有打工的、做小贩的、开餐厅的、开发廊的，使得村里的经济迅速发展起来，村民也越来越富裕了。

黄大婶是羊城村一个普通村民，今年已54岁，只有初中二年级的文化程度，退休前在村庄附近的一家工厂当工人，退休后在家里出租房子，做房东收租。由于村企业政策的变动，黄大婶与丈夫现在都没有退休金了，他们的生活来源，主要依靠出租房子、村里的分红以及丈夫的工作收入。

黄大婶一家三口，丈夫、女儿和自己。丈夫今年60多岁，也是退休工人，退休后在附近一家工厂做值班，每月有 800 多元的收入。小女儿现今只有 11 岁，在村子里的羊城小学读六年级，学习勤奋用功，成绩优秀。

黄大婶一家在村里并不富裕，家里全年的总收入有 3 万多元，其中房租、村里分红、丈夫工作收入分别约占 45%、29% 和 26%。村里的分红分三次给，农历的春节、五月节和八月节各一次。家里的主要支出是伙食费、日常生活用品费和一些缴费。每年都要上缴“出租屋管理税费”，税费按租房面积计算，每平方米缴纳 8 厘钱。

黄大婶家里现有两幢楼房，一幢是现在住的，另一幢尚未竣工。现在住的房子有五层高，房子外表贴了红色有花纹的瓷片，装了铝合金窗和防盗网，大门也装了防盗的铁门，和村里外商投资建的商品楼一样。一楼的面积有 104 平方米，二楼以上加上阳台长出的 80 厘米，每间套房面积 135 平方米左右。黄大婶自家现在住三层的套房，对三口人来说还算宽松。她家里的摆设比较简单，虽家用电器齐全，但家具款式比较老旧。由于房前建了一幢楼房，遮住了光线，大厅显得昏暗。这幢楼房是在 1997 年建成的，当时投资了大约 23 万元。当时建房子的钱主要是夫妻两人长年的积蓄，加上村里的分红和政府征地的补贴，另外还向亲戚借了钱，现在仍欠债 6 万元。这在村里很正常，村里很多人都是借钱建房子，因为建房子除了可以住新房子，还可以把房子租出去，赚些钱补贴家里，这样子女也都有了生活费，不用老的再担心。

黄大婶的楼房除了自己家住的一层楼，其余都用来出租。但黄大婶比较守规矩，现如今政府要求外来人办理暂住证（有效期为 3 个月），因村里不少外来人没有办暂住证，黄大婶不敢租房给他们，再加上村里家家都建房出租，出租房子变得不容易了。黄大婶只租出一楼和四楼，一楼租给了外省人开餐厅，每月 400—500 元的租费，四楼为套房，每间套房（二房一厅）每月 300 元左右的租费。黄大婶在村外没有房子，对现在住房的情况还不算满意，打算等另一幢房子竣工后就搬到那边住。因为那边的房子大一些，而且光线也比较充足，不像现在这间房子被前面新建的商品房挡住了光线，而且那幢房子的外观比这幢要新型些。黄大婶家世世代代都是普通农民，目前的经济状况在村里只能算中下水平，家里以前都是靠耕田种菜为生。她有四个兄弟姐妹（两个哥哥，一个姐姐，一个妹妹），都已是上了年纪的人，退休后待在家里，靠收房租生活。丈夫那边的亲戚都住在隔壁村（丈夫不是羊城村的人，是隔壁村的），兄弟姐妹的子女多是在村企业当工人。

村里有两大姓氏，黄氏和徐氏。姓黄的村民多是本地人（一直都住在这里），姓徐的村民都是后来搬来的客家人，而当村干部的多是黄姓村民。

村里最早的房子都是瓦片盖顶的平房，墙壁是用泥砖砌的，窗子是用木头做的，大约是在80年代中期，也有一两个人建起两层的水泥平顶房，多是为了用二楼的阳台晒粮食。从1993年开始，村里有了新的变化，有些人到外面做生意赚了钱，就建起两层或两层以上的房子。从1996年开始，由于村里的经济发展了，村里分红增加了，又有政府征田的补贴，所以大多数村民都开始建新房子。现在村里多是三四层或五六层的楼房，最高的有七层高，还有不少外商投资建的商品楼，一眼看去都是高而新的房子。许多村民把一楼作为店铺租出去。其实，当初建房子，除了为住得舒服些，还因为面子，看到别人有钱建房，自己心痒，现在各家各户都建楼，自己不建就没有面子。村里有些人越有钱建的楼就越高，更多地是为了出租房子赚钱，现在村里外来人多，都得租房子住，这方面生意很好。

1995年左右，外来人口开始涌进村子，起初人数不多，多是租田种菜，做小生意的。外来人口大批迁入的时间大约在1996年以后，不少外商投资建厂，这些工厂多是手工工厂，需要大量的劳动力，从而吸引了大量的外来人来打工。到现在，来村里的外来人口已达上万人，他们除了来工厂打工，有些经营水果蔬菜买卖，做些小贩生意，也有的租店开餐馆或小食店（搞些北方小吃），开发廊、修车店、书店、服装店的，各种各样都有。

村里最有钱的人年总收入有百万元以上，多是因为在村里建厂，雇用许多外来人打工，从而赚了大钱；最穷的是些下岗的村民，一些村民曾在附近工厂当临时工，后来在产业调整中下岗，下岗后年纪不大不小很难再找工作，只能找些值班、保安的工作来做，或者重做蔬菜买卖，但收入不多，家里又有几口人等他来养，所以生活较艰难。村里除集体分红外，还有些福利，如组织村里老人出外旅游、村民子女考入了大学有奖学金、村民住医院的医疗费可部分报销等。

黄大婶很感慨地说，过去村民生活都很艰难，每家的生活情况都一样，在困难时还常互相帮助，村民的关系很好，比较团结。现在大家有钱了，看到别人富起来，建高楼，自己免不了会妒忌、眼红，各自心里互相猜疑，小心眼多了。当然彼此仍有来往，见面时也会打声招呼，有时也会约几个人坐到一起聊天、打牌。

黄大婶也听说了政府要改造城中村的事，但她表示十分留恋自己的村庄，这里毕竟是自己祖先留下的祖地，而且年纪大了，只想有安稳的家，不想再到处奔波。

村落的家庭主妇

受访者：林太太，女，52岁，已婚，初中文化，村民，家庭主妇。

林太太现在一家五口人，丈夫、大儿子、儿媳、小孙女和自己。她的女儿早在几年前已移民到加拿大定居。林太太与丈夫很多年不工作了，大儿子则是一家汽车模型店的小老板，儿媳在那儿打理财务，小孙女刚满2岁，正在上幼儿园。

林太太家每年的税后收入有10来万元，包括村里的分红和儿子店铺的利润。而每年的开支约为9万元，其中小孙女的花费和全家每年的医疗、保险费占了总开支的30%左右。

林太太的居所共有三层，每层面积约为90平方米。第一层是客厅、饭厅、厨房等，第二层是林太太和丈夫的套间，第三层则是大儿子一家的天地，而楼顶就布置成有假山流水、盆栽的烧烤休闲区。房子是 1995 年建成的，投资了 20 多万元，资金来自村里的分红和一小部分积蓄。由于家里现时经济情况良好，又考虑到安全问题，所以并没有把一部分房子出租。据林太太讲，她十分满意现时的居住环境和清闲自在的生活。在村里，她的经济状况已算是较好的了。

80 年代以前，羊城村一带还是鸟语花香、绿树成荫、水果清甜，是远近闻名的岭南水乡。但是，随着城市的不断发展，村中大部分土地被征而未用，再加上大批的流动人口涌入、环卫设施和管理的滞后，短短十几年，羊城村就变成淤泥垃圾如山、河涌污水横流的村庄，也成了广州市脏乱差的重灾区。

1992 年开始了“羊城新城”的开发，羊城村有了翻天覆地的变化，仅一年时间，先后拆掉羊城路和临江大道两边 9000 平方米违章建筑，扩宽了羊城路，全村街巷铺成水泥路，明渠全部改暗渠，拆除了主要路段两侧共 1 万多平方米的不规范的防盗网，插缝建绿，共种树 1200 多棵，建草坪 1800 平方米。道路宽阔通畅，街心花园绿树成荫，建筑上面干净清洁，还有一个垃圾压缩站……环境的显著美化，使其楼盘价升值了 35%，而且还有继续上升的趋势。谈及这些，林太太满脸的自豪。

林太太共有四兄弟姐妹，她排行第三，上有一兄一姐，下有一弟。林太太父母在“文化大革命”时期是先进生产者、红卫兵成员，除了林太太一家及其已迁出羊城村户口的大哥在广州居住，其余的姐姐与弟弟两家人早已移民到加拿大。当林太太被问到家族状况时，她感叹道：“以前啊，同姓林的都算是一家人，大家凡事都有商量。现在，迁走的迁走，移民的移民，亲人啊，是越来越淡薄哟，自家顾自家！”林太太打开话匣子，就关不上了。

在没有建起这栋房子之前，我们一整家子就住在一层的瓦砖屋子里，那是在“文化大革命”的时候搬进来的。“文化大革命”啊，把我家老爷子的大祖屋给充公了，不只我们，好多村民也是如此，然后再一家一家地分配。那瓦砖屋子黑脏脏的，屋顶又破，许多墙身都剥落了，唉，总之，哪像现在舒适！到了1993年，市政府向我们征地，祖辈的田地按各房人口征收，但我们从此年年有分红啊！到了1995年，我们一家攒够钱，就把那破瓦砖屋拆除了，再建一座新房子。由于两年分红的钱省着用，存下了10多万元，再加上大姐、小弟他们的资助，勉勉强强能建成这三层楼的房子。不过这装修可是1998年翻修的。你看，那天花板、吊灯、墙纸、木板地、酒柜、沙发、电视、音响、电脑，还有开放式的厨房，都是1998年以后才重新装置的，实用美观吧？多数人拿到分红的钱都是建房，钱不够的，就建得简单一些，一层或两层罢了。但是也有个别年轻一点的村民，就不务正业，把分红的钱全赌光，有些甚至还吸毒呢！真是败家子！我们家的房子算不错的了。现在环境好了，就不怕请朋友上来做客了，以前，请别人回家做客还怕失礼于人前呢！以前哪一户人家先买了电视机，差不多整村子的人都凑合上他家去看电视，热闹得很啊。现在，每家每户都有了什么电视、电脑、音响，哪还用串门子！

现在这里的环境已经好多了！80年代，这里的环境被那些“北方人”搞得一塌糊涂，民工、捡垃圾的什么人都有。蚊子、苍蝇到处飞，过了6点后，太阳下山，就得把门牢牢拴紧。唉，80年代中期，广州天河区建城，一下子来了许多民工，他们的家人也跟着来，建筑工地没有地方安置他们，就涌入我们这儿来了。那时，不少村民为了丁点租金，把荒废了的空地用竹、木板搭建起了一间间平房，他们就这样落脚了。后来，许多民工、捡破烂的自己动手搭棚住下，他们凶，没有人敢管他们！一直到90年代初，市政府决心整治，村委会也大力打击，这才使得那帮“三无”人员搬走。现在，你所见的那些外地人多数是在天河区工作的，这里租金便宜，一房一厅的单间才500多块钱一个月，天河区里这儿的房子也称得上是物美价廉。有了一整套的外地人员管理措施，治安好了，我们也放心了。

对那些外来人，我才不愿租房给他们，这么麻烦，还不知道他们的来历是不是正派，弄不好，真是会“赔了夫人又折兵”。反正我们又不缺钱花，还是安安分分地过活吧！

村里有分红以前，家里生活靠我和丈夫干农活，种点蔬菜，并养些鸡、鹅出去卖，来帮补家计，真是吃你不饱、饿你不坏。有时候，我丈夫替邻居修修田基、院子里的篱笆等来挣钱。有一次大儿子病了，没有钱治病，我丈夫只得去卖血！自从征地以后，我们有资格拿分红，生活一下变好了。我第一次领取分红的时候，笑咧了嘴。想想以前务农的时候，家里经济状况时好时坏，操碎了心。现在可好了，生活稳定了，又富裕了。据我所知，有十来户村民拿不到分红，好像是不够资格，不是原居民，不过，他们也住了几十年了。具体为什么，我就没有多了解了，省得惹人烦。

村里谁最富我也不知道。不过呢，有那么一两户特别爱出“风头”，村里不少活动都是他们赞助的，连村里的幼儿园、小学的建立他们都有资助。我们家只靠那么些分红过活，偶尔也做做善事，不过没有他们那么“阔”。早些年，他们从某处打听消息，羊城村将会被征收，大有发展前途，就马上多盖了几间房子，地皮也随之增多；后来被市政府征收的征收，不征收的都出租给外来人员，收入当然丰富了。这里富人有几个，特别穷困的也不是本村的村民。有不少外来打工的外地人每个月下来所赚的，除了寄返家乡，剩下的仅仅够交租金和两餐温饱而已。唉，想当年我们不也是辛苦熬过来的吗？现在才有一些好日子过啊！

我们都是农民出身，没有国家单位的那些什么福利。村里的居民委员会每年都慰问一下我们这些老人家，送米、油、糖果等。不过呢，村民确实有病，而家里又有困难没有钱医治的，居民委员会和我们都会帮助他的。村里的幼儿园对村民的孩子特别照顾，交费也比外来的儿童少，还有小学、村民俱乐部等设施也服务了我们村民。

外来人和我们的待遇不一样，可我们世世代代在这儿居住了几十年，甚至上百年，他们那些外来人员只是过客而已，他们为我们村奉献了什么？

现在村民之间大家见面的机会也少了，以前，大家一同下田务农，一起洗衣煮饭，经常碰面。现在，大家闲着了，就各自找节目消遣，旅游的、学跳舞的、打麻将的，各有各忙，见面的时间当然少了。以往，大家有事没事都凑一起，现在，有事要求你才上门拜访。唉，过农历年除外，平常碰着面就只打声招呼，问候几句。

生活如果再有变化，就希望它越变越好，成为一片乐土了。不过可不要把我们现在住的房子都征收去了，再分配到其他偏僻的地方去落脚，土地始终是国家集体的，他要怎样迁，我们就得怎样迁！我可是有看新闻报道的！政府要彻底改造城中村，还颁布了不少制度、规章文件下来了呢。广州要改造成一个国际化的大都市，城中村的整顿建设当然不能不办，我们城中村是大城市里的“绿叶”啊！依我看，改造一定要进行，但可别难为了我们农民，据我所知，并不是每条城中村都像我们羊城村改造得这般成功的。政府一定要先安置好农民，照顾他们的生活；文化水平低的，像我这般农民，多办几个培训班，让他们也“镀镀金、镀镀银”，好再投入社会！

坐收房租的房东

受访者：杨某，37岁，已婚，初中文化，村民，做房东。

羊城村有许多不知名的小街小巷，也布满了一排排的出租屋。我今天的运气还不错，打着租房的招幌，虽然被前两个房东冰冷冷地拒绝了访谈，但第三个见面的房东却意外地乐意接受我的采访。

前面两个房东家冰冷的铁门，没有破坏我寻根探底的心情，我又敲开了一家杨姓房东的铁门。“喂，找我什么事呀？”一个操着一口纯正广州口音的中年男子打开了防盗门，探出半个近乎椭圆的身躯来。“哦，我是中山大学的学生，想请教几个问题，很简单的，不知道可不可以？”“嗯？”他似乎在犹豫。我用充满期待的目光证明我的真诚。“你想请教什么问题？”“哦，没什么的，老师要我们写一篇关于城中村的文章，我想向你请教几招。”“哦！原来这样！不过我现在没有空，我那边还有些空房子要出租，同他们约好了的。”他看了一下手表。我这才注意到，他个子不高，一米六吧，但发胖的身材，与他不到40的年纪有点不相称。“那你什么时候可以挤出一点点时间出来？”我当然不肯这样罢休。“你今晚五六点钟的时候过来吧，我回这边吃饭的。”

告别房东杨先生之后，我感到十分轻松，毕竟我找好了采访的对象，也意味着我的题材很快就可以敲定！羊城村达善大街是一条又长又多岔路的小巷，又狭窄又阴森，两边都是二至六层的楼房，把这小巷的天空都遮住了，地面满是废纸、废水、食物残渣等，垃圾满地，臭气冲天，时不时还有几只哈巴狗逛来逛去。小巷两边的楼房底层都用作店铺，有挂着名医包治字号的医院、药店，最常见的招牌广告是“治疗男女性病”“药到病除”“无痛引流”“雄勃王”等。更引人注目的是发廊、发廊妹。这儿的发廊特别多，本地人说发廊多过米铺，三五步就是一家，浓妆艳抹的发廊妹，不时向路人搔首弄姿，或者目光火热，或者嗲声细气，又或者摆弄着身体最隐私的地方。她们三五成群，或者站在门外招客，或者在里面嬉笑，也有不少男的在那儿坐着，不知道谁在钓、谁上钩？

下午5点，我又准时来到达善大街，轻声地敲响了杨先生的家门。随着咣的一声响，杨先生开门请我进去了。

我坐在玻璃茶桌边，靠着窗帘，背后就是达善大街。他的住所很简单，一张茶台，四个凳子，加上一个长沙发；电视机就摆在旁边，家居布置如同乡下农村的一般家庭。我们开始了访谈。

我和老婆、子女，还有老爸老妈都在番禺市桥那边住，我在那边买有一套房子，我也只是月头、月中、月尾过来羊城村看一下我的出租屋，这是我们的旧宅。我父母都快60岁了，在家赋闲，老婆在市桥附近一间鞋厂做质检，一般她早上9点上班，下午3点多就回来了，我就专管收房租、管理房产。女孩已 11 岁了，读小学五年级；男孩老小，他也上小学一年级了。现在条件好，时代不同，不像我们 80 年代时，吊儿郎当的，不怎么读书，我只上过一年初中而已。看这个年代的变化多大，什么电子计算机时代、知识经济时代啦，日新月异，时代将我们那代抛弃啦！孩子现在肯读书，今后至少不会似我们一样是半个文盲。揾食（做工挣钱）真是艰难的呀！我真是尝够了这一点的苦头，希望子女能够跟上时代的步伐，做 21 世纪的主人啰！

我们家庭的收入属于一般水平，村里的分红，我一年可分七八万元；出租屋的租金收入也可以拿到这个数；再加上其他的收入，一年可以挣到 20 万元。但开支也大，税费中如土地税、出租房屋管理税费，占的比率很大。一对儿女的生活费也要 2 万元吧，平时买买衣服逛逛街，钱也就不知不觉花去了。现在又准备筹钱买台车，生活还是紧凑一点啦！

70 年代初我老爸那一代人就在羊城村住的，那时周围还有许多田地庄稼呢。以前就是平房木屋罢了，你看见邻近还有几间公祠古老屋吧？那在过去可是大户人家的房子，是他们那些权贵人兴建的，我爷爷只是贫农出身，当初住房建筑面积只有 30 平方米，一般茅舍。后来，我爸爸自己不断扩大面积，加筑基础，在 80 年代已建成两层半的小洋楼了，那时只有四个大房间一个大厅；后来我们又加建了三层，现在已是五层半了；1992 年我在棠德村那边又建成六层的房子，不过那时建房已是面向市场的了，很多外来民工开始来广州揾食了嘛。土地征收以及村集体分红，再加上自己积累的钱，主要是开拖拉机和摩托车赚的钱，很快就起好楼了。村子里其他人也差不多，大都拥有自己的楼房。这两幢楼的地面面积都有 50 平方米吧，总共有三十几个房间出租，一般都可以租出去的。1999 年我就搬到番禺那边，又建了一座三层半的楼房，全家都在那边住了。

我阿爷以前是村支书，现在我们都不是什么村干部，观念都比较淡化了。干部与村民都比较同心，为自己人着想。我对自己在村中的经济地位还是比较满意的。我阿爷有三兄弟二姐妹，所以后代家族也会大一些，到我爸他们这一代，也有许多读书出来做官、做大生意的，也有比较差的。我们家族的经济和社会实力应该说还可以的。近些年以来，人们迁居甚至出国，以前以家族力量为标志的乡村，很大程度上解体了，感情都还存在的，只是那种互利互惠的经济关系少了一些搭接而已，家族更不可能像以往那样统治村庄了。

现在村干部在联络、服务我们村民的同时，也对外来人口进行管理，如协助公安机关、保安联防治村，功劳都是大的。

这里现在最老的房子是公祠，瓦做的屋顶，有天井，过去全家族都生活在一起，这天井相当于现代的会议厅，家族有什么大事都在这儿开大会。70年代以后才有两层的楼房，或多层楼房。目前村子的格局是80年代末形成的。人们以高楼为荣，经济力量不断增强的情况下，就逐渐向上加高，民工潮的到来，更促使人们加高房子，以便更多的人租用，这样经济利益也会更大些吧！但我不喜欢这种狭窄紧凑的格局，居住总要宽松些才好，感觉舒畅。80年代以来，我这幢房子从两层半到五层半，只改变一次；另外又建了一幢差不多的房子，主要面向外来劳动力市场，这也是门生意经呀！

外来打工者在70年代初就有了，但人数还很少，多是广西、湖南、安徽的，建筑队是他们最初的落脚点，建筑、搬运等苦一点的工作，使他们很好地衍生下去，也吸引了接下来的民工涌入，特别是他们的老乡，也跟着来淘金。80年代至90年代初，外来人口大批进村，“东南西北中，发财来广东”，一传十，十传百，老乡找老乡，外省农村人无不想着金灿灿的广东。揾食难了，治安也差了，他们拉帮结派，互相抢生意。他们跟我们本地人是两个完全不同的群体，是主与客的区别，加上我们经济地位的优势，还有他们的生活习惯、作风、衣食住行、口音、气质，真的好容易就分辨出来了。

我们村民都差不多，最有钱的是以前有胆略借钱做生意的人，很快就翻身飞黄腾达了，也没有什么最穷的，最差的是那些没有孩子的老人，不过他们手头也应该积有不少财产。只是享用此生就行了，你说还那么拼命赚钱干吗！村民间的交往也不像以前了，有了距离，距离产生陌生，何况这距离之间还穿插着这么多外来人呢！交往圈子也不限于亲戚、家族，一些外来人口也进入了这个圈子。

我也听说政府要彻底改造城中村，但不知道他们的政策会怎么样，可能这也纳入广州大变的一部分吧？我们对政府的决策只能听从不能违背，我们的意见也可能会被采纳，但可能性很小，毕竟我们不能把握大局呀！但愿能多给我们一点补贴！城中村改造的难度会很大，如何补贴、如何安置村民等，这些难呀，我也希望这次改造能获更大利益，讲到底是补贴赔偿问题，我们的村干部也在考虑这个问题。这儿是我生活过的地方，但讲真的，我不大留恋这儿，人往高处爬嘛，千万别恋旧！哈哈！

开车跑运输的村民

受访者：李某，男，36岁，已婚，中学文化，村民，跑运输。

走进羊城村，举目远眺，映入眼帘的一些建筑物，有的是平房，有的是旧楼，当然也有一些是新建的，那边还有一些建筑工人正在热火朝天地兴建着新楼。沿道两旁有很多地摊，有卖水果的、卖旧书的、卖臭豆腐的、卖服装的、卖日常用品的……听口音，他们几乎全是外地人。我特意买了一串牛杂，边吃边走，左顾右盼，觉得自己好像走在外省的一个小镇上。我还发现一个现象，路边几层高的楼房，底层几乎全部都租给人开小卖部、开发廊、开小食店，不用说，租客也多是外来人了。

终于找到了要访谈的李先生的住所，这是一幢有六层高的楼，楼下是店铺。于是我跑上五楼叩响了门。开门的是李太太，脸上有着警戒，我说明身份与来意，说是和李先生约定的，她才笑着把我请进屋。一会儿李先生从里屋走出来，可能是刚睡醒午觉。他个子不高，有些发胖。他叫我先坐一下，看一下电视，他就来。正好我借着这个间隙浏览了屋内的摆设，屋子不算很大，一厅三房，电视机、录像机、冰箱等样样齐全，家具用的是中国传统那种红木椅，桌子面镶有云石。墙上挂着很多相框与小孩的奖状，有一张大地图。最吸引人的，是主人房墙上挂着的几幅联，上面“家训”“三字经”几个大字赫然入目。一会儿，李先生出来，换了一件衣服，我们开始访谈。

我今年 36 岁了，是一名司机，开大货车的，教育状况嘛……唉，只读到中学就没有读了，那时有书不想读，现在想读也一大把年纪了。说真的，我很羡慕有文化的，现在唯有希望我儿子日后可以上大学。我们做父母的如何辛苦也会供他读，只要他肯读就行了。

我们一家四口，我和太太，还有两个儿子，大的 13 岁，小的 6 岁，正上小学。家里只有我一个工作的，我主外，我太太主内。她是家里的掌柜，料理家务事，照顾儿子。本来她也想出去工作，但考虑到儿子的成长更重要，就没有去想了。钱再多也不及儿子重要，我虽然没有读什么书，但这一点道理我是明白的。

我家全年的总收入大概有十几万吧，房租与村里的分红所占的比例并不大，最主要的还是工作收入，所以每一分钱掰开都是有汗的。开支主要是日常生活费用、孩子的上学费、电话通信费什么的。虽说现在生活条件好了，但各种费用也跟着上升，水涨船高。孩子们上小学每月要几千块，什么赞助费、伙食费之类的。除非你天天待在家里不出门，一出门钱就会像流水一样流走得无影无踪。社会是这样，没有办法。税费我们倒还不算多，就是那些房租税费、银行税、个人所得税等，这些问我太太可能清楚些，因为都是她交的。其实，这些税费都不是主要的，政府也不敢多收，谁都怕会引起民愤吧。

现在我们住的这幢楼总共有六层，除了现在我住的这层，其他的都出租了，一家四口，住的地方不多，一层就够了，出租收租金可以增加额外收入。我们住得说不上宽敞，倒也舒适，你看那些有钱人几千平方米面积的才叫宽敞，我这里只有 80 平方米。六层总共的建筑面积是 480 平方米。这房子是 1995 年建成的，当时投资大约40万元吧。建房的钱主要是打工赚起来的，记得那时候建好后还借了父母及朋友的钱才完成装修的。不过现在债都还清了，没有拖欠。现在五层都出租了，一楼租给人家开小卖部，二楼租给了人当办公室，其余的住房，租客都是外地人，来广东做生意的。每层楼月租1000元，一层楼铺面贵些，月租1500元。不过我只有这一栋楼，在村外也没有房子。

我当然很不满足，谁都想有了好的还要更好的，人心不足蛇吞象，这是人之常情。我常梦想自己有一间很大的别墅，里面有室内游泳池、健身室等。到那时或许会满足。我和我太太也有改变住房条件的想法，毕竟现在生活好了，而住房又是很重要的，谁都想辛苦一天后回到舒舒服服的家，享受一下，再加上这也是为了孩子以后。我们可能明年年中对这屋重新装修，多增加些灯饰，把它装修得漂亮温暖些。我总觉得旧的不去新的不来，作为现代人应接受多些新的、先进的东西。你试想想，其他人都前进，而你却在原地踏步，不被朋友笑话“古董”就怪了。

我家共有五兄妹，两个哥哥、一个弟弟与一个妹妹，我排第三。大哥是搞建筑装修的，二哥和我一样，都是司机，弟弟是一名普通工人，至于妹妹，她已出嫁了，待在家里照顾小孩。他们的收入与我差不多，住房条件也是一样，只是弟弟收入差些，他还未成家，与我父母住在一起。我父母曾当过村干部，不过是以前的事了，他们早已退休了，我们几兄弟合伙为他们在村里开了间小士多，让他们有点事干，月收入加上他们的退休金、村里的分红、房租等，对于他们老两口已绰绰有余了，经济状况不差。

我在村里的亲戚并不很多，有做生意的、当工人的、做村干部的、做老师的……当村干部的是我的一个堂叔，在村里委员会做事，管村里的小事。他对我们也算有些帮助，有时买村里的地皮会优惠些，或者村里需要建筑时，他会叫我去运货，不过也就这些了。过去，我还在读书时，村里人数多的家族势力也大，村里的事他们说了算，若他的家族的人发生了什么事都会迎刃而解。不过现在没有这种现象了，现在挣钱第一，谁只要有钱，谁就容易办事情，“有钱使得鬼推磨”嘛。

我们这地方以前很落后的，人们生活水平普遍很低，正是改革开放唤醒了人们求发展的意识。你知道广东人历来有一种求富心态，不像外省人，甘于落后。就拿建房说吧，都是比着盖，谁都希望房子也像滚雪球一样越滚越大。现在的社会，先敬罗衣后敬人，你在人前、朋友前说你很有钱，没有物质证明，等于空话，若自己拥有一幢楼，走在朋友中间也觉得面上有光。就算向人借钱也方便些。再有就是建造好房子后，就算自己不入住，把它租出去，又可以赚钱，三全其美的事，人们当然会去做，所以不断有房子改建。

村里外来人口大部分都很穷，除了少数有正规工作的、生意商等。一般外来打工的什么都干，包括扫街、捡垃圾等脏活。有时外来人口给我们的感觉很野蛮、粗俗，因为村里很多抢劫、偷窃的违法行为都是外来人干的。外来人也很不礼貌，在公共汽车上他们大声讲话，肆无忌惮，完全不顾及周围人的感受，这也难怪，他们的知识水平、文化习惯对这有一定的影响。虽然我不喜欢太多的外来人口进村，但他们的到来也有一定的积极作用，如租村里住房的都是外来人，村里的很多店铺都是外来人开的，很多活是外来人干的，他们的到来也带动了经济发展。报纸上不是说吗，如果把广东的外来人口都赶回原籍，广州的经济必会下滑。

村里真正有钱的都是做大生意的人，也有炒股发达的，他们有生意头脑，有运气，还有就是以钱生钱，也就是说越有钱的，做的生意越大，他们就富上加富。这社会就是这样不公平，穷人就算如何艰苦、辛勤，也很难发达。最穷的应该是那些无房出租、失业和缺乏工作能力的人。

现在村民与村干部的关系不是很好，因为村干部很多时候做出的决定并不依据人们的意愿，不考虑村民的利益，所以在村民心中就有一个结，认为村干部多数都是高高在上，只顾自己繁荣昌盛、升官发财，不顾他人死活的人，但也有少数为人们说话的村干部，受到村民的好评。

对于城中村的改造，我们能有什么意见嘛，有意见也不会被采纳，因为如果政府要改造城中村，势必会雷厉风行，就算改造会触及我们村民的利益，作为普通百姓也只好为大局舍弃个人利益，不然又能怎样？不过我毕竟已在这里住了几十年了，对这里各方面的事都很熟悉，这里就是我的地头，万一住到其他地方，人生地不熟，很难习惯。但是如果要我们住到其他比这里好几倍的环境中去，如一些花园什么的，我倒愿意。万一住房真的要被拆，我希望政府以比我住房原价值高一些的价格来进行补偿。我不是贪心，只是认为我们村民有权获得这样的补偿。

卸任的前任村长

受访者：陈某，男，48岁，已婚，高中文化，村民，前任村长。

本次访谈的主人公是羊城村的前任村长，48岁，高中学历，自小就生活在这里。经过多年的努力成为村长，现在仍是村里的干部，管理房地产工作，他曾任职村长长达十几年。下面是访谈记录。

我家是一个五口之家，我有三个子女。大儿子是做生意的，在外语外贸大学附近开了家精品店，生意做得还不错，有时可以赚十几万，但这次搞装修、交租税后就所剩无几了，不过让他有时锻炼一下也好！我的女儿在银行工作，工作稳定，收入还可以。我的小儿子也已经上大学了。

我每个月工资3000多元，您算吧！一年下来也就是3万—4万元。不过我以前做村长时有5000多元一个月，那时是90年代中期。现在村长的工资至少有1万元一个月，不过就要看村里的经济效益怎么样，如果村里的经济好，村长的收入就高，效益不好就低些，有的村长拿7000元。我的房子拿去出租，房租每个月可以有3000多元，至于村里的分红，我以前在做村长的时候，每年十几万元，现在不当了，当然就少了，每年就几万元。还有你提到的开支问题，我每年开支都是围绕着“衣食住行”，最主要是我买了一辆小车和一辆面包车，每年买路、养路费、年审、油费就花了我不少的钱。至于交税的问题，我一般交给我的助手去做，我也不太清楚。

我现在在村里有两栋楼，都是起了三层楼高，但是我现在住的那一栋楼有1000多平方米，这栋楼是在1997年建起来的，用了十几万元，经过装修后，房子住起来还可以。回想起读书的时候，我们总是被别人笑是“乡下人”，很多人都瞧不起我们，但是，经过我们自己的努力，我们的生活发生了很大改变。现在我想再没人会笑我们了，我们虽然是乡下人，但搞起经济来也不会比任何人差。

我小时候住得很差，那时我们村的房子都是平房，根本不像现在这样。我建房子的钱是我当兵复员当上民兵营长后赚的，那时赚钱挺不容易的。我现在有一幢房子在出租，每个月3000元左右，都是在附近工作的广州人租的，外来工不会租套房，他们一般租单房。我那套房子挺大的，有三房两厅，是我爱人单位分的，那套房子不在我们村子里，在广州市较中心的位置。我对现在的房子还算满意，五个人住三层楼也够了，至于以后会不会改变暂时还不知道，以后有条件就在外面买套好点的当度假房也可以。

我父母都是一般的村民，他们都没有在村里当过村干部，经济条件还可以，他们自己有两栋楼，一栋留着自己住，另一栋拿出来出租，那栋楼每间房的房租是280元，全是套房。我有两个哥哥和一个姐姐。我的大哥在广州市水土产管理局当干部，收入还可以吧，具体我也不太清楚，他一年到头出去出差，对水土产品也颇有经验，他现在住在单位分的宿舍里。我另一个哥哥在南海开厂，专营自行车塑料配件，那边的厂房很便宜，他们一家子都搬到那边去住了。我姐姐是个个体户，在村子里开了间杂货店，店子就开在她家楼下，生意就一般了，都是做附近村民的生意。

我在村子里有两个叔叔，他们都在广州其他地方工作，不在村子里干活，收入中等吧，其他还有些我父母的兄弟姐妹和我的堂兄妹，不过近来我们交往都不是很多，各有各忙。我们家族在村里还算可以的，家族现象过去村里挺严重的，现在我们有居委会，村民都成了居民，由居委会统一管理村民，所以家族现象也得到了改善。

我们村子里最早的房子都是些平房，那时农村的人都很穷，很少会起高层的楼房。房子从一层变两层大约是70年代中期吧，至于从两层变成两层以上是80年代初期，那时村里开始有万元户了。房子变成现在这个格局是90年代初了，我都是1997年才建成我现在住的这栋楼的。

这种变化我觉得同我国实行改革开放是分不开的，我们村里的村民在外承包了鱼塘或花圃等，然后利用先进的科学技术，采用科学养鱼、科学种植，不断培育新品种的水产和土产，经过努力，我们积累了自己的财富，人们富裕起来了，自然有改善居住条件的需求，于是大家就会想住得宽敞些、舒服些。当然有些人建起几栋楼是为了能把房子拿去出租，靠收租金生活，这是我们村子里很普遍的现象，有很多外语外贸大学的学生都会去到我们那里租房子住。

外来人口进我们村大约是1986年吧，至于大批进来是1993年。他们来我们村子多数是租房子住，因为在村子里租房子住较便宜。他们一般是来广州找工作的，有的外来工会在我们村里的工厂找工作，如果工厂没有宿舍，按就近原则，他们就在我们村子里租房子住了。我现在除了管理房地产外同时也在管理外来人口，外来人口住进我们村都要办暂住证并进行登记。

村里的贫富差距我认为是比较大的，自从村里出现万元户后，村里的一部分人变得富裕起来了，自然就拉大了同没有太多钱的村民的距离。村里最有钱的人，我想是在外承包工程的人吧，他们自己对外投资，盈利多，赚钱也应该比别人多。最穷的人应该没有吧，村里有分红，大家的收入水平应该挺平均的，如果有些人不出去工作，整天游手好闲，那自然会比别人穷了。

我们村里的小孩上大学后会有奖励，村民都会按股分红；很多姑娘不敢结婚，嫁出去后，怕股份没有了；年轻人不敢上学，因为外迁户口没有股份；年轻人不敢打工，守在家里，以致出现许多“二世祖”。如果要分等级，我想能够按其在村里的地位分吧，首先是村长和村干部，然后是村里的某个较有钱或较有势力的大家族，然后是一般的村民，接着就是外来人口了，不过这只是我的个人意见。

村民的关系还是比较和睦的，不过现在村里有的人搬出去住了，有的外来人员搬进来了，人员变得复杂了，自然全陌生起来。但大家多数都会有来往，见面都会打招呼，也会互相到家里坐坐。往来主要是为了聊聊天，有的是合伙做生意的需要。村民的社交圈子近几年广了许多，和外界多了交流，不再仅限于过去的村民与村民之间的走动了。

我想一般我都不会离开羊城村，这里的位置优势在于人口多，人气旺，容易形成中心，构成巨大的中心城区，而且交通便捷。

村里的卫生管理员

受访者：罗某，男，42岁，中学文化，村民，卫生管理员。

走进罗大叔所住的羊城村，一开始是士多、小贩街道两旁林立，再走近一点街道两旁的就是餐厅、茶楼、快餐厅什么的，员工们各自忙碌着。转过几个弯，景色发生了变化，一片楼房分别立于街道的两旁。已经是下午4点多了，可以看到居民们都在准备晚饭的样子，一种安居乐业的感觉油然而生。上到一栋楼的三楼，就是罗大叔的家了，一进门，感觉很清新。因为有很多的绿色植物，盆栽很别致，点缀着客厅，一处墙角还养着一缸金鱼，更添生气。客厅很宽敞，一套咖啡色的沙发分别置于恰当的地方，茶几上放着茶具，环顾四周，应该有的都有，冰箱、电视机、音响等，俨然是一个小康之家。没有华丽的陈设、豪华的装修，但充满了朴实温暖的气氛，干净舒适。下面是罗大叔介绍的情况。

我们家在这里只算得上中等，我们家人口少，所以分的地少，这个房子才80多平方米的建筑面积。我们这里，家里人口多，房子100多平方米的大有人在。从前是有地没钱，所以家家户户都是盖个砖瓦平房，留了前门后园的，也好养养鸡什么的。现在不同了，个个都想住得好点，所以都盖起了几层楼。我家四口人，我们夫妻俩，有一个儿子和一个女儿。我们一家人住在三楼，一楼和二楼都分别建了两个一房一厅的套间，合共四个套间，都是租给人住的。

我们的几个租客都是住了一段日子的了，这里离天河近，房子又没有天河那边的贵，所以很受在天河上班一族的欢迎。随着这几年市区不断扩大，我们和市区之间已经没什么距离了；还有市政建设不断完善，好几条大马路都通车了，我们这里的生活设施也什么都齐全了，例如什么食肆、医院啊，什么都有，还有很多大型的超市。比起市区，我们的房租便宜很多，空气也没有那么浑浊，您说说到我们这里来租房的人能少吗?

您晚上到街上去看一看，倒好像您不是在广州了，看到的都是外地人的面孔，听到的是各种各样的外地口音，像我们家的房客就有两家是外省的，还有一家是广东的，但也都不是广州或者广州附近的。

在这里租房住的，一部分人在村里卖东西，做做小买卖，或在村里的小工厂或者企业里干活，他们是住在这里，工作在这里。我们家的其中一个房客就是在村里找了个档口卖衣服的。但是也有很大的一部分是白天在市区上班，然后晚上回来住的，其中什么行业的都有，您晚上会看到街上面停放了很多的士，我们这里很多外地的士司机，他们都图这里离市区近，而且又比较安静。还要特别提一下的是，有很多在天河干电脑这一行的年轻人在这里住，他们说离天河近，上班方便。

我们的家庭不大，全年收入达小康水平啦！我在村里管理卫生，工资 2000 元，房租 800 多元，村里分红嘛，我们占的比例少，一般 2 万左右，要看那些企业的业绩啊。现在这样的居住条件，我们暂时满足了，够住，也算舒适，在近期没有打算改变，等儿女长大了再说，要改也是他们的事了。我们现在这样已经算可以的了，岁数大了，会想到只安于现状算了，要拼搏的时日已经过去了，再发展就看他们年轻的这一代了。

村里最早的是平房，还是黄泥砖盖的呢！大约是从80年代中期，这里就开始发生变化了，就开始有人建新房子，建两层的多，还没有人盖三层，过了大约10年，到了90年代中期，现在这个格局差不多形成了，全部房子都翻新了，三层、四层、五层陆续建起，近几年盖房子的基本没有了，装修改造一下的就司空见惯了。80年代过来，亲眼看到了改革开放的显著成效，人民生活水平不断提高，经济不断发展，就单从居住环境来看已经很不简单了，发生了翻天覆地的变化。虽然光线、空气方面没有以前的好，但是住得舒服多了，房子的改变令生活改变很多的，况且这样才是人的向前发展啊！我的房子从80年代到现在改建了两次，第一次就是1989年的，那时把这原来的旧屋拆了，盖了红砖的，把地方扩大了一点，院子不留那么大，把周围一些废弃的角落也利用上，那时还没有盖成两层那样。第二次是在1996年，改建楼层式，住高一点好，下面还能出租，这样挺划算的，其间也装修过一次，翻新和改善一些不足的地方。

村里贫富差距其实很大，有钱的很有钱，没钱的也很没钱，最有钱的人是做生意的啦，人家具体怎么样我就不清楚了。他们也有两类，一类是本来有资本，市场存在着商机的时候他们就把握住了，然后赚到大钱；另一类是白手起家，靠见识和机遇，慢慢富起来，这些情况我想您也清楚，整个社会都是这样。当然穷的也不少了，我也不会去探究人家为什么穷，只知道有的人因为家庭底子薄，然后天灾人祸的，谁也挡不住，就一步一步陷下去，还有的是没办法那么快就扭转几代以来的穷局面吧。要致富其实有时不是那么容易的，我们中国才刚刚起步发展，这样也很正常。所以我就说我嘛，比上不足比下有余啦，不过人往高处走，水往低处流，状况会随着社会的发展慢慢改善的，中国是这样，广州这扇南大门更会是这样，所以我一定要让我的子女读好书，不然在现在这个时势是不可能谋求到发展的。

村里有分红和一些福利，村里开发投资的时候，征收了我们的耕地，投资方就签订了合同，给予我们每年一定的分红，像那些企业办厂，租用了我们的土地，他们每年就按比例给各家各户分红，我们集资的工厂也会有一定的收益，不过就相对少一点。还有像您看到村那边的那间超级市场，我们村里的本地人去那里购物有折扣的，村里的一间幼儿园，我们本地的儿童入学收费都有一定的优惠的，医疗保健方面以前都有福利的，近年来进行了改革才取消了，这些福利是根据村委最原始的登记来给予的，外地人是不会有的，这些就是本地人与外地人的一大差别。原因很简单，这是我们最早的生活环境，我们共同生活在这里，共同支配这里的资源，这里是属于我们集体所有的，所以，利益也是属于我们集体的，外地人不享有这些福利。

在未来五年内村子也不会发生什么大变化，我想因为近年来改变的幅度明显小了，会变的可能是各项设施上的不断完善，还有生活环境上的改变。因为生活的需要、生活质量上的追求要求各种设施都要不断完善，好像路边士多会被自动零售机所取替，方便快捷又省事环保，解放出来的劳动力又可以到其他方面上去。娱乐设施这里还不是很多，许多人都要到市区去寻找精神娱乐，音乐厅啊，这些都没有，我想以后会有，这样方便人们聊天叙旧。茶庄这些也就适合我们这些人去消遣，现在还没怎么兴起，我想到时候会有吧。我也想它会这样改变，还有一些公共设备现在还不齐全，五年后应该有很大变化。近年来，这里附近建了不少工厂，污染大了，家里的灰尘也重了，要经常搞卫生，在环境清新这方面，应该渐渐被人们重视。

我们的村干部是民主选出来的，都是我们一层层选出来的村代表，再经过一定的程序来定的，有文件有规程的，代表是村民选出来的，可以说是民主选举的，不是说人民当家做主吗？应该就是这样了吧。现在大家觉得谁有能力谁就可以当干部，只要能把村里的事务搞好，为大家的利益着想，我们就让谁当。我觉得这样的方式不错，也合理，但具体就要看执行得怎样，监督的力度要足够，这样就好了。村干部的人选还是很重要，因为村里的改造、村子的利益、村子的发展方向都是由他们组织领导的，村里开展什么活动都由他们向我们传达思想，时时刻刻都与我们的生活紧密联系。

我觉得城中村改造难度很大，安置本地居民就是一大难题，一时间叫我们去哪里？还有我们的房子、物业、利益，很多东西要理清，已经足够复杂了。改造投入大，建设的难度也大。交通、基础设施建设等要花费很多的人力、物力、财力，真正要改造起来是一件难事。城中村要是改造，我们的生活环境就会完全改变，我在这里住了那么久，当然不想离开啦，这里有我熟悉的环境，有我生活的圈子，一旦搬到别的地方就会很不习惯的。我的子女那一代人可能就不会那么在乎吧，他们还年轻，也不会拘泥于这些，我们就不同了，我想很多人都会这样想的。城中村要改造，最关心的当然是我们的去向和经济利益问题，要合理安顿我们，还有我们的经济利益要合理补偿，应该保留的权利就要保留，不然我们生活就没有保障了。怎样才比较合理，我也说不准，要具体情况具体分析，到时候才知道。我觉得，我在思想上还没有这样的准备，也没想过会彻底改造。

卖猪肉的个体户

受访者：潘某，女，53岁，已婚，中学文化，村民，卖猪肉的个体户。

我家有六个人，我的丈夫和我一样都从事个体经营；儿子和媳妇都去了杭州做丝绸生意，一年才回来那么一两次；女儿现在就读于广州青年干部学院，常常埋怨学校不好。我还有一个小孙女，她3岁了，已经去了幼儿园，由她的婆婆照顾，偶尔带她回来玩玩。

我们每个月卖猪肉才净赚300块钱，生意难做呀，我是看羊城综合市场的前景好才开始卖猪肉的。当时的铺位是通过投标取得的，底标才300元，但太多人来竞投，抬高了价位。最后，我花了2100元才投得了柜台，签了两年合同要先交三个月的押金，我就要交 6300 元押金，合同期满后就退还给我，所以这 2100 元就含了我要交的税，每个月交一次。我最主要还是靠租金收入，每个月大概有 8000 元收入吧，现在租房是不用交税的，听说以后每平方米要收 4—6 毛税金和村保安巡夜费。

我比较保守，比较喜欢存钱，一般的开支都是用在日常用品上了。以前耕田很辛苦，天天粗布麻衣，粗茶淡饭，现在收入多了，当然想吃得好、穿得好，所以一般舍得在吃穿方面花钱。人也过了半辈子，也想出去逛逛，每年我们两口子都会出去旅游，虽然钱花了，但还是值得的，感觉不错，北京、上海、杭州等地，我都去过了，真的增长了见识，人也没有那么落后了。

村里的分红还算不错吧（开怀地笑），最高每人 26 股，大概每个月有 1000 元分红，而 30 多岁的只有十几股，有的也只有那么几股，年轻的这一辈一股也没有，所以无分红。我和我丈夫都有 26 股，但我的儿子、媳妇、女儿和小孙女都没有分红，按照村委会的说法，是因为年轻一代没有耕田，没有为村里的收入做出贡献，分红与他们无关。做过贡献的、嫁出去的都有钱分，已去世的老人还可以继续享有分红，由其晚辈代领。村里的分红制度也引起了村民的争议，且要求村委会做出改革。分红以前是每半年分一次，但现在无田耕，又找不到工作，很多村民失业，所以村民向村委会反映，要求 3 个月分一次，村委会也顺从民意，从 2001 年开始，村分红每 3 个月分一次，我觉得这样安排很好。

我现在的住房楼层有七层，但我们不是住全栋，我们自己只是住三层的几个套间，其余的都是向外租出去的，当时投资了 60 多万元。我还有一幢楼是三层半的，占地面积 70 多平方米，是在 1996 年建成的，当时投资了 20 多万元。以前我住的是盖瓦的大砖泥屋，又潮又黑，条件很差，家具也不多，几张台凳，睡的是硬板床，而且只有一层，不透气，不透光，一家人挤在这几平方米的地方生活，有苦有乐。后来，1996 年的那幢房子建好，就搬了过去，住房条件当然比那间又破又旧的泥房子好得多。1998 年，我就拆掉了泥房子，在原址上再扩建成了现在的楼房。建房的钱当然是靠耕田了，我们羊城是菜区，所有的田都是用来种菜的，没有种稻。当时，我有2—3亩田，每户人限定指标，交任务，累计每月限额，不足的要到其他地方买回来交足，由村委会用车运到沙河交易，供给广州市区，现在就不一样了，不愁无菜吃。当时村委会每天记账，按月支付菜款，耕田辛苦呀，每天起早摸黑，勤除草、灭菜虫……脏活累活多得是，下完田一大堆的家务活又等着你，又要照顾小孩，忙得喘不过气，现在这一代人就幸福了，不用体味耕田的滋味。我们是用靠我们的双手一分钱一分钱地积攒起来的血汗钱建成了房子。

以前村里出租的房子少些，所以出租房子比较容易且租金也较现在的高，现在租房难些，租金也下降了。三房一厅的以前可以租750元，现在下降到500元左右；二房一厅的以前租500元，现在350元左右；一房一厅的以前400元，现在300—350元之间，所以，现在租房收入也减少了。我对自己的住房还算满意啦！（她的家由三个独立的套间组成，家里设计比较简单、传统，但感觉很舒服、自然，电视机、VCD、冰箱、空调等电器设备齐全，家具的摆放恰到好处，墙上挂有精美的油画，饭桌上摆放着水果盘，窗台上摆放着让人喜欢的盆栽、高贵的兰花……）人当然想过得更好，我有改变住房条件的计划和准备，不过，不是重新装修现在住的，而是搬去新村住，因为想转换一下环境，且很多街坊邻里都搬去新村住，不想和以前的街坊分开，闲时可以聊天又相互照应。

我的家庭生活在村里应该不算高不算低，中等吧。正所谓财大气粗，有钱自然就不会低下，别人也不会看不起你，而我有两幢楼出租，又是个体户，儿子又在外做生意，收入也不错，自然经济地位就不错，而我和邻里的关系也不错，自然有一定的社会地位。

我父母都是羊城村的人，是村里最普通的农民，经济状况普普通通，尚且过得去，都是靠耕田为生。我在村里也没有多少亲戚了，一个哥哥和两个弟弟，而另一个哥哥是住村外的。大哥是广州市沙河省军区的工程师，现在已经退休，住省军区宿舍，收入也不错，很少回来，一年才回来三四次。二哥和三弟、四弟都是以前靠耕田为生，而现在都是失业，靠出租屋获得收入，其中，三弟和四弟收入一般，而二哥比他们好，拥有两幢五层的高楼，现在已搬进了新村住。我家族中现在没有人当干部，不过，以前有，他是我的堂哥，曾经是村里的书记，对我没有什么特别照顾，而且，当时我还是个小孩子，印象有点模糊，记得不太清楚。

我们村现在分为新村和旧村，旧村乱建乱围现象严重，房屋布局不合理，没有统一结构和规划，街道狭窄、阴暗，房子之间只有那么一条缝，排污、排水不容易，给消防安全留下严重隐患。这与国家政策有一定的联系，因为很多村民听说国家要收回旧村，不准在旧村建房，于是纷纷抢建。一些村民无钱，但都想尽办法筹钱抢建，大多是为了赚钱，因为多建几间就可以多出租几间，可以增加收入。个个都讲，以后不准建怎么办？现在建好了就稳稳定定，即使闲置也是自己的财产，可以留给子孙。抢建大多数是违规的，与村委会严格控制旧村的报建和层高相抵触的，且没办理房产证，你看，我隔壁那幢楼不是正在加层吗？它以前有三层，可能要加到七层吧，它也是违规的，只是建好再说，管它以后会有什么结果。本来我这幢楼又透气又透光，可它一建高，就挡住了采光采风。说实在的，我真的有点怨，我两幢楼都是依足手续报建的，都有房产证的。新村是村委会积极向上级主管部门申请，经市政府同意，市规划局批准兴建的，好像是申请了 120 亩山坡地，是经过村民大会通过的，由天河设计院总体规划，报天河区规划分局审批。你刚进村看见的那些楼就是了，听说可以建 530 幢，每幢有三层半，建筑面积 278 平方米，占地面积每幢大概是 130 平方米，是单家独院的别墅式农民住宅。在分配购买方面，地价全部由村委出钱，村里还承担市政配套设施方面造价的 40%，每幢别墅村里要负担三四万元，我们自己只要拿 23.1 万元，就可以购买一幢占地 130 平方米、底面积 75 平方米、建筑面积 278 平方米的别墅式住宅，已经很优惠了，如果对外出售至少要 50 万元一幢。

不过我还没有买到，我们是通过执筹的形式分配的，村里还有一小部分人没有分配，我就是其中的一个。我们要经过两次执筹，第一次执筹是为了获得入围，然后从入围的村民中再执筹，看分配到哪一间。第一次执筹要先交10万元按金，到第二次执筹就要交满全额，即补交剩余的13.1万元。那些别墅要自己装修，有些村民装修得很豪华，有些只是简简单单装修一下就入住了。新村是1996年开始施工的，每批50间，已完成了6批，即300间，已全部分配完毕，我可能要在后几批才分到房，不过还是满心期待这一天的到来。

新村坚持先地下后地上原则，水电、通信等设施全部埋在地下，投资60万元，可能今年年底就可以使用通信配套工程，村内还实施统一排污、排水。新村内的羊城公园是国家投资兴建的，投资700万元，占地160亩，给群众做休闲之用，任何人都可以免费进入。新村南北走向为15米水泥路，两旁有2米绿化带；东西走向为10米水泥路，两旁有3米绿化带，街巷都会有绿化带。总之，格局合理，配套设施齐全。有一些户口迁走但还在村里住的村民，不能享受新村分配的别墅，村委会在新村东区建了两幢高层农民公寓，分配给外嫁女，好像有120套，以后有可能再多建几幢。

改造旧村投资很大，但村委会还是大力改造旧村，投资130万元改造旧村南街至西街1600米的排污、排水主干渠，彻底加强对旧村村民建房的管理，管好建筑材料堆放物，力争做到不占道堆放，彻底改善旧村的环境卫生及村容村貌。

这里10年前已有外来人口进村，他们进来后，有的是耕田种菜，有的是来开厂做生意，但当时还比较少，大批涌入的是最近五六年吧。尤其是羊城综合市场和两个工业区建成以后，吸引了大量外来人口前来工作，他们有的经营小杂货店，有的经营五金，有的当起个体户，卖生果、肉类等，有的进入工厂打工，各忙各的。我是在羊城综合市场建成后才开始卖猪肉。当时，投资了很多钱建成市场，市场占地好像是45亩，建筑面积约2万平方米，很大且商品品种齐全，价格合理，在市场就能买到一般的日常生活用品。不需要特意到市区购买，其实外来人口需要解决住房问题，间接增加了农民的收入。

与外来人口除了是房东与租客的关系外，跟我年龄相仿的租客，我们会聊聊天，谈得十分投机。有些租了几年的租客，比较熟悉，有时会一起吃饭，你我互相照顾啰，有时过节，饭菜丰盛，就请一些单身的租客一起分享，感受节日的气氛，往来多了会形成较好的关系。租客回家乡也会带一些特产送给我，有来有往。我租房是有选择性的，不是随便租出去，对于一些外省民工，如果他们比较粗鲁、样子很不正经的，我是一般不租。因为他们一般文化水平低，没有什么修养，不讲卫生，搬走后还要花很大工夫帮他们清理，又怕他们带些不三不四的人回来，若起歹念，那不是自讨苦头吗？为了安全起见，我宁愿少赚些钱，所以，我比较倾向出租给学生。因为学生易管理，他们通常都是租来度假的，一般都是几个人合租一间房，一般在周末或一些特别的日子，如生日、节日等过来叙旧，搞大聚会等，所以租金特别优惠。我有一个租客，她去了深圳工作，到周末还是回来租我的房住。一般至少租三个月，我才会租出去，且要先交一定额的按金，以收据为凭证，期满后凭证退还按金，不会签正式的租房合同。只要靠互相信任，不会有什么抵赖的事情发生，因为我多数是租给的士司机、小贩、学生，他们都有正当职业，有一定的收入，都会按期交房租的。外来人口一般是看中租金便宜、居住条件不错才租房的，除了学生外，都要办暂住证，村委会、保安队定期来查证。

外来人口来自不同的地方，他们有自己的生活方式和思维习惯，操不同的语言，他们之间又形成不同的小群体，但他们都比较勤劳，努力赚钱，为生活奔波劳碌。而村民由于无田耕，又无其他技能，很多失业，终日无所事事，生活清闲，比较养尊处优，三五街坊聚在一起下下棋、打打麻将，形成一大对比。村里贫富差距挺大，最有钱的人当然是做生意的人，他们有的开厂，有的在外经商，越有本事就越有钱，他们一般拥有超过两幢的高楼，有小汽车，有的甚至有两辆车；最穷的是一些失业的，也有自甘堕落、赌钱吸毒的人。一些年轻人，不好好读书，跟社会上的不良分子混在一起，沾染了很多坏习惯、坏风气，如果不是赌钱、吸毒，他们靠村里的收入还可度日。

村集体收入分配不是十分合理，去世的人还可获得分配。外嫁的，只要是曾为村收入做过贡献的也可以分配。但年轻一代，就像我儿子都25岁了，老婆女儿都有了，却因为无股份，一分钱的收入都无，我觉得多多少少都应该给些。许多村民都有意见，纷纷向村委会反映，希望村委会可以做出相应调整，做到更合理公平。村里还有一些福利，以前耕田的时候，村里有鱼塘，每年分鱼分肉，由于国家征用了我们村大量农田，鱼塘、菜地都没有了，所以，这几年都没有分鱼分肉。为了解决村民的实际困难，每人每月由村委会付250元基本生活补助费，买米买油自己自由支配；55岁以上的老人，每年由村委会组织去旅游，新年的时候，村委会和村办厂的老板都会分红利给老人，每人200元。新村建设和分配也是福利分配，还有医疗卫生保险，由村委会统一办理，凡住院，医疗费用可以按一定比例报销，但不是全额报销，也有上限。村里的福利真的很好，不会让外来人分享。因为外来人对村的集体收入没做出贡献，村里的收益与外来人无关，连年轻村民都无权分享，更何况是外来人。

以前，大家的生活没有现在好，都是耕田，大家一边劳动一边交流如何提高产量。从农田回来，大家聚一起，边吃花生边研究农田问题，一方的菜田有问题，全村的人都来帮忙，找出问题的根源，一起解决，村民都团结一致，共同前进，感情深厚。现在有点不一样了，所谓“树大招风”，“憎人富贵嫌人穷”，村民的生活越来越好，矛盾也慢慢出来了，村民变得自私、猜忌、攀比，你有钱就惹人嫉妒，坏心眼的人就散播谣言，说别人挣的钱不光彩，人穷就被人多踩两脚。不过，这只是个别现象，不是普遍的，总体而言，村民的关系还是不错的，同一个村的，肯定会一致对外。

村干部的选举，是先由区政府指定若干候选人，然后召开村民大会，村民从候选人中选出一位，进行不记名投票，大会由上一届村书记主持，即场点票，宣布任职干部的名单，还算比较公平合理，也很少会有人拉票。村委会的干部都是本村的村民，且选出来的干部是符合自己意思的，他们是经过很长时间的考察才被选出来的。村干部的权力还是很大的，对村内事务有决策权和管理权，制定村的发展计划，决定分红分配和福利措施方案，执行上级下达的任务，村委会干部分工负责水电、基建等各方面的工作，互相配合，形成体系。总之，对于村内的一切重大事务，村干部在民主基础上拥有很大的权力。他们的决定会直接影响到我们的生活，例如，如果村委会为了整顿村内治安，勒令不准出租房给外来人口，那我们的收入就没有了。大事上我们村干部在做出决策之前，都会广泛征询我们的意见，对村中有困难的人，村干部都会去慰问、关心，送上大家的心意。村干部上任后，一般每次改选，我们都会选他，除非他犯了很大的错误。我们村现任书记才 40 多岁，已做了三四年，觉得他很好，可以为我们办事，无他，我们的生活就没有那么好了。

城中村的改造难度还是很大的，涉及我们村民的个人利益时会受村民阻挠。有一些是历史留下来的问题，如国家要收回旧村，又涉及产权问题，国家要做出赔偿，增加了财政负担。城中村改造并不是一天就能完成的，要长期进行下去。政府对我们的补偿，应按照市场价格进行估价，按照每幢楼的面积乘以市场价作价赔偿，还要赔偿在合理年限内所取得的未实现利益，可以双方协商，讨论出合理的价格。不过真的要改，你也反抗不了，顺其自然啰。

我是土生土长的羊城村人，生在羊城村，长在羊城村。在中学期间被选上了当运动员，当时整个公社才有两人被选中，其中一个是我，另一个是羊城村的男青年，我们都去了航海训练场训练，我是划船的，可惜，“文化大革命”迫使我又回到了羊城村，以后，也是嫁本村的村民。可以说，我大半辈人都是在羊城村，产生特别的感情，和邻居几十年感情，村里的福利又好，干部又体贴群众，为我们解困。我对村子有强烈依赖感，喜欢村子特有的气氛，住惯了就不愿走出去，我的根是在羊城村！

村落屋租管理制度

受访者：李某，男，42岁，已婚，小学文化，村民，村委会工作人员。

我是在这里长大的，我们李家从八百多年前就在羊城村安家落户了。一代一代都是“靠天吃饭”——耕田啰！我也是小学毕业后就子承父业，像这里的大多数差不多岁数的年轻人一样，扛着锄头去耕田。1992年政府开始羊城新城的建设，开始向村民征收土地，到1994年底土地征用完毕后，我就当了村委会的工作人员，像城里人一样准时上下班，开始还真的有些不习惯。（笑了笑）

村里把土地征用的赔偿金都投资在村集体经济中了。这笔钱目前一部分在银行，一部分用于物业管理，我们这里的村民每年都能用它拿到分红，第一次拿到分红时的情景现在还记忆犹新呢！那时别提多开心了，想想平时耕田，整天担心雨水不够或者天气恶劣，家里经济情况也就时好时坏，现在好了，收入稳定了，生活也有了保障。

当然，生活单靠分红不行，对我来说，我不满足。1999年整治沿江大道，沿路不规范的楼房不是要重新修建吗？我家的旧屋就在当中。当时我就特激动，我看过这条大道和羊城新城的规划图，当时就在想，这可是个好机会啊！因为整治，村里出租屋的“三无”人员少了，外来住户最担心的安全问题得到了解决。我把我自己的房子往后移了两米，在内部又做了更大的修改，来来来，我带你去看看就知道了。（说着，就把我拉到了一幢贴有出租启事的民房前。房子很新，一共有八层，每层都有阳台，并装有内置式不锈钢防盗网，每个单元还预留有空调安装位置，楼下安装的是对讲式防盗门。）

因为对着羊城和沿江大道，我打算把它改成商铺，其他楼层就租给了一些公司白领当写字楼用了。以前房子要是自己一家人住，厕所一层楼只有一个，很是不方便。为此我特意设计了一番，每层楼都独立成套，而且所有房间都面朝临江大道，使光线能够照射进来，符合写字楼要求，况且，这两年村里环境好了，小学、幼儿园都向外来人员开放，村里更吸引了不少白领前来居住。

以前这里治安很差，主要是由于那些屋主对外来人口“认钱不认人”，大量无业人士甚至不正当职业者都来了，给村里带来很大的治安压力，村里也因此背上治安差的名声。现在不单政府花大力气改变这种形象，房东们也自觉行动起来了。现在租房先“问学历、问职业、看人品”，基本上都按章办事，有人称它为“租屋政审”，挺像的。我们会拿租户的工作证和其他证件到派出所登记，然后复印件会当成租户资料留着，派出所来查，我们就统一出示给他们看，就不用像往常一样去打扰租户了。没有工作证，就业证明也行。因为这里住的都是在公司上班的有文化的人，这样我们好管理，你看我这幢楼，这防盗门，这对讲机！我们要保证每个住户的安全啊！

现在租屋的价格，一般一房一厅的要500元以上，其他房子只需要300—500元，但你看，我们这样的楼房，不论是从外观还是从内部装修、配套设施来看，都比附近的楼房要高一个档次，给人舒适、安全的感觉，更重要的是，我们还有“政审”啊！这样一来，我们出租屋的安全系数一下子高了很多，这样的价钱，也算合理的。

我们这里的房租高是会吓走一部分人，但只是那些收入低、生活没什么着落的人。有稳定收入的人才不会在乎这点钱呢！证件齐就说明大家都是有正当职业的，住在一起也融洽些、放心一些。现在很多单位的“小年轻”都赶不上福利房，又一下子买不起房子或者不愿意住集体宿舍的，都要到外面租房子。这些人，租金贵点都不是问题，关键是要安全。而且，租房给这些人，我们好管理，后面的人也更容易、更乐意租。要是我租给一些不三不四的人，万一出个什么问题，以后谁还敢再租我的房子？（李先生正说着，楼上下来一个房户黄先生，李先生像老友一样跟他寒暄了起来，听说我在做这个调查，黄先生也讲述了一下他自己的亲身感受。在此之前，黄先生在广州已经搬过好几个住处了，在这里住得久了一些，而且也打算继续住在这里一直到买房为止。以前之所以搬来搬去就是因为那些房子都不理想，楼上楼下什么人都住，一天到晚什么事情都可能发生，安全感较差。黄先生说："这个地方，上下住的都是一些在公司企业上班的年轻人。楼下的小陈今年刚从华南师范大学毕业的，刚找了份工，在一家外企当文员。楼上的虽然比较少来往，但还是能感受到融洽的邻里气氛。楼里也干干净净，没有以前藏身之处那种凌乱的感觉。以前我都不敢带同事朋友到住处来，怕他们笑话我怎么住这么个地方，让人以为我也和那些人同流合污似的。现在好了，没事叫同事上来聚聚也不怕会丢脸了。"说罢又跟李先生攀谈两句后先走了。）

现在的住户大多都有黄先生这种想法，他们大都认为，能在住宅小区里租到房子当然最好，但小区房子一般户型偏大，价钱又很高，不适合单身人士租住，且小区住宅待租空房也不多，很难找到合适的，而村里的出租房也不像以前那么差，更多人会选择在这里住。不过，我的房子一般来说不太欢迎几个人合租，特别是男士，有工作也不会优先考虑，但不是说绝对不行。我们不好管理呀！特别是男的，多了容易乱。一般我不会让两个人以上同租一间房了，人多了容易相互闹矛盾，人数是一个问题，可以的话我还会请派出所的人调查他们的档案，如果其中有人有不良记录的话，我是绝对不租的。反而如果说一男一女一起租房，我可能会同意。只要有固定的正当职业，一男一女还更好呢！当然有结婚证就更好了，因为单身要比有伴的存在更多的不稳定因素。

羊城新城羊城村这块地，是广州城内最后一块可供开发建设的大面积商住用地，是以后的市中心啊！香港人都羡慕我呢！过去香港是羊城村民心中的天堂，村民们千方百计踏上那块圣土，多少人为此付出了沉重的代价，现在香港人都羡慕我呢。我去过香港，哪有这么大的屋子，这么漂亮的无敌大江景！

我现在最关心的，是医疗保险问题，这也是我们村最热门的话题。目前村民享受村基本医疗保障，每个村民每年住院费最高可达5000元，如果药费再高，就要打报告，经村委批准后才能报销。如果成为市民，能否还有像以前一样的村医疗保障，这就是我们最关心的！

租屋带来的治安问题

受访者：陈某某，女，56岁，已婚，初中文化，村民，已退休。

陈女士一家四口住在一间建筑面积有110多平方米的公寓，她与丈夫都已经退休了。有一子、一女，子女都已经工作了。陈女士同她丈夫以前都是村里的农民，丈夫曾在生产队工作过。以前子女还在读书的时候，一家的收入就靠两个人的工资，还有售卖农作物的所得。后来改革开放，他们一家的地被政府征收，村里每年都有分红分给他们。而且村里再另外拨出土地给他们建房屋，那一间房屋有80多平方米。陈女士说那是用来出租给外来人口的。陈女士还专程带我逛了一下，她指着一片三层楼房的村屋，告诉我那些都是出租屋。而且每隔100米就有一个警示牌，上面写道："凡过往行人，注意防盗抢；凡住租屋者，注意防小偷；停放摩托车，注意锁上防盗门锁。"

一说到出租屋，陈女士就皱了一下眉头。原来该村的出租屋分成两类，一类是出来打工的打工仔打工妹在这里落根，结婚生子，他们在这里租屋长住；另外一类就比较复杂，龙蛇混杂，什么人都有。接着陈女士就说出一件事来：曾经有十余名来自湖南的男女，聚集在这条村的其中一间出租屋内，公开销售小偷们从火车上偷来的各种旅行箱及各种新旧不一的男女衣服。这些人表面上是卖一些不值钱的东西，其实他们暗地里还经销一些同是偷盗而来的笔记本电脑、照相机、VCD机以及手机等。不过这些人很狡猾，他们一般是贵重物品不卖给陌生人。陈女士的丈夫曾经想买一台VCD机，就经熟人介绍去了那里，但发觉那里售卖的价钱实在太便宜了，就起了疑心，不敢买，托词说儿子已经从外面带回来一部，不用买了。另外，听一些知情人说，这些卖东西的人，都不是老板，他们的老板只是藏在幕后，这些老板甚至还养了不少马仔，让他们到火车上去拎包作案。这些马仔万一被抓，则由老板托人出面，将其保回，所以这些人很嚣张。还听说这些人偷来的包内什么都有，他就曾亲眼见到，这伙人在清点战利品时，将包内的大学毕业证、身份证、士兵证一一撕毁。有一次还听说，这伙人在火车上偷了两个便衣警察的包，回来后竟发现有一支手枪。我说："那还得了？如此猖狂，你们这里的治安怎么办？"陈女士说："可不是嘛！不过后来村委会下决心要搞好村里的治安，封了那些出租屋，不但抓了一大批人，还削减了把屋出租给那些人的村民的分红，我们这些村民才不用日日提心吊胆。"

陈女士说，本来我们村里的人一向都很纯朴的，都是那些外来人口，不但污染我们这条村，还搞得乌烟瘴气的。六七年前，这里的风气比现在差多了，原本这一带有很多发廊的。陈女士边说边指着右边已经改建为商铺的地方，那时候这里每天晚上都可以听到吵架、打架的声音，都是那些"鸡"跟嫖客在讨价还价造成的，而且往往在深夜的时候才吵，搞得人无法入睡。"你看到了，我家离这片出租屋不是很远，所以有时候吵得厉害的话也能听到。我记得有天晚上，我跟丈夫睡得正香，突然一声闷响，我跟老公都惊醒了，以为要下雨，就赶紧下床准备关窗。但紧接着传来对话声及厮打声，声音就是从发廊那边传来的。我们向这边一看，就看到一男一女在吵架。'你不要脸！说好了的价钱不给，还像不像是个男的？''谁跟你说好是那个价钱了……我就是不给，你又能拿我怎么样？''想怎么样？今天不给足钱，你就别想走。''我已经跟你讲了很久了，再啰唆我就……'接着两个人就扭打起来了。后来就看到有两三个男的出来劝架了。再看也没多少意思，我跟我丈夫就上床睡觉了。四五年前吧，因为村里要改建了，所以把这些乱七八糟的发廊全拆了。"

这时候，我们来到一个小公园里，里面有很多小朋友在玩耍，一些老人家就坐在凉亭里闲聊。陈女士又说道："现在村里的环境越来越好了，我们这里经常举行一些游园活动，村里还建了几个像这样的公园，村里的小孩、中年人，还有老人都会在公园里玩耍聊天的。变化很大了，我懂事的时候，住的都是一层楼房，墙是烂烂的，还有很多房屋屋顶都是草盖的，生活的艰苦不是现在这一代人可以想象的。到了80年代，房屋结实了，村里的人不再单纯靠外面亲人寄钱回来建屋了。80年代中期，我们已经可以自己加建或者改建自己的房屋了。特别是进入90年代，我们村的发展越来越好，村民的生活越来越富裕了。生活的富裕使大家的眼光放远了，开始注意到我们村的环境建设。好像这些花园啊、幼儿园、学校，还有村里的卫生所和医院，陆续都出现在我们村里头。村里还大力搞好教育事业，每户村民的孩子每年都有学习资助费，鼓励下一代读好书，还搞了个什么奖学金呢。刚开始的时候，我们夫妇俩什么都不知道，村委知道我们两个孩子成绩好，派干部送奖学金来，那时我们才知道原来读书好也有奖励，村里真是想得周到！我也常对我两个子女说，他们之所以能够有今天，跟村里的帮助有很大的关系。要他们以后不要忘记为村里多做点事。我不知道改革到底要改什么、革什么，我只知道如果按照现在这样继续改革下去，我们的生活只会越来越好。”

访问到了最后，陈女士还留我在她家吃了一顿饭。陈女士告诉我：“其实要知道我们生活过得好不好，只要看我们吃什么就知道了。以前我们一顿饭哪有这么多菜，自己种的菜还不舍得自己吃呢，都留着拿到外面去卖，赚多点钱，自己只吃些菜头菜尾的，现在每顿饭最起码也有三五碟菜呢。我们村民的想法很简单，只要能够使生活过好，政府要怎么改，大家都会支持的。当然改的过程是需要时间和耐性的，也有难的地方，这我们理解，反正村里好就是我们好，我们好就是大家好嘛。”

老年人眼里的村落福利

受访者：钟某某，女，64岁，已婚，文盲，在敬老院工作。

钟女士现年64岁，由于家庭环境较差，她从没上过学。她育有一子三女，如今儿子、女儿均已结婚，现在家庭成员只有她、儿子、儿媳和孙子。由于生活较艰难，为了帮补日常生活费用，她在敬老院找了一份工作，照料那些公公婆婆的日常生活，帮他们买菜做饭、洗澡、洗衣服等。不知不觉间，她已经在敬老院工作了十几年，日复一日，每天都要工作8小时，每个月却只能得到350块钱的微薄收入。为了能减轻儿子的负担，她又利用不上班的时间，到市场上卖菜，以求能多赚点钱。她儿子为了生活，经朋友介绍到一家公司为人开水泥车，每天早上6点钟开始工作，到第二天早上6点钟，整整24个小时，然后才可以回家休息。到了晚上6点钟又要出车，又要开始辛苦的工作，这样繁重的工作量，使得他的身体急剧瘦下去，但为了讨得三餐，没办法只好咬紧牙关干下去。儿媳妇在羊城“好又多”超市下面的肯德基店担任服务员，由于她的工作是轮班制，很难抽出固定的空闲时间，以致无法很好地照顾上幼儿园的儿子，在无计可施的情况下，只好把儿子送给外婆代为照顾。下面是她对村里的看法。

村里过去几乎所有的原居民都姓钟。现在由于许多外来人口的迁入，才使得这个村的姓氏复杂多样起来。村里过去分为15个经济社，都是以务农谋生，但现在农田没有了，村里或把这些土地长期租给别人，或在这些土地上建房屋租给外来人口，再把赚来的钱以分红的形式发给村民，所以村民一年的分红与所属经济社的效益直接相关。经济社效益好，村民可能每一个月都能有分红（口粮钱），年尾还有一次数目较大的分红。我去年年底就有12000块钱的分红。效益差的经济社，可能一季才有一次分红（口粮钱），甚至是半年、一年才有一次分红，而且分的钱也不多，有的年尾才分到几百块。我们经济社的效益较好，因为我们经济社的土地都靠近“好又多”这些较繁华的地方，因此能赚取到较多的利润。按道理，每个月都有分红，我们家的经济状况应该不错，为什么生活还会这么拮据呢？原来并不是经济社的每个村民都有分红，而是要拥有股份的村民才有分红。而我儿媳妇和孙子都没有股份，家里只靠我和儿子的分红支撑全家的生活。为什么我媳妇已经嫁给我儿子8年了，我孙子也已经6岁了，至今还没有股份呢？原来只要你出生时恰好经济社在搞股份调整，那么你就能分到最少是3股的股份，以后随着你年龄的增长，只要生产队搞股份调整，就会相应增加你的股份，所以我的儿子从出生时的3股到现在拥有了18股，我也拥有了30股。但是只要经济社不搞分红调整，没有股份的村民就永远没有股份，拥有股份的村民就一直拥有为数不变的股份，即使是去世了，还是拥有他（她）生前所拥有的股份数额，所以羊城村现在很多祖先牌位还拥有为数很多的股份，即使那些人已经去世很多年了。而那些急需股份的小孩妇女们却至今仍一筹莫展，只有眼巴巴地看着别人分红而无可奈何，而且这些情况在羊城村不是个别的。以前是规定16年调整一次股份，但现在它只变成一份空头文件，根本就得不到贯彻落实，调不调整由村里决定，由于这几年一直没搞股份调整，所以我儿媳妇和孙子到现在还没有股份。

村里的分红制度让许多村民很不满意，在老人家的福利方面，每一位老人每年拥有100多块的医疗费，但老人家的病痛多，这区区100多块根本就不够一年的医疗费用。我们这一代人年轻的时候，为了三餐奔波劳碌，对身体的健康状况比较忽略，现在老了，许多老毛病都出来了，这100多块钱根本就不够看医生。而现在广州的医药费贵得很，区区一个小感冒，如果去大医院看医生，就要收100多块，而我们全年才得到100多块钱看医生。所以如果是一些小病痛，我们都是自己到药店买药吃，以省下一些钱备不时之需。但是，如果老人家病得比较严重，需要住院治疗，那么我们的医疗费就可以报销一半。但对毫无收入或收入微薄的我们来说，剩下的一半需要自己出的住院费，仍是一笔很庞大的数目，所以我们多数人都把按股份所得的分红自己保留起来，以防日后衰老，失去工作能力，连那一点微薄的收入都挣不到。假如儿子媳妇不给钱治病时，自己只能靠自己拿钱治病，存一些钱可以增加自己对年老生活的安全感。为此，村里一部分老人家和他们儿子媳妇的关系闹僵了，因为在羊城村，村民的媳妇们没有股份的屡见不鲜，为此他们经济上都比较困难，所以年轻一代的都希望老人家把分红的钱拿出来帮补家用，而老人家又缺乏安全感，怕钱拿出来后，以后万一没有分红，那自己需要用钱的时候怎么办，所以多数老人家都把钱自己留着。因为这个矛盾，许多老人家和儿子媳妇分开住，既不能每天见到儿孙，每天还要自己料理家务事，煮三餐饭吃，生病了也不能得到很好的照顾，而这一切问题，大部分原因都源自于股份分配的不合理。如果村里的每一个村民都能得到相应的股份和分红，那么，就算这些问题不能全部得到解决，但至少部分能得到解决。

在老人家的福利方面，有一点令老人家比较满意的是，近几年村里已经修建了三个公园，使老人家在闲暇之余，有地方可以散散步、谈谈心，消磨时间。另外，村委会还给 60—64 岁的老人家，每人一张黄色的卡片，这样我们坐公共汽车只需付一半的车费；而给 65 岁以上的老人家，每人一张绿色的卡片，这样坐车就不用付车费。

在计划生育方面，村里也抓得比较严，村里明确规定，一对夫妇只生一个孩子，如果超生了，那么夫妇将被取消为期 16 年的分红，而家里的老人家将被取消 3 年的分红，以此作为对他们超生的惩罚。我有一个亲戚，住在羊城村，那个亲戚的老婆在生完了第一个小孩后，已经进行了结扎手术，但几年后却意外怀孕了，他们夫妇很想生下这个小孩子，但又怕被村里的人发现，为了掩人耳目，他们东躲西藏，躲到了另外一条村。他们夫妇俩在那里待到小孩出生几个月后才回到羊城村，并对外人宣称小孩是领养回来的，但纸始终包不住火，不久他们夫妇就被人揭穿小孩是偷生的，为此他们付出了沉重的代价。我那亲戚原本在政府部门工作的，为此他被开除下岗了，他的超生的小孩不但没有户口，他们夫妇俩还为了这个小孩被罚了一大笔钱，夫妇俩的分红也被扣除了 16 年，而且他们的父母亲的分红也被扣除了 3 年，这对一个并不富裕的家庭来说，无疑是雪上加霜，他们的日子更难过了。这样的惩罚对一个普通的家庭来说，无疑是残酷的，但这也收到了积极的效果，有了这对夫妇的前车之鉴，即便许多原先有再多生一个小孩想法的村民，也都打消了念头。

村里许多人都对村干部敢怒不敢言。据说，以前的村干部都是比较廉洁的，但是到了近些年，村里的人们对他们的评价是一年不如一年了。村里每年搞一次人民代表选举，每个村民都可以拿到一张印有全村干部的名单，然后村民就可以在你认为不好的干部的名字上画个圈，剩下那些没有画圈的名字，就是村民选出的下一届的人民代表。这表面上看起来是民主选举，但实际上选来选去，还是那些人当选，选和不选结果都差不多。不仅如此，一旦这些人当选，他们的亲戚朋友，有些都顺便捞上一官半职，搞得村里人浮于事，浪费了很多人力、物力和财力。而且最近村子里又发生了另一件让村民失望和愤怒的事情，经济社把一块集体拥有的土地，以三十几万的价钱卖给了一家工厂建厂房，按道理说，既然土地是集体的财产，那么卖地得来的钱应该分给每个村民才是，但是，那三十几万却不翼而飞，村民得不到一分钱。于是村民质问村干部为什么卖地的钱没有了，村干部的解释是，那些钱有的拿去投资，有的借给了人，并且，为了安抚村民，表明自己的廉洁，愿意让村民查账。本来村民以为他们的努力终于有了结果，但事实却出人意料，被村干部找去查账的都是些不识字的 80 多岁、90 多岁的老公公、老婆婆，这样查了也等于没查，但村民也苦无办法，只能让事情不了了之。

为了杜绝这种情况，村里要鼓励村民发挥监督作用，真正做到村务公开。

土地的使用和收益

受访者：潘某某，男，38 岁，已婚，初中文化，村民，租屋房东。

通过同乡介绍，我来到羊城村他的房东潘叔叔家调查访问。潘叔叔家有两栋七层楼房，全部出租给大学生和外来民工。他家“隐蔽”在一片房屋之中，我颇费周折才到达目的地。当时潘叔叔正和几个学生谈出租房屋的事情，我隐约听到，一套一房一厅，200 块钱一个月。潘叔叔热情地叫我先坐一会儿，等他忙完了再做访问，我感激地笑笑。趁此时间，我环视了一下这个客厅，一圈沙发、29 寸的大彩电、电冰箱、影碟机等电器齐全，只是屋内光线太暗，大白天还需要亮着灯，阳光已被外面“左簇右拥”的房屋遮住了。

送走了那几个学生，潘叔叔热情地招待了我。他是羊城村土生土长的村民，在这里生活已有 38 年了，初中毕业文化程度，现在待业，靠出租房屋和分红维持一家四口人的生活。他自称是羊城村的“开荒牛”，正是他们这一代人通过劳动，一锄一锄地把这片荒地变为平地，然后再建起一幢幢的小洋房。但到今天，因为没有亲戚关系，他们依然平凡，村委会并没有记功于他们，而一些“非开荒者”依靠关系坐进了村委会舒服的办公室。接着，潘叔叔给我介绍了羊城村土地征用的一些情况。

村中 99% 的人都是姓潘。1985 年，顺应城市规模扩大化的需求，开始大规模征用农民的农田。到 1992 年，土地的售价是每亩 90 万元。土地被征用后，羊城村的村民变成了没有耕地的农民，过上了和以前完全不同的生活。潘叔叔说，由于羊城村一共有 15 个经济社，每个经济社的面积各有大小，而且各个社的社员人数各异，因此各经济社把集体所有的土地分给农民（土地的所有权属于集体，但使用权归属于农民）时，虽然各社是按人口、按股份硬性分配，但地多人少的经济社的村民分得的土地就多，相反，地少人多的经济社的村民分得的土地就少。

村民们以前一直靠土地为生，征用土地后，过去日出而作、日落而归的农民，像一下子失去了命根子。有些人根本适应不了这种变化，因为他们只有小学文化程度，或根本就没读过书，如此低的学历，他们无法在城里找到工作，所以，失去了土地，他们就失去了工作，只能守着分红过日子。有另外一些人，文化程度高一点、头脑灵活一点，用自己的积蓄和分红，然后再借贷一点，建起了小洋房，租给涌进广州的打工族。以潘叔叔为例，他是1998年贷款建起了两幢六层的楼房，除了自己住底层外，其他全部用于出租。建筑造价50多万元的楼房，潘叔叔需要四五年才能还清全部贷款。还有一小部分人，本来家境就不错，每月拿着相当多的分红，守着几幢出租房，日子过得清闲，优哉游哉，并不像潘叔叔那么艰难。据潘叔叔说，整个羊城村的村民，除了出租费、分红和少数人在村委会工作这三个收入来源外，极少有人靠在外面打工挣钱的。

对于分红，我甚是疑惑，于是请教潘叔叔，他耐心地做了解答。分红就是村集体土地出租收益的分配，它主要来源于村集体出租厂房所得的租金。当我问到分红数额和其分配的公平性时，潘叔叔摇摇头，表示不满。他说，分红200元一股，他家一家四口人，一年有两万块钱，根本就不够用，而且现在集体土地中用于出租厂房的收入越来越少，如果他不靠个人出租房屋赚钱，在高消费的广州根本是没法生活的。他接着说，村里的总收入拿出多少用于分红，这是硬性规定的，但村官还会有其他的额外收入，如村长补贴和领导奖励等。另外村里还向村民和外来人口收取治安费和卫生费等，而且和村官有密切关系的人可以不交。就是这些收入，把村干部和村民的收入差距和心理距离拉开了。

当我最后问到潘叔叔对土地征用的看法时，他说，这是国家发展的需要，是国家的政策，我们应该无条件服从，即使到以后政策要我们必须搬走，我们也一样要服从，只是希望能更多地考虑到农民的难处就好了。从潘叔叔家出来后，我又到羊城村村委会走了一趟，因为我觉得，潘叔叔的访问是属于“民间调查”，我还需要一些“官方资料”，而且我还想比较一下村民和村官观点的一些不同。

羊城村村委会又叫羊城经济实业发展有限公司。村委会办公楼有一个院子，停了八部小汽车和十几部摩托车，整个办公楼看起来甚是气派，有点别墅的味道，里面的办公室很宽敞，有沙发、空调、电脑等办公用品。我留意了一下院子门口的“村务公开栏”，里面只贴了数张村委会2月份的收入、支出等财务表，但现在已是5月份了。它主要的经营收入是厂房、商铺租金和垃圾费，其中，2月份的总经营收入是843392.95元，其中厂房商铺租金收入是825979.51元，占了总收入的97%。

我走进城建办公室，主管陶大叔勉强接受了我的访谈。他主要就村庄的土地规模、使用类型、土地所有权情况和土地经营等几个方面回答了我的提问。据介绍，现在羊城村的建筑用地占99%，只有在北部还有少许的耕地用于种花和菜，几乎没有荒地。在建筑用地中，面积最大的是住宅用地，但总收入最多的是工业用地。接着，陶大叔拿了一份有关羊城村的土地使用情况的材料给我看，结合介绍，我概括了一下，羊城村近几年土地的变动，主要有以下几种情况：

一是被国家征用于国家机关和公共设施的建设。如在荷光路的天河交通局、天河国土局以及中山大道，这属于政府性行为，这部分土地的所有权已变更为国家所有。

二是把土地使用权出让给房地产商用于建住宅区，属于物业公司的征地。物业公司会对村里进行一次性补偿，这种补偿包括两部分，一部分是国家规定的土地出让补偿金，另一部分是土地覆盖物补偿费，如原来土地上的蔬菜、果树等有相应的青苗补偿费，建筑物有拆迁款等。村里土地出让的收益成为分红的一部分来源。如1980年在村里的土地上建成的加拿大花园和华盛小区等，都属于这种情况。

三是村里集体建起工业厂房和仓库，通过出租收取租金，这是集体所有权的工业用地。90年代中期，工厂投资火热，村里依靠出租厂房和仓库获益不少。但这些厂房、仓库比较简陋，吸引不了大的工业投资，在此租用厂房的都是一些小型企业和工厂，集中于制造服装和电器等，厂商来村里主要是看到这里的租金便宜。

四是住宅用地，这是家庭土地经营的主要方式。农户的家庭住宅建筑在1994—1995年掀起高潮，主要是外来人口的增加使租房有了市场。但村民建房布局毫无规划，楼挤楼，屋内难见阳光，因此导致有些报道称，“村中有城，城中有村，村外现代化，村内脏乱差”，这是城中村住房布局的真实写照。同时由于管理体制的不完善，在出租房屋的初始过程中出现了一系列的社会问题，如“黑心棉事件”“麻雀网吧”“三陪小姐”等社会痼疾都发生在这里。

五是出租土地给附近的大学用于建学生宿舍，这是羊城村土地使用的一大特色。这一举措拓展了羊城村土地使用的空间，增加了农民收入。

据报道，2001 年初，政府决定，对所有的城中村进行改制，村委会改为居委会，但转制后的集体经济组织的权益不变。

羊城村已经没有耕田、没有务农的农民了，发生了巨大的变化，但土地仍是村民的命根子，这一点没有改变。

根深蒂固的男尊女卑观念

羊城村位于城区最繁华的地方，村里那些四五层楼高的村民住宅，与周边玻璃墙的高楼大厦形成了鲜明的对比。晨光照在这些村民楼房上，在地上形成了零乱、杂碎的影子，而这些影子也被横七竖八的小巷所吞噬。但这些并未阻碍这一天的开始，在这众多的楼房中，有一幢楼特别显眼和富有生气，因为它的外墙是白色的，而且刚粉刷过。我走过去轻轻地敲开这所房子的门。

这幢楼的主人名叫朱伟庭，是村里的原居民，女主人名叫周锦仙，他们夫妻俩有两个女儿，大女儿名叫朱素梅，今年已经读高中一年级了，小女儿名叫朱素帕，还在读小学。他们一家住在这幢楼的三楼，一楼租给别人开小卖部，二楼、四楼租给了一些拆迁户住。另外，主人朱伟庭还是一德路一家海产品批发店的老板。走进他们的客厅，发现客厅的摆设并不算十分前卫，但也极具现代气息，几件流行的摆设品，一套外形古典的新桃木家具，一系列的高档电器，使古典传统与现代的流行相互交融着。他们书房的书柜里摆着几本有关证券投资的书籍，一本《毛泽东选集》，我还惊奇地发现了《富爸爸穷爸爸》（*Rich Dad, Poor Dad*）与《谁动了我的奶酪》（*Who Moved My Cheese?*）等一些世界级畅销书。看来他们虽然生活在城中村，但却并不落后于时代文明。

他们看起来是个幸福的家庭，因为女儿都长大了，钱又不缺，每个月的房租金是固定的收入，生活应该说是无忧无虑，算得上是美满的小康生活吧！但就在我遐想时，只听见“砰、砰”的几声，是摔东西的声音，接着就是一阵吵闹声。住在这儿的人告诉我：“别惊慌，这是经常发生的事情，吵架的是男主人和女主人，他们经常为了鸡毛蒜皮的小事吵架，有时女主人的手脚甚至被打得青一块、紫一块的。”

在我小心地探问之下，女主人终于说出了家庭冲突的原委。他们结婚几年，已生下了两个女儿，按国家政策不能再生育孩子了。男方家庭的祖辈们对他们本来就有微词，又因为羊城村的习惯是祖业传男不传女，甚至只有男的才可以分到过节的礼金与猪肉。朱伟庭看到自己兄弟比自己拿得多，他觉得委屈，心里不平衡，头也抬不起来了。而周锦仙听到丈夫的责骂也不是滋味，十分无奈与怨恨。

有一次，朱伟庭去村里开会，他刚进会堂，便碰到了某村干部，那位村干部对他说：“你来了，其实你不用来了，你的福利金不就几千嘛，我们会帮你送过去的，别人一万块的还不来呢！哈哈！这次的猪肉也不会分给你了……”朱伟庭回来后，脸色青黑，眼睛发红，样子就像要吃人似的，他瞪着眼睛，指着周锦仙的肚子说：“没出息，快把环给我取出来。”周锦仙听了莫名其妙，说：“我前几天才上环，为什么要取出来，私自把环取出来，可是要罚款的。”朱伟庭还没等她把话说完，就把手上的杯子往地上狠狠一摔，又一声“妈的”，接着一连串的粗话，把别人的祖宗八辈都抖了出来。“他们看不起我，今年的福利就少了整整一千块。”他接着说，“把环取出来，替我生个儿子。”这时两人都沉默了。过了一会儿，周锦仙坚决地说：“不取。”“好，你不取，我找别的女人替我生个儿子……”周锦仙再也忍不住，一边哭着一边跑出了房门，而朱伟庭还在后面不停地骂。

更糟糕的是，朱伟庭把自己的想法付诸行动，而且城中村的环境更为他的行动提供了方便，城中村里，大大小小的发廊、沐足、按摩，到处都是，而且大多都带点“色情”的味道。就是那么巧，朱伟庭去寻花问柳时，被周锦仙碰上了。

那一天，周锦仙从市场买菜回来的路上，经过一间按摩店，从门缝里发现了她最熟悉的背影，这个影子她日夜相处了十几年，这个影子曾经使她倾慕、使她觉得幸福，而如今这个影子却使她觉得恶心、愤怒。她的心在震颤，她的手在发抖，她的脸在抽搐，但她所做的只是扔下那些菜，头也不回地走了。后来有人问她，你为什么不冲进去，或做点什么。她摇着头说：“我是为自己保留点自尊，也是为他保留点尊严。”周锦仙曾经想过离婚，但她的父母不同意，要她忍耐，因为她离开了朱伟庭，生活也难以保障，面对长辈的反对，也考虑到自己的实际困难以及两个女儿的问题，周锦仙也只好逆来顺受，继续待在这幢白色的楼房里。

更不幸的是，他们之间的矛盾对他们的女儿产生了极坏的影响，因为大家都渴望他们生一个男孩子，所以他们对女儿的关心，在别人的眼里只不过是一种形式。尤其是对大女儿，他们从来就不带她到公园或商场去，以致大女儿读初中三年级的时候，有一次同学邀请她一起逛街，带她到江南大酒店附近购物，直到那时她才发现，原来在她家附近竟然有这么多好东西卖，这里竟然如此繁华。她呆住了，心里产生了一种惊慌与自卑的感觉，她不敢告诉她的同学，她家就住在与这里一路之隔的羊城村，更不敢告诉她的同学，这是她第一次涉足这里。她每天放学都要准时回家，因为她妈妈不让她接触外人，放学回家后不准走出房门，要马上复习功课。女儿对自己的母亲既害怕又尊敬，因为相比之下，父亲对她们更加冷淡，虽然爷爷奶奶的住所离她家不远，但她每年只见爷爷奶奶一次。据了解，朱素梅不是她原来的名字，她原来的名字叫朱燕媚，在她10岁那年，有个亲叔叔家里生下了一名男婴，取名叫朱素权，长辈们为了家族的名称统一，竟要朱燕媚为了迁就那刚落地的男婴，改名为朱素梅。

在离开这条村的时候，我走到村口的大榕树下，驻足回望，从弯弯曲曲的巷道中看见了素梅的身影，她正一步一步地向巷道深处走去。在我的角度看见的，似乎是村子在吞噬着她，吞噬着那所白色的房子，那一幕竟是那样的熟悉。

令我深思的是，村民的住房已经融入了城市，村民的生活已经融入了现代文明，但嵌入村庄社会关系的那些根深蒂固的东西，还要一代一代地留传多久呢？

麻将村的悲哀

羊城村村民的经济来源主要是房租，他们利用得天独厚的条件，盖了许多“接吻楼”，这些楼房光线都非常昏暗，有些房间终日见不到阳光，甚至推开窗户“两眼”可以对望。这里租金低廉，又靠近开发区，对于外来人员而言，无疑是最佳的选择。但居住在这里的外来人员告诉我，他住这里近四年，最大的感触是，麻将声使得这里终日不得安宁，如果从旁边走过，几乎家家户户每天都有麻将的声音，并夹杂着吵闹声。久而久之，大家都将其称为“麻将村”。

在这里，从十几岁到六十几岁都是麻将友，没有年龄的差异，也没有性别之分，麻将将他们紧紧联系在一起。也正因为如此，小孩从小就受到麻将的熏染，读到初中就已经非常在行了。这位姓李的先生带我到一个有十几平方米的屋子里看，我看见这么小的空间就摆了两张麻将桌，一桌是中年妇女，另外则是那些年纪轻的后生仔，嘴里叼着一根烟，整个房间除了麻将声之外，也就只有烟雾弥漫，不时还能听见几句粗话。李先生告诉我，他两夫妇在外打工，原本带一个小孩来读书，已经14岁上初二了，小孩子从内地来时很安静，也很怕生，但是自从住这里之后，平时跟房东小孩进进出出地玩，大家也就熟识了。后来有一天，他找小孩吃饭，发现他小孩在房东家里打麻将，跟他在一起的，是平常玩的两个房东的小孩和另外一个外来小孩。后来几次，他小孩晚上自习没有去上，都是躲在房间打麻将。去年 9 月他把小孩送回湖南老家去读书，不敢再让小孩子留在这里，怕以后小孩变坏了。他说他想过到别的地方去租好一点的房，让小孩有个更好的环境，但房租太贵，负担不起，住这里，又怕小孩沉迷在麻将中，只好把小孩送回到老家，虽然老家闭塞，但起码不会这么快被这些东西污染。

在这个村里，原村民不用担心钱，不用为生计奔波，是名副其实的坐享其成的地主。这些房东不仅出租房子给外来打工者收取租金，还有一个非常特别的地方，即提供麻将场所给那些不能在家里打的麻将友，但会收取一定的费用，称为“水费”，打麻将赢的那方，要给房东交一定的“打水”钱，其实就是交纳一定的场租费。来看别人玩麻将的旁观者比较多时，麻将桌上还有一种属于他们的游戏——“猜码”，其实就是赌博的下注，猜对了的，也会给房东一定的提成钱，但这属于少数。

这位外来工还给我讲了去年在这里发生的一次“麻将风波”：有位房东一家四口，两个儿子，父亲是个中学老师——这是非常难得的，但是母亲却是个不折不扣的赌徒，好赌、豪赌，已经无药可救了，多次被送到派出所接受教育。两个儿子好样不学，也跟随着母亲经常出入麻将场所，有时母亲打累了，儿子接班。对他们而言，书本的枯燥毕竟比不上“和牌”的快感。这位可怜的老师三令五申禁止老婆去赌博，不准她在家里开台，结果她却跑到别人家开，甚至几个晚上都不回来。而且她还有一个习惯，就是不赌小钱，要赌就赌大数。后来她老公断绝了她的经济来源，对于她来说，这无异于使她失去双手。但她还是不肯罢休，她去借高利贷，更加豪赌。谁知运气不好，借的钱在一夜间输了个精光。期限到了，她不敢向老公要钱，但放高利贷的人上门来催，来逼债，没办法，她只好跑出去避风头。结果，放高利贷的人跑来她家里，向她老公要钱，要不到，把她家给砸了，还扬言要是再不还钱，就把她怎么样怎么样。结果她老公不得已，又把那些高额高利贷钱给还了。得知债还清之后，她跑回来跟老公说，她以后再也不会去赌了。之后她在家安分了几天，但接过牌友的几次电话后，手又痒痒了。她最终经不起诱惑，又跑去借钱了，放高利贷的不借她，结果她把家里一块空地的房产证抵押给放高利贷的，换了几万块钱，说赢钱之后来赎回房产证。几天的奋战，没能赢钱，连本都没了。这次是没得说了，她越输眼越红，也越借越多，这正中了放高利贷人的意了。结果那张房产证就这么在麻将桌上输给了放高利贷的人。当她回到家时，她老公已经坐在家门口拿根铁链子等着她了。她老公说，她既然戒不掉麻将，就不用再出这个家门，每天出去时，就把门给锁上。这样她总算在家里度过一些安静的日子，虽然手痒，但毕竟铁锁把门，把她与牌友的联系隔断了。一段时间后，她老公见她这段时间都乖乖在家里没出去，以为她戒掉了，放松了警惕。正好那天她老公急着上班，而亲戚的小孩上学向他们借钱，她老公就把一万块钱交给她说："等会儿人家要来拿钱，你在家里等着把钱给那亲戚。"还警告她不准出门去赌了，之后她老公匆匆上班去了。大概江山易改，赌性难移，她这次不是先斩后奏把钱拿去赌，而是做了一件自以为聪明的事。她居然制造了一个被盗窃的现场，把她家的门锁和柜子撬了，然后打电话报警说她家里被盗了。派出所的同志来看现场，她"如实"汇报了情况。她老公回来之后，也信以为真，真以为是小偷偷走了，因为这里住的闲杂人较多。派出所的人甚至怀疑她赌博借高利贷没还，是放高利贷的人干的，但是问她和她老公，都说没有欠债。她老公说她很久没出去打麻将了，应该不会再借高利贷的。也许是做贼心虚吧，在民警的几番询问下，她前言不搭后语，自相矛盾，事实真相慢慢显露出来。最后，派出所的同志在她家的床垫下发现了那一万块。由于她报假案，被民警同志带回派出所。一个女人好赌，滥赌到这种程度，家财散尽不说，还把房产证拿去做抵押。最后为了那一万块，居然设计了如此的场面，报假案，想在公安民警的掩护之下，拿了钱，满足自己的麻将瘾，最终还是被公安民警识破了诡计。

听完这个故事，我想，村民衣食无忧以后，必须有新的事业上的寄托，否则陷入麻将这样的陷阱，那将是他们自己的也是社会的悲哀。

禁毒整治

羊城村 1999 年 5 月被国家禁毒委、公安部列为全国毒品问题的重点整治地区。这顶耻辱的“毒帽子”，让当地政府和村民如芒刺在背，刺得他们痛下决心摘掉“毒帽子”。一场以禁毒为主旨的治安大整治在羊城村迅猛展开。

以前，羊城村有十几家无证饮食店，店内外聚集着一个吸毒群体，十几年来这一带成了远近闻名的吸毒人员做毒品零星交易的场所，被粉友统称为“米铺”（在这里可以买到他们所需要的“米”，也就是毒品海洛因）。因为是“顽疾”，要清除掉这些为非作歹的“米铺”，难度和阻力相当大。2000 年 7 月，借广州“三年一中变”、全市大拆违章建筑之风，当地政府出动了公安、工商、城管等强势阵容，将此处十几家无证饮食店一举清除。这一招很灵，它带来的连锁反应是，一个在此盘踞了十几年的吸毒贩毒群体被彻底打散了！

为了摘“毒帽”、拆“米铺”，近两年来，省、市、区派到羊城村来的禁毒整治工作组先后有四批，力度之大，前所未有。区公安分局全力查案破案，一年多来共破获毒品案 97 宗，缴获大批各类毒品，抓获涉毒罪犯嫌疑人 1382 名；对吸毒人员，发现一个强戒一个，并发动辖区的全体村民联防，共同创建“无毒社区”。

羊城村富利华酒店原是村里的集体物业，过去管理混乱，成了吸毒人员的“天堂”。2000 年 9 月，区里出其不意地出动警力清查这个“毒瘤”，勒令其停业整顿。酒店管理方终于醒悟了，整改几个月后重新开业，自此严格管理，面貌一新，去年年底还挂上了“无毒酒店”的牌匾。该酒店老板发誓，今后绝对不再给吸毒人员开房，因为“出了事，再被查封一次，损失的是自己”。

功夫不负有心人，2001 年 7 月，羊城村通过了国家禁毒委和公安部严格的检查验收，成为全国首批、广东首个摘掉“毒帽子”的地方。

与此同时，羊城村对治安进行了全面整治。2001 年 4 月，广东省委书记李长春到羊城村派出所检查严打工作时，提出两年内把羊城村的抢劫案压低 50% 的任务。抢劫犯罪曾占了羊城村刑事案发数的六成，而抢劫案高发的最主要原因，是此处龙蛇混杂，警力不够，无法形成有效的防范体系。为了实现这个治安目标，羊城村建成了群防群治防范网络，在主干街道和出入口的 48 个执勤点上，有 208 名街一级的治安协管员分头把守；在内街内巷，有原羊城村及各居委会聘请的 120 名治保员、85 名出租屋协管员分班巡查；辖区内各单位还有 500 多名保安员各负其责。这近千人的群防群治队伍，与分局巡警、派出所民警一起，组成了预防和打击犯罪的大网。

警力有限，民力无边。2001 年一年，这支群防群治队伍共协助破获各类案件 1541 宗，抓获违法犯罪嫌疑人 1726 名，为羊城村的治安好转立下了汗马功劳。而区、街、村三级在群防群治方面的投入，一年就达好几万元。前不久，羊城街派出所的民警以联名写信的形式向李长春书记报喜：2001 年全街辖区内刑事犯罪发案率比前年下降了 35.8%，其中抢劫案下降了 55%！

羊城村属典型的城中村，有近 1.2 万户居民，出租屋多达 4500 多间，居住着 2 万多暂住人口。许多南来北往的江湖中人在这里落脚，而且人口流动性大，使这里的治安压力比广州任何一条城中村都大。长期以来，由于管理工作没有跟上，治安问题相当突出。这次大力度的集中整治，捅掉了多年不敢碰的马蜂窝，将那些经营了十几年的非法“米铺”一举清拆干净，彻底铲除了吸毒、贩毒分子赖以存在的重要场所，并清理了违法经营的发廊及其他场所，使“黄业”无藏身之地。

城中村的管理是城市治安管理的一大难题，以往人们对能否治理好城中村还存在种种疑虑，现在羊城村这样的老大难问题都能治理好，这充分说明，只要肯下决心，城中村的治理难题是完全能够解决的。

二　羊城村外来的小老板

广东梅县来的照相店老板娘

受访者：温某，女，36岁，高中毕业，广东梅县人，照相店老板娘。

住在羊城村的温嫂，是广东梅县人，1992年开始外出打工，先后到过东莞、惠州，后来来到广州，在工厂做过员工、QC（质量检查员）等。后来她自己做生意，开始时经营过服装，后来学了一些照相、电脑技术，转开照相店。

1992年她到东莞一家电子厂打工时，是做普通员工，主要是焊接一些零件，工资每个月只有400多元，包食宿。后来到其他地方，换了几种工作，也积累了一些经验和资本。1993年，她结婚了，老公是华凌冰箱厂的一名职工，到现在为止已经在华凌厂做了10年了。1994年春节后，她便来到广州。当时她老公让她开一间服装店，于是她就在沙河五仙桥附近的牛利岗村租了一间档口，经营服装生意。当时就只有她和她老公住在一起。她老公白天上班，每天晚上和星期六、星期日都回来，在家的时候也能帮把手。1997年迁来羊城村，1998年，她生了小孩，2000年开始经营照相店。在羊城村也先后换过几个档口，因为要拆迁。孩子现在在念幼儿园。平常她老公去上班，小孩去幼儿园，店里就她一个人看着。

她现在就经营这间照相店，除了照相、冲印相片、过塑外，兼营打字、复印、做名片等生意。每个月有6000元左右的收入。她现在这个档口档租1200元，伙食、水电大概800元，交纳税收和管理费500多元，其他开支300多元。

她跟本地人接触比较少，因为这里多数是外来人口。她所接触过的本地村民就是她的顾客，谈不上其他关系吧。温嫂觉得本地人歧视外地人是很正常的事，大多数广州人或广东人对外省人有一种抵制情绪，因为她是广东人，还好一点，要是外省来的，就更受歧视。前几天这里还发生了几个本地人群殴一个外省人的事呢。

这里外来人口多，也很复杂。广州的外来人口主要集中在这些城中村的出租屋里。外来人口要在这里生活就肯定会给村民的生活带来影响，有好的也有不好的方面。好的方面来说，主要是外来人口可以给本地人带来经济收入，如本地人可以收取房租等；不好的方面，如垃圾问题等。另外，外来人口中有一些违法犯罪分子会给村民的生命财产安全带来损害，村里经常会发生入屋盗窃案、盗窃摩托车案等。

在温嫂看来，外来人口和本地村民各方面都有很大的不同。本地村民比外来人口富有，而且好像外来人口就低他们一等似的。村民的习俗、语言、生活习惯、消费方式也和外来人口大不一样。外来人口那么多，来自不同的地方，从事各种各样的工作，有的在工厂打工，有的在公司上班，有的自己做生意，也有的是三无人员。就拿温嫂这样开档口的来说，经营的生意也是多种多样。由于工作的不同，收入也不一样。有的经常上酒家，有的只能吃便饭。

温嫂经常交往的是老乡，他们有的也是开档口的，有的是建筑队的，有的是打工的。逢年过节都会互相串串门，平时也经常电话联系，或一起吃个饭、打打麻将什么的。老乡之间当然是相互照顾，如在生活上、工作上等。当然也会有“老乡老乡，背后一枪”的情况。

外来人口按照他们从事的职业来划分，可以分为四类：一类是工厂的打工仔、打工妹和工地的民工，他们都是帮人家打工，工资比较低；第二类是比较高级的打工者，他们文凭较高，在公司上班，工资也较高；第三类是温嫂这些做生意的，经营着各种生意，收入有高有低；第四类是那些无正当职业的人。

温嫂到过好几条城中村，就居住条件来说，她住的都是出租屋，很多地方的出租屋都是刚建好的新房子，也有一些是旧的。温嫂觉得出租屋建得太密了，好像没有空隙一样的，如石碑、羊城等很多村子的房子都是这样，走进巷子里面简直见不到阳光。这样密集的房子，消防隐患是很大的，万一发生火灾的话，后果是不堪设想的。另外由于村子里外来人口太多，还有地理条件因素，造成治安环境比较差，经常都听到抢劫、偷东西这样的事情发生。不过现在到处都增加了治安联防，治安状况有一些好转了。

温嫂是做生意的，住到这里来主要是因为村子里的店租比较便宜，而且她做的生意比较小，在村子里就比较合适了。这里人口也比较多，做适合这里的人群的生意也还可以的，要是去到市区肯定竞争不过人家。

如果要改造城中村，旧的房子要拆迁，不规范的建筑要整改的话，居住的人们也要迁走，这无论是对打工的、做生意的外地人还是对本地人都有一定的影响。温嫂也曾经因为拆迁搬了几次档口。温嫂认为，从长远来看，城中村改造对大家都是有好处的，只是希望改造的时间能短一点就好了。

当问到今后的打算，温嫂说："如果不亏本的话，这几年以内就打算在这里干这一行。还要扩大一点规模，租间大一点的店铺，再请个亲戚来帮帮手。我和我老公都有在广州长期发展的打算。等以后我们凑够了钱，就买套便宜一点的房子。"说到这里，温嫂的眼神中流露出对美好未来的向往之情，脸上写满了无限的兴奋和喜悦。

广东湛江来的肉菜店老板娘

受访者：某女，46岁，小学文化，广东湛江人，个体工商户。

我来自湛江市。1980年我从老家来到陌生的广州打工，两年后到珠海经商，我到过江门、佛山、恩平等市工作，但因为自己文化不高，学习能力又不强，所以在这样繁华的大都市没有找到一份自己觉得比较合适、满意的工作。我在这两年到过几个单位，还是没有找到适合自己发展的工作。1984年随丈夫来到广州市经营个体摊档，一直到现在都在羊城村附近的一个比较大的肉菜市场做生意，后来就没到过其他地方工作。

我文化水平低，还未上初中就辍学了。来到这里应该学习更多的知识来适应社会的发展，但我在这将近10年的经商日子里没有学习过其他的课程啦，例如都没有再进修读书啦！这些年来大部分时间都在为过日子而奔波，自己又没有教过儿女一些课本知识，说来就有点惭愧。还有就是这几年生意还做得不错，还是要感谢一下羊城村的经济在不断增长，村民的生活水平越来越高。

我家原在农村，以前的日子很穷，父母那代受了太多的苦啦！他们的愿望就是我们这一代人能走出贫穷的农村，到一些大城市发展。在家里做农活非常辛苦，虽然现在也是在农村做个体户，但是在这里我能够过上更好的生活；虽然在这个城中村做生意不能赚很多的钱，但是在这里过上的生活比以前在农村好多了。我们现在全家人都搬到这里了。

家里其他人的工作比较稳定，收入对于我们来讲也比较理想吧！我丈夫和我在同一个市场做个体工商户，我俩加起来的收入能够满足生活的基本需要吧。至于我的大儿子，现在在广州大学读一年级，偶尔也会找一些兼职来做，就当帮补一些生活费用吧！二女儿前年已读完职业中学，现在在华南理工大学读夜校成人大学，同时还在一间港商投资的时装有限公司担任电脑科的副科长，她也算厉害的啦，职业中学也能找到一份比较好的工作。第三个女儿现在读初中三年级，成绩不太理想，平时又不爱学习，整天出去玩，真是让我担心极了。

我们全家劳动力一共才三个。拿我和我丈夫来说吧，我们每天都起早摸黑的，从早到晚差不多没停过。两个人加起来才3000多元的收入，除了维持家庭的基本开支以外都没有多大的储蓄可言。我的大女儿虽然说能有2000多元的收入，但她除了每个月给家里一些钱外，其他的钱不但没有储蓄起来，而且很快就用完了。每个月的电话费就不得了，还有一大堆的新衣服放在柜子里，我每次都叫她省点用，她却没有在意过。三个劳动力加起来一共才有6000多元的收入，我想现在家里的开支这么大，钱花起来就不见有什么啦！

我们全家每月的总开支一共 3000 元左右。现在我们全家换了新房子，屋租今年初就不用交了，但是新房子的费用比起以前更多了。现在家里每天的开支就差不多接近 100 元，这些钱还不包括给大儿子上大学的费用呢。然后在市场里做一个个体工商户，每一个摊档每个月就要交 300 元的管理费，再加上市场要收的摊点垃圾费用和水费就差不多接近 500 元一个档口。另外，我家每个月的电话费就有 200 多元，再加上二女儿的学费就不得了啦！我丈夫和大女儿都要交手机费。总的来说，家庭开支最大的是生活用品。现在有一个优点就是我工作的市场离家很近，两分钟就到了，这样就省了一笔交通费用。我女儿上班是骑自行车的，她也不用坐公交车。我儿子就长时间在学校，一个月回来一次。

如果我们全家都在这个城中村工作，我们还是会选择经营个体户，因为我想在这个城中村里的工业发展不太理想，进工厂做活的话没有自己搞生意这样自由，而且没有发展前景。在现在这个条件下，如果选择在城中村的工厂替人工作这个就业道路的话，那就说明这个人没有多大的能耐。况且，在城中村选择经商能够自己创业，慢慢找出一条比较适合自己发展的道路来。另外，我感觉现在的外来工大部分都是没有知识文化的，所以在工厂里打工也算是比较合适的选择吧。

我是从 1984 年来到羊城村生活的，这里的村民给我的一个比较深刻的感觉就是他们很和善，大家相处和睦，没有太多的争吵。我和他们相处了将近 10 年了，现在村民有的还不当你是外人，把你看成是这个城中村发展经济的一分子。我跟村民以前是房东和房客的关系，但前年我家在这个城中村社员集资建起的楼房中买了一套，现在不用说，大家都是邻居啦。我也曾在村民自己办的企业里工作过，但我们并不是雇工和老板的关系。

这里的村民对外来人口没有多大的意见，只是对一些不遵守法规的外来工加以监督罢了。这里的村民比较团结，如果是有外来人得罪了他们其中的一个，那他就有很多麻烦啦！我想这也不算是歧视吧，这个城中村的农民还是比较讲道理的人，虽然他们大部分都没有多少文化。

现在羊城村村民的生活水平越来越高，收入也越来越高。举个比较实际的例子吧，我们邻居家里有四个劳动力，以前都是做农民的，现在不用耕地了，还年年都有分红，而且分的钱还不少，每个劳动力每年可以获得1万—2万的分红，再加上他们在外面的工作所拿的那份工资，这倒是个难计算的数学题目。我刚来这个城中村的时候，大部分都是平房，最多是两层建筑，村里的那条由大石块铺成的大马路现在已经换成了水泥大道了，这几年村民都是忙盖房子了，每个村民都差不多有三四层的楼房，有的甚至有七层的楼房。这些村民再加上出租房子给外来人住的房租，足够他们的生活费用啦！但是话又得说回来，我却没有羡慕过村民的生活，他们现在有的人无所事事，这样对这个城中村的经济长远发展来讲是不好的。我倒是认为应该在富裕起来后为社会做更多的事、出更多的力。如果不是这样的话，幸福生活很快就没了。

我觉得外来人口的到来在很大程度上促进了这个城中村的经济发展，外来人口来自各个地方，他们把自己的手艺或者说特产带到这个城中村，经济可以得到补充。但是近年来外来人口不断来到这里工作，村里的生活空间越来越小了，在这个问题上就给本地村民带来许多生活的不便了。这里的治安比较好，大家还是处得来的。

我觉得外来人口和村民的经济关系就是他们在很大程度上增加了本地村民的收入。另外我要说的是大家的社会地位是平等的，虽然说大家的生活方式还是有点不同，外来人口还是要为生活奔波的，而村民就不同。在城中村，做决策的还是本地村民，外来人口不能参与。

外来人口之间没有多大的不同，虽然我们外来人与当地人之间有些生活习惯不同，但毕竟生活有个人化嘛！

我就认为矛盾是有的，关键是大家如何寻求更好的方法去解决，大家互相容忍就行了。我看矛盾大部分发生在生活的小事情上，这是个小问题嘛，干吗要搞得那么复杂呢？

我没有几个老乡在这里，大部分的亲戚都到珠海工作了。我们家在这里住了将近10年了，我家的孩子都不会讲家乡话了，他们都适应了大城市的生活。

我觉得城中村的生活居住环境都有了很大的改善，尤其是我现在住的羊城村，居住环境越来越好，外来人口都能住上比较好的房子了，变得越来越像广州市区。前两年这里还有几块田的，但很快就会变成一块都没有了，还有楼会越来越高、货仓商场会越来越多、外地人越来越多、本地人越来越少，因为大多数有钱的人都会去市区的黄金地段买楼。还有，村里村外的交通越来越好了，路会越来越宽，车会越来越多，等等。原因很简单，都讲过了，是改革开放的春风吹遍了广州的城中村，使经济得到巨大的发展，还有城乡一体化，更能够把城中村的距离和市中心拉近。但是我认为其中最重要的原因就是这个城中村的党委领导得好，找到了这个城中村合适的发展道路。其实现在这里的变化和我们希望的都差不多，最好就是种多点花草树木，多建一两个公园，使这里变得更为漂亮、空气更加清新。这样，在这里生活就更加舒适。

我认为现在正在改造的城中村的发展趋势是越来越好的，但是我更希望村的改革规划领导们能够更注重细节上的变化，从一个整体来把握改革的方向，只有这样才能取得更好的成就。

我住到羊城村来，没有特别的原因，那时候有个联系不太多的亲戚在这里，觉得可以照顾或者说互相帮助，我们全家就来到这里了。我想当时做这个决定还是比较好的。另外一个原因就是：一个好的村干部会拿着大家的钱仔仔细细地想好，才谨慎地把它用在点子上，这样一个钱就顶两个钱用，村子的发展才会快，大家才过得舒坦啊。如果让一个没有用又自私的人当村干部，那就惨了，怎样惨法就不用讲啦，总之就民不聊生啦。幸好现在的村干部还算可以，能为大多的外来人口着想。

城中村改造对我们的影响是应该有许多方面的，例如在做个体工商户的时候会有更多的管理制度吧。但是我对城中村的改造的利大于弊比较看好。我看难度也很大，村领导在怎样改的问题上应该详细地想想整体规划的方案。如果是修修路、种种花草、建设公园，按村民的想法去做，应该不会很难的。但现在听说好像要把全部路段、房屋都重新规划，这样难度就大了。你想一下，这里的房屋、人口这么密集，而且广州市像这样的城中村都不知道有多少，要把他们全部拆过再重建，要花多少的时间和钱，单是拆迁费，就浪费了政府很多的资源，如果很好地运用这笔费用，将会对本村经济有很大的帮助。

城中村的问题是有的，但是应该如何解决，还是留给村领导来想办法吧！例如，对于我们外来人口来讲，电费是另外收的，比起基本的用电费价格高了很多，有一部分钱是交给村委会的，以前我们全家每年在电费的开支方面就花费了不少的钱，搬进了新房子后才不用交“额外”的电费。

城中村的发展和外来人口的涌入是相辅相成的，我想羊城村在经济上取得比较好的成绩，除了这个村的领导班子大力开展各项经济事务外，外来人口的到来也是比较重要的因素。前面我已经详细讲了，外来人口对城中村的经济发展有比较大的促进作用，但是又不得不承认，外来人口的不断增加给城中村的管理带来了一些不便，同时我希望在这个问题上能得到一个更好的解决方案。城中村的变化主要还是通过该村村民的不断奋斗，才能改善的。但是我更认为要在整体上得到改善，最终是要通过本村村民和外来人口共同努力的。

广东潮州凤凰镇来的茶行老板

受访者：赵某某，男，约38岁，已婚，小学文化，茶行老板。

我来自文化古城潮州凤凰镇，16岁就外出经商，因为家乡盛产茶叶，所以从小就随父母一起销售茶叶，已经干了二十几个年头了。16岁小学毕业就没有再读书了，一直从事茶叶批发销售，曾到过潮州附近的城市如饶平、汕头、揭阳等地不定期销售茶叶，这期间真是艰苦呀……我1992年曾来过广州，是给人批发送茶叶，那时觉得广州还是比较繁荣，后来不间断地也有六七年做茶叶“中转站”（中间人）生意，后来到1998年，来广州羊城村，和妻子一起来租铺经营茶叶生意。

来广州后，发觉这里挺发达的，人口也多，经济发展较快，应该会有好市场的，加上我家乡盛产茶叶，这方面很有优势，所以选择到广州发展茶叶生意。你看，这是我们家乡山区的茶山、茶树照片，我们那儿的凤凰山，是海拔1500米的茶山，很有名气的。来羊城村之前，我对这里的了解并不是很多，第一个感觉是人多，特别是潮汕人尤其多，外来人口杂，因为考虑到铺位、租金的关系，我想这里仍属农村，也就是你们说的城中村吧，我认为房租不会太贵，所以选择在这里落脚了。我家中还有父母和三个孩子，考虑到还不是很稳定，而且小孩子读书不方便，所以现在只有我和老婆两个人在这里一起经营这间茶行。另外孩子来也怕受当地孩子欺负，因为毕竟自己是外来人口，再说羊城的治安问题也让人担忧。此外还有学费的问题，在家乡一个孩子一个学期需要约500元的学费，但在这里要1500元左右，因为要交所谓的“赞助费”。我们现在每年平均回家六七次，另外，我和妻子只能轮流回家乡，因为要有人留守茶行，我们暑假寒假才会接孩子来广州团聚，为了经商需要，一家人团聚的机会很少。没办法，出外做生意的，都有与家人分隔两地的苦处。

现在生意比较难做，市场经常变化，而且羊城这里人口流动很频繁，每个月的销售额都不是很确定，一般都在1600元到2000元之间。我这里不单单做零售，也做批发，各种茶叶都有，有一些顾客都是固定来我这里购买茶叶的，有一个顾客还特地称赞我这里是卖单枞（茶的一种）最多的呢，而且，他也觉得口感很不错。除了茶叶外，我们还出售茶具。

我每个月的开支不是很多，毕竟这里还是个农村，各方面消费水平还不是太高，而且我们做生意的，赚钱也不容易，生活自然也不会太奢侈的，每天 15 元就够我们夫妻俩吃了。这里税费还是挺多的，也挺麻烦，但我可是样样证件都齐了，绝不是违法经商。我们这里是这个羊城村综合市场的一部分，我们租的这幢楼听说是潮汕人跟当地农民买了地后建起来出租的，这里以前还不是很热闹，但现在是越来越繁荣了，希望以后会更好。

我跟这里的村民没有什么特殊的关系，我们开门做生意，跟他们接触可以说都只是在买卖关系上了，而这里经商的大部分是外来人口，广州本地人在羊城这个综合市场开店摆摊的很少。这里的年纪较长的人相对比较友善，年轻的就没有那么友善。但我们经商的只是信守一个原则，即“入门是客”，我们从不强买强卖，这是我的经商原则，要保证茶的质量，一定要保证顾客对茶满意。例如，有的村民买了茶叶之后，如果尝了后不满意，还可以拿来换，而且是换到满意为止。这里的不少村民对潮汕工夫茶感兴趣，经常到店中向我请教切磋。

我们出外经商，信奉和气生财，不会故意去惹是生非，制造一些麻烦给这里的村民，反正大家各行其道，我们做好自己的生意，他们来我们也不强卖。但是偶尔的一些小摩擦是有的，不过如果大家都“大事化小，小事化无”，那么就“天下太平”了。当然，确实也有不少本地人对外省、外地来广州打工做生意的有鄙视心态。但羊城村里的人对潮汕地区的人评价还是颇好的，他们都认为潮汕人有生意头脑，很团结而且好客，但好像有点凶。

说句实在话，我们并不会羡慕这里村民的生活，且不说我们还没真正到村民家中了解过，但就环境而言，我们宁愿选择在家乡生活。虽然广州总的来说经济很发达，发展速度也快，而且更是商机重重，但是这里的空气污染太严重了，人口也太杂，而且就羊城村这个地方来讲，有不少治安安全问题的隐患。不过就治安问题来说，这两年比以前的情况已经是好了很多了，特别是前阵子“九运会”期间，有不少便衣警察在这一带出现，一定程度上改善了这里的治安问题。但是总的来说，如果等赚够了钱，我们还是更喜欢回家乡生活。

外来人口来到这里，无论是打工还是自己经商，到这里总得找个落脚之地的，这里的村民很大的一笔收入，都是来自外来人口向他们租地租房的。有不少村民凭着一两块地建起的房子来出租，就可以“高枕无忧”了，每个月都有几千元钱的收入，远远强于我们打工经商的，所以从这一点上来说，外来人口给当地村民带来了一笔很丰厚的收入。另一方面，外来人口中来自不同地方的人都有，他们身上多多少少体现着当地文化特色，这些人来到广州，其本身赋有的文化习俗会多少影响着本地广州人，可以说广州本地人了解其他地方的文化习俗，外来人口是起了相当的作用的。但是，不少外来人口也给当地村民带来不少问题，例如治安问题、卫生问题等，另外也会造成管理上的问题。

本地村民的经济条件相对优于外来人口，像有的打工仔一个月除了生活费、房租，剩下的就没有几个钱了，有时很多都入不敷出的。从社会地位上看，虽说当地村民和外来人口不至于造成地位悬殊，但是当地人和外来人口的地位还是不同的，像对于村委会的一些政策等，村民当然是优于外来人口的。而生活方式的差别更是不用说的，不同地方都有不同的生活习俗，但来到广州，很多的外来人口大都悄悄地在“入乡随俗”，他们的生活方式也正和本地村民融合在一起，互相影响着。我个人觉得外来人口和本地村民是两个不同的群体，但是，他们之间也并不是完全独立的，是互相联系的。因为我们知道，外来人口来到这里，不可能不和当地的村民发生联系的，生活中，外来人口和本地村民是时刻在发生联系的，就如买卖关系、租赁关系等。打工的要和本地人租房子，就有房东房客的关系，虽然说一般房东房客都不太介入彼此的生活，但他们多多少少会有接触。而我们经商的就更不用说，因为顾客很大一部分是村里人，而且我觉得本地顾客相对比较不挑剔，虽然有些本地人对潮汕工夫茶不是很熟悉，但他们也很喜欢，买的人也相当多。

羊城村这里开店经商的大部分是潮汕人，估计这里经商的，潮汕人占70%以上；而经商的有固定地点的多是潮汕人和本地村民，很多外省人口多是帮人打工，有经商的，在羊城这里是摆地摊的多。我个人觉得外来人口大致可分为外省外来人口和广东省内其他地方的外来人口，而省内来羊城的多是潮汕人，他们比外省的外来人口相对团结，因为他们彼此有共同的潮汕语言，我们来到这里一听到潮汕语，都感觉特别亲切。

广东梅州兴宁来的餐馆老板

受访者：黄某，男，38岁，初中文化，广东梅州兴宁人，餐馆老板。

走进羊城村，映入眼帘的是熙熙攘攘的人群和车辆，夹杂着喧闹和躁动。在弯弯曲曲的街道两旁，是高低起伏、杂乱无章的楼房，民房、商店、工厂交错排列，各种招牌、广告牌林立。走在街上，普通话、广东话和各地方言不时飘入耳中，“风驰电掣”的摩托车、出租车、自行车、三轮车、货车使人们不得不尽量向狭窄的街道两旁靠，村里横歪竖扭的电线杆和村旁大道上空巨大笔直的高压线重叠交叉。一个菜市场自然形成在一条只能过一辆小车的小巷中，小巷两旁是低矮潮湿的房子和散发着不良气味的臭水沟。街上遍布着脏兮兮的桌球台和简陋的发廊，经常光顾其中的自然是较为贫困的打工一族。然而，这里并不是贫穷的代名词，村里也不乏富裕阶层的身影。街上不时有各种名车掺杂于众多车辆中，呼啸而过，好不风光。村里的豪宅、豪华美容厅、大酒楼也日益增多，这些自然只是先富一族的专属品。

羊城村早年只是一个普普通通的小村庄，村民以种田为生。后来随着广州城市化进程的加快，天河一带迅速发展，进入90年代后期，天河区已成为广州市新的城市中心，经济发展迅猛，社会繁荣，带动了区里和周边各个村集体的大发展。这些村由于本身是天河区的主要组成部分，拥有大量的土地，有的甚至就位于市区繁华地段，靠批地和政府征地获得了大量的资金，迅速壮大了村集体经济。同时这些城中村又以其优越的位置和低廉的价格吸引了大部分外来人口就住，成为广州市外来人口集中的地方，而人口的激增又繁荣了村内的地产、出租、服务等各行各业，这样便有了开头所描述的一幕。

黄老板是梅州兴宁人，90 年代初便携家到广州，至今已 10 余年了，也可以说是半个羊城村人了。他回忆说，当年落户广州时，羊城这个地方还是小村子，天河这一带都还属于郊区，未曾开发。那时村里的人不像现在这样多，都还是以当地人为主，因此他开的小餐馆主要都是做当地人的生意，勉强可以维持一家人的生活。而那时他的两个双胞胎儿子还小，家中几位老人还在老家务农，可说是分多聚少，诸多不便。近年来羊城村发展迅速，人口猛增，村里的小餐馆、大排档的生意都红火了起来，黄老板自然也收入颇丰。然而，如雨后春笋般涌现出来的大小餐馆，却使竞争变得激烈，于是黄老板不得不寻思应变之策。他将餐馆搬到了一条偏僻的小巷末端，取了一个雅号“相逢餐厅”，那里可以说是一个死角，生意起初自然较为清淡。追逐利润是商人的天性，很多人不理解地问他为什么这样做，他都一笑置之，然而后来的实践证明，黄老板的决策是非常聪明的。原来这条小巷正好是广东民族学院的后门出口。近几年国家大力发展职业技术教育，民族学院也更名为广东职业技术师范学院，由于有政策、资金的扶持，加上高校扩招，学校规模迅速扩大，发展一日千里。学生人数增多了，自然就有一部分人不喜欢在饭堂吃饭而喜欢在校外的快餐店吃，或者有三五知己聚在一起上饭馆，这样学校后门的餐馆自然就是最佳选择。说到这里，黄老板掩不住内心的喜悦，因为每到用餐时间，他的“相逢餐厅”总是座无虚席，学生带来的商机，使他比外面的一些餐厅生意还要好。现在一些学生因为宿舍上了网，用餐时间还舍不得离开，于是就打电话订快餐，由他们派人送去，现在这项业务已占到营业额的一半多了。小店的营业成本并不高，水电费、材料费都比较便宜，利润还是比较高的。

在学院后门，还开着五六间类似的快餐店，而“相逢餐厅”由于先入为主，已经打出了招牌，站稳了脚跟，在竞争中处于主动的位置。黄老板说，他们夫妻俩受教育水平不高，现在也没什么大的追求和冲动了，只求平稳发展，家人平平安安。家里现在请了两个餐馆师傅，都是家乡人。两个小孩在村里民办的新苗学校读书，黄老板希望他们能受到较好的教育，将来不会像自己一样奔波劳累。黄老板夫妇各自的父母，也都带来一起住，一家人享受着天伦之乐。

黄老板说，他的店铺和住房并不是自己的，而是租的。我问他为什么不自己买，他说，干他这一行需要灵活应变，根据生意的好坏租相应的场地，生意好时多租几间，一旦生意不好时可以及时收缩，这样风险较小，住房也是租来比较划算。他说，因为外来人口很多，所以村里出租屋非常多，许多当地人都靠出租房子创收，一些人还因此发了大财。黄老板说，早年村里人比较排外，现在不会了，因为大多数人都是来自五湖四海。他说，他因为来得早、住得久，现在已融入了当地人的圈子，和村民、村干部的关系都比较好，因此生活上比较习惯，已经把自己当作这里的一分子了。作为生意人，黄老板自然欢迎人口的增加，但他对竞争者却没好感，因为他们会抢走他的生意。

黄老板的“相逢餐厅”，墙上贴满了菜式介绍，但却不见应该挂的营业执照和卫生许可证等。我暗地里询问了一些有关人士，据他们介绍，其实像黄老板这样在城中村开设的餐厅，很大一部分是“三证”不齐全的，这与城中村监管力度不严有很大关系，而且有社会历史的原因，不是一朝一夕就可以改变的。但他们也的确为繁荣村里的饮食业做出了贡献。

湖南耒阳来的发廊老板

受访者：某女，32岁，已婚，小学文化，湖南耒阳人，发廊老板。

羊城村的这家发廊就在街边，一进门就见到几张椅子，椅子前有几块壁镜，壁镜前的桌子上放了许多类型的洗发水、护发油、吹风机等，往右边看有三张按摩床，旁边有一张“卧式冲发椅”，发廊的装修还可以，但可能因为日子久了，变得有点旧了。我曾去那里剪过几次发，这次去做访谈，发现布局相对以前有所改变，似乎变得宽敞了，我想这里也花了不少钱。下面是小老板的自述。

我是湖南耒阳人，那是一个乡下地方，在山区里。我16岁出来打工。那时到市里（衡阳）帮人做点杂活，刚开始是帮亲戚带小孩，也算帮人打工吧！后来跟别人做学徒，学剪发，再后来就来到广州，先是在发廊里帮人打工，后来就自己做老板开发廊。

我1996年来到广州，是别人介绍来的。那时在黄埔那边，也是在发廊里帮人洗头剪发，做了没多久就有点不习惯广州的生活，而且人生地不熟，挺想家的，就回家乡去了。后来还是觉得广东生意好做一点，1997年就又来广州了，后来就一直在这里做了。

广东的经济比较好，怎么都比家里好，工资也高，而且那时家里的几个同乡都来广州打工，干得也不错，家里做生意很难。我也想在家乡打工，起码怎么都方便一些，可在家乡赚不了多少钱。

我出来前在家乡学了两三个月的剪发，后来就在家里开了两三年发廊，再后来就来了广州，在美容美发学校培训了一段时间，才去发廊帮人打工。广州人比较赶潮流，发型要求也比较高，家里学的剪发在这里那些人不喜欢，只能培训了后再去做。

1998年我就自己开发廊，到现在有三年了吧。以前在家里就没读多少书，没什么文化，又不认识很多字，那时去市里打工时就想着学一点技术吧，不然以后又怎么生活……后来就学了剪发，后来就一直做这一行。刚开始，生意不好，算上所有开支，有时就连本都保不了，不过一般来说，做这行刚开始都是这样的，没生意，但我觉得既然做了就做下去，而且我对自己有信心，后来就继续做，熟客多了，生意慢慢就好起来了。

我是 1997 年来到羊城村的，现在我开的这家发廊的前任老板就是我以前的老板，也是这个老板给钱让我去培训的。当时培训了一个月，就用了 2500 块，后来培训完，我就给这个老板打工，一个月大概 800 块，三七分成嘛！再加上其他一些奖励，一个月 1000 块多一点，我自己都有点不满意。后来干了一年多，我就接手做了老板，原来那个老板不做了，现在全家移民去了加拿大。

刚到羊城村时，住在集体宿舍里，我原来的老板是羊城村的人，她原来是开公司的，后来又做发廊，现在我们是租她原来公司的集体宿舍，一个月 500 块，她去加拿大后就叫别人向我们收租，这 500 块只是房租费，其他如水费、电费还得自己交，还有这发廊也是老板租给我的，月租 1000 块，其实单纯这些税费已经占用了我不少钱，减去这些费用还有生活费、打工仔的工钱等其他开支，能够赚的钱也不多。

我一家三口人，还有我丈夫和我的小孩，他们都跟我住在一起，我小孩今年 5 岁半，读学前班。他们都是跟着一起来的，就在 1998 年我接手这间发廊时，他们就跟着一起来了。还有我的小姑，就是那个（指了指在发廊里其中一个女孩，20 多岁的样子，穿着普通，好像不怎么爱说话），她现在跟我干，帮我打工。

我丈夫现在失业，在家没事做，找工作又找不到，有时就帮我进货，买洗发水、染发剂，有时候顾客来洗发，或者染发，要的那种洗发水没了，我就叫我丈夫马上去买，就在附近。不过这样家里还是少了一份工资，负担又重了，再说广州的消费又高……我丈夫以前开过车，搞过水电安装……

我丈夫就有点不适应广州的生活，毕竟我们家乡在农村，那里的生活比起这里来要平淡、清静得多。广州消费又高，竞争又厉害，在外面找工作，有什么做得不好，就很容易失业……我丈夫不是说找不到工作，找到的都不是他理想的工作，工资又很低，难呀。所以我丈夫一直想回家乡。可是我又在这里开发廊……我小孩嘛也没什么适应不适应的，还小嘛，又不懂什么，在哪里都一样。至于我小姑嘛，你问问她吧！（指了指刚才那个女孩，她看着我们笑了笑，说："我也不知道应该怎么说。"）

我跟这里的村民也不怎么熟，住在附近的都是邻居，也谈不上好朋友什么的，而且在我们住的那个地方（集体宿舍）大部分都是外地人。那里出租屋较多，本地人很少租的。还有些就是我的老顾客，我这里洗发剪发又不贵，15 元洗剪吹，来这里剪发的人挺多的。来多了，有时会聊聊天，谈一下家常这样吧！其实说真的，有很多都不认识的。

在生意上的那些熟人嘛，就经常来洗发，这样就熟了，那些邻居嘛，每天出出入入多少会认识几个，有时我们没事就聚在一起打打麻将，聊聊天，串串门，但其实也不太熟，他们（邻居）也很少来我发廊洗发。

我和村民们处得挺好，也没跟他们闹过什么矛盾，我觉得他们也不会说看不起我们这些外地人，我自己这么觉得，是不是真的这样我就不知道了，也没谁跟我说过，大家平时就很少接触，会产生矛盾的机会也不多。

说心里话，我很羡慕当地村民的生活，这里的人经济好，工作稳定，工资又高，有自己的房子，家人又都在这里，有些还有亲戚在外国，多好！他们干的活轻松又自在，又有的吃有的玩，想怎样都行，生活快乐得很。我们就不一样了，毕竟不是本地人，区别很大的，干得好就好，不好就像我这样。

这边可能经济发展好一点，所以大批的外地人都来这里打工，风俗习惯肯定是不同的，多少会影响他们。在语言沟通上吧，刚开始来这里我都听不懂普通话，很麻烦的，而且好像很多广东人说普通话都不准，他们可能也不愿意说，所以做起生意来就有点不方便，后来在这里待久了我就学会了广东话，但不是很准（笑）。其实我们这些外地人和本地人会相互影响的。就拿住在我们对面的那户人家来说，他们一家人每天 11 点起床，起床后就只喝粥，什么也不吃，到了中午两三点就再喝一次，然后下午去买菜。晚上就只吃一餐饭，然后也不吃宵夜，他们每天都是这样，可一家人都长得白白胖胖的。我有时去他们家玩，闻到那粥都挺香的，后来我回去也自己做，好像他们一样，可觉得饿，吃不惯。他们一家人也怪怪的，从来不去我家玩……

一般来说本地人的工作单位好，工作也很稳定，经济怎么说都比我们这些外地人好。我们就到处打工赚钱，做得不好就得回家，工作也不稳定。但也不是绝对的，有很多外地人在这里也干得不错，甚至比本地人经济还要好，在大公司里做，住洋楼的、开跑车的，都有。生活方式也差不多，不过本地人都喜欢去喝早茶。我也一个月才在家吃几次饭，平时几乎一日三餐都在外面吃。

这里的人都挺现实的，没什么人情味，好像有点高人一等的味道，你对他有利，他可能就会对你好点。大部分外地人都比较纯朴老实，也挺热情的，有事都会帮忙。这里人的夜生活都挺丰富的，晚上去唱卡拉 OK 啦、吃夜宵啦，一直玩到早晨的都有，生活规律不好；我们家里那边晚上 9 点多就关门睡觉，也不会说出去干什么，早睡早起，很简单，也没什么病痛。本地人的文化教育水平也比我们这一些外来打工的高，我们小时候没钱读书，大了以后什么都不会，只能出来打工。还有就是本地人在穿着方面很不一样，就是比较休闲，随意，我都挺喜欢的。

我们这些外来的，大家都来自不同的地方，生活习惯、地方习俗就不同了，做事方式、经商手段都很不同。湖州人就特别会做生意，来广州做生意的都在赚钱，而且他们比较团结，外边的人想欺负他们都很难的，他们有他们的一套。还有就是有些外地人很没有道德，不讲卫生，什么东西都乱丢，弄得这里脏脏的，我们文化水平是不高，但也知道应该有点道德心……

矛盾难免会有的，工作上啊、生活上啊都有，但很快就好了，也没什么大的矛盾。比如工作上吧，那些给我干的打工妹有时偷懒啊、工作不认真啊，我就会说她们几句，然后她们心里可能会闹点别扭，又不说出来，这样矛盾就产生了，不过很快就没事了，说说笑笑就好了。心情不好时，邻居间也会吵吵，其实也不是故意的，大家都理解。

我有很多老乡在这里，有城市里的，也有村里的，有些没事做，在找工作，有些就在工厂里打工，还有一些也跟我一样做老板，也是开发廊。他们没事做的时候，会来我这里玩玩，聊聊天，吃饭，打麻将，拉拉家常，叙叙乡情，谈谈各自的工作情况什么的吧。

有时心情不好，就会打电话给老乡，聊聊天，发泄一下。老乡缺钱或我缺钱时，都会互相帮忙，毕竟大家都在外面打工，家又不可能随时回去，所以见到老乡心里会特别温暖。

但也有些外来的，做生意不择手段，为了赚钱，什么坑人的事都做得出，搞假货、冒牌货，被人抓了还不后悔。像我，我们这些人凭良心、靠本分做生意，都是靠自己的手艺，这些钱都是自己的汗水钱呀，来之不易的。

羊城村的居住环境不好，环境差，污染又大，到处都是灰尘，交通还算方便，就是老堵车，很麻烦。这里的宿舍楼好像都挤在一块，进出的小巷又窄，那些坑渠都很脏很臭的，闻到就恶心。进到这里好像都没有空气，又看不到阳光，晚上这里很危险的。你知道啦，这里人很杂的，抢劫啊、杀人啊都有，我有时很害怕的。

现在听说要改造了，要改就改好点。路应该修平整一点，你看这里到处是坑坑洼洼的，走起路来尽在吃灰尘，绿化搞好一点，空气阳光充足，如果能像小区生活一样，人心情也好点。但我觉得羊城村这里的一些特色建筑、古建筑，还有一些历史遗迹应当保留下来，其他一些平房、旧楼就应改造成高楼住宅，这样可以节省地方出来，让村里看起来舒适、顺眼，我们住起来也舒服。（虽然她不是本地人，却对本地的一些具体情况很了解，也提出了自己的希望。）但真要改起来也很难，你看这里这么多房子都挨在一起，拆拆建建的，工程很大，而且现在建房子都不发房产证……还是需要国家政府的支持。

如果真能改造好，生活环境好点，工作也会顺心点。环境好了，形成了自己村的特色，自然会吸引很多人来，大家的矛盾可能会少点，相处得会更加融洽、和谐，整个村的情况也会有所改善。现在主要是环境问题，脏，空气不好，治安也不好，人又杂又乱，噪声又大，好像我们住的地方，隔壁都有些卡拉OK厅啦、舞厅啦，晚上很吵的。

但与家乡比，这里经济好，物资也丰富，买东西方便，几乎想买的都能买得到；而且生活也是多姿多彩的，旅游啊、度假啊，什么都有，但这里的人情味很差的。我们家乡空气好，人情味浓，没事做的时候，大家都会聚在一起，有吃的也会预备一份给邻居。那里风气纯朴，生活简单，就是经济赶不上这里，如果我有钱的话，我会回湖南发展，从山区搬到市区去住。

湖南安化来的炒货店老板

受访者：肖梅，女，25岁，未婚，小学文化，炒货店老板。

肖梅在家中排行老大，她有兄弟姐妹八个，加上家乡是个穷山区，因此，在极度贫穷中，她只读到小学三年级就失学了。90年代初，在万般无奈中，她和一个比她大十几岁的老乡，千里迢迢来到人生地不熟的广州市，落脚在羊城村，那时这里还不繁荣，而且还有许多田地。在苦水中泡大的肖梅并没有埋怨自己的命运，她和老乡组织村中的居民开展“生产自救”。首先，经村委会批准，她们开始种菜卖，开始时还可以，可是有一段时间遇到暴风雨，把他们的菜全部给泡烂了。更不幸的是，以后不能在土地上种菜了，这是政府规定，肖梅等人只好打消了靠种菜致富的念头。

后来，听说卖绿豆芽很赚钱，她就买了药水自己在家发绿豆芽，然后拿到菜市场去卖。发绿豆芽是件苦差事，因为每隔两个半小时就得给豆芽浇一次水，一天24小时不能间断，晚上也不能睡个完整觉。就这样忙乎了一个夏天，积累了1500公斤绿豆的本，硬是用卖绿豆芽的钱，撑住了家乡几个兄弟姐妹的开销。

到了冬天，绿豆芽不能再做了，她就开始做甜酒糍粑，挑到街上卖。有一天，她看到广告上说，有个厂请人为一批花生剥壳，剥一斤花生赚一毛钱，她就找上门去，揽下这笔生意。在这之后，肖梅白天卖甜酒糍粑，晚上就和村民一起剥花生。

能做的都做了，能省的都省了，省下的钱都寄回家了，可湖南乡下老家依然没有走出困境。眼看弟弟妹妹即将继续升学，家中老人不是打针就是吃药，开销很大，孝顺恋家的肖梅不禁为以后的日子担忧起来。她绞尽脑汁，不断与村民商量。村民们说，广州这么大，何不到处去看看。由于她人缘好，许多村民都愿意帮她排忧解难。一天晚上，肖梅悟出了一个道理，剥花生不能致富，就算剥到死也不能让一家脱贫，要挣钱就必须去找利润空间比较大的行业。于是，她就去北京路老城区等一些较兴旺的地区去察看。

走到流光溢彩的街上，肖梅将自己从头到脚审视了一遍，发现自己一不年轻，二无学历，三无技术，要想找到一份工作，真是比登天还难！肖梅不想去车站擦皮鞋或者替人家做保姆，她想，既然已经出来了，就不要把眼光盯在几百块钱上，而应该多看看别人是怎么致富的，要开阔眼界，改变观念。于是，在接下来的日子里，她每天早上买两个馒头就出门，也不坐公交车，而是沿着广州的大街小巷转个不停。她不知道自己到底要干什么，也不知道这样转来转去到底有没有收获，她只隐隐觉得，这繁华的广州背后，潜伏着一些未知的商机。

1997年8月底的一天，生活终于向肖梅悄悄地打开了一扇门。这天下午她在街边突然闻到了一股久违的香味，只见路边有一间叫“福隆堂炒货”的小店，香味正是从那里飘过来的。好奇心促使她走进那家小店。她看见里面陈列着已经炒好的板栗、瓜子、花生、芝麻和豆子等炒货，每一种炒货都有奶油、五香等口味，而且价钱都比未炒前的货贵出一倍。她心想：不就是用火炒了一下吗？为什么这中间会有这么大的利润呢？以前剥一斤花生才挣一毛钱，而炒一斤可以挣一元多钱，这么大的利润，怎么以前就没想到呢？

肖梅满身的疲惫顿时一扫而光。凭直觉，她认为开炒货店这行比较适合自己，因为老家有大量的农副产品，再说，开炒货店的成本也不高。于是，她让自己冷静下来，先考察一下炒货的市场，把炒瓜子的技术摸得滚瓜烂熟后再说。在广州只要肯干，还是有机会的。随即，她便进入炒房打工，在里面，记住用料、火候及技巧，其中最关键的工序在“炒、炸、蒸”三个环节上。

就这样，肖梅不仅熟知了各类货品的炒制诀窍，还详尽地了解到顾客的消费习惯、炒货的包装及销售知识。当她亲眼看到一袋并不起眼的炒货，穿上“漂亮外衣”立即变得价值不菲后，她更加坚定了要开炒货店的想法。与此同时，她还知道鲜花礼品店要开在医院和学校附近才能挣钱、利润和风险成正比等“发财秘诀”。经过一番“洗脑”之后，肖梅发现自己的眼界比以前开阔多了。

转眼间过了两个月，她觉得自己该学的东西都学到手了，于是，她辞了工作，带着老板发给她的500元工钱，回到羊城村找曾经一起共患难的村民帮忙。虽然500元太少，但她现在不仅掌握了炒货技术，而且大大拓宽了自己的视野，开发了自己的财商，完成了从一个来自闭塞山区的女工到初步具有市场意识的个体经商者的转变。

区区500元钱能做多大的事？不过肖梅的想法还是吸引了大批村民，他们愿意做她的工人。后来经过很多波折，她通过关系向当地政府借来了一万多元的“启动资金”。这样经过一段日子的筹备工作，肖梅以所住巷子命名的“水井巷炒货店”正式挂牌营业。

然而，市场对肖梅的炒货并未做出积极反应。开业了好几天，“水井巷炒货”每天还只销到2.5公斤。肖梅急了，她一口气买来了200多只玻璃缸，装上自己的炒货后，送到城区所有的副食品店，以分享利润的方式请老板代销。可是，这招虽然使货进了市场，但反应平平。于是，肖梅心一横，使出了“绝招”。她将炒货摆到了街头最显眼的位置，市场上生货卖什么价，她的炒货就卖什么价。此招一出，她的炒货果然热销起来，到过年时，她所有的库存竟卖得一两不剩。经过春节时大规模的低价倾销，“水井巷炒货”的品牌已经深入人心。众多的家庭主妇只要一买炒货，点名就要“水井巷”。这已经成为一个响当当的牌子，在市场上站稳了脚跟，此时，她再将货品提价。整个村都为肖梅的成功感到高兴。

“功夫不负有心人”，一家食品店商场看中了肖梅的炒货，愿意出钱办理商标、条形码，以合作的方式使炒货打进超市。经过一番整合后，“水井巷炒货”彻底脱去了土气的外衣，进入了大型超市，得到很好的收益。

在生活中，更多的人打了上10年的工后，拿的还是几百元工资，干的还是苦力活，生活质量跟出来打工时没有任何改变。他们总是很困惑地问：“到底是什么原因使我的生活停步不前？”

肖梅的故事告诉我们，决定一个人能否成功的关键不是时间长短，而是视野、观念、能力和不懈的努力。肖梅虽然只打了两个月的工，但她在这两个月里尽一切可能开阔了视野，改变了几十年来固有的观念，加之她有锐意进取的性格和承受风险的能力，所以她最终获得了成功。人生是一场长跑比赛，任何地方、任何时刻都有胜出的可能。

湖南衡阳来的发廊老板

受访者：小森，男，35岁，高中未毕业，湖南衡阳人，发廊老板。

近十几年来，随着广州经济的高速发展，劳动力的需求大量增加，吸引了不少外来的“打工族”来找工作，小森就是这群南下淘金打工族中的一员。

10年前，他在家乡看到外出打工的同乡们一个个“衣锦还乡”，更从他们口里听到“广东遍地黄金，只要你肯弯下腰就能捡到钱”，“外面的世界五光十色，什么见过的没见过的都有，不出去看一看这一辈子真是白过了”。听了这些后，他决心出去看一看、闯一闯，创一番事业。于是他不顾家人的反对，毅然只身来到了广州打工。广州这个他所向往的大城市的确令他大开眼界，但同时也让他知道了那些所谓的“遍地黄金”的说法一点都不真实，全是骗人的。在这个他向往的大都市里，别说是捡黄金，就是想找一份正式的工作都很困难。但他又不甘心就这样一事无成地回乡下，于是在流浪了两个多月后来到羊城村，并在一位同乡的帮助下在村里住了下来。回想起当初流浪的那段日子，他笑着说：“那时候我是正式的盲流，那种流浪的日子一生中一次都嫌多了，不知道外国人怎么那么喜欢到处流浪。”

小森在羊城村住了已经差不多10年了。在定居下来以后，只有初中文化的他，经同乡的介绍，到过附近的外资电子厂、服装厂、鞋厂工作过。由于没什么文化，也没有什么技术特长，所以都是在工厂里干些体力活，每天一干就十多个小时，如果遇到工作忙时，还通宵加班，而且老板还经常借故扣钱。

干了几年后，他利用打工攒到的一些钱，用心学了点理发的技术，在村里租了一间房子，以前店后居的形式，开了一间小小的理发店，自己创业当老板。由于他的理发技术不错，为人老实而且勤劳，价格也比较实惠，所以也吸引了不少的顾客光顾，生意也算过得去，怎么说也算是一个小老板了。这近10年时间的努力工作总算没有白费，现在他的生活总算安定了下来。

虽然这里并不美丽，但小森也早已把这里当作他的第二故乡了。小森和村里的村民关系很好，村里人也很乐意和他交往，每当遇到什么困难时，邻居都会很热情地帮助，并不把他当成外地人看待，这可能是他为人老实的原因吧！但是这个第二故乡也有令小森不满的地方，虽然说村里的村民有钱了，新楼房拔地而起，但是整体布局零乱，新建的房屋过于密集，形成“一线天”“握手楼”“贴面楼”，采光和通风条件极差。道路、供水、供电、排水、垃圾处理等基础设施不配套，缺少公共绿地、体育等设施，违法建设、违章搭建、乱倒垃圾等脏乱差现象突出，造成村容村貌比较差，村内道路狭窄，火灾隐患极大。由于外来暂住人员、流动人员不断增多，造成社会治安情况不好，盗、骗、抢等治安案件上升。另外就是对外来暂住人员的各种收费问题，暂住证、流动人口计划生育证明、治安联防费、卫生费等，而且这些费用对于一个普通的外来打工仔来说都“价格不菲”。这些各种各样的费用，就连当老板的小森也有点恼火：“外来工也是人，就是生活不好才到广州来打工，很多打工仔工资又少，打工所得的工资有一大半都是交了这些杂费了。”

不过对于这个第二故乡，小森还是有一份特别的感情的，原因就是小森店里唯一的员工——小森的妻子。小森的妻子是在村里土生土长的村民，人虽不漂亮，但很友善、勤劳，是个很典型的中国农村妇女。当初小森和妻子谈恋爱的时候，真是遇到了很大的阻力，到谈婚论嫁时，更是遭到了妻子家里人的极力反对，妻子的母亲为此还差点与她脱离了母女关系。可以说当时他和妻子结婚，在他们所认识的人里面没有一个赞成的，但是最后他妻子还是不顾家人、亲戚、朋友的反对，和小森结了婚。小森感慨道：“为了要跟妻子在一起，真是千辛万苦，好不容易呀！”

小森在初到广州时，由于语言不通，造成生活上很多不便。特别是在村里住下后，这个问题就更加突出。当时村里的大多数人都不会说普通话，就算会说的，也说不好，根本就听不明白说的是什么，所以一般都要配合身体语言使用才勉强可以表达出所要表达的意思。有一次小森独自出去逛，在一家商业城里看上了一条西裤，越看越喜欢，见到没有标价，于是就用普通话向老板问价钱，那个老板见到是外地人，于是一张嘴“220元”，接着就对他游说那条裤子的材料是进口的、手工是怎么怎么好、剪裁怎么怎么漂亮等，他一听就觉得那个老板好像是跑江湖的，见他是外地人就有点漫天要价的感觉。本想一走了之，但他确实很喜欢那条裤子，还是站住了，最后在经过双方将近20分钟的讨价还价后，130元成交。他心想：“外地人怎么样，想杀我还不是被我给杀了。”他满心喜欢地拿着那件“战利品”，直奔回家想在老婆面前出一下风头，回到家后得意扬扬地把整件事情跟老婆说了，但却被老婆泼了一盆冷水：“裤子最多值80元，可能还可以再减点。”听老婆说后他还半信半疑，但老婆带他到附近店里一看，他就傻眼了。小森从那次开始，再也不会一个人在街上乱买东西了，而且得出了结论：“在广州不会讲广州话是很不方便的，广州人讨价还价就好像演戏一样，一不小心不要说是外地人，就算你是广州人你也会上当。”

小森对他的这个第二故乡，真是既爱又恨。

湖南衡阳来的美容院老板

受访者：王某，男，30多岁，高中未毕业，湖南衡阳人，美容院老板。

羊城村的发廊、美容院很多，比较豪华的靓妹美容院在其中鹤立鸡群。进入店中，扑鼻而来的是一股清香的洗发水味，只见两边的椅子上都坐满了客人，有洗头吹头的，有剪发的，有设计发型的。从店铺的简约清新风格中，可以看出是经过主人精心设计的。

靓妹美容院的老板是湖南衡阳人，姓王，30出头，因为家里穷，他高中没毕业就出来闯世界了。家中有兄弟姐妹五人，他排行第三，因此父母也顾不了他，任他出去闯。两个姐姐已嫁了人，还有一个弟弟、一个妹妹在老家读书，现在正考虑把他们接来帮忙，开开眼界。

王老板一头精致的短发，显得非常精神，一派精明生意人的款式。他说，刚开始他是跟着几个比较早出来打工的老乡做事的，先是在湖南，后来就来到了广东。他做过搬运，跟过施工队，进过工厂，可以说差不多所有苦都受过了，但他年轻，有抱负，不做出点名堂来不甘心，因此都挺过来了。

他说，他好就好在比一般的打工仔有头脑，而且赶上了好的机遇。他不甘心一辈子都只能得到打工的那几个少得可怜的工资，就去美容学院学了美发专业，由于他虚心好学，刻苦努力，考取了高级发型师职称，进入了一家美容美发厅工作，从此摆脱了打工仔的艰辛生活，有了一份可以说比较高雅清闲而且待遇丰厚的工作。一个月几千元的工资，使王老板在广州也算得上是一个白领了，那年他才 25 岁。小小的成就并没有使王老板止步，他一方面省吃俭用，把一部分工资汇回家，余下的存起来，一方面分析自己今后的发展前景。他发现，自己现在所从事的美容美发业，在广州正方兴未艾，随着人民生活收入的不断提高，娱乐享受和美容打扮正被越来越多的人所接受，美容美发对一些较为富裕和追赶新潮的人士来说，已是每天必不可少的节目之一，自己既然有这方面的经验，何不自己开一间美发厅呢？

一种创业的欲望在王老板的内心深处滋长。经过周密分析和多方筹资，王老板谢绝了老东家的挽留，来到竞争没有那么激烈的羊城村，开办了自己的美容美发厅。果然皇天不负有心人，生意出奇的好，王老板很快就站稳了脚跟，收回了投资。当我问及具体的收入状况时，王老板笑了笑说这是商业秘密。然而仅从他佩戴的名贵手表和硕大的钻戒就可以知道，只用了短短的五年时间，他就已经从一个打工仔步入富裕的私营企业家一族了。

话匣子一旦打开就很难合上。王老板还兴奋地告诉我，去年，他和一位美丽的女孩结了婚，又在“骏景花园”买了一套房子，现在还打算买车。如今的他，已是家庭事业双丰收。

随着生意的兴旺，他又发现了一个商机，即“美体”的兴盛。他说，现在女士爱美，已不单单停留在头发和脸上，她们对自己的体型也提出了要求。顺此潮流，他花巨资引进了一整套美体设备，高薪聘请了三四个专业人员，试营业半年多来，顾客反映良好。他说，现在美容美体这个行业，就是要求高投入，如果舍不得投入，不会根据潮流进行变革，很快就会被淘汰。如今他已在广州开了三四间分店，都是在交通便利、白领聚集的地方，已经拥有了比较固定的顾客群。他说，与顾客维持良好的关系是他出奇制胜的法宝。可见，经过多年商场打拼的王老板，已有了自己的一套成熟的生意观。从给人打工到雇用别人，其差别只是一颗上进的心、一个闪光的念头、一股把握机会的勇气。

河南平顶山来的士多老板

受访者：陈某，男，40岁，初中文化，河南平顶山人，士多老板。

羊城村原先以种植蔬菜为主，改革开放后，土地已被征完，经济以第二、第三产业为主，先后建起树脂厂、刀模厂、鞋厂、汽车修理厂、羊城酒店、加油站等企业。1987年实行农村合作经济股份制。村委会先后投资数百万元建设小学、幼儿园、托儿所、敬老院各1间，公厕11间，小公园2座，所有道路均为水泥路面。村民住宅多为混合结构的两到四层楼房，呈现块状聚落。

我是河南人，家里是农民。几年前南下到东莞打工。那时候都是做些散工，什么都做，清洁、搬运……也没有固定的住所，住在出租屋。

我是2000年来到广州的，用几年来存起的钱在这里开了一间士多。我在东莞的时候认识了我现在的老婆。我和她一起来到广州，她现在跟我一起打理士多的生意。因为当时我们几个老乡所在的工厂倒闭了，他们都说广州发财的机会比东莞的多，所以我就来这里碰碰运气。

我现在收入每年四五万元。开支主要是吃的方面，还有房子的租金，加起来是两三千元吧。剩余的大部分都寄回老家给父母，留下一些存起来以备不时之需吧。其实在广州的消费一般都比较高，我们平时都是很节俭的。扣除店里的租金、水电费、税收等，真的是所剩无几了。

我所住的地方和经营士多的地方都是从当地村民的自建房租的，所以我们的关系可以说是房东和房客的关系吧。而我们的士多一般都是做街坊生意，平时买些日常用品很多街坊都来光顾。晚上，很多外来工都喜欢到我们的士多里看电视，一边看电视一边喝汽水、吃花生，成了这里外来工晚上主要的消遣。

刚开始的时候，当地人的确会对我们有一些歧视。因为他们认为外来工的大量涌入是造成社会治安不好的主要因素，就对我们外来的人产生排斥情绪。但是，像我们在这里做生意的，经常和当地的村民打交道，时间长了，他们差不多都把我看成他们的朋友了。一般来说，他们都喜欢建四五层的楼房，他们自己住一层，另外几层就租给我们这些外地人。所以，可以说我们都是住在一样的环境里。不过这里的生活条件已经比我们老家的好上几倍了。我们已经很满足了。

外来工的大量涌入为当地带来了充足的劳动力，同时也是一个较大的消费群体，有利于经济的发展。最直观来说，他们需要吃、需要住，例如外来人员租住的出租房屋的租金就是当地村民一个重要的收入来源。但与此同时也相应带来很多弊病。拿沙河大街来说吧，给人的印象就好像以前乡下集市——脏、乱。从广州大道进入沙河大街，由东向西走，人来人往的人行道上，“走鬼”沿途设摊，一天有三四十个摊档，卖的东西有梳子、钱包、手机套等。大街北侧人行道上摆卖的东西还有拖鞋、袜子、烟丝等。濂泉路口向西一路是水果摊档，那里除了卖水果、工业品的“成行成市”外，还不时出现修钟表的和卖牛杂、臭豆腐等熟食的。

沙河大街挺乱，每日下班后的时间和周六日，侧着身子也难走。有关部门也经常来管，但是管理人员来了，“走鬼”就走；管理人员走了，“走鬼”又来了。节假日或每日下班后，管理人员少了，“走鬼”就更猖狂了。重要的是这里不安全，抢呀偷呀的事几乎每天都发生。

外来人口与当地村民在经济、社会地位和生活方式上的确是很不相同，可以说是两个不同的群体。在经济上，外来人员大部分从事一些体力劳动，一些当地人不愿意做的工作，收入相对比较低。而当地的村民，他们一方面有工作上的收入，同时也每年收到村里的分红，也有房子收租，他们的总收入是我们的好几倍呢。虽然我们来这里已经几年，但是毕竟这里不是我们的地方，社会地位不高啊。另外，我们从省外来到这里打工，生活方式不可能很快融入这里，我们都有自己的风俗习惯，这些都造成我们之间的差异。

我们外来人员来广东打工，都是有着相同的目的——淘金，我们背井离乡来到这里，都是希望能够赚到足够的钱，不想过乡下的艰苦生活。但是，外来人员这个名字只是一个总称。其实我们来自不同的地方，有着不同的生活习惯，彼此之间的语言、文化、历史等背景都不同，我们之间当然很不同。例如，温州的人比较"狡猾"，湖北的人比较"暴"，而四川的女孩又比较"辣"，等等。一方水土养一方人啊！我们来到这里，彼此从事不同的工作，经济水平和生活水平都有很大的分别。

外来人口之间存在各种各样的矛盾。我们都来自不同的地方，彼此有着很强的地方情绪，经常就有一个地方的人和另外一个地方的人发生集体斗殴。

我有很多老乡在这里。我们之所以南下来广东打工就是老乡的介绍。我们那时候是十几个老乡一起下来的，来到这里也认识了很多老乡，彼此都保持交往。一般都是住在这里附近的老乡，他们晚上都喜欢到我这里喝酒聊天。有一些住在别的地方的，我们每逢过节都打电话问候一下。互相照顾的就不敢说，但是一般老乡有所求的话，我可以的话都会尽力帮忙的。当我有困难的时候，他们也会很帮忙的。我刚来广州的时候找不到便宜的房子，就是在老乡的介绍下才找到我现在所住的地方。

外来人口根据他们不同的文化背景和经济状况划分，我觉得可以分成四种人：第一种人，就是有学历、有学问的人，他们一般来自比较好的大学，分配到这里或者来这里打工，他们可以加入公司，坐办公室，做"白领"；第二种人呢是有钱有学问的人，他们本来在外省就很有钱，来这里就是谋商机，赚更大的钱；第三种人是像我这些没有学问、没有钱的人，来到这里只能靠双手打工，过着"手停口停"的日子；第四种是那些不务正业，走上违法乱纪道路的人，也正是这些人破坏了我们外来人员的形象。

我刚收到村委会下发的一份通知，就是关于外来人口管理的。

通知的内容主要是：管理工作的具体做法上做到四落实、四结合、四不漏。四落实：一是宣传教育工作落实，镇里各村分别召开户主会、村民大会、党员干部会，宣传对暂住人员的管理要求，并发放《致户主的一封信》10万封，组织宣传单、挂横幅等多种形式进行宣传；二是组织机构落实，镇成立外来暂住人员管理服务中心，下设7个服务点，有协管员80人，并实行镇各领导和部门负责一条村的包点包干制度；三是投入经费落实，服务中心和服务站配备电脑管理，并准备推行IC卡管理系统，扩大办公场地，落实经费支持各种活动；四是管理制度落实，分别制定了《沙河镇出租屋外来暂住人员管理工作规章制度》《户口协管员工作纪律》《请假制度》《奖惩制度》《票证管理制度》等。四结合：一是平时检查与突击检查相结合，每周不少于一次突击大检查行动；二是上门检查与在村南街巷检查相结合；三是户主与租主相结合；四是教育与处罚相结合。四不漏：做到镇不漏村、村不漏户、户不漏人、人不漏征。

这里的居住环境很差，首先是楼房的结构很有问题。很长时间内，这里的村民只要一有地，就拼命建楼。一方面是因为广州的地皮很贵，另一方面是因为小农意识吧。因为缺乏有效的管理，这里的楼房出现了“一线天”的现象，楼与楼的间隔距离太近，存在着很大的安全隐患。另外这里的治安也很有问题，打架斗殴时有发生，抢劫偷窃等也层出不穷，使住在这里的人都提心吊胆。

像我们这些人不住在这里能去哪里呢？大家都知道，广州的楼价可以说是寸土寸金，我们这些经营小本生意的哪有足够的钱买房子。到外面租房子有些不方便，也应付不了昂贵的租金，况且我们还要在这里打理士多的生意。

听说这个村要拆迁，对我们有什么影响很难说清楚。希望政府不要把我的士多给拆了。即使要拆也要赔偿我足够的钱。至于以后，就想不了那么多了，看着办吧。

笔者这次与陈先生的谈话是在他自己经营的士多里进行的。据笔者的观察，这间士多有十几平方米，分前后两半。前面的部分是用来营业的，卖的主要是糖烟酒之类的，以及一些牙膏牙刷等日常用品。后面的一半是用来存货的。据陈先生说，到了晚上，会在士多门外摆放一台电视机和几张凳子，因为那时候会有很多老乡来看电视，同时消费一下。

我们之间的谈话是在中午进行的，光顾的人不多，因而比较轻松，话题也比较广泛。偶尔有一两个客人来买烟之类的，从陈先生和他们的谈话中可以了解他们是相熟的客人。偶尔也有一些像当地村民样子的人从门外经过，跟陈先生打招呼的。看起来，陈先生跟当地人的邻里关系还是不错的。

在我们谈话的过程中，我刻意地留意了一下士多有没有经营执照，却发现该店的执照居然没有公章，而且在售卖的烟草当中，很多都没有中国烟草专卖局的标签（应该是水货——走私烟）。

“城中有村，村中有城；村外现代化，村内脏乱差。”这句话描述的是广州众多城中村的景象。通过这次访谈，我深切地体会到话中的意味，实在感慨万千。广州在实现“一年一小变”之后，正在向“中变”“大变”迈进，而城中村的问题一天不解决，广州的面貌就一天难以改变。笔者认为，要解决城中村问题，就必须清理一下现状与问题，针对农村转制、旧村改造、新村建设以及出租房屋等问题制定有关政策，希望从根本上把城中村纳入城市化的进程。

这些村庄在城市发展的带动与影响下发生明显的乡村型转向城市型，但因土地、户籍、人口、行政管理等多方面的城乡二元体制，它们又没有真正纳入城市的统一规划、建设与管理，其发展具有很大的自发性，在生产方式、生活方式、建设景观及社区组织等各方面，更是保留浓厚的农民特征而与城区存在明显差别。

走进城中村，虽然新楼房成片拔地而起，但布局零乱，建筑密集，形成“一线天”“握手楼”，采光、通风极差；以单家独户的传统家庭模式建筑而成，造成土地资源严重浪费；基础设施不完善，道路、供水、供电、排水、垃圾处理等基础设施不配套；缺少公共绿地、体育等设施；违法建设、违章搭建、乱倒淤泥垃圾等脏乱现象突出，村容村貌比较差。

城中村与城市经济、社会、空间发展极不协调，影响城市规划实施，对城市景观、城市基础设施建设、城市土地利用与空间格局、城市经济社会发展都产生不良影响。

河南洛阳来的发廊老板

受访者：周某某，女，28 岁，中专文化，河南洛阳人，发廊老板。

这家发廊所处的地段人流量并不大，但附近直径 50 米范围内就有六七间发廊。门面不大，内部的装修很一般，最里面用木板隔出一块小小的空间，可以看出店主吃住都在这里。我走进发廊的时候店主和店员正忙着，过了好一会儿，才轮到我（我是以顾客身份出现的）。店里有两名人员，都是女性。一位较年长的帮我洗头，通过交谈我得知她是老板，姓周。以下是谈话的具体内容。

我是从河南洛阳来的，来广州之前到过武汉，到过上海，混不下去（笑），1999 年来到广州。一开始我在白云区的一家鞋厂打工，干着干着觉得没什么出路，也就炒了老板鱿鱼。后来，在朋友的帮助下，在这里开了发廊。生意也不是很理想，有时比较好，但大多数时间很冷淡。你都看到了，周围有多少家发廊呀！竞争很厉害，一个月挣不了多少钱。除去水电费、房租费、工商税费，剩下的只够糊口了（笑）。具体的开支，每月水电费加起来 100 元左右，房租 400 元，工商费 200 元，税费 200 元，真有点吃不消。这是我的表妹（指身旁帮人洗头的漂亮女孩），在家乡找不到工作，过来帮我，她可是我们的镇店之宝。

广东人似乎都有一种很强烈的自豪感，广东处在一个好位置，毗邻港澳。可是有些本地人尤其是老头子不懂得尊重人，动不动就用脏话骂人，整天一副高人一等的样子，很讨厌。当然，本地人也有好人。我与本地人基本上都是河水不犯井水，我也没给别人找麻烦，在异乡生存最重要的是要忍耐，有时明明自己没错也得向人赔不是。也没什么大不了的。本地人的生活不错呀！我家乡很穷，我自己每个月赚的一点儿钱都要寄很大一部分回家里，我也想像别人一样，逛北京路时想买啥就买啥，但我得量入而出。我也想有楼、有车，但恐怕短期实现不了，唯有指望嫁个好老公啦（笑）。

不可否认，大量外地人涌入这里，龙蛇混杂，什么人都有，什么事都有可能发生，导致治安不好是必然的。另外，由于语言不通以及排外心理，外地人很容易跟本地人发生摩擦，不同地区的人之间也会产生矛盾，因此，存在很多不稳定的因素。我觉得外地人也对广东的经济发展做出了贡献，你不会否认吧？

羊城村真的什么人都有。是不是有个什么词……对，“三教九流”的人都有。大部分都是打工仔、打工妹，还有一些像我这样自己做点小生意，大老板都不会住这里啦。就像我在这里认识的朋友，有湖南的、四川的、江西的，吉林的也有，来自五湖四海。

不过我认识的老乡只有两个，一个在饭店打工，一个在这里附近做流动小贩，卖早点。但我比他们也强不了多少。我虽是自己当老板，但我这种老板不当也罢。唉，我也是做一天和尚撞一天钟。

外地人之间最大的不同就是口音了，在这里混久了，我都能从一个人说的话里判断出谁是四川人、湖南人或浙江人。其实我们这些人的老乡认同感蛮强的，很多人一听到陌生人讲家乡话就会觉得特别亲切。咱们河南人就喜欢闯天下，你看过路遥的小说吗？里面关于我们河南人的描写，蛮贴切的。我在广东的第一份工作就是老乡介绍的，后来他急着用钱，我也借给他。人在异乡就要互相帮助，你永远不知道前面会有什么事发生，所以多一两个相熟的人错不了。

我来这里两年多了，蛮想家的，家里还有老爹老娘，还有一个念高中的弟弟，他们可是我奋斗的动力。真希望赚多点钱，让他们都过上好生活。我都好几年没有回过家了，来回一次几百元，舍不得，等以后自己成了大老板再衣锦荣归吧。

我平时基本上都在干活，很少去玩。唉，身不由己啊。这里的人可以分成几类：一类是社会的最底层，这些人靠捡捡破烂、干干苦力谋生，往往连固定的住所都没有，很多都是“三无”人员，流动性很大；另一类是无业人员，这些人找不到工作，又不肯干脏累活，整天游手好闲，是潜在的一些不安定的因素；再一类就是像我们这些做点小生意的人，发不了财，又勉强可以糊口，开发廊、开小食店、开皮鞋店等；也有一些文化层次较高的外地人住在这里的出租屋，这些人一般都有稳定的工作，收入一般，住不起商品楼，就到这里来租房住。另外还有一些从事非正当职业的人，你明白啦。当然，我这里是很正当的。总的来说，羊城村的人口结构比较复杂，流动性很大，所以管理起来比较困难。我自己也时常感到不安全。

村里住的人之间，最主要的矛盾还是利益上的。比如两家相邻的饭店为了抢顾客而互相争吵，或者为了一点小事大打出手的情况也经常有，好像人到了这个地方以后脾气都会变得不好，可能是因为生存的压力吧。而且有时候仅仅是两个人之间的矛盾，但由于两个人来自不同地方，各自又有老乡，那么矛盾就表现为两个集体之间的对立，这也在一定程度上恶化了这里的治安环境。晚上你最好不要来这里逛，街很黑，弯弯曲曲。一不小心就会被人从后面一棍子打晕，钱没了，命也可能没了，我可不是危言耸听。

平时来光顾我们发廊的，很多是村里人，还有那些在这里租房住、文化较高的外地人。一般的外地人很少进来，就算进来也只是理发，不洗头。外间有一种偏见，那就是在发廊干活的人都不是正经的人，好像“发廊妹”都成了“娼妓”的代名词。有些好色之徒进来之后，就会不断地用言语挑逗你，有些更会有意无意地占你便宜。遇上这种情况，我们一般都会在说笑中阻止他们，也不能太强硬，当然一些过分的要求我们会严词拒绝。钱我们可以不赚，但人的尊严不能丢了。

村里的治安不好，这里流动人口多，“三无”人员多，甚至有些人犯了法也匿名藏到这里。人们形容城中村是藏污纳垢之地一点也不过分。还有就是无照经营问题，这里的商铺很多都无营业执照，乱摆乱卖现象比较严重，我看那些开私人诊所的江湖游医的危害性就较大。

城中村的管理难是难，但主管部门若肯下大力气整治的话，还是可以管好的。比如公安部门要加紧对出租屋的监督检查，禁止租给“三无”人员居住，外来人员到此地要办好暂住证，多设几个民警岗点，慎防突发刑事案件，要加重扫黄打非活动，不能手软。工商部门以及卫生部门要加强对村内各个体户的管理，无照者以及不符合规定的不准经营。另外，房屋建设要有规划，不能随心所欲，逐步改善村容凌乱肮脏的局面。

我现在在自学公关课程，我对这方面很有兴趣，正准备参加成人自考，提高自己的素质，以免被社会淘汰。

访谈完毕，走出门口，发觉夜幕（已垂下），街上流动小贩的叫卖声此起彼落，炸臭豆腐的气味令人作呕，黑暗中路人的脸变得模糊不清，只感觉有一双双神秘的眼睛在暗处注视着我，瞅得人不是很舒服。

四川乡下来的花店小老板

受访者：黄小艳，女，25岁，初中文化，四川农村人，花店老板。

记得第一次见到她的时候，是在一个晴朗的上午，我来到一间名叫“心语”的花店里，我对她的第一印象就是她给人一种很温暖的感觉，给我一份心情舒畅的感觉。

我刚一推开精致的门，迎面而来的是一阵花香，有百合、兰花、水仙、康乃馨、玫瑰等。接着我看见了一位身穿粉红上衣、白色裙子的女孩。她手中拿着一把小剪刀，另一手抱着一大束玫瑰，大大的眼睛，闪着亮光。

她的名字叫黄小艳，长得很漂亮。她现在25岁，住在羊城村，她与羊城村有了8年的感情。据她说，她在17岁那年，孤身一人来到广州开辟自己的一片天空。在人生地不熟的广州，她开始了新的旅程。但是她却发现在这个大城市里生存，是非常困难的事。刚开始的时候，她到处找工作，但是却处处遭到拒绝。因为她只有初中文化程度，那些企业根本不愿聘用她。她开始感到绝望，在茫茫的人海里，她又感到寂寞和悲伤。寂寞的是没有家人陪伴在她的身边，在失败时支持她、鼓励她；悲伤的是她没有找到工作，处处没有她的容身之地，眼见日子一天一天流逝，却无能为力。她开始感到灰心，渐渐没有了在广州发展的信心。

1993年的那个夏天，对她来说是灾难的一年，父亲去世，母亲病危，一场决定命运的考试失败，打击接踵而来，这年她才17岁，正在一个偏远小城市靠卖一些小饰品而维持生计。她还是个孩子，在心智和能力上都还没做好面对灾难的准备，而苦难人生的序幕就仓促拉开了。

父亲去世欠下了两万多元的债，母亲治病花费了几千块钱，两个妹妹上学每月还要几百块钱，一时家里没有了经济来源。万般无奈之下，这年春节，她只得变卖家产，四处举债。可是，当她忍受着烦躁和哀痛，踏上回家的列车时，却收到男朋友的分手信。在那长长的站台上，她万念俱灰。那一天是她的生日，在充满酒精味的烟雾里，只有她一个人失神地望着车窗外飞舞的雪花，想着看不到尽头的生活，绝望极了。那个时候她想到了死，年轻的她还没有学会珍惜生命，她简单地想，既然活着不过是不断地尝试不同的痛苦，那还不如及早地结束它。

一遍一遍在心里想象着死去的轻松和解脱，渐渐居然没有了对死亡的恐惧。下了车，踏在车站的薄雪上，她甚至有些迫切地在心底对自己说："好了，等会儿一切就可以结束了。"她永远也忘不了那个卖花的小女孩胸前那一簇美丽的玫瑰花。一瞬间，那小女孩仿佛从天上飘落到她面前，用一双湿润的眼睛看着她说："姐姐，买束花吧。"她没有看卖花的小女孩，一直向前走。女孩非常执着，一次次跑到她前面："姐姐，买一束吧，多美丽的花啊！"她终于停住了，迟钝地看着小女孩。那个女孩马上抽出一枝包装精致的玫瑰递给她，认真地说："姐姐，愿玫瑰带给你幸福。"

那真是一朵美丽的花！在冰天雪地中，在寒冷彻骨的心境里，那朵娇小的花儿轻易地击中了她！她想母亲也曾种过玫瑰，恍惚间，泪水模糊了她的双眼，父母的慈爱让她意识到自己的软弱。她忽然意识到，每个人的命运都是苦与乐交织在一起的。为了那些爱自己的人，也该好好活着！她接过那枝花，把钱放在女孩的手里，低声对自己说，生日快乐！是的，不管生活有多苦，只要这世上还有爱自己的人，自己就没有权利放弃生活的希望。

所以她又一次鼓起勇气，独自一个人从遥远的地方来到广州。刚来的时候，她日夜不停地找工作，终于找到了一份勉强过得去的工作，在一间大排档里上晚班洗碗。白天，她到一些小企业里找工作，晚上，又去路边大排档里打工，虽然挣的钱并不是很多，但是勉强还能维持每天的温饱，还过得去。

终于，机会来了，在某一个晚上，大排档来了一位中年人和一个老人，她最先并没有留意到他们的谈话。但是他们的谈话越来越大声，她开始留意到他们的存在了，她隐约听到他们说要请一位花农，说是要帮忙去除一些杂草之类的。她听了很高兴。她见那位老人长得一脸和蔼，好像很好相处的样子，所以她鼓起了勇气，来到老人面前，请求老人聘用她。她告诉老人，她什么也愿意做，她并不怕辛苦的。那位老人望着她很久很久，终于答应了试用她。其实她要求做这个工作，是由于她想起了那个卖花的女孩。自己既然没有其他的工作，何不去试一下这份工作呢？

从此以后，她在老人的种花场里跟他学习种植花。平常，她照常帮忙去除杂草，一到下班时间，她就跑到老人那里，询问他一些关于花的知识。日子过得很快，她从一无所知到了解很深，能够独自培植新的品种。她后来开始计划开一间花店，而这间花店就是现在的这间。她当时还特意向老人请教，老人见她那么认真，觉得她很有前途，就给了她很多好的建议。她迫不及待地去试验。她将辛苦赚来的钱都花在这个计划上，开始的时候，店里的生意很平淡，一直没有好转。她发现，做生意是一件非常困难的事情，她想到那位老人，想到他也许可以帮自己渡过这个难关。她迫不及待地再次来到花场，老人非常耐心地给了她很好的建议，让她想通了很多。她回到店里，开始重新计划，经过一两个月的努力，慢慢地，店里的生意真的好转了，逐步上了轨道。之后，店里经常来一些懂花、爱花、惜花的客人。店里发出了一道明亮的光，为这个世界增添了一道风景线。她非常感谢那位老人，是他在困难的时候给了她走出困境的指点。

"事情过去好多年了，如今，我已走出那段艰难岁月，生活正变得越来越好。这些年中，每当又遇到困难，快坚持不住的时候，我总习惯地给自己一份小礼物，总情不自禁地想起在寒风里摇曳的玫瑰花。"她知道，只要它还在那里开着，她就不应失去任何希望。

江西宁都来的士多小老板

受访者：钟某某，男，31 岁，初中文化，江西宁都人，士多老板。

步入羊城村，感觉到这里街道比较窄，垃圾很多，有些地方很脏，路的走向不规则，楼房的建设很凌乱，一幢挨着一幢，街道光线很不好。街道上不时窜出几条狗，不是很宽的街道上不时有大车进出，很容易就形成堵塞，喇叭声此起彼落。街道上不时有几个着装不整的保安巡逻，样子不敢恭维。店铺门前卖着些不知名的熟食，苍蝇满布，但购买者不断。那些士多，多数都没有挂上执照等证件。村民们都很轻闲，大家都像不用干活的样子，房子的墙上贴满了乱七八糟的小招贴，租房子、办证，各种各样的。按比例，这里的发廊出奇的多，门口或里面都坐满了小姐，但顾客甚少。下面是访谈记录。

我是江西省宁都县赖村镇蒙坊村人，从 1997 年 8 月外出打工，到过东莞、顺德、广州，做过制衣工人、搬运工，还开士多店。先是到广东东莞，做制衣工人，开衣车，在1999年底到羊城村。我有老乡在这里租了店，就现在的这个，当时我在顺德做搬运工人，他问我有没有兴趣接手他的店，我就先过来看看，感觉还可以，就接手了，从那时候到现在我就一直在这儿干。相对于前几年，现在比较稳定了，2000年把老婆孩子都接了过来。老婆就跟我一起守店，有时也去帮手进货。孩子还小，只有5岁，平时就放在铺子里，等明年就希望给他找个学校。

我们开士多，一般每月都有3000元收入吧，不过有时也没有啊。每个月的开支不少，铺子跟房子要700元，生活费、电费、水费还有电话费要1000多元吧，另外还要交纳几十块的管理费和暂住证费，所剩不多啊，还要寄给老家。

现在在羊城村住了都两年了，与左邻右舍挺熟，跟房东关系也还可以，有时也会串下门、喝喝酒，铺租和房租没升过，大家都算是朋友了啊，有时他来买东西也不会收他的钱，我每月都会按时交租，大家都会信任的。

初来的时候，村民对我们还是有成见，现在熟悉了就好像没有了。不过有也是正常的，毕竟这里是村，每个地方的人对外地人都会有戒心的。

这里的村民都有分红，而且一般他们都会出租房子给外来的人，例如租给我们，我觉得他们很多人都好像没有工作。我够吃的，我老婆和孩子也够吃穿，还有钱往家里寄，比过去好了很多。他们（村民）反而不劳而获，不过这是他们的事，也不碍我的事。

他们的收入实际依靠我们，我们不来，他们的房子租给谁呀？他们那个治保什么之类整天查外来暂住证，随便罚钱，要我交那些治安费，他们自己不用交的。他们原来也是农民啊，只不过是好运，有钱分和有屋租给我们，我们不来他们反而不好呢。他们会有一点感觉比我们好吧，不过我就觉得我跟他们没什么不同的，他们有些人也很坏的，其实他们也有很多人很没有文化，赌钱吸毒也有啊，就猫在前面，一到晚上就有几个。当然我们和他们也算是不同的两个群体吧，我们有很多人都是来打工的，经常到这到那，不定点地走，我也去过很多地方，只是这一两年才在这里，而他们一般都在这边，我反而觉得他们跟广州人也有很大区别，反正我觉得广州人也很少到这村里，他们也未必了解这里的。而村里人也是很多没有读书的，他们跟广州市民也有很大的区别，实际上对于广州市民来说他们也是局外人。而不同于我们的，是他们土生土长在这里，而我们不定期在这里打工，这是我觉得最不同的地方。

我们都是冲着广东来的，认为比家乡那边好，就到这边来打工的吧，都是打工仔，来这边赚钱。不过有钱了也想在这边住下，买个屋子，家乡那边比这边差呀，谁还愿意回去呢？我们什么地方来的都有，一般江西、湖南、湖北、四川的多，都是打工仔。一般都不太认识那个四川的，他那话听不懂，广州话反而会听懂。

在这羊城村我有十几个老乡，他们有空来坐坐，抽口烟，串个门，互相关照。老乡找到门上，能帮的我一定会帮，有个老乡在我这里住了两天，吃啊、喝啊都不收钱，走时我还掏钱给他买火车票。我也困难过呀，我出门的时候也被帮助过、被关照过。那一点点小钱，也不必计较，反正能帮就帮啰。

这里的居住环境很脏，很嘈杂，有点乱，晚上蚊子很多，垃圾费交了也没有人来清洁，夜晚街灯经常坏，那些车出出入入没有人管，那些保安都不捉贼的，有什么事都是村里人说了算的，尽管欺负人家外地人。那些房子建得太密了，你挨着我我靠着你，气都透不过来，住在地下的就更不好了。他们自己打架赌钱都没有人管，我们就不行了，要罚很多钱。还有车子本来是不许进的，可村里的人照样把车开进窄的街道，把士多都堵死，我家士多进一些货，车停在前面就给骂死了。说实在的，外来的人也有不好的，那流动性太大了，有治安问题也很难管，前两个月有个女的就死在了出租屋里，几个星期才被发现。晚上我也不敢让老婆带孩子出去，很乱啊，没有法子。老乡们都怕这个，钱没有了无所谓，命要紧啊。一街之隔，你看，外面的江景多好呀，再走进村，反差太大了。还有那些狗也应该管管了吧，广州不是不许养狗的吗？小孩被吓着咬着就不好了。

他们村里的人也是很没有文化的，不过他们有钱分呀！问题他们也有份啊，钱没有少收，事就不干，那河、那街灯也不治治，那个房子建得乱七八糟的，押金有时又不退，对外地人不够厚道啊！我想照这个样子下去，这跟市区比就越来越远了。我们外地人也不喜欢这里。他们也不想一下，没有外地人来，他们屋子租给谁呀，他们钱还有这么多吗？还整天欺负外地人，他们是村民，有什么了不起的呀！不过说实在的，外来人口也会造成不少问题，事实上良莠不齐的。我说话最实在的了，不偏谁帮谁，不过大部分都是安分守己的打工仔，只不过有很少的人出来混，干坏事。外地的人素质也不会太高，我是指住到羊城村里的，所以那个习惯也就很随便，环境卫生的问题大家都有份，所以我觉得羊城村的问题是外地人和村民都有份的，不能全怪外来人口。

但要改造我想困难也很大，这村里的人很多，你说把他们安置到哪里去好啊。还有这村如果没有了，那外地来的打工仔就更不知道住哪里了。改造要一步一步来，过程可能会很长，不过我也知道这是必然的。你看人家广州市区搞得多好，这些村的位置又很好，但环境却差一大截，这会很不好看的。我来广州这两年也变得很喜欢广州了，这边离天河区那么近，但样子和人家很不一样了。听说这里很快也要拆迁了，珠江新城在这边呀，这些村都会影响广州的形象的。

我们到这边来住，就是因为这里租房子不贵。自己又没有文化，出来打份工都不够租房子啊，就冲着这一点，我想其他在这里租房子的人也是冲着这一点的吧。广州新建的商品房很漂亮，不过太贵了。我在这村里开个小店，老婆孩子都吃得饱，不过就买不起那个房子。现在就发愁孩子的读书问题，这村里的小学不好，比不上市区里的，但我们又没有户口，不过我宁愿出高价也要小孩读上好的学校，没有文化不行呀！特别在城市里，我们现在算运气很好的了，不过往后没有文化就很吃亏。有条件谁不想住高楼啊，整天窝这村里头跟老家没有两样的，甚至还比不上了。

三　羊城村租居的白领阶层

广东湛江来的公司财务总监

受访者：罗生，男，35岁，大专文化，广东湛江人，公司财务总监。

我叫罗生，湛江人，来到广州这个城市已经有五年了，听说这里以前很荒凉的，不像现在这样繁荣。我以前到过汕头和深圳，在1996年的时候才来广州的，想不到这么快就五年了。我在汕头和深圳的时候打过工，自己也做过老板。我在深圳的时候是我最风光的时候，因为我在那里开了间服装店，自己做了老板，每一个月都有几万块钱的进账，的确威风了一段时间，但是最终都搞不好，所以离开了深圳那伤心地，来到了广州。

以前我不是住在羊城村这里的，我刚来到广州时是住在客村的，因为那里离我上班的地方近，但是那里的居民不好相处，而且人员渐渐复杂，不断有小偷、白粉仔那些人进进出出，让人觉得很不安全，就搬到了羊城村，当时是1998年的3月份。在1999年的7月，我的一些朋友来到了广州，邀我一起住好有个照应，因此我就和他们来到了现在这个地方。一来这里的人员不复杂，对面是学校，二来和朋友在一起有个照应，三来这里方便，什么都有，在羊城村有一个超市“好又多”，也就变得更方便了。（我一边听他说着他的经历一边向四周看了一下，他这个房子在第四层，三房一厅，布置得相当整齐、雅致，大厅有一套沙发，前面有一个立柜，放着一台电视机和一部VCD机，墙上有两幅字画，更显得优雅、干净。在电视机旁边放着一台电冰箱，总之看上去让人舒服，肯定是一个收入颇丰的人所拥有的居住环境。千万别忘记了，这里只是出租屋，并不是自己的屋子，所以有这样的摆设应该是非常好了。)

我现在在一间私人公司里做财务总监，这个公司不大，大概有 100 个员工吧，收入还过得去。打工也没有什么开不开心的，起码不用自己操太多的心，每一个月都能按时发工资，那也就算不错的了。你也知道，现在的公司和工厂大多数都效益不好，你也不能要求什么了。(他说得那么从容，可以看出他的收入不算高也不低了。)

我以前在湛江的一家新华书店做临时工，做了一年，看看也没改成正式职工的希望，因此就死了这条心，出外碰一下运气。现在正准备和朋友开一间店，我觉得打工始终不是一个最好的出路。我出来的时候我的家人还在湛江，到今天也没有来，因为我在这里还没有安定下来，所以也没有叫他们出来。

我在广州没有亲戚，不过这也没有构成什么问题。除非你找的工作要广州户口担保，否则自己的实力最为有用，别人帮不了你多少，最重要的还是靠自己。我每个月的收入都有三四千元吧，不算多，只是够用。(我看他说话时满脸的不在乎与自信，我的直觉告诉我：他每个月的收入肯定不止这个数，就凭他这间房屋的装修和家具摆设就可以略见一斑。)

我这个人钱来得多也走得快。我每个月的开支真的很大，房租就要 900 块，生活费这个说不定的，如果有朋友一起出去玩，请别人吃饭，那么每个月就要花费一两千了。还有手机费、交通费这些基本费集合在一起又要几百元。我是出外打工的人，家里虽然不用照顾，但还是要寄点钱回去的，这叫孝心。我们这些在外的人最想的就是早点赚到大钱，回去或是接家人来广州一起生活，这才是最美好的。我每一天都为这些奋斗。

所以我现在和朋友准备去开一家服装店，因为服装我以前做过，对这些方面比较熟，上手就比较快。一来可以有一个赚钱的机会，二来我能够发挥自己的长处，我觉得自己管理和做生意还是有自己的一套的。我相信自己一定可以。我的朋友也是看到我有这些优点才和我一起干的。但是现在还没有定。我的工作地点在南岗那里。这样很好，因为我早上不用追车，晚上也不用追车，我的地点是和大多数人的相反。

我和这里的村民大多数很熟，因为我一有空闲的时候就到一个士多去坐坐，那里全是本村的人，有村干部，也有村民，更有一些像我这样的外来租户。大家聚集在一起大多数是打牌和打麻将。不用说这些全是赔钱的。就因为这些原因我和这些村民也混得特别熟。如果提起房东，这就更不用说了，我和他熟得不得了。他这个人很好，有一次，我都不知道是什么时候了，我和朋友都遇到了麻烦，手紧得很，眼看交房租的日子就要来了，这怎么办才好呢？我们都没有办法。到了那一天，我们不得不把这些情况告诉他，如果他不能宽容的话，我们真的不知道怎么办了。谁知道他二话没说，很宽容地主动说房租下个月再交吧。如果手太紧的话，就等你们有钱再说吧。你说这个房东怎样？我都不知道应怎样形容了。后来，我们几个碰巧赚到钱了就立刻把钱交给了房东，还请他吃了一顿饭，后来我们的关系和感情就渐渐融洽了，现在成了好朋友。他的儿女是这个村的干部，所以有什么事，我也要让他帮忙。这就是所谓的“在家靠父母，在外靠朋友”。

当地的村民对我们这些外来户肯定是有成见的。不过他们是靠我们这些人来赚钱的，他们大多数都有一两栋楼房，全是靠出租获得收入，如果没有我们这些外来人，他们的生活也不是这样丰富多彩。他们中的一些人只是对那些外省的有一定的偏见，怕他们的手脚不干净，其他的就没有什么了。可以说这些城中村是我们这些外来人口和村民的混合体，已经是融合在一起的一个整体了。

其实当地村民的生活大多数很无聊的。特别是有钱人，他们整天没事做的，因为他们有的是楼房，单是收租就有几万块的收入，怎么都不用愁吃穿的，一有空就聚集在一起打牌。有时真觉得他们生活得很空虚和无聊。这种生活方式是不适合我的。

我觉得外来人口对村民的生活肯定有一个丰富的作用，因为外来人口一多，整个村的容貌就会相应地变化了。比如人一多，商业也就繁荣了，士多开得就多了，还有饭店、快餐店、电脑室等都是越开越多的。这些伴随外来人的到来形成的繁荣，也给这些城中村带来了面貌的改变。但是这些是积极的方面。也有一些不积极的因素，这就是社会治安的问题。人一多，就肯定会杂，那么安全的问题就一定会存在的。所以，这也是我刚才所说的我要搬来这里的原因。

我们的生活方式与当地人的差异并没有人们想象的那么大，起码我们广东人的生活方式就和当地人差不多。不同的可能就是外省的人，因为是不同地区的人，生活方式的不同是难免的。而在经济以及社会地位方面，也是不一样的。我觉得，在广州以及深圳这些地方做生意的大多数是外地人，在广州的有钱人很多都是一些外来人口。在社会地位方面，都应该是平等的，大家都是中国人嘛。但对于打工的人来说，如果没有广州户口就没那么好办事了，因为有一些单位是要广州市户口的，或者需要广州户口担保的，那样对打工的人来说就有一些不方便了。我这份工作也是需要这些的，但我幸好有熟人，也就免了这些，否则不就完了吗？我认为现在的广州已经和外来人融为一体了，也不分什么群体不群体的。我大胆说一句，没有我们这些外来人，广州也就不会发展得这么好、这么快。

在外来人口之间，广东与外省的人是不同的，例如生活方式、消费、对一些方面的看法。就拿消费来说吧，我们广东的就很舍得拿钱来花，但他们就大不相同了，都是省着用的，留着应用的时候再用的。但外来人之间并没有大的冲突，我到了广州这么久也发觉不了有什么矛盾冲突，只要你不是个惹是生非的小人就行了。虽然北方来的人脾气有些火暴，但也算不了什么。都是一起住，大家互相帮助的，我看没有多大的冲突。

我在这里有很多老乡，我们闲时都在一起聊天，聊聊自己的情况和遇到的一些愉快和不愉快的事情。如果有什么困难的话，就大家一起商量解决。有句话说“在家靠父母，在外靠朋友”，特别是同乡，有什么困难的，能帮的都会伸出援手的。说不定在你有困难时也要别人的帮助。

在我们外来人中，如果非要分成不同类的人，有上中下这三类吧。这是根据他们的生活条件来说的。因为不是每一个人在广州都是得心应手的，有的人得到了好的工作和位置，但也有落魄的，这就靠机遇与自己的知识和魄力了。如果自己开公司的，赚到钱了就是上等的，一般打工的就是中等，其他的就是比较困难的了。出外的如果没有富的，那么就一定是落魄的。

城中村的居住环境并不算好。因为现在的城中村外来的人多了，卫生就是一个大问题。我这栋房子是花园式的，也有很多垃圾，外面的就不用说了。每天的深夜都是比较吵的。首先是治安问题，其次是环境问题，这通通都是需要改变的，否则就会成为罪恶的温床了。不同的人居住在一起就是一个问题，搞不好的话，将会很严重的。现在每一个外来人口都需要一个暂住证，一个是为了人口的登记，一个是为了安全问题的考虑。

湖北来的公司销售主任

受访者：何某，男，27岁，大专文化，湖北人，家具公司销售主任。

我是湖北人，1996年毕业就出来了。先在重庆工作了一年，也是搞销售。1997年到广州来，在重庆那边生意不太好做，一个老乡说广州不错，就过来了。反正都是一个人，没什么拖累。趁年轻，到外面走走，看哪儿更适合自己。我以前是推销陶瓷，现在是家具，办公用的，月收入在2000元左右，在广州是平均水平吧。（应该不止，从他的衣着派头看，应该在3000元以上，而且从他之前所列举的销售额也可以看出他的收入不应该这么低。）

我最大的开支是通信费，每个月手机费都在400元左右，房租200多块，交通费也要100多块，然后是饮食费，我们搞销售的，经常要和客户吃饭的，当然公司可以报销一部分。

我的工作场所在环市路，不在羊城村，羊城好像工厂居多，很少有大型的公司。我来羊城村住是一个老乡介绍的，我们四五个老乡一起住，我进这个公司还是他们介绍的呢。我们的关系挺密切的，一般下了班就在一起聊天、玩呀、吃饭什么的。特别在放假的时候，例如春节什么的，很多情况下都不能回家，跟老乡在一起感觉会好一点，有些寄托吧。再说像我们搞销售的，当然是认识的人越多越好了。所以也通过老乡认识一些朋友，也许会有一些客户的。刚来那时没什么朋友，也跟老乡会联系得多一点。现在有自己的朋友圈，相对来说老乡之间的关系会淡一些。

但老乡这种关系会牢固一些。有时手头紧家里又要钱的时候，都会互相先垫着。有时买东西什么的也会照顾一下，很多时候精神上的支持也算吧。当然老乡之间小矛盾也是有的，主要是沟通的问题。譬如对一些事情的看法什么的。每个人都有自己的观点嘛，所以有矛盾也很正常；有时也会有经济上的，房租啊、借钱啊，这就麻烦一点。不过我们北方人都比较豪爽，事情过去了也就不会计较那么多了，不像你们广东人，斤斤计较。（有些不屑地笑。）

我这样说希望你不要介意哦。其实我也挺喜欢广州的，要不也不在这里待这么久了。广州有大都市的感觉，生活节奏快，很适合年轻人，发展机会也多，很多外地人都成功了。但这个城市包容性不够大，对外地人有一些看法，其实这是很不公平的。你们不就是广州人，不就是占尽天时地利人和嘛，有什么了不起的？广州的一个很大的特点是经济带动文化的发展，很奇特的现象。我跑过很多城市，好像没有见过。你们广东的大学生，相对来说素质差一些。你不知道在外省考大学有多难，哪像你们广东这么容易呀。当然，可能与你们处在广州有关的，经济时代嘛。你们比我们以前活气很多，更适应社会一些，这也是你们的优势。但广东人比较斤斤计较，这不是我一个人的看法，很多人这么说的。我有些怕和你们广东人打交道，但没办法。

外来人口的概念很大，包括了很多人。外来人口是指非广东人吧？其实广州又有多少是本地人呢？这么多外来人口，差距也是非常大的。无论是经济上还是社会地位上，或者是素质上，都有很大的区别。

我觉得差别起码表现在三个方面：第一是在素质上，外来人口同时包括了成功人士和一般的民工，文化程度上有很大的不同，有些是大学生，甚至是更高学历，有些是初中或是小学生，甚至是文盲；第二是在经济上，你不能否认在广州的先富裕起来的人有很多是外地人吧？但往往生活在社会最底层的也是外地人；第三是在社会地位上，广州很多高层人物，或者说社会名流也有很多是外地人，但也有很多是被你们称为“捞仔”“盲流”的，也都是外地人，去火车站看看就知道了。你看看，这些人的差距够大了吧？

我们外来人大体上可以分成三类吧，一是老板，二是打工阶层中混得比较好的，三是一般的打工者。（沉思了一下）也可以这么划分，就是依据他们来广州的时间来分。因为我是搞销售的，接触的人比较多，所以也比较了解这方面。第一类人，也就是在80年代初进入的那批人。现在还留在广州的都是生活安逸的了。他们有些是分配过来的，有些是退伍军人。他们现在有些在商界，有些在政界，还有些在文化界，例如文工团呀、电视台呀、报社呀，他们基本上都是把家安定下来了。经济收入、社会地位都比较高。这种人虽然在生活上已经完全融入广州了，像你们广州人一样去喝早茶什么的，甚至在饮食口味上已经被同化了，但在深层次上，也是内心深处，他们还是不会把自己看作广东人的。你们也不会把他当成是广东人，是吧？第二类人，也就是在90年代初进入的。那时是户籍管理最严格的时候，他们的心理压力和社会压力特别大，负担重，以中层管理人员居多，现在也是单位的骨干之类的。他们应该是极其矛盾的一批人，又想在广州扎根，又要处理好自己的社会关系和工作关系，还要搞好夫家或妻家的关系。对了，他们和上一批人不同的是他们有很大部分人已经和广东人组建了家庭。但上一批人，也就是现在四五十岁的人，很少外省人和广东人结婚的。第三类人，也就是1996年以后进入的。我也算是那时候进来的。这里又分成两种人：一种人就是进了企业，比较安稳；另一种是跑业务的，比较奔波。但他们有很多共同点，例如思想观念改变很大，他们被广州接受得也快。现在当然是正处在奋斗阶段，但也慢慢成为企业单位的中流砥柱，事实上，他们也是对广州现实最不满的一群人。因为他们从一无所有奋斗到今天，很多时候努力与成绩是不成比例的，特别是与广东人相比。（有些激动起来，可能是联想到自己的实际情况。）

如果按照外来人口所属的社会地位来分，也可以分成三类。一是你们说的白领。年纪轻、收入高、消费高，自信心强，独立，喜欢用钱来证明自己的成功。但他们缺乏一种信念，也就是常说的漂一族吧。他们往往喜欢广州的环境，包括经济上和政治上的宽松环境，但很憎恨广州的人情世故。二是企业的一般职员。他们流动性挺大的，就是在各个单位跳来跳去。经济上比较拮据，这种人为数不少，但在外来人口中是属于比较容易被忽略的一群。三是民工。一般来说包括建筑工和工厂打工者还有一些捡垃圾什么的了。可以说他们是麻木的，对现实很无奈，但没技术没文化，在广州找不到自己的归宿和寄托，最终三五年过后就是要回去的。他们往往承担了最苦最累最脏的活，也总是被人瞧不起，生活在社会的最底层。但怎么说也比在家种地好一点，起码有点收入嘛。其实他们也挺可怜的，可以说，广州的繁荣建立在他们的血泪之上，虽然他们好像很讨人厌似的，但事实上没他们也还真的不行呢。他们的人数占外来人口的 70% 以上吧，但他们实际上不是外来人口的主流。

我在羊城村虽然住了这么多年了，但与当地村民几乎没什么交往。除了每个月交房租以外，和他们的关系也就只局限于房东与房客的关系。我们和他们很难交朋友，是两个世界的人，具有完全不同的价值观。不管在经济社会地位上还是生活方式上，都有很多不同。在经济上，他们每个月的分红都和我们的工资差不多了，年终还更多呢。我们要靠自己的努力，像我以前搞推销，还要看人脸色，钱来得可没这么舒服。在社会地位上倒没什么的，现在的社会也不怎么看重这些了吧。在生活方式上也有很大差别。我们天天要上班，为三餐而奔波。村里的那些人有很多都不用工作的，整天在打麻将、赌博什么的。有什么好比呀？（说得有些激昂，一副气愤的样子。）

但我并不羡慕他们的生活，虽然他们有钱。但他们只是占地理位置的优势，不劳而获。我只能说是他们好命。我个人喜欢积极点的人生态度，虽然我也想有钱，但我想会通过努力拼搏取得的。再说，广东的发展机会还挺多的，不争取简直是个浪费。但有时心理也挺不平衡的，特别是在工作受到挫折的时候，总是想为什么人家可以衣食无忧，而自已要这么辛苦呢？但想归想，第二天就好了，班还是照上，生活就是这样的了。现在不是很流行一句话，“不要输在起跑线上”吗？但现在和他们相比，已经输在起跑线上了，只要在过程中更加努力些，总会赢回来的。

其实我们和他们也没有实质的利益冲突。他们的财富很大部分还来自于我们的房租呢。当然他们也很难因为我们的到来而改变什么，除了可能普通话好了一些吧，哈哈。他们已经习惯了他们的生活方式，根深蒂固了，很难改变的。也可能是我们和他们的沟通太少了，他们很提防着我们的，我又觉得和他们不在同一层次上，没什么共同话题。再说语言也是个问题，挺难沟通的。

就城中村的生活环境来说，如果用一个字来回答，就是“差”；用两个字来回答，就是“恶劣”；用三个字来回答，就是“脏、乱、差”。特别是阳光少。我住在二楼，整天也见不到阳光的。手机还整天没信号。治安不好，经常会被人偷东西的。所以我宿舍除了被褥等必需品几乎是没什么了，不是买不起，是丢不起呀。我刚来那年，买了台二手电视机，想着解解闷嘛，结果两个月不到就不见了，问房东也没什么用。现在经过“严打”好了一点，但我可不敢冒这个险了。反正也没有多少时间在那儿的。所以在那种地方，是不会有家的感觉，对我来说只是个睡觉的地方。原因就很多了，有出租屋住的人的问题，也有村委会管理的问题，很难说清楚。

我到城中村来居住，主要是从经济上考虑。城中村的房租便宜点。像我一房一厅，每个月 400 块，住两个人，每人也就 200 来块，还包括水电费。上班也方便，离公司不远，不用转车。晚上我们要加班，回来也方便点。再说，有不少老乡、朋友住在一起，有个伴吧。像我一个单身汉，几个人一起住方便很多。

城中村要改造，对我应该说影响不太大，最多就是住得更郊区一点，但还是可以解决的。我也不可能长期住在这里的了，我准备在广州供房。如果羊城改造了，等过一段时间，条件成熟了，我可能会搬出去的。据我所知，天河城中村的改造重点应该在羊城和羊城村吧？城中村还是应该改造了，影响都市环境嘛。广州不是刚获得“花园城市”的称号吗？城中村这种房屋有损这个称号。广州确实很漂亮，但城中村里的情况就完全不同了。走过去你完全没有国际大都市的感觉，我觉得这个对比太大了，广州的发展应该是全方位的。城中村是个很大的问题，如果没有解决好，会影响广州的发展，还很大。城中村目前的问题主要是治安差、环境差、人口密度太大，经常污水横流、下水道堵塞、遍地垃圾，经常发出恶臭。有些一房一厅住了十几个人，房东也不管。人员一杂，治安自然就不好了。因为外来人口的素质参差不齐，很难保证的。

不可否认，住在城中村的外来人口多数是中下层的人。素质差，当然就有些不良行为了。例如偷东西吧，确实有些是他们自己干的。还有一些打架什么的。但城中村的村委会也有一定的责任，村委会不能有效地管理村民，已经明文规定了的事，但村民不执行好像也没什么处罚。例如规定租房一定要登记，但很多都没有登记，住了什么人连房东都不知道。还有明明是只能住两个人的房，结果住了十几个人。这就很难管理了。还有些房东利欲熏心，即使知道住的不是正当的人，也不理睬。这就会损害其他住户的利益嘛。公共设施也差，像下水道什么的，整天堵塞。房屋没什么规划，这一栋那一栋的，很不规则，坐向也不统一。出租屋都是杂乱无章的。

要解决这些问题是个很复杂的事情。村委会可以和建筑公司联合起来建设整齐划一的出租屋。既美观又能吸引更多人来住，不会减少收入的；还要加强对村民的管理，加强对出租屋的管理。说到外来人口的素质，不是一天两天可以提高的，也没什么办法。希望通过城中村的改造，可以变得更好些。

湖南来的餐馆经理

受访者：张某某，男，23岁，未婚，高中文化，湖南人，餐馆经理。

我住在羊城村，现在在广州一家叫万丰楼的酒店当值班经理。2000年4月，我已经从旅游学校毕业了近一年，一直没有找到合适的工作，在百无聊赖之际，便去了即将开业的万丰楼大酒店应聘服务生。

当我和上百名应聘者同时守候在大厅时，心里是忐忑不安的。因为在众多的男孩当中，我可能是相貌最不出色的一个。为此，我有些自卑。因为我报名较早，所以第二个就把我叫进了面试厅。台上坐着一位考官，旁边是几位陪考。考官问我："你以为酒店应该是一种什么样的地方？""我认为酒店不仅应该给客人提供美味佳肴，还应该给客人创造一个自由愉快的舒适环境，所以，我认为酒店应该是散发快乐的地方。""如果安排你为一个你不喜欢的客人服务，你会用什么心情对待？""没有不喜欢的客人，只有客人不喜欢的服务生。"我看着考官，"我会做到让客人满意，并会为此而努力的。"这不是很另类的那种面试，我的答案是在心里的，我说得很坦然。考官点点头，示意我可以出去了。结果，我被录用了，经理欣赏我的口才，还说在众人中，我是唯一有备而来的。

办完手续，我和新员工一起开始了培训并参与酒店的清理布置等工作。第二天，我和采购员从市场回来，看到副经理老严正弓着腰在酒店里的钓鱼池里往外面舀水。原来酒店开业那天要大力宣传钓鱼乐趣，池子里的水是试用时放进去的，已经不能养鱼。我把裤腿一卷，跳下水池："严经理，让我来吧！"严经理也不客气，手一伸就把盆子递给了我。

其实水也就那么一点，没舀多久就快完了。这时李总经理又经过此地，看到了我挥盆大干的情景。结果，我的力气没出多少，却落个不怕脏不怕累的好评。

酒店即将开业，老总写了78张请帖，给6个男孩每人13张。我把请帖逐一打开，根据单位的分布，由近到远一家家送去，直到黄昏时，我才圆满地完成任务。当我把那张签有收到人大名的表格交到李总手上时，他先是一愣，继而拍拍我的肩，眉开眼笑地说："小伙子，干得不错！"后来才知道，另外5个男孩最多才送出5张，至于签到表，根本没人想过。酒店正式开业了，所有员工都有了细致的分工。我做梦也没想到，与李总非亲非故的我，竟然分到了做DJ（调音师）的美差，那可是当时最好的岗位。李总还专程从培训中心请来了一位资深DJ手把手地教我，这让我很感动，简直让我做梦都想笑。在高兴之余，我投入全部精力认真地学，短短三天时间，我不仅掌握了DJ的工作要领，还摸索透了各房间的音响特点。

DJ老师给了我很好的评价，他说我的接受能力很强。李总笑眯眯地看着我说："我是不会看错人的！"我没有让他失望，正式上岗时，我已经是一名合格的DJ了。我不仅能及时准确地操作那12台机器，而且能把各个包厢的音响调到最佳效果。

由于当时电脑选曲还没有到位，点歌只能靠服务生口头传达。我只能尽快熟悉所有曲目名称，否则会很尴尬。然后，我就开始揣摩顾客的爱好。经过一段时间，我发现有的客人喜欢进门就唱卡拉OK，他们冲的就是唱，醉翁之意不在酒，在唱，那就无论如何也要让他们尽兴的。有的客人则要等到酒喝到正酣处才兴趣盎然地唱。

慢慢地，我摸索出一套用什么歌待什么客的方法来。房内的客人若是文质彬彬、稍稍发福的中年人，我就放《红河谷》《喀秋莎》《三套车》等外国名曲，他们不仅都会唱，而且唱得相当不错。在外人听来，唱那些歌的人，都是很有品位的。但对那些服饰前卫、举止潇洒的年轻客人，我就给他们放当前最流行的通俗歌曲。若客人中还有地位挺高的小客人，我还会放几首儿童歌曲……这样一来，好多客人就会按照我放的歌曲一首接一首地唱，几乎用不着点歌了。那天，我听到客人对李总说，你的DJ真聪明，他放的歌几乎都是对着我们的心思放的，想什么歌，想着想着，它就来了。我的心里充满着喜悦，因为我的服务宗旨就是让客人满意。

每个员工都有自己的卫生区。我的卫生区是我放音室前那条长长的镶嵌着洁白瓷砖的走道。每天上班的第一时间，我都会仔细地拖几遍，有时客人不小心吐了口香糖，我就用刀片一点点把它刮掉。在我做DJ的那段时间，我前面的走道都是鲜亮鲜亮的。李总每次经过，都会向我投来赞许的一瞥。我知道，我这样做，只是想把工作做得更好，而不是为了他那一瞥。那条长长的走道时刻影响着我的心情，它干净洁白，我的心情就灿烂，反之，我则会郁郁寡欢，难以快乐起来，好像那污点是我心灵上的。

一楼大厅旁门卫室的门卫有事回了老家，我便住了进去，成了一个兼职守门人。那天夜深，我好梦正甜，有人敲门，我隔着闸门问是谁。服务员小红说她喝多了酒，不回家了，要住到酒店来。因为小红是个开放的女孩子，前几天还往我手中塞了纸条，如果放她进去，恐怕我再也难逃是非。于是，我果断地对她说不行。小红在外面敲我的玻璃窗，说我不解风情，不是个男人，我苦笑着对她挥手，然后关灯钻进了被窝。如果要把工作干得出色，就必须让爱情走开，因为爱情是容易让人发晕犯错的。所以尽管酒店里美女如云，我却能远离绯闻。

吧台的两位小姐，一位另谋高就了，另一位因失恋，回家去了，我被李总请到了吧台。原先开票、收款的两份工作，交给我一个人完成，真感激李总对我的信任。我把从前两三天交一次账的习惯改为天天上交，账目也做得一目了然。李总高兴地对我说："你真是块宝玉，放到哪里，哪里就放光彩。"

当然，也有犯错的时候。那天，一个客人结完账刚走出大门，我却发现刚才因为我多按了一下等于号，就多收了那位先生 120 块钱。我赶紧跑出吧台，追出酒店，很抱歉地向客人说对不起，然后把欠款双手交给了客人。隔天，那客人又光顾万丰楼，当着李总的面夸奖我。我觉得很不好意思，因为我的工作疏忽，竟然多收了客人的钱，虽然已经改过，但那错仍是我犯的。

有时候面临一些决定，我感到很为难，因为我只是一名吧男。为此，我和投资经理宋先生发生了几次争执。那天，一位熟客带着数位亲朋来酒店，其中有个七八岁的男童，在用餐的过程中，服务员到吧台来报告，说是男童爬坏了沙发。宋经理一听，要我在菜单上加上 50 元赔款。我说这桌是常客，他每一次光临，我们赚的也不止一只沙发。宋经理一再坚持，我就说，我先去包厢看一下到底是什么情况，然后再决定。后来，我抽空到那间包厢，以检查音响效果为由，草草地看了一眼被弄坏了的沙发。“小家伙把沙发爬坏了，要扣多少钱？”有客人问。“是吗？哪只沙发？”我佯装不知道。在他们的指点下，我仔细看了一下沙发的“伤口”，其实只是沙发内的木杠断了而已。事后，不知道李总是怎样听说了这件事，告诉我，凡事不能只看眼前的利益，并说我的决定是对的。

9 月底，天气渐渐转凉了。酒店的生意愈来愈好，几个投资经理的关系却开始出现了裂缝，后来就传出了许经理要退股的消息。我对这些不闻不问，一心一意做好自己的事。我还给李总提了一个建议，建议他把一楼大厅腾出来做火锅城，因为天气渐渐冷了，火锅生意会很火爆的，并提供了一些切实可行的计划和建议。第二天，李总公布了一条消息，宋经理和许经理退股，酒店从今日起属李总独资。当晚，李总来到我的房间，告诉我一个让我热血沸腾的决定——让我当经理，尽管我对当官没什么兴趣，但这让我知道了自己的能力。“我能行吗？”我明白高处不胜寒的道理。“行，小伙子，你不贪财、不迷女色、不惧邪恶，对待问题有得体的处理能力，这个经理非你莫属了！”

那天是 2000 年 10 月 8 日，我暗暗握紧了拳头，这个经理我是做定了，而且一定要做好。如今，我坐在窗明几净、宽大舒适的办公室里，描绘着万丰楼的明天。回首已经走过的半年，我可以很自信地说，我行，我可以。

湖南来的软件程序员

受访者：陈某某，男，28岁，未婚，大学文化，湖南人，软件程序员。

我是湖南人，大学毕业后回到老家进入当地政府机关，负责政府机关电脑室的维护。两年后，我对机关工作那种得过且过、勾心斗角的气氛感到失望，不想留在一个落后而又没激情的地方虚度自己的青春年华，于是放弃就要到手的晋升机会，凭着年轻人的冲劲，辞职只身到了充满机会与挑战的深圳闯天下。

我先是在一家具有外资背景的公司从事公司的计算机管理，维护整个公司的计算机系统。刚开始既高薪又舒服，但一年后觉得工作岗位没有什么挑战性，不能满足自己对工作的追求，感觉十分空虚，于是，在朋友的介绍下辞职来到广州。到广州后，先是在太平洋电脑城一家电脑组装店里当总管，半年后认为薪水太低，没有达到在深圳市三分之二的水平，于是再次辞职加入一家电脑品牌代理店，任销售主管。很可惜，三个月后被老板炒了鱿鱼，因为我根本不适合从事营销工作，三个月的销售额比不上别人两个星期的业绩。经过失业一个月的痛苦后，我找到现在工作的这家软件公司，专门为珠江三角洲的一些中小型企业设计财务管理软件，从事程序员职业。由于任务比较繁重而待遇相对较优并具有一定的挑战性，最重要的是得到经理的赏识，所以一直工作到现在。

我以前在一个环境相对差的村子里住，今年2月，过了春节后，因为公司总部搬到天河北，最重要的是加了薪水，为了上班方便，所以搬到羊城村来，是一个朋友介绍我租这个房子的。在我的社交圈子里，很多都是从内地过来的，他们挣了钱的，自己买了房子，但在短短几年里能买起房子的很少。比较多的都是我们这些人，最经济实惠的方式就是来到这些城中村，第一，房租相对比小区低，第二，又接近上班地，一举两得。所以当我提出我要搬家时，马上有朋友帮我推荐这里，我觉得挺合心，于是就租了。

我以前有一个女朋友，但现在吹了。在我到深圳不久的时候，忽然听说她已为人妻了。当时真的伤心了一段时间，非常失落，当晚到酒吧喝酒，结交了一个酒吧女，当晚我们还那个了。后来我们保持了这种关系一个多月，因我们有性无爱最终还是分开了。一直到现在我再也没有找过其他的小姐。

我们公司那里讲的是按劳分配，也就是说如果你这个月的任务较重，那工资也会高不少，像最近这三个月平均每个月 4000 元左右。

我住的这个村在市中心，房租相对贵点，像我这样，一房一厅的套间每个月 500 元，不包括水电煤气费。我们公司提供中午餐，晚餐因为经常要加班的缘故，所以都是盒饭，这样我在正餐上消费很少。但你知道，做我们这行的节奏比较紧张，人的神经几乎一天都是绷紧的，所以每当我们加完班后，都是几个同事一起到酒吧去，喝点啤酒，放松一下神经，所以消费比较高。具体数目没有算过，总之每个月能留在存折里的金额就没有多少了。

我和现在的房东仅仅是房东与房客的关系。因为我的工作比较忙，晚上又是半夜才回家，一个月就见那么一两次，所以跟房东没什么沟通，相互之间没有什么联系。他来我这里也只是收房租，收完了就走，从来没有问过我做什么职业，我也不知道他从事什么职业。可以说，除了知道他姓什么就啥也不知道了。如果真是要给我与房东的关系做一个定论，说真的，我有点讨厌房东，因为每个月他都要分享我的几百块劳动成果，哈哈！但我跟以前的房东是朋友关系，房东的儿女都搬到市区住，四层房子就住着他们两个老人家，他们住三楼，我跟另外一个租客分别住二楼的两个单元。每天他们晨练回家我就刚上班，下班回到家他们刚好吃完晚饭到外面散步，所以见面的机会比较多。而最令我感动的是那一个月我失业时，女房东得知后每天见到面都询问我找到工作没有，那个月他们减免了我的一半房租，那时真是好感动，女房东给我一种母亲的感觉。搬走时真是有点舍不得他们，现在我如果有时间都会回去探望一下他们。

这里的村民对我们似乎没有什么歧视，我反而觉得村民比较喜欢我们，哈哈。现在是市场经济了，他们也知道服务需要质量，而这个租房市场竞争又比较激烈，脸色不好我们可以选择其他房东。好像他们村的领导也比较重视本村的服务质量问题，听说他们有时开会会要求村民要友善对待我们这些租客。

我不知道他们暗地里怎样想，但我觉得他们看到我们就好像看到了财神。可能是因为我的圈子的人都是一些住在城中村的白领吧，我们的举止、谈吐、仪态跟广州本地人没两样。

据我以前的观察，很多村民都没有什么职业，他们利用征地补偿，建造房子，然后翘着腿收房租过日子，优哉游哉，日子过得不亦乐乎。后来从报纸上看到，正因为村民这种无忧无虑的日子，滋生了很多社会问题，比较突出就是“二世祖”的现象。年轻的一代因为缺少生活的磨炼，从小就在一种不干活照样能过着神仙般生活的氛围中长大，他们在学习上、工作上都没有什么积极性，久而久之，在他们当中就出现很多社会的败类，吸毒、嫖娼等社会不良风气在这些城中村中蔓延。社会上对这些问题的讨论很多，但不少村的领导到近两年才发觉这些问题的严重性，听说最近很多村出台一系列鼓励青少年勤奋好学的政策，如“高中奖”“大学奖”等，对考上大学的，不但维持个人年终分红不变，而且由村全包整个大学期间的学费、生活费。除此之外，一人得道，鸡犬升天，家人也会得到一笔颇丰的“培养奖”或者“贡献奖”之类。因此，如果从收入的角度或者从鼓励求学的政策上考虑，我羡慕村民的生活；如果从个人奋斗的角度上，我不羡慕。

像我们这个村中，外来的租户一大部分人都是在附近写字楼上班的白领阶层，他们都接受过高等教育。他们进入城中村，在一定程度上改变了原来村民对待生活的方式和态度，改变了城中村村民的地域观念。城中村的村民，多多少少都会有一种地方荣誉感，有一种狭隘的地方主义，也就是说我是这个村的，你是那条街的，区分得很清楚。外来人口的进入打破了这一界限，拉近了村与村之间存在的所谓距离。另外我们这些外来租客每年给村民贡献大把大把钞票，有了钞票，村民知道怎样去享受生活。

当然，我们无法与村民比拼经济实力。他们一个月的收入我们要干几个月，但经济并不等同于社会地位，在我们这些租客中，我们多数认为自己的地位高于这些村民，因为我们是这个社会的创造者，而村民只是消费者。村民的生活方式是享受生活，我们是追求生活。他们能优哉游哉地过日子，不用去考虑钱包；我们不同，我们每天埋头苦干，用钱时还要掂量掂量钱包的鼓瘪程度。

广州有几百万外来人口，我们是这个城市的一个组成部分，因而，我们也跟这个城市的其他人一样，各不相同。有做大老板的，有做小老板的；有白领，也有蓝领；有博士，也有小学毕业；有当官的，也有普通老百姓。反正作为社会的一分子，一个整体内部应有的都有。

我在这里的老乡很多，因为老家穷，广州富，人往高处走嘛！所以很多人都跑广州来了。不过我很少跟老乡交往，因为各自工作都比较忙，而每个人的工作环境、工作岗位各不相同，很难约到一起，有时只是通一下电话，了解对方的情况。每个人都是工作要紧嘛！出门在外，即使是萍水相逢，也应互相帮助，更何况是老乡。

这个城中村的居住环境相对较好，但整体很差。因为城中村的楼房都是村民自建，没有像小区那样专门有规划，都是村民你建一栋、我建一栋，而且村民们为了争取多一点空间，把整条村建得密密实实，存在着比较严重的消防和治安隐患。

广州要建成国际化大都市，城中村可以说是广州的一个个伤疤。有的城中村简直可以说是藏污纳垢之所，你进来时都可以看到，这里污水横流，垃圾到处都是，这除了与这里的租客自身素质有一定关系外，我觉得最主要的是这里的管理和规划，希望在以后改造时能解决这个问题。

湖南来的企业推销员

受访者：孙某，男，36岁，已婚，高中文化，湖南人，企业推销员。

我是湖南人，19岁就出来打工，干过司机、化工厂工人、推销员，全国各省份80%以上都去过，1989年来广东，1997年搬来羊城村。

我来羊城村住，是因为我的房东虽然有地，但是钱不够，盖不起楼房，所以通过人际关系，联络到羊城村以外的我们单位。然后达成协议合作，一方出地，一方出资建楼，建成后上面几层就归我们单位所有。我在这单位工作了快十年了，是单位的正式员工，作为福利分房，单位就分了一套90多平方米、三房两厅的房子给我，不过产权依然属于单位，我只是每月交房租。

分到这里，房子虽然大点，但人员杂，治安乱，空气又差，有条件的，都不会愿意住在这里，情愿在外面住一套小一点的房子，会安心得多。

现在，我母亲、妻子、两个儿子都跟我一起住在羊城村，我妻子在宾馆当服务员。我还是做推销员，每个月有2000多元收入，我妻子平均每月有700多元。除了我母亲，我们都有广州市户口了。我由于是福利分房，房租比较少，我们家五个人一个月的伙食费是1500元左右，平均每人300元，再加上要负担两个孩子的学费和养老人，还要承担除食宿以外的其他必需费用，过日子也还是要精打细算的。

这里的村民一般至少都盖两栋楼房，面积加起来有800—1000平方米。通常房东会留一层给自己家住，一楼出租当档口，一年约每100平方米3万元，余下的楼层就租给外来人居住，租金为一个月每100平方米1500元左右。有些房子还要贵，但都是几个人合租一套房子。

由于地理位置的关系，不少宾馆和企事业单位都离这里不远，因此有很多外来工会来这里租房子。羊城村是广州市城中村中外来人口最多、出租屋最贵的地方。我们羊城村外来人口都超过4万了。

我在这里住了五年，基本上很少和村民来往，就是一种房东和房客的关系，外来人要和村民建立起朋友关系很难。村民对外来人还是有成见的，因为治安差基本上都是外来人在闹事。有的外来人没事做，或者是嫌钱少又辛苦，不去找工作做，天天游手好闲地混日子、做烂仔，在村子里骗吃骗喝，在外面偷窃、抢劫。有一次，村长的儿子打电话要人送煤气，他忘了自己的包就搁在门口边的鞋柜上，一不留神，就让送煤气的那个外地人偷了去。等他发现，叫村里保安去查，那个人早就不知溜哪儿去了，连身份证都是假的，根本无从找起。包里有1000多元和一部手机。这种人都是在村里认识的某个老乡朋友那里，借张床位睡几晚，一捞到好处，就立刻转移地方，溜得不见了人影，很难抓到他。外来人在这里违法闹事，再加上语言不通，当地人排斥，也是自然的。

村民们都挺富的，这些村民的人均收入是广州市民人均收入的4倍还要多。村民除收取房租外，每年村里还有分红，按人头分，但村民出外当兵的一人分3份，村民是独生子女的一人分2份。村长和党支部书记年薪30万，治保主任年薪25万。这都是村务公开后，写在公告栏的黑板上的。

当然也不是每个村民都那么富，也有穷的村民。有些村民可能是因为懒一点，又没文化，加上家里人口也多，一家四个孩子，家里没什么钱盖楼房，就让老婆去搞清洁卫生。而在村里搞卫生的，一般都是外来人，本村的村民干这种活，一定是家里比较穷的。不过，同样是搞卫生，村民就每月1000元，而外来人一个月只有500元，少一半。村民的待遇始终是好一点，地位不一样。

外来人口对村民的生活是有影响的，外来人口有的通宵打牌、吵闹、酗酒、斗殴等，影响到村民的休息，村民都会打电话到村治保会投诉。还有就是某些外来人没钱交租，拖欠了几个月的房租，房东就会赶他走，这些人很可能和房东打架，甚至是对房东进行恐吓、报复。

如果租房子的人信誉好，每个月都能按时按量交租，人又比较有礼貌，房东可能会宽容一点。我们这里有一位在医院打零工的先生，每月工资也就那么七八百块钱，家里出了点事，由于他为人信誉不错，才向医院借了两三千块钱，每月要从他工资里扣掉400块，自己每月生活费最少也要300块，实在也是没钱交房租。拖欠了半年房租后，房东催他交租，谈了很久，房东见他确实是困难，就免了他一个月的房租，只收五个月的钱。

外来人口与村民是不同的，在经济上村民与外来人口贫富相差悬殊，在村里的地位不平等，不同省份间人们的生活习惯、生活方式也大不一样，才形成不同的群体。村民与外来人口之间基本上没有往来，我们从来没有进过房东家，即使是交租金给房东，也不准进他家。

外来人口的情况也比较复杂，因为来自各个不同的省份，生活习惯、语言都不相同。有的高中毕业，有的连初中都没有毕业；有的每月有几千元的收入，有的完全没有收入，挨饿；有的打架、偷窃、抢劫、行骗无所不做，有的遵纪守法。有些人也是为生活所迫，没有办法，小打小闹的，大的案件根本就不敢做。从经济状况看，我认为外来人口可分成三类：一类是赚得到钱的，生活水平不亚于本地广州市民的，占2／5，他们有的是有一份稳定的工作，有的是做小生意的，在村里或村外做些小生意，或者是在房东那里租一套大一点的房子，自己只住一间，把余下的房间租给其他的外来人，从中赚得差额；另一类是比较穷的，生活水平比本地人差，有的一个月赚几百块钱，还要寄钱回去养家，有的经常没有工作做，连最基本的每月300元的生活费都难以保证，这一类人也占2／5；最后一类占1／5，就是那些找不到工作，完全没有收入，要么挨饿，要么以不正当途径获取钱财的人。

外来人口之间也存在着各种矛盾。像酗酒后就会吵架、打架；

同住一间房的，遇到诸如一些我睡觉你打牌、我不在你偷我东西、用我的物品事先不告诉我等这一类的事情，都会闹矛盾。

羊城村这里有不少湖南人，认识的就有交往，不认识的没有交往。老乡之间互相照顾这是当然的。住在羊城村里的外来人口最多的是四川人，他们拉帮结派，成立了"四川帮"，谁要是在村里得罪了四川人，"四川帮"就会有人来帮忙出头。他们的帮老大，大家都叫他"帮仔"，卖水果的、摆地摊的、卖夜宵的，凡是做小生意的都要交保护费给他，要不然就做不下去。平时"四川帮"的烂仔拿水果、吃早餐、吃夜宵不给钱，小贩们根本没有办法，只能由他们去。这些烂仔就是这样不干活，每天到处骗吃骗喝，游手好闲的。

这里主要是租金便宜，居住条件很不好。首先是房子结构布局不合理，楼与楼之间挨得太近，窗子都没有办法打开，空气不流通；其次是治安差，晚上都不出门，只要是听到响一下，就怕是有人入屋来偷窃，提心吊胆的；还有就是脏、乱、臭。报纸上都登了，羊城村有一条臭名昭著的"垃圾街"，每日清晨，"垃圾大军"就会从羊城村出来。羊城村有四个废品收购站，收、捡垃圾的人每天早上 6 点半从羊城村出发到外面去捡垃圾，晚上 9 点以后才背着一袋袋的垃圾回来。由于捡垃圾每个月可以赚到两三千元，收入还不错，许多人都抢着干，这就把附近大部分的垃圾都堆进了羊城村，垃圾到处是，臭气熏天，环境卫生极差。

广州要建设成为国际化大都市，像羊城村这样的城中村实在是影响市容。你看羊城村，与马路对面的高楼大厦格格不入，形成鲜明的对比，如今又归为新规划的珠江新城的范围内，不改行吗？城中村改造对外来人口无所谓，大不了就回老家。可是，村民应该都会反对的，因为本来他们靠着土地，很轻松就可以有稳定的高收入，生活舒适、有保障，但是城中村改造以后，土地归国家所有，他们就会觉得没了保障，损害了他们的根本利益。因此，要改造城中村是有很大难度的。

广东深圳来的晚报编辑

受访者：黄某，女，23岁，大专文化，广东深圳人，晚报编辑。

我是深圳人，毕业之后在深圳做了一年工后来广州。我是读中文的，刚开始在深圳的某家杂志社做过文职工作。今年3月才来广州的，在某晚报工作，可以说是跑腿编辑。我是在深圳看到招聘广告，到广州面试录取后才来的。今年5月来到羊城村的，刚来广州的时候，不熟悉这里的环境，在一个同学那里借住了一段时间，后来朋友介绍说这里房租比较便宜，交通也还挺方便的，就拉了另一位也在这工作的同学合租了这套20多平方米的套房。我的家人不在这里，我也是在这里闯一下，几年后我可能会回去的，深圳也很好呀，还是看情况吧。不同的地方有不同的挑战，在一个地方待久了，很容易会变得懒散，年轻人需要活力，对吧！

我属于初级打工仔，月收入2500元左右。我跟别人合租这个套房，每月房租500元，加上水电费每人就300多块吧。要交纳的税费100多块。平时的生活费很难算得清楚，我是女孩子嘛，在购物方面会用得比较多，反正这工资够我用的啦！

我工作的地点离这里不是很远，我平时都是坐公共汽车，不用转车的，很快。我在这里租房主要是因为这里交通方便。我跟那个房东就见过一次面，谈不上沟通，也没怎么联系，更不用说建立友谊了。我们每个月的房租直接存到他的户头里，我看呀，可能到我们的合同期满之后才可以见到那个房东，除非我们没交房租。

村民对我们这些外来人倒没什么歧视，也许是因为我是广东人吧。对当地村民的生活，说真的，有点羡慕。村里的村民有可以出租的物业，他们把自己住不完的房子租出去，不愁吃不愁穿，可以说是不劳而获吧。不过，我还是喜欢有动力的工作，人也积极点。

这些村民还有相当一部分人的户口是农民，不少农民是“洗脚上田”。外来人口都是来广州拼搏创业的人，所以，外来人口与他们在文化、生活习惯、价值观念上有一定的距离。不过，别小看这些村民，城中村里产业结构已经非农业化，第三产业和土地收益是他们主要的经济来源，土地被征用的补偿费和物业出租收益使村民形成了很强的经济实力。这里村民的生活方式已经被改变了，虽然说这里是农村，但从地域来看，这些所谓的农村早就已经与市中心融为一体了，很难分清哪里是农村、哪里是城市，严格来讲村民已经不是传统意义上的农民了。外来人口和村民在经济、社会地位上不会有明显的不同，因为外来人口中也有经济比较好的人，只是在广州的创业刚开始。而生活方式就不同了，一般外来人都要赚钱糊口或开始创业，生活节奏是快的，而大部分村民的生活是慢节奏的。我们这些上班族，平时各忙各的，回到这里，就想好好睡上一觉，根本没时间去串门。

这里的外来人，我想如果按收入，可分为高、中、低收入者。有一些外来人，已经有一定的经济基础了，至于他们为什么没搬出去，那是另外一回事，可能是因为广州的房子还是太贵，或者他们想积蓄多一点再搬出去，这些是高收入者。而这些高收入的人有的是早期入住到这里的，在广州奋斗了多年，我见过有的已经有家庭了。中收入者应该是我们这一类吧，刚出来工作不久的人，没什么好讲的。低收入的应该是那些做小贩的人和那些做苦力的人，也就是民工。哦，补充一下，这个分类是指有工作的人。羊城村这里有很多是外来人口和流动人口，大家都是因为这里的房子便宜才来到这里的，所以这里也就会成为盲流和一些不三不四的人的聚集地。就我个人看来，总的划分那就是有工作和没工作两类。

至于居住环境，那是差极了，简直就是脏乱差！（她有点激动）你看看外面，楼房拥挤，道路狭窄，有的地方甚至仅能容一两个人侧身。配套设施也不足，在排水、卫生、消防等方面存在着很大的问题。一遇到下雨天常常被淹，一遇台风就受到“重点照顾”。我在这里住了几个月，什么都见过了。还有，村内很少见到绿地，很多地方由于缺少光线，连盆栽都很少养活。八九层的楼房内没有电梯，为了是给房间留出更多的面积，房屋内阴冷潮湿，缺少通风，我看住久了，健康都会有问题。还好，我找了这间相对好点的。还有，外面的房子拆了又建，建了又拆，好像一个工地，到处都见到堆积的建筑垃圾，加上那些如同工地般的噪声，有时候真的很受不了。城中村实际上已经是城市的一部分了，但它却与城市的发展很不协调，外面一番景象，村里面又别有一番“天地”。所以，非改造不可！还有，这种密密麻麻的房子和过多的人口肯定会在管理上有“盲点”。

像我们这种刚出来工作的单身人，特别是外省人，能找个地方凑合就好。选择地方住，主要是从经济上考虑。可以说，这里是第一落脚点，如果条件允许的话，我一定会搬出去，至少我是这样想的。我不可能长期住在这里。如果改造影响到我，我可以搬到别的地方，现在我对广州熟悉了，问题可以解决。这些村民的住宅是低租金，致使在这居住的人员越来越复杂，听说有一些赌博、吸毒、卖淫的犯罪活动，不过，我没见过。见得多的是打架，抢东西的也会有。我平时一个人不敢太晚出去，治安很不好。

村委会在这方面的管理是薄弱的。因为出租屋的房东只关心自己的利益，他们想能够把房子租出去就行了，至于租给什么人，要不要登记，也不会太在意。所以，这里成了混杂的外来人的聚居地，这种情况，村委会也可能是有心无力呀！

改造要看政府的决心了。我认为主要解决村民的后顾之忧，如果这些村民没有了可租出去的物业，该去哪里找饭吃呢？政府要有妥善的解决办法，让村民心里有个数，同时要加强对外来人口的管理。现在天河区政府正在努力改造“羊城村”，过几年，相信会看到很大的改变。我们期待吧！

河南商丘来的电脑技术员

受访者：王某，男，28岁，大学文化，河南商丘人，电脑公司技术员。

我是河南商丘人，1996年大学毕业后进了郑州的一家国企工作，干办公室行政工作。在里面待了两年，单位的效益不好，背着大笔的债务，感到没什么前途，整天困在办公室里，也学不到什么东西。况且拿着那丁点儿的工资，心里也不舒服，就辞职下海了。后来南下到了珠海，和几个朋友合伙搞了个小贸易公司。大家都没有什么经验，折腾了一阵子，没赚到什么钱，就散了。这几年，武汉、汕头、珠海、深圳等地方都走遍了，广告策划、公司文员、推销……凡是能赚钱的都干过。后来，来到广州，在这里待了下来。现在干着份电脑公司的技术工作。快一年了，感觉还可以，就一直干下来了。

我1998年辞职，到武汉转了一圈后，就到广东了，"发诶到广东"（用粤语）嘛。到了后，人生路不熟，工作干过不少。去年找到了现在的这份电脑公司的工作。由于公司没有提供住所，要自己解决，就住进这个羊城村了。

听朋友介绍说，这里的租金比较便宜，我来一看，感觉还可以。离公司也近，就住下了。这里我是跟一个同事合租的，家人都在河南老家，就我一个在广东。哦，是了，还有一个远房亲戚，在冼村那边开了一间小餐馆，小买卖。除此之外，就只有几个朋友来往。认识的人不是很多，家里很少回去。现在通信发达，有什么事，往家里挂个电话就可以了。

我现在干的是电脑公司的技术工作，主要是电脑的日常维护、硬件装配之类。公司不算大，很多事都要干。每月工资加上奖金、提成什么的，也有3000多块。不过，你该知道，干这行的，时间没个准，有活儿干，就得10个小时接着上，没办法，赚钱嘛！如果有时间，就找个兼职活儿干干。这样一下来，每个月的总收入也有个三四千，可以啦，先干着吧。好工作现在难找！

我与同事合租的房子每月的房租450元，我个人的生活费约700元，其他开支800多元。我工作的那家电脑公司，在岗顶的太平洋电脑城里面。给老板打工，当小雇员，等有钱了再找个好路子闯一闯。打一辈子工也没出息，不混个头儿出来，也没脸回去。

我跟村民一般都不熟识。不过与这屋主也不只是房东跟房客的关系，也算是个朋友吧。房东的年纪不大，就 30 多一点。来这地方租房一年多，这一来二回就熟识了。见面也会聊上两句，逢年过节也会请他来吃个家乡菜，还算蛮熟。这村里的很多事就是听他说的。他们一家就住在隔壁的那幢红色的五层小楼里，很近。不过我想这算是特殊情况吧，别的租客跟房东可能就不会那么好了。

村民应该也没有太深的成见，大家是宾主关系嘛，没有什么冲突，有的可能见你是外地人，心里开始会有点提防和戒备，一般都还算客气。不过因人而异吧，毕竟大家是不同地方的人，互相的了解和沟通很少，生活习惯和生活观念等方面的差别也很大，要一下子接受对方不容易。个别的歧视情况应该也有吧。这里很多村民都有钱，眼光也高了，可能会想，凭什么就看得起你这“打工仔”（用粤语）是不是。这世界什么人都有，我们这些出门在外的，什么没见过，别人怎么说我们管不着，踏实工作，问心无愧就行了，其他的就是别人的事了。

这里的村民基本上每家都有几幢房子出租，每月就收租的钱也够他们家庭的日常开支，生活比较富裕，经济上又有保证，生活就没有太大的压力。不过让我来说，就总是觉得这种生活没多大意思，只会助长生活的惰性。据我所知，村民中虽然也有开厂设公司的，但很多人并没有正当工作，每天就喝茶、打牌打发时间，然后就是月末收租。谁叫他们收起手脚也可以过日子呢！

外地人来到村里租房，生活、工作，跟本地人混住在一起，村民不用种地，可以盖房子出租、办厂，还能得到村里分红，经济条件得到很大改善。外来工打工赚钱、开小店等，都带动了村里经济的发展。村民的生活有很大的不同，他们已不算是传统意义上的农村人口，他们中的年轻一代，很多人已搬出城中村，只留下一些上了年纪的人看守租屋。我想外地人的到来已经很大程度上冲击了他们原来的生活方式。外来人口跟村民在经济、社会地位和生活方式上是有很大的不同，差不多像是一种老板跟伙计的关系吧，大家的收入来源几乎完全不同。在村民的心里面，对于外来人口，心理上应该有种优越感。（表情有些激动）而且我们外地人很多仍维持自己家乡的生活方式，有自己的关系网，只跟老乡来往，很多时候与村民格格不入，就像两个国家的人！外来人口之间当然也有不同。大家来自不同省份和地区，语言和生活习惯也不尽相同，流动性又大。应该老乡之间的交往会多一点，算是小圈子吧。虽然会有各种矛盾，但很多时候会互相尊重，井水不犯河水。但一同工作的人也会有来往。大家都是出门打工，所谓“四海之内皆兄弟”嘛！要说区别，我想主要是教育程度和工作性质不同吧。矛盾当然有，我见到不同地方的两帮人因为争工作而打架的事，不奇怪。大家混杂在一起，有冲突很正常。总之，息事宁人吧。

我自己除了几个公司的同事和很少几个相熟的老乡朋友外，基本上与其他的老乡没有来往。一般都是工作关系或事先认识的，大家同一个地方出来的，沟通也容易。偶尔借个钱什么的很平常，互相照应嘛。出门不容易啊，可以帮就帮。

外来的人口可以分两类，一类是受过较高等教育的人，从事较好的工作，如公司文员、行政人员之类；另一类是文化程度较低的人，一般都干体力活。另外还有一些没有固定工作，打打散工之类的，差别很大。大家的收入和生活水平也不同。没什么标准，就看你干的工作和文化程度吧。我也算是外来人口中的“富人”了，（脸上有自豪感）基本上我的朋友也跟我差不多，有共同语言，相处舒服！

这村里的房子大部分都是村民自己盖的，根本没有什么规划而言，喜欢怎样就怎样，连条小巷子都是歪的。这里的治安、卫生环境都不好。环境污染也很严重，附近工厂生产的噪声很大，吵吵闹闹的。路灯也很少，晚上偷抢个什么的也不奇怪。我们出入都会多个心眼，以防万一嘛！这里的村民也有不少养狗看门户的。城中村这种形式对于广州这样的大都市，特别是形象方面影响很大，它是城市化发展过程中的残留物，这种过渡性的东西终将要被清理掉。

不过我想这改造应该会遇到很大阻力，因为改造肯定会造成村民一定程度上的既定利益的损害，会有抵触情绪，而外来人员也会失去这些廉价的落脚点，只能随着这改造的潮流，流动到一些更偏远、未及改造的地方，开始下一个循环。很理性吧！（大笑）世界就是这样，总得向前发展，毕竟在广州待了一年多，算有点感情吧。我衷心希望广州在这方面可以以珠海为榜样，把城市建好、建漂亮！

湖南衡阳来的兼职电脑教师

受访者：赵某，男，27岁，未婚，大学文化，湖南衡阳人，兼职电脑教师。

风华正茂的20岁，正是做梦的年龄，刚好小赵大专毕业，原以为凭着他那优异成绩的大专毕业证和肯干、肯搏的精神，可以出去闯一闯。他经常听人说，广东是一个黄金遍地、到处是机遇、可以大展拳脚的地方，于是他就把自己希望到广州闯闯的想法告诉父亲，开始父亲是极力反对的，因为他说大不大、说小不小，人生经验不足，而且自出娘胎后，从没有离开过家，现在要离乡背井到一个举目无亲的地方找工作，父亲实在不放心。但经过一番口舌说服和再三保证他在那边会好好照顾自己，处处小心，绝不会行差踏错，父亲才勉强答应了。

来到广州后，小赵对所有的事物都感到好奇，不过对这个楼房高、街道宽、车辆多、生活节奏快的大城市他感到一种无形的压迫。拿着大包小包的行李，他知道必须先找一个可以落脚的地方整顿好一切，然后才可以开始他的打工旅程。他好开心，可是找落脚的地方没有他想象中的那么简单，因为在市区较为好一点的房子都要上千元一个月，见他是外地的也不是很愿意租给他呢。他想，父亲好不容易给他的几千元，如果都花在房租上，就算自己再省吃俭用这钱也花不到四个月就用完了。所以他决定到听说房租比较便宜的城中村里去住，他买了份广州地图，来到羊城村租了一间便宜的小房子，就打点好一切。

第二天早上他就怀着无比兴奋、自信的心情出去找工作了。可是一天的奔波，不但令他的体力下降了，更令他的信心也下降了，因为满街都是找工作的人，而报纸上的招聘广告，大多数都要求有本科以上学历，还要有几年的工作经验，他学历不够，而且又没有什么工作经验，每天的结果都一样，一个星期过去了，他还没有找到工作。本来也有几份较好的工作，他都够条件去做的，可是人家一听他的口音，知道他是外地的，就不太愿意用他。那时他好无奈，身上的钱一天比一天少了，每每拖着碎步，踩着夕阳的影子回到一个没有人气的屋子里，都会有一种惆怅和失落涌上心头，让他欲哭无泪。

他每天一早起床时，都会看到他的房东挑着水桶到菜田里浇水。小赵称房东为何叔，这天他一早起床没有出去找工作，他只是来到了何叔的菜田地帮他浇水和收割，然后房东就给了他一些青菜拿回去，连续几天都如此，渐渐地他跟房东熟悉了。房东对他很好，就像父亲似的，教他做人的道理，劝他不要灰心，再去找工作。他听了房东的话，重新鼓起勇气去找工作，可是他每天还是坚持先帮房东浇菜田，把菜收割放进箩筐里拉到附近的菜市场后，才去找工作。不过几天又过去了，他还是找不到一份工作，他经常垂头丧气的。一天房东邀他到家里吃晚饭，他答应了，一早就到了房东家帮忙，饭菜准备得差不多了的时候，何叔的儿子下班回来了。在吃饭的过程中，何大哥问他一些关于以前学习的情况，还特别问他会不会电脑，幸好他大专的时候是主修计算机的，他对计算机也很感兴趣，于是何叔的儿子帮他找了一份在村里的一所私立中学当电脑教师的工作。每个星期上两天课，每天只有 4 节课，而每节课 15 元，还要负责学校所有计算机的维护和修理，每个月 500 元，不加任何补贴，只要不影响上课，其他没有课的时间可以找别的工作，问他干不干，小赵感激都来不及，怎么能不干呢！

后来才知道，何大哥原来是这所学校里的主任。从这时开始，小赵仍然每天帮何大叔浇水、割菜，有课的时候就上课，没有课的时候就努力找工作，可是想要找另一份工作而又不影响上课的就更难了。晚上在何大叔家吃饭，至于午餐，不好意思再去打扰何叔了，自己在外面搞定。日子长了，小赵与何叔他们就像一家人似的。何大哥见小赵过了一段时间也找不到工作，每个月要付 200 元房租，还要寄 100 元回家，自己剩余 200 元，这样也不是办法，就帮他找了一份家教，每个周末帮人补习，每天 4 个小时，工资 50 元，还包一餐午饭。他非常感谢何大哥，两份工作都是何大哥帮他找的，他永远也不会忘记何家对他的大恩大德。

何大哥还经常和他聊天，教他人生哲理，叫他必须明确自己的志向，还经常感叹地说："事实上存大志的人在生活中不少，不过成大业的人却不多，剩下的大部分人中，三天打鱼两天晒网，是他们的真实写照，追根究底，是忽略了主观上努力的巨大作用，没有充分认识勤奋对成才的重要性。"小赵自己也看过很多关于名人的书，例如爱迪生说："天才是百分之九十九的汗水，加上百分之一的灵感。"

小赵从此决心去考本科，要建立自己的事业。他知道知识、学问是谋求当老板的基本素质，仅这素质还不够，仍需以打工的形式深入社会的方方面面，在磨炼中积累资金。他大约每个月有 900 元收入，扣除房租、吃用、寄回家的钱后，大约剩下 400 元，到明年 5 月份就可以存下 3000 多元，加上父亲之前给的几千元，他就可以去报考本科了。于是他买了一套相关的书和几份复习资料，就复习起来了。清闲的时候，他仍想靠读其他的课外书来提高自己，想把一切都看透，想明明白白地做人。伴随着素质的提高，他的老板梦也在强化，不是为了发财显大势，更不是想一夜暴发而居高临下，他追求的是一种自在自为的人生境界，让自己那片小天地透明而纯净。

第二年的 5 月份，他终于达到目标，存下了足够的钱，那套书和复习资料也已经烂熟于心了，所以就去参加了成人高考，终于，他以优异的成绩考入了白云山脚下的外语外贸大学。小赵仍然每天一早起床帮何叔浇水，仍然住在那间出租屋，仍然去那所私立学校教计算机，仍然帮人补习，一切好像没有变似的。但现在加上了繁忙的课程，让他十分艰难，不过为了自己的理想，他决心咬紧牙关挺过去。长期的磨炼以及万事皆苦拼的习惯，使他不久便成了“品学兼优”的好学生，并积极参加各项活动，日常生活中也有了“勤俭朴素”的好名声。

边上学边打工的学生也不少，但目的不同，有一些有钱的公子哥儿、富家小姐是为了好奇，赚些买新衣服、新球鞋的钱才去打工，而有几个贫困学生是出于无奈去打工，只为了生活费，只是为了钱，受苦受累不说，赚来的钱不多，赚来的恨气和叫骂倒不少，好像是羊进狼群，处处凶险。他打工显得轻松多了，钱也越挣越多，他去打工，有几个同学还曾跟踪过，结果是疑惑没有了——同学学不来。那天他经过办公室门口，听见老师在里面数落一个富家男生说：“小赵品学兼优，你是吗？小赵可以不去麦当劳、肯德基，不穿新衣服，你可以吗？小赵能为厂家设计一个实用的计算机程序，能把坏学生带成三好学生，你能吗？小赵为啥打工？你为啥？”是的，他自从上学后打了不少工，啥工都能打，从建筑小工到特殊家教，从计件包工到厂长助理，反正所有能打的工他都打，能打出成绩就没人小瞧，能走稳正道就不必沾邪道。第二学年开始，高薪聘他去打钟点工的电话不断打到何叔家，他一边四处打工，一边更发奋学习。

在打工的过程中他了解过这样一个打工女，她在组装车间打了三年工，所干的活儿是把几组小东西组成一个大东西。他问她：“这是啥？”她说不知道。再问：“你咋会不知道？”她反问：“我为什么要知道？”他心中惊叹：如此打工，怎么能打出自己的一片天地？也就是这个打工女，骂起“世道”来却是成串成篇，好像打工中所有不公、所有苦难，都冲她一个人来似的，满嘴的工难打、人难做。小赵给她的回答是：“打工无难事，只怕有心人！”

大学本科三年，打工三年，一张问心无愧的文凭，还攒下了创业的近三万元，小赵以此毕业了。这时，家里也盖了新房子，有了生意门面，村里皆惊叹：他是一个打工富了家还打进了大学的福星。

湖南来的中学行政主管

受访者：李丹，男，28岁，未婚，硕士，湖南人，中学行政主管。

李丹是湖南人，年龄大概28岁，从大学毕业后就来到广州，未婚，与女朋友同居，在信孚教育集团某中学任教学行政管理人员，获得信孚教育集团培训，拿到集团的教育硕士学位，工资水平为每月2000—3000元，现租房于羊城村，房租约为每月600元，住一套间，左邻右舍都为一些大中型企业的白领。他自来广州后，户口一直挂靠南方人才市场，因为在环市东购房，所以现转为广州市蓝印户口。

他自1997年到广州以来，首先在岗顶一私立中专学校任教，次年转到某企业跑销售，再一年又转到花都区某音响器材公司做销售代表，干了不到三个月又转到广州做保险代理人，于1999年正式入职信孚教育集团，一直工作到现在。自到广州以来，他一直疲于求职，而且各个职位跳来跳去，所以积蓄不多，只能在广州市城中村内租一些靠近工作地点的便宜房。他先后租房于多个城中村，对于与邻里关系及与房东关系问题可谓感慨颇多。

他1997年在另外一个城中村租一间房屋，面积大概为30平方米，为一单间，电费每月包5度，水费自给，煤气大家均分。房东与租房者住在一起，房租为每月160元，内有一简单床铺，每天下班之后都自己煮饭，其他几餐都在外吃。

他入职信孚教育集团之后，由于工作的关系转而租房于羊城村，面积为50平方米左右一套间，电费每月付25度，水费免，煤气费自己出，房东未与自己住在一起，房租为每月600元，每天自己煮饭吃。

1998年上半年，未搬到羊城村之前，李丹在早先住的那个城中村的出租屋中被盗手机一部和人民币100多元。事发之后，他及时向房东反映，房东只不过表示惊叹而已，叫他到本地派出所报案，自己无能为力，并深表同情。与李丹近邻的江某，40 多岁，是从江西来广州打工的，现在一建筑公司当搬运工人，月工资不到 1000 元，闻讯之后连忙赶来，表示十分的同情，并提出李丹如果没钱用可向他借钱用，江某还告诉李丹，贵重的东西，如钱之类，不要放到屋里，出租屋很不安全，并告诉他自己以前也被偷过，所以再也不敢将钱放在屋中；还说他们外地人来广州打工就算钱被盗了，报了案，也没用，不会有人去查的，只能忍气吞声，下次小心为妙。如果有可能的话，最好叫邻居在自己出去的时候帮忙看一下，一般邻居也为外出打工者，小小的要求一定会照顾到，而且也只有邻居对自己最忠心，好的邻居会处处帮着自己，不像房东，只顾收房租，其他的事一概不管。他还小声地说，有时小偷与房东是熟悉的，两人虽不分赃，但都心照不宣，欺负外地人。他们表示关心，只不过是表面上假装而已。总之，被偷了东西也只能够自认倒霉。隔壁另一邻居小刘，20 出头的小伙子，河南人，刚来广州，住在羊城村没多久，平时同李丹关系要好，听到李丹被偷东西后十分愤怒，并表示会尽一切可能去帮助他，还领着他去了当地派出所报案，又极力向房东反映安全措施不当，租屋毫无保障，房东也只是打哈哈。多说几句，房东就厉声呵斥道："你们这些打工佬，有钱就不要租像这样的房子，不愿租就走人，别在这儿碍手碍脚。你们走了，还有大把人到这里来租房，不稀罕你们，要是这里每天都被偷东西，那我岂不是不能做人了？再说是你们自己不小心被盗，又关我什么事？"房东漠不关心的态度令人心寒，李丹也担心在出租屋中早晚会出大事，于是想拼命赚钱租一间好一些的房。但现在李丹只能整天提心吊胆，自认倒霉，门上的锁头也是换了一把又一把，但内心的阴影却怎么也抹不去。

自入住羊城村后不久，李丹新买的一辆十速自行车又于自家门口被盗。李丹此次也及时向房东反映，房东十分关切，表示愿意补偿一切损失，并且可以帮他去当地派出所报案，只要他不将此事告诉其他租房者。因为在这儿租房的人，一般都是企业中层管理人员，有一定的经济实力，一般都很看重安全问题，一旦有东西被盗，空房就很难再租出去，且不能保证在住的房客都不退房。李丹没有接受他的补偿，只不过要报案，如可能，及时追回赃物，因为自行车毕竟不是什么十分贵重的物品。房东则一再表示，自己一定及时报案，如果追不回自行车，则自己一定会赔给李丹。

没过多久，李丹左邻右舍都知道了李丹被盗一案，但明显没有上次被盗时的慰问高潮，邻居们也只不过在开门关门时打一声招呼，然后问一下李丹何时被盗、被盗何物等无关痛痒的话。与以前的城中村邻里相比，他们显得更加冷静沉着，要李丹去找房东，讨个公道，并及时报案。在房东与自己的一再努力下，自行车终于被追回，虽然李丹自己感受不到以前在城中村时邻里之间的关切与照顾，但与以前相比，明显安全了许多。夜静时，他也只能对着电脑发呆，或打电话与朋友聊天，却再也享受不到以前在城中村出租房里与邻人们共赏电视，边吃东西，边话家常的温馨生活了。

李丹认为，以前在城中村租房时，邻里关系融洽无比，大家互相关心，互相照顾，因为大家心里都清楚，自己是外地人，是来广州的打工者，且无经济实力，只有互相照顾才有好的结果。而且大家都处于打工者之列，有很多话可以谈，相互之间没有什么不可以谈的，因为大家彼此都十分了解，隐私概念几乎没有，一旦出现什么事可以痛快地与邻居倾诉，有什么好事，如今天发工资也可与邻居一起分享。他感觉到虽然工资低，工作辛苦，但精神压力小，人活得很充足，很满足，只是有些担心安全问题。房东很瞧不起他们这些打工者，一个月只有在收房租时才见得到房东，其他时候房东什么事也不管。

而入住羊城村以后，房东几乎每日必来一次，听取大家对房屋情况的反映，一有问题，一般都能很快解决。但邻里之间见面除了简单的寒暄外，其他时候根本都很少见面，相互之间串门是十分罕见的事情，且不一定会受欢迎，有时还会惹来不必要的麻烦，例如侵犯别人的隐私权。有时工作上精神压力很大，回来后又无法与人分担，所以有时无名的烦躁不安都无法发泄。

广东梅州来的网吧技术员

受访者：许某某，男，32岁，大专文化，广东梅州人，网吧技术员。

小许和无数从外地来到广州的打工者一样，怀着淘金的梦想。他沉默寡言，就这样默默地面对生活上的压力，度过了他32岁的生日。

第一次见到他的时候，是在朋友开的电脑公司里，他是那里的技术员。从朋友口中，我得知大家称呼他小许。后来每次去到朋友的公司里，看到他不是在忙着装机，就是趴在一边的桌子上休息。最初我也没有留意这样的一个人，因为他实在太普通了，从不说一句话，很容易就被忽略了。终于有一次，听朋友的介绍，他在羊城村开了一间网吧，当时我还没有购买电脑，但又手痒痒想上网，想着与他也有一面之缘，总应能便宜吧，于是我来到他的网吧。

网吧的地方很宽敞，10台电脑靠着四面的墙放着，位子都坐满了，没有空位。小许正坐在主机前，正好看到我走了进来，一时间我还不知道怎么和他打招呼，他便先认出我。“怎么有空过来啊？”他主动地对我问候，我点头称是，不过看着坐满的电脑桌，又明知没有空位了。“先坐下来喝茶吧！等会儿就有位子了。”小许招呼我往主机边上的茶几坐下，并为我泡了一壶工夫茶。喝工夫茶是潮汕人的习惯，亲朋好友聚在一块，就这样沏茶聊天，可以聊上一个通宵。为你沏茶也带有一种敬意，当时我有种受宠若惊的感觉，接过只有拇指般大小的茶杯，却有千钧重量。那茶的第一口苦涩，几乎难以下咽，那味道简直就如咀嚼莲子芯，去到喉咙的时候如生吞重铅，更别想象那苦水进入肠胃，将如何翻江倒海了。不过我还是咽了下去，总是他的一片好意，怎么能吐出来呢？

“这是家乡的一种山茶，本来不是拿出来招待朋友的。”小许很温和地说道。我看着他，心中觉得奇怪，为什么他会拿这样的茶出来呢？“我听朋友说过你家里的事情，想来你也喜欢这种味道的。”闻言我竟打了个冷战，不禁吞起了口水，在那口水到了喉咙的刹那，口中传来一阵甘甜，却是从来没有过的快感和舒服。那苦涩的味道已经在瞬间成了甘甜和美好的前奏，我难以自控地又喝了一杯，苦涩、甘甜混杂在口中，如百般滋味交杂，更胜过听完一场美妙的交响乐，人也有些飘飘然了。我忽然明白了，人们说的喝茶也能喝醉的感觉，那滋味却不是一般人能体会得了的，只有勇于感受那苦涩，才会发现苦涩的妙用。仅仅冲了三次水，我已经对小许有了亲人般的感觉，彼此间并没有深入地沟通，但却有了一种共同的感受。

他是梅州人，在河南省读完大专便带着自己的妹妹来到广州。十年如一日地工作着，养活了他的妹妹和妹夫。他的生活与外表一样，平凡得不能再平凡了，可是，他做事情却胜过不少城市人。作为一名普通的技术员，软、硬件操作不在话下，他还擅长内部网络的铺线工程，曾经帮过不少的大型机构架设网络。他靠着最初积累的工资和电脑城的各种人际关系，在羊城村开起了自己的网吧。最初网吧并不列为禁止场所，那时候生意还不错，一直维持着一家四口（他、他妹妹、妹夫和妹夫的妈妈）的生活，过得也算富裕。可是他妹夫好赌，常常赔光了自己的收入又到处借债。小许开始还能帮着还钱，可这个无底洞越开越大，接着又碰上了 1998 年的经济危机，网吧的生意渐渐萧条，妹夫也失业了，小许肩膀上的担子也越来越重。见过他的人，会情不自禁地心疼他，那单薄的身体背着一个黑色的工具包，双眼已经因为长期注视显示器凹陷了下去。别人到了二十七八岁的光景已经开始了幸福的家庭生活，而已经 32 岁的他，却不得不扛着沉重的包袱默默地走下去。我开始明白了，他为什么不喜欢说话，他好像根本没有说话的必要，生活就像一座大山沉沉压着他，他根本没有喘气的机会。

本来在网吧和公司两方面的收入来源下，小许还能坚持着，可好景不长，我朋友的电脑公司也关门大吉了。当时我还不知道具体情况，仅仅知道朋友关门了，于是去找小许，可小许一看到我就不断地追问："你的朋友在哪里？怎么手机停了？怎么回事？"我不解，关门了就算了，怎么还追问呢？过了些日子，朋友来找我了："小许现在怎么样了？找没找到工作？网吧开得怎么样了？"出于好奇心，我不禁追问了起来，细问之下，才惊讶地得知，我的朋友竟拖欠了小许三个月工资，而且小许也只在那里工作了三个月。我回忆起来了，那三个月，朋友那大把大把挥霍着的钞票，竟然就是公司的公款，我俨然有些不认识这多年的朋友、多年的同学，三个月前公司刚开张，他扬言要创品牌搞服务，竟然不过是空口说白话？也一样经不住那大把大把的、花花绿绿的钞票的诱惑。如果说得狠一点，就是连一点商业道德都没有。常言道：奸商、奸商，无奸不商，或者正是指的这种人，不惜利用小许对他的信任……

小许的生活变得更加艰难了，他依旧那样的沉默。他没有什么好埋怨的，生活早在10年前便是如此。可能有过曲折离奇的变化，到了眼前，一切的烟幕散去，便剩下最残酷的现实，难道就这样放弃了吗？他希望能在广州，即使在偏僻的羊城村购下属于自己的房子，建立自己的家庭，生儿育女，让自己的生活变得好些。要说最艰难的时候，是当初刚来到广州的时候，他不是也挺过来了？他至少还能通过自己的行动去改变什么。在他那张憔悴的脸上，我依稀能看到他内心的执着，多少来广州的淘金者，在生活和社会面前低下了头，渐渐放弃了自我，然而他，仍旧坚持着继续努力。就像那苦涩的第一口茶，甚至第二口、第三口，当你渐渐把那苦涩看作是甘甜的前奏，幸福的生活便在向你招手。

最近的一次联系是在网上，他已经把原来的网吧转让了，并准备在另外的地方申请经营许可证，开一个正式的数码照相和网吧一体的店。他在羊城村的生活告一段落了，他的离开并不是他的故事的结束，而只是向人们述说着一个道理：生活是要勇敢面对的。

湖南来的企业会计和家庭保姆

受访者：李某某，女，28岁，大专文化，湖南人，私人企业会计。

周某某，女，38岁，初中文化，湖南人，家庭保姆。

村落变成了城市，田野变成了高楼，城市化有没有让农民变成真正的城市人？关于城市化的讨论，有各种各样的声音，唯独缺少农民的声音。城市化，是使农民幸运地得到了进城的机会，还是使城市幸运地得到了农民的土地？农民以田地为生的单纯的生活方式被打破，摇身一变，成了城里人，他们在面对这个转变时，是喜是忧？

其实，当远处的高楼靠近时，这种依赖于农产品的谋生方式就已经转变了。城中村是个很特别的现象，在广州尤其突出。目前，广州市总人口已达1100多万，其中外来流动人口就已经超过400万。我们不能不承认这是一个惊人的数目，那么，在忙碌了一天之后，这个庞大的群体隐居在哪里呢？他们过着怎样的生活？

我怀着这些疑问走进城市里的村庄，走进羊城村，访问生活在此地的外来居民，希望能找到一个满意的答案。

羊城村里的房屋极其密集，楼层不高，最高的不过是七层，但一幢紧挨着一幢，几乎看不到光线，终日昏沉沉的。街道狭窄却相当繁复，商店、发廊、游戏机铺，各式各样的行当充斥其中，使我有一种麻雀虽小、五脏俱全的感觉。垃圾、污水、杂物随处可见，经过日晒雨淋，各种气味混在一起，散发出一种糜烂的气味。我寻了一个闹处中的小吃店坐下，细心观察来往的人。来往的人很多，有的人步履匆匆，有的人目光茫然，只是神情大多显得萎靡，衣衫也不如城里的人穿得光鲜。这里的一切与外面的高楼大厦、车水马龙的繁华景象完全不同，站在其中犹如置身于农村小镇，怪不得称之为城中村。

我采访的第一个对象，是以前一起工作的同事李小姐，今天要向她了解羊城村居民的情况。我和她是很要好的朋友，因此她也就很尽力地帮我，向我诉说了她以及她身边朋友发生的事。

李小姐，湖南人氏，今年28岁，未婚，大专学历，工作经历复杂。她在老家做过瓷器厂工人、水果小贩，干过家禽养殖场工作，后来成为当地城市信用社的会计。2000年10月，信用社因多种原因破产清算，李小姐也就此下岗，后来在家中经营茶座和卡拉OK，但因小城经济不景气而无法经营下去。生意失败后，她欠下许多债务，决定南下投靠广州的姐姐，希望在广州开始另一种生活。她于2001年6月来到广州，由姐姐介绍进入一家私人企业做会计，月薪1300元。这样的工资在工薪阶层来说，并不算太低，但在物欲横流的大都市，仅仅勉强够生活。

初来乍到，面对广州这个花花大世界，她感到无所适从，生活的窘迫使她心情一直陷入低潮，而背井离乡的孤单与苦闷，在低矮昏暗的住所中无法得到舒缓，更令她伤感不已。

她来到羊城村最初一个月选择的居住地，是宽敞明亮、生活设施较为齐全的一房一厅，一个月下来单房租费就花掉了工资的三分之二，她不得不很快另迁住所，与另外一名同是湖南籍的女子合租一间房子。在这个原是二室一厅的套间内，居住了两户人家，四个人共用厨房和洗手间，可想而知生活空间是多么狭窄。可是她笑笑对我说，这并不是最糟糕的，有的房子，在不足30平方米的空间里，竟挤了十余人，整个房间塞满了双层架子床，杂物胡乱堆集在一起。在这种环境中，连转身都困难，除了走廊，再也找不到可以站立的地方。然而居住的还有些是夫妻同住，有的是单身一人，彼此之间相隔的只是薄薄的一张布帘。人多事杂，许多摩擦也就不可避免地发生。李小姐说到这里，很无奈地对我笑了一下，说跟他们相比，她已经算是很好的了。

城中村的生活每天都很不平静，就在这个月，李小姐在家里洗澡时，突然发现自己被人偷看了，她吓得魂不附体，随即大声斥责对面的那个人。那个人居然还若无其事，慢悠悠地溜回了自己的房间，李小姐气得半天都缓不过气来，一个劲直哭。然而想来想去，还是没有深究下去。我问她为什么不找他晦气，她摇摇头说，都是邻居，低头不见抬头见的，况且自己家的洗澡间正好就对着他们的阳台，要吵起来，把事情弄大也许会更麻烦，只好以后多加小心了。我心里有些替她不平，但也不知道怎么安慰她才好。

李小姐的同屋周女士也向我述说了她的经历，在述说的过程中语调一直很平缓，脸上也没有太大的表情变化，但看得出是一个经历过痛苦，很能隐忍的人。

周女士也是湖南人，38岁，离异，初中文化，现在从事的职业是家政服务，也就是传统说法中的保姆。周女士以前在家中务农，过着平淡的相夫教子的生活，可是有一天她丈夫突然往家里带回了一个年轻妖娆的女子，并冷着脸把她赶出了家门，匆匆离婚后连孩子也不让她看。周女士百般无奈之下只好外出谋生，辗转来到了广州。

1999年来到广州时，她已经身无分文，只好向李小姐的姐姐求助，借了些钱在羊城村住了下来。说到这，她指着不远处的房子对我说，喏，我以前就是住在那儿。我顺着她的手看过去，当时就一阵心酸，比起李小姐，她显然是要苦得多。她以前居住的环境就是我在文章前面描述过的十几个人一间房的情景，26元一个月的房租，她足足住了一年。

她的月收入只有500元，现在和李小组合租的房子，一个月的房租是150元，两个人分摊费用，日子虽然还是过得很艰难，可是比起从前已经好了很多，她说，至少我不用再和一大群人一起弯着腰生活。

今年春节前夕，周女士遭遇了一次抢劫。那天晚上8点多，她像往常一样穿过羊城村的菜市场走回家，路上的人不多，突然从后边跑过来两个男子，一个掐住她的脖子并捂住她的嘴，另一个飞快地把她的挎包抢走，她还没来得及发出呼救，这两个歹徒就消失在夜幕中了。虽说损失的财物不多，但她被掐得发紫的脖子，却让她许多日子都心神不定。

做完这次调查，我的心也有沉甸甸的感觉，在此之前，我从未接近过城中村的人，可以说对他们的生活状况所知甚少，但现在，我接触到生活的底层，熟知了他们，这一切都扭转了我的价值取向，我深深体会到他们生活的艰辛，他们是多么需要得到我们，乃至整个社会的关怀与尊重。

我问她们，如果将来离开广州，会不会对城中村有些留恋？她们迟疑了一下，异口同声地说，肯定难以忘怀，在这块聚集了许多同乡的赖以为生的土地上，自然有它浓厚的人情味，有欢笑也有忧愁，朋友们时常可以小聚，互相慰藉，让自己这颗流浪的心在城市冰冷的钢筋水泥结构下得到一丝温暖。

广东梅州来的学生租客

受访者：赵某，男，20岁，未婚，广东梅州人，专科学生。

我现在还是一名专科生，在华南师范大学上学，是2000届的，但是我已经算是有工作了，因为我已经考了公务员，一毕业就可以去茂名那边做公务员了。我是梅州兴宁人，以前没有工作经历，一直都是在读书，不过我到过的地方可不少，我想都有半个中国了，如云南、陕西那些地方我都去过，珠江三角洲一带我也去过。我是2000年才来到广州的，因为考来这里读书，以前我一直都在梅州。学校本来有宿舍给我住，但是因为从小到大都不习惯住宿舍，以前我家都离学校不远，根本不用住校。而且令我最不能忍受的是，我宿舍在学校后门那边，外边有很多卖臭豆腐的，那种臭味很难忍受，所以自己就搬出来。

开始在华景新城那边住过，是和几个老乡一起合租的，共同的租金是一个月1600元，但是后来有的人出去打工搬走了，合租不划算了。正好有认识的老乡找屋住，就一起来羊城村租屋了。

我租屋的钱和生活费，都是家里人汇过来，我自己没有兼工。房屋的租金每个月300元，水电费200元左右，我们是一房一厅。我一个月连生活费要用1000元左右。我在这里，也认识几个本地人，有房东，开杂货店的，我和他们都是见面了就点头，打招呼，算是朋友吧，但并不深交。他们对我的态度不错，不过对外省人有歧视，如对湖南人、湖北人。

我住在这里差不多一年了，治安情况还算可以，附近没有被偷被抢的事件发生，虽然流动人口多，也没什么不安全的感觉。但在环境卫生方面，有些人卫生意识差，乱扔东西、垃圾，素质差。

我的房东是一个卖猪肉的，有辆摩托车，他已经结婚了，还有一个女儿。年轻的本地人都有工作，五六十岁的人都以收租为主。而在这里住的外来人口，大部分是打工仔，再就是我这样的学生，经济由家里负担，还有就是“走鬼”、暗娼之类。

广东人与外省人的差别挺明显的，广东人认为外省人都差点，就算外来的人工资高，本地人毕竟是本地人，是不同的。生活方式就不同，本地人一般喜欢早上去喝早茶，外来人口没有，而且，本地人在吃的方面较为讲究，要健康、卫生、无害、新鲜、美味，还要好看。外来人口在吃的方面不那么讲究。作息时间方面，本地人较晚睡，夜生活又多，我本身住在房东的旧屋，类似祖屋，而房东已搬出去。衣着方面，反而本地人较为随便，喜欢穿休闲的衣服，外来人口中的打工仔衣着讲究，斯文整洁，大多数都是女职员。在出行方面，本地人差不多每个家庭都拥有一辆自行车或摩托车，有部分人还有轿车，外来人口大多都是搭公车，也有不少人有自行车，少数人有摩托车，如开摩托车的或者做买卖的。打个浅显的比方，比如广东人同来自湖南、湖北、河南、河北的人比较，外省来的人很喜欢有很多花纹的衬衫，不知道为什么，他们很喜欢穿的确良，是不是广东省人一眼就看出来。另一方面，外省人比较喜欢吃辣椒、面条、馒头之类的食物，而广东人就吃大米，大部分的人不喜欢吃辣椒，像我一点也不吃辣椒，我觉得辣椒很热气，外省人在面条里加入生蒜头，还有他们吃辣椒吃得很狂，辣椒粉、辣椒颗粒、辣椒酱什么的。住房就差，打工的住得好些，因为有固定收入，我们学生租屋，普遍租一个月租金为300—400元的屋，基本上是一房一厅，或者二房一厅，三四个人一起合租。

合租住房，同一个地方来的人，基本没什么矛盾，反正大家住进去就关上门，大家又不熟悉，都不大理会其他人。如果不是搞三搞四的，都不会出大问题，就算有，也都是生活上的小事，例如，撞到、泼到水等，反正，我们回到出租屋都是睡觉，大家都很冷漠。但我听其他人讲，像“走鬼”他们时而都有为争“地盘”而争吵。

这里梅州人并不多，不超过100人，但像客家人就有很多，他们很多都在村里开铺，有空闲的时间，大家一起喝茶、聊天。这里主要是环境问题，我认为羊城村的环境不是很好，不清洁，不像我心目中的大都市的城中村形象，人口多，治安有隐患，人一杂自然就有小偷、打劫、卖淫等。

四　羊城村租居的蓝领阶层

江西来的制衣工

受访者：崔某，男，33岁，未婚，初中文化，江西人，制衣工。

到广州闯世界的外省人，真正富裕起来的，毕竟还是少数，大多数人还处于为生活奔波劳累的状况。在羊城村里随处可见诸如“安盛制衣厂”“泰生密封技术公司”“巧点文化用品公司”“华安印刷厂”“兴华印刷厂”这样一些民办或集体开办的小工厂。这些工厂规模小，技术含量较低，都是劳动密集型的。此外占据半壁江山的，是众多的五金、维修店铺或杂货店，这些一般是当地人开办的小店铺，亲力亲为，雇人较少。而那些小工厂，一到上下班时间，进进出出的打工仔、打工妹挤满了街道两旁，使车水马龙的街道更显拥挤。这个时候，众多的大排档、快餐店、桌球室、发廊、录像室、五金店、杂货店也便忙乎开了，吆喝声、车声，一时间嘈杂声弥漫了整个村庄。

崔先生是江西人，今年33岁，打工已经十几年了，他如今在一间制衣厂上班。他说，这份工可累人了，一周七天都要上班，每天要上十多个钟头，分早、中、晚三个时段，很紧张。早上 7 点就上班，做到晚上 11 点，其间有几次休息、吃饭，但总共也才两个钟头，遇到加班就更少了，所以每天躺到床上一下子就睡着了。

他说，像他这样的老打工仔，在这里比比皆是，情况都差不多，也没人会去抱怨投诉，因为有份工做已经不错了，谁还会去惹是生非，而且就算反映情况也不一定有人理。他也想过不干，但现在找工作不容易，自己又没什么专长，所以只能继续做下去。

他的工资在打工一族当中属中等水平，但他不肯透露具体数目，只说是几百元，可能有六七百吧，而且这个数目还与工厂经营情况和他的工时、工作情况挂钩。几百元在广州生活，还是稍显底气不足，也许还不够有钱人一餐饭钱。崔先生说，自己当然不能和别人比，还是精打细算过好自己的日子才行。

他和几个工友合租了一套出租屋，分到每个人一个月就是八九十块钱，加上水电费、日常用品开支，一个月就得花费两三百元，剩下的还要寄一两百给家里，自己能存起来的就只有一丁点儿了。看得出崔先生生活过得很简朴，他穿的衣服很朴素，一双起了疙瘩的皮鞋写满了沧桑。我问崔先生有没有抽烟或喝酒，他笑笑说现在戒掉了，偶尔和老乡们开心一下，也是买一些便宜一点的。不过他在休息时，也会和一帮老友去饺子馆撮一顿，或者打打桌球，或者去录像室看两场电影打发时间，按他的话说就是：穷人自有穷人的活法。

说到未来，崔先生乐观地说，他现在的生活并不是最坏的，很多人比他还落魄，他现在正在村里的一家名为“永安通”的汽车驾驶培训中心学习开车，希望有一技之长，以后可以找到更好的工作。

崔先生还说，广州不适合他长期待下去，他迟早是要回家乡的，因为他现在尚未结婚，家中老父母已催促多时了，回家乡找一位能协助自己共同奋斗的人做妻子也是比较现实的。他的愿望也很简单：要趁现在年轻挣多点钱，争取以后有资本回家乡做点小生意，养活一家人。

我不知道崔先生是否能代表打工一族的辛苦，但我相信他们的基本情况应该是差不多的。城中村的形成和兴旺，在很大程度上是因为他们的涌入及其活动、工作。但在城中村繁荣的同时，他们的生活却又是最难提高、最无保障、最不稳定的。有位领导说过，广州要在三年内消灭城中村，如今不知距目标还有多少时间，我希望，领导们在实施蓝图时，不要忽略了这些不起眼的打工仔，这些曾经或正在为广州做出很大贡献的人。

湖南邵阳来的制衣妹

受访者：崔某某，女，23岁，初中文化，湖南邵阳人，制衣厂女工。

我是湖南邵阳人，18岁离开家乡出外打工。曾先后到过贵州、广西多个城市打工。在贵州的贵阳做过半年服务员；然后去了广西的南宁，在那里的私营企业做过工人，大概做了半年的时间；之后同老乡合伙做服装生意，大概做了一年半，由于经验不足，全亏了。为了生计，只好再次外出打工，之后就来到广东了。到广东后先后到过从化、东莞，至今一直在广州。

我是两年前来到广东，也就是1999年吧。先在从化的酒楼当服务员，做了四五个月，但由于酒楼不景气，被炒了！（很气愤的样子）然后到了东莞，在一间港商经营的玩具厂打工，做了一年。今年年初来到广州，在一间私营制衣厂打工。初来时还未到城中村里住，在厂里的职工宿舍住，后来就和姐姐合伙在这村中租了一间出租屋，在这里已经住了半年。

前年我姐姐来了广州打工，做得不错，攒了些钱，今年开了间小发廊，所以家人就写信叫我来这里跟姐姐一起过。本来想和姐姐一起做发廊，但是我又不喜欢那里的工作，所以就在制衣厂打工。起初我和姐姐只是在发廊里的阁楼上睡，后来因为我们两人都赚了些钱，所以就在这里租房子住。

我在制衣厂里车衣服，平时每月有1000元左右，接到大的订单时，要加班的话就会有加班费，大概会多200元。又因为我不在工厂里住，厂里会发些生活补贴，又会多150元，所以我好的时候会有1400元左右。（脸带笑容，很高兴的样子。）

我每个月的开支情况是，房租200—300元（因为和姐姐合租），生活费300元左右，其他开支100—150元，剩下的就可以存起来。我打工的那间制衣厂在村外，每天上班要走15分钟，那间厂不算很大，工人也不算多，厂里的宿舍环境不好，所以大多数人都在村里租屋住。

我们在这里住了半年，跟邻屋的村民开始熟悉，交了几个朋友，关系还算不错。由于姐姐在这里开发廊已有一段时间，和这里的原居民都已熟悉了，所以我来到这里时，经过姐姐的介绍，和附近的村民都认识了。特别是楼下的那位大妈，对我们俩很照顾。我们都好开心，因为他们都没有歧视我们是外地人。但听我姐姐说，她刚来这里开发廊时，都不是那么顺利。可能真的是外地人的关系吧，起初没有很多人光顾，其他人都只会光顾村里人开的发廊。那段时间姐姐真的好烦，毕竟不是村里的人，村里的人当然不喜欢外人在他们的地盘里抢饭吃。她都挺了好长一段时间啊！（她摇了摇头，有点无奈。）

我们对当地村民的生活谈不上什么羡慕不羡慕的，我们有自己的生活，羡慕别人只会让自己不好受。现在我们又不是没有钱，虽然不多，但起码能养活自己，不用靠别人。虽然村里的人比较有钱，但我们并不羡慕他们，现在比起我们在家乡已经好多了，这里的生活我们已经很满足了。如果真的是要羡慕的，只是羡慕这里的村民能够一家大小都住在一起，他们真是幸福啊！我们现在很想家啊！很想念父母亲！不知道他们现在过得怎样了。我们两姊妹长年不在父母身边，真有点不孝。

有些村民认为我们这些外地人来到这里和他们抢饭碗，其实我们根本不会影响到他们。我们来他们村里住，又可以租他们的房子，又会光顾他们的店铺，为他们增加不少收入呢！当然我们的到来可能真的带来了不少麻烦，起码村里的治安比以前差了。我不是说我们这样做，但一些坏东西会这样做！是这些家伙连累了我们，其实我们外地人有什么不好？我们工作很努力的，我觉得比那些村民更勤劳。

我们在经济上可能比一些村民要赚得少，但其实村里不少人和我们都是一样，毕竟有钱人都是很少的啊！有钱的都搬到村外去了，他们都买了新房子。有钱的话我和姐姐都不想住在这里。我们住的这个羊城村，很多人都是打工仔，其他不是自己开店铺，就是做生意，大家都是很平等的。可能我们是外地人，生活上多少会带点家乡的习惯，吃的也和别人的不一样，但经过这么长的时间，也和这里的人融洽起来了，生活方式也差不多了。除了一些特别的日子，我们都和别人没什么区别。

我觉得现在我们和村民已经融洽起来了，并不是完全不同的群体，当我们一开始搬进来的时候，就开始适应这里的生活，接触这里的人。我和姐姐都知道，搞好左右邻里的关系，对今后的生活是很重要的。其实村里的居民都很照顾我们的，有什么事他们都会帮助我们。我们也会注意到村里的规矩，如果犯了村规，我也不知道怎么办了。毕竟这里都是别人的地方，还是注意点好。

外来人之间的不同主要表现在生活上，比如在我们楼下的那对姊妹，她们是江西来的，有时和她们谈话，有些话是很难听得懂，她们也是这样认为。不同的地方嘛，当然是有不同的方言了，但长期下来，我们都习惯了。还有在生活方式上，不同地方的人也有区别的。他们和我们在饮食起居方面也有区别，我们煮的食物，如果邀请楼下的两姊妹来吃，她们都说吃不惯。但是这些区别对我在这里生活没多大的影响，毕竟大家都是背井离乡外出打工，小小的不同有什么关系？正因为大家都是这样，反而会互相照顾。正所谓“在家靠父母，出外靠朋友”嘛！

当然大家生活在同一个地方，发生矛盾也是难免的。比如我姐姐开的那间发廊，就和另一个外地人开的发廊在抢生意了。大家都是干这一行，难免会争客源，大家在比服务，你做得好，我就要做得更好！有时又在比价钱，你便宜点，我就要更加便宜，为了一口饭嘛，大家都会各出其谋啦。这都是利益上的矛盾啊！还有在生活中，有时会因为种种原因有点争吵，这也是难免的。又如我们曾经和隔壁的那个河南人吵过，其实都是因为生活上的一些小事嘛，搞到现在还有点别扭，真想不通。但我还是觉得最主要的还是利益上的矛盾，现在真的好实际，为了生计大家都会想尽办法，大家都是出来打工，都是你追我赶的，谁不想自己的生活好一点啊？（说着摇一摇头。很无奈。）

我们这里有不少人是来自湖南的，但和我们一样的来自邵阳的就比较少，我认识的只有那么一两个，但在他乡能够碰见老乡已经是很不错的了，我们经常在一起吃饭、聊天，谈谈家乡的故事，分担一些思乡之情。另外的来自湖南的老乡，我们也有交往，毕竟是同一个地方来的，特别有亲切感。还有啊，来光顾我姐姐的发廊的，大多是湖南的同乡们，可能大家都认为同乡好点吧！如果同乡出了问题，大家都很乐意去帮助他们，在外地老乡真的很重要呢！在外面很需要大家的互相照顾，例如，当初我姐姐在这里开发廊，就是经过一个同乡介绍才找到这个铺子，价钱还便宜了不少啦！你说老乡真是帮忙啊！

如果要分类的话，我认为外来人应该分为四类。第一类是勤勤恳恳的劳动型，主要是一些靠自己的努力而赚钱的人。像我这样初中毕业的人，很难找到一份比较好的工作，能找的都是些体力劳动型的工作，每天一早做到晚，很辛苦的！谁叫你没文化，只有这样了。第二类当然是“吃脑”的智慧型，其实我们最羡慕的就是他们，有文化，有知识，不愁没工作，肯定有人请。他们在工作时又舒服，工作时间又短，赚得又比我们多，真是羡慕死人啦！第三类就是那些靠小聪明出来混的家伙，他们多数就是去当票贩子，高价炒卖车票什么的，挺有危险性的，万一被人抓到了就惨了，他们整天就是骗，很令人讨厌的。上次春节我回湖南，因为买不到票，被迫光顾那些票贩子，被他们砍得一颈血。有时候他们连同乡都会骗，真的没人性！第四类就更令人讨厌了，就是那些小偷小摸，抢劫杀人无恶不作的坏蛋！他们简直是社会的败类，既破坏社会治安，威胁到我们的生活，又败坏我们外地人的声誉。为什么他们不勤勤恳恳地劳动，非要干这些不可？

这里的居住环境不好，你都可以看见，这里实在是太杂了！什么样的人都有，又不知是好还是坏。原来在这里住的村民，整天都抱怨涌进村里来的人太多了，搞得现在村里的治安大不如从前，经常会发生一些案件，不是失窃就是打架，甚至还出过人命。又没有人来管，叫人怎能安心地住在这里？还有啊，你看那些房子，一间连着一间，密密麻麻的，在我们的屋里白天都要开灯，可以叫作不见天日啊！街道的卫生条件又差，蚊子特别多，晚上就更加厉害了！我认为搞成这样，归根到底都是缺乏管理部门的监督。如果不加以改造，长此下去一定会变得更糟的。我认为首先要改造的是这里的治安问题，这里经常会发生各种案件，失窃、打劫时有发生，住在这里一点安全感都没有，叫人怎么能在这里住下去？还有，这里有一些黄色地方，做一些不道德的交易，实在是太乱了！其次，还有要改造的是建筑结构，房屋间的间隔实在太小了，这样既不安全，又对居住环境造成影响，我们都想住得舒服点啊！不知什么时候才会实现？要改造就要首先有人来管，现在就是缺乏管理部门。

我们居住到城中村来，当然是因为这里的房租便宜啊！我们这些打工妹，每个月能赚多少钱？要是到外面租间好点的房子，我们还能有饭吃吗？别看我姐姐开了间发廊，其实她每月赚的比我多不了多少，生意差时，我比她还好。其实我们租的这间房子，每个月房租 500 元，已经是很便宜的了，在外面哪里会有这样的房子？我看在外面起码要 800 元！如果我们有钱了，就当然不会再住在这里，环境实在太差了！如果城中村真的能改造成像外面的住宅小区那样的管理方式，我相信将会有更多的人喜欢住进村里。

这次的调查是在这两姊妹合租的屋里进行的。这是一间 30 平方米左右的屋子，在二楼，整栋楼一共有五层，一楼是间士多，二至四层都租了出去，每层三间屋子，五楼是房东一家人住的。这对姊妹住的这间屋子，不算很大，但很整洁，家具不多，有一张双层床，两张桌子，三张椅子，有台 21 寸的电视和一个收音机，一些大的电器就没有了。这里有个小厨房，两姊妹晚上下班后回家才煮饭。她们庆幸的是这里还配有洗手间。这栋楼房下面是条街，很多人在叫卖，旁边是间小食店，因此整天都比较吵闹，空气也不是很好，但晚上 9 点后就会安静下来，晚上还可以睡个好觉。

广西玉林来的搬家公司搬运工

受访者：冯某，男，28 岁，初中文化，广西玉林人，搬家公司员工。

进入羊城村受访人所住的房子，沿着狭窄的楼梯上到三楼，发现面积不足 80 平方米的房屋分租给了三户人家，共用一个厨房、一个厕所。厨房、厕所空气污浊，厨房中堆积了不少煤气炉和煤气瓶，有的锈迹斑斑，似乎闲置已久。进入受访人的屋子里，感觉空气特别潮湿，受访人一家的衣服胡乱挂在屋子一侧，屋子内只有一个窗口，而且被侧壁的楼房挡住，采光严重不足。屋子里白天也要开灯。屋子里摆放着一张床、几张椅子、一部收音机和一台黑白电视机，再无其他的东西摆放，据受访人介绍，床和椅子还是房东所有。受访人的儿子正趴在床上写字。进入访谈阶段，受访人开始似乎不太积极，不太配合，但当我承诺将以 20 元作为报酬时，受访人欣然接受。下面是根据访谈录音整理的资料。

我是广西玉林人，1992 年来到广东打工，刚来的时候在东莞打过工，在一间私营的电镀厂当小工。由于工作太辛苦，经常加班，老板还经常拖欠工资，后来听一个老乡说广州比较容易找工作，于是 1993 年 10 月我就到了广州找工作。后来在一个老乡的介绍下，才找到了工作，现在在“大众搬屋公司”工作，负责搬运工作。起初我和几个老乡一起租房子住，后来我的妻子和小孩过来后，再和老乡一起住就不方便啦，我就租了这条村的一间房子，因为租金不是太贵嘛！我和我妻子一个月收入加起来也只是1500—1600块，钱少才在这里租房子。我原来有一个老乡在这里住过，是他介绍房东给我认识的。我们谈妥了租金就搬过来了。我的妻子在棠东一间制衣厂工作，我的儿子在羊城一间民办小学读书。幸好我的独生子读书还挺用功，如果我们有能力还会继续让他读书，现在没有文化不行啊！我们已经吃够了没有文化的苦啦！

我现在是做搬运工，每个月大约有1000块收入，都是干一些力气活，没有办法，趁现在年轻，有力气，多干点活，多赚点钱，将来储蓄一点本钱，我就回老家做点小生意。不过不知道什么时候才有这一天，现在我们的收入还这么少。而每月的开支，房租300元，生活费350元，水电费约60元。

我这个工作到处跑，哪里有人搬东西，我就要去哪里，有时候活多，干一天也没有休息时间，幸好我们公司有车，不过有时候还是挺累的，特别是天气不好的时候，就更辛苦啦！我妻子的工厂离这里不是很远。我买了一辆旧的自行车，方便她上下班、买菜，还要去接儿子！

你们广东人老是叫我们“捞佬”。有时候我回来晚一点，在村子里遇到村民，那些村民总是走得远远的。那些村民还老是拿我们的衣着开玩笑，有些小孩还拿小石块扔我的儿子，说他是“死捞仔”。那些村民个个有自己的屋子，有的还自己做生意，生活又安定。这些在我们乡下，是想都不敢想的。我们乡下的人要是有这样的生活，我就很满意啦！在我们乡下，我老爸70多岁了，还要每天喂猪，下田，一辈子干活，从来没有享过一天福。这里的老人有哪个是这样的？他们有空就去喝茶，打麻将下棋，我们真的很羡慕这儿村民的生活。不过羡慕也没用，没办法！

我们外来人口对村民也是有一点贡献的。你看这条村建了这么多房子，村里的人又住不完，如果不是我们这些外来工租房子，那些房子有什么用。的确是有一小部分外来的人干一些违法的事，但村民却认为所有外省人都是这样，对我们有戒心，心里老是觉得不踏实，你看看这条村有多少户人家，养了多少条狗！每次我走过那些房子，那些狗都对着我乱叫，有一次还吓坏了我儿子。

我们这样的外来人口很多是没有文化的，挣的钱当然不多，怎么能和村民相比，再加上你们广东人对我们有成见，我觉得我们和村民是两个世界的人。他们在喝茶的时候，我们在想怎么多挣几个钱，怎么省几个钱，这根本是不同的生活嘛！根本就没法比嘛！你说对吗？

我们外来人之间的差别，不像和村民那么大。区别当然是有的，有些外地来的人很有文化，他们在公司里打工，环境又好，收入又比我们多。有的还自己买了房子。我以前的同学叫阿坚，去年也到广州来找工作，不过人家是大学生，现在在公司做文员，每个月有2000多块，自己租了两房一厅和女朋友住，哪像我们一家三口挤在这一房一厅的小房子里住，没有办法啦！自己又没钱，只好这样啦！

以前我们公司里干活的大部分是广西人和湖南人。我们都是和自己的老乡在一起。可能是语言不通吧，我们在一起讲的家乡话，他们老是以为我们在讲他们的坏话。有一次有一个湖南人被老板炒了鱿鱼，他们以为是我们在公司讲他们的坏话，差点动起手来。后来幸亏没有事。其实，大家都是出来打工的，应该知道大家的难处，应该互相帮忙嘛！这样斗来斗去有什么用呢？吃亏的还是自己。

我有十几个老乡在这里，有些还是我在老家就认识的。平时我有空的时候和他们抽根烟，聊聊天，出门在外嘛，谁不想听听家乡话啊！和他们在一起聊天大多数是下班之后，我们一般不会聊很久，大家干活都很累了，一般都会很早睡觉。我们都是挺好的，当然互相照顾啦！上次有个老乡干活弄伤了脚，也是我们一起送他去看医生的。他一个人出来打工，我们不帮他，谁肯帮他啊？

外来人口其实就分两类，一类是有文化的，是大学生；另一类就是像我们这种人，没有文化，靠力气挣钱！那些有文化的，来这里找工作又容易，赚钱又比我们多，我们也挺羡慕的。不过没有办法，小时候家里穷，家里能把我养大已经不容易啦，还怎么敢想读书呢？我的妹妹连小学也没有读完，我这个做哥的还读到初中，我还能说什么呢？

我租的这间房子周围都是九层的房子，这里一天到晚都要开灯，不开灯就什么都看不到，有时候还潮湿得很厉害，洗了的衣服晾了几天还不干，楼下有时候还有人喝醉酒，到处乱骂人。房东怕我们把他的东西拿走，没有给我们楼下大门的钥匙，有时候下班回来晚了，还要叫他开门。你看那条街，满地都是垃圾，有时候下雨，臭得很厉害，让人受不了。你看看我这间房子，到处黑漆漆的，地面又是湿的。有时候，深夜听到街上有人喊“抢钱啊”，我们都不敢去看。这里的街又特别窄，我们一家三口住在这里，要是起火了，那些消防车也进不来，你说我们在这里住，住得安心吗？

还不是因为房租便宜嘛！广州这个地方到处租金都这么贵！我们一家赚这么点钱，哪有钱租房啊？这里的租金又便宜，又有些老乡在这里住，可以互相照顾嘛！所以我们就搬到这里啦，环境虽然是不好，但总算有个地方落脚，没有办法啦！有钱谁会愿意在这里住？

改造城中村，居住环境当然会变好。不过，改造之后，可能租金会很贵，到时候我们可能负担不起，我们哪有钱支付啊？

四川松潘来的酒楼服务员

受访者：陈某，女，25 岁，小学毕业，四川松潘人，酒楼服务员。

访谈在羊城村陈某的宿舍进行，那里是陈某工作的酒家为员工提供的宿舍。我来到宿舍时，只有陈某一个人，其他人上班去了。宿舍不大，中间只有一条仅够一人通过的通道，整个宿舍中可以称得上家电的，只有床头的台灯和一只电热水壶，但宿舍打理得相当整洁。下面是访谈记录。

我是四川松潘人，1993 年我 17 岁的时候，就跟老乡到广东来了，去的地方多了，去过惠州、东莞、深圳，还去过汕头，去年才到了广州。刚来的时候找不到工作，只能暂住在老乡的宿舍里，可能有大半年没有工作吧，那时候很绝望，差点儿就想回去了，但想起家乡的穷山恶水，还是决定留下来，留下来就有希望嘛！我是1993年6月底出来的，那时候在惠州，一直到1994年过了农历新年，才找到工作，当时是在一家发廊为客人洗头，后来又做过清洁工、工地建筑工、商店营业员，工作地点也换得多了。不过做得最久的还是在酒楼当服务员，来广州之前在东莞，我就是做这个的，现在在广州也是。

2001年3月，一个老乡在这里找到了一家酒楼，做服务员，因为酒楼开张不久，需要人手，便介绍我过来了。我因为在东莞那里不是很顺心，便到这边来。我丈夫没有来广州，在家里，我……我不想谈他。

我这份工作嘛，我觉得还不错，至少比上一份好，刚才不是跟你说在东莞做得不顺心吗？就是因为那里的老板太苛刻了，所以我才会到广州来。这里的老板还好，给我们房子住，一个月如果做得好的话，有900多块钱，平常也有800块左右；而且还有一顿饭，就是轮班时的那一餐。我们酒楼开到很晚的，到凌晨3点，早上又有早茶，所以就要轮班。我自己的开支，当然能省就省，一个人嘛，也不用那么多开销。每个月的伙食费大概是200块，我自己控制住，不要超过200块，然后再留下100块的备用，有时候需要买这买那或发烧感冒的，就好应付，其余的都寄家里去了。家里穷啊，又有弟妹，又有父母，种地收入又少，我能帮的，当然要帮了。

我的好多老乡都是这样的，拿我现在住的这个宿舍说吧，六个人，其中一个就是介绍我来的老乡，个个都是这样，能省就省，能帮家里多点就多点，因为都是穷，才会到广州来打工。说句实话，来广州这么久，我还没有怎么出去玩过。

虽然我们住在这里，但并不是本地人，语言不通，所以我和这里的村民基本上没有什么联系，最熟的可能就是楼下拐弯处杂货店的老板和隔壁快餐店的老板，因为有时候会去那里买东西，但大家见面也就是打声招呼罢了，而且听说他们也不是本地人。

村民对我们还可以，因为平时基本上没有联系，所以也没有什么事情发生，至于成见、歧视，我觉得多少都是有的。因为外地到这里打工的人这么多，好人坏人都有，有一些人做了坏事被报纸登出来，于是便有本地人认为我们这些外地人将这里的治安搞坏了，而且似乎广州的本地人很多都有排外思想，对我们有成见、歧视也很正常，但至少我不是坏人。

我很羡慕本地村民的生活，他们好多不用干活，就可以在家中等分钱了，像我们老板为我们租的这个宿舍，一个月就要300多块钱，这幢楼都租出去了，建这幢楼的人每个月单是收房租，就足够生活啦。另外村里面有分红。听他们说啊，村里的人，特别是女的，都不用干活，只是在家里干家务，带孩子！要是我也能过上这样的生活，就太好了，不过我想应该是不可能的事情吧，做服务员，不知道要做多久才能过上这样的生活。

其实他们的生活也要靠我们。村民靠收房租度日，租房子的可能70%以上是我们外地人，要不是我们来租，他们能够这么清闲，在家里靠租金过日子？还有啊，你看我工作的酒楼中，几乎所有的服务员都不是广州人，广东省人也不多。还有啊，广州市的环卫工人，市场里卖菜的、卖肉的，听说多数都是外地的，总之那些辛苦的、劳累的工作，但又是必不可少的工作，几乎都被我们这些人做了，广州少了我们还不行呢！

但是，我们和本地人始终是不同的，怎么说呢？我想这是注定的，我出生在那么穷的地方，就注定了要离开老家到这么远的地方打工。打工的，我觉得是很难和这里的人交融的，因为我们没有那么多钱，干的活又是本地人不想干的辛苦活，当地村民好多看不起我们，叫我们打工仔、打工妹。我们也不想帮人家打工，但没有办法，家里穷，人又多，不出来帮人家打工赚钱，靠家中那几分地，早就饿死了。还有你说的生活方式，那也是不同的，就像我喜欢吃辣的，可发现很多这里人都不喜欢辣的，我想我是改不了的，本地人也改不了。

也许这真的是注定了的。我注定要为他们打工，一个月赚几百块钱，要是有哪里做不好，可能马上会被赶走，他们（本地村民）呢？注定不用干活，只坐在家中等收钱，然后便可以享福。也许等我有了那么多钱之后，我也可以像他们一样。

我们这些外地来的人之间也有很大不同，也不是所有的都是给人打工，有些外来的有文化，会算计，当然可以过上好日子，可像我们这些没有文化的，就只好在这里帮人打工了。即便是我们这些打工的，也有很多不同，因为大家来自不同的地方，像我这里，六个人，两个四川的、一个江西的、两个湖南的，还有一个湖北的，大家来的地方不同，也就不一样啦。至少大家说的话就不一样，生活习惯上也不一样的。

不同地方来的人，经常会闹矛盾，前几天湖北人和四川人打架了，听说是争搬运的地盘，打得很凶呢！唉，其实大家都是从外地来的，都是为了生活，何必这样呢？我觉得这样不好，会被本地人看不起的。不过大家来自不同地方，很多东西都是不一样的，有时候难免会有摩擦，我想大家互相让一下，就没有事了。总之我觉得闹矛盾很不好，但是有时候似乎没有办法。不过我和这里住的其他五个人都很好的，我们是姐妹！

老乡对我很重要，因为我们这样出来打工很辛苦的，没有人帮你的话，简直是寸步难行，我现在的工作就是一个老乡帮忙介绍的，她也住在这里。我们可要好了，其他老乡也会来这里看我们。我们四川的在这里还挺多的，有空就一起出动去玩，或者串串门。不管怎么说，出门在外，救难得靠朋友啊。大家是老乡，总会亲近些的，一般像谁要找工作啊、谁被欺负啦什么的，老乡之间就会帮忙。当然也有些不太好的，不过对于那些人我不怎么搭理。

这里的居住环境比起我的老家，当然已经很好了。不过我去过天河城，发现那里更加漂亮，道路也宽多了。我觉得如果和广州天河城那里比的话，这里就太乱、太脏了，好像也没有人管，有时候凌晨 2 点了，还有人在唱卡拉 OK，吵得我们睡不着。我觉得是应该改造了，因为这里地方乱呀，你不知道，经常有人打架，还有偷东西、杀人、抢劫的，我是经常听人说的。还有就是道路啊、房子啊什么的也要搞一搞，这些路一下雨就坑坑洼洼，很难走呀，有些房子也是乱建的。对了，还有街边的那些饭店啊什么的，好多都很不卫生，上次我在那里吃了一餐，结果就拉肚子，可是这都没有人管的。其实我们也不想来这里住的，但是没有办法啊，老板说这里离酒楼近，上班方便。但是我想主要还是因为这里便宜吧，一个月300块。

四川绵阳来的缝纫女工

受访者：莫某，女，25岁，已婚，初中毕业，四川绵阳人，缝纫女工。

对莫某的访谈，本来是在一家餐厅进行的，由于莫某的盛情邀请，改到了她在羊城村的出租屋中。

她家虽不能说家徒四壁，却也是十分简陋。厅里没有张像样的桌子，全部家电就是那台旧的彩色电视机和一台落地风扇。房间里除了一张双人床，梳妆台都没有。但是整个房间一尘不染，给人的是舒服干净的感觉，显露出女主人的勤劳、朴实。

莫某今年25岁，我们称她小莫。小莫是四川绵阳人，1995年她刚19岁的时候，外出谋生来到广州打工，先后到过东莞、深圳、佛山、南海等地，从事过酒楼服务员、发廊洗头女工、工厂清洁工、家庭保姆等工作。她也有过经商做生意的打算，但由于缺少资金及经验，一直没能如愿。她1998年来到广州，曾经在广州市的新滘镇、赤岗大塘村、康乐村等地方居住，1999年进入羊城村中一制衣厂当缝纫工至今，并于村中租屋落户。丈夫是湖南长沙人，两人在东莞结识，随后结婚，丈夫现时也在广州打工，两人同住羊城村，未生育。

小莫未到羊城村之前，在海珠区一酒楼当服务员，负责端菜、倒茶、招呼客人，每月工资500元，酒楼包一份正餐，但不包住宿。由于工资相对较低，又要自己出钱租屋，她一直在物色其他工作。1999年经一同乡介绍，来到羊城的一制衣厂求职，可能女孩子从小就懂得一点针线缝纫，应聘顺利成功。从此就在羊城村住下来了，本在东莞的丈夫也迁来广州共住，而其他家人都在四川老家。小莫现在每月有650元工资。如工厂生意好，需要加班时，也能有一定的加班费，大约每晚15元，但每月也不到两三次。小莫每月要支付300元承租村中的一房一厅的租金，水电费还要另计，每月六七十块（这数字对于他们来说是够多的了，但我们却很难想象，他们恐怕连电视都很少开的）。这样就耗去了她大部分工资，幸好她丈夫有接近800元的月收入帮补，也能勉强应付。两人每月的伙食费，大概是400块钱，已是省得不能再省了，再加上其他一些琐碎的开销，也要一二百块钱，另外她需要缴纳计划生育费以及其他一些地方性收费，每年大约200元。结果，每月还能剩下三四百块钱，她把其中的200块钱寄回老家，供养家中亲人。幸好两人工作单位都不算远，小莫的制衣厂就在村中，不足10分钟的路程，这样可以省下一笔不少的交通费支出。

小莫的住房，是当地一村民出租的五层楼房二楼的一个套间，房东住在四楼、五楼。她在村中没有什么熟人，只有同厂的女工经常会串一下门。当年介绍她到本厂的同乡，现在都已另谋他业了，只有她还继续留下来。她也是图个稳定，劳动强度不算大。到了其他地方又怎样，还不是打份工，工资也差不了多少。她在村中比较熟悉的，就是住房旁边杂货店的老板娘，因为经常要到她那儿买点生活用品，还经常在那儿打公用电话，所以两人都会打声招呼，不过很少有什么话说。

谈到村民对外来人的态度，小莫说，似乎村民对他们也没有什么太大的反感和厌恶情绪，大家都是人嘛！而且这里毕竟是城中村，属于广州市这样一个繁华都市中相对落后和偏僻的地方，村民还不是真正意义上的城市人，所以和他们外来工的地位、关系就近了一点。不像市区中的不少广州人，对他们外省人毫不友善，把广州市容脏乱差、治安形势严峻的原因统统归到了他们的名下。小莫说，大多数像她这样的打工仔、打工妹，都是规规矩矩、努力工作的，就是为了找口饭。

至于村民的生活，小莫觉得自己一辈子也不会有这样的福气。几乎所有村民现在都没有下田的了，农田早就给村里拿去开发房产、建厂房等。小莫说："有羊城村户口的村民，每年都能固定地得到分红，听说还一人一年好几万元，有很多人是不用干活，一年下来净收入10多万元。而且村民往往在村中都建了小楼，有的还不止一幢，除了自己居住就是出租给外地人，租金一个月就过千，甚至几千。你说，一年几万块白挣，这样的生活哪里找啊。所以村中很多人没有找工作，特别是那些中年妇女，一般都留在家中，把持家务，照顾老少，平时就是买菜、聊天、打麻将等，多自在。而我们呢，辛辛苦苦才挣那几百块钱，吃穿住用都在那里，也实在不容易，什么时候过上刚才说的那种日子呢？不知道啊，还是不要太奢侈了，干好现在这份工作再说吧。"

当问到她们外来人口对村民生活的影响时，小莫挺起了腰杆，一副自豪的样子说："影响？有啊，我们外来人还做了贡献呢！村民出租房子的租金哪来的，还不是我们外来人出的！村里那些工厂中干活的是谁？大部分都是我们外地人，我们外地人不来此地为本地创造财富，这里经济能这么活这么好吗？这里当环卫工人的大多数是外地人，他们干的是最脏最累的活，但是带来了广州的干净美丽。这是最值得称赞的！但似乎村民们都没有意识到这一点，对我们从来是不冷不热的。说实在的，我们外地人在经济、生活、社会地位上与村民真是有很大距离。首先是经济上，村民与我们的生活可以说相差太远了，他们衣食无忧，想的是怎样过得更有意义、更充实，他们懂得享受，而我们呢？天壤之别，一天到晚奔波，累个半死，才挣几百块钱，根本没得比。如果说社会地位，就更没法比！始终是外地人嘛！村民的地方主义意识是比较浓的，外地人想融入这个圈子就别指望了，总有一种寄人篱下的感觉，要不是为了生计，为了家中的亲人，又有谁想背井离乡呢？外地人在村中是没有什么地位的，特别是我们这些打工的，没有经济实力，说句话也不敢大声，什么事都要忍气吞声，怕得罪人。不过，对比起家乡的生活，我们是很满足了，如果在家中种田，一年收入也不外一千多块，种的粮食只够吃，饿不死就是了，能够有我这样初中学历的是少而又少。这里村民的孩子就幸福了，有好学校上，吃的穿的是最好的，所以说外来人口与本村村民是完全不同的群体，不论是经济、政治地位都不平等，可是我们却习以为常了，从步出家门异地打工的第一天就注定了这样，早就有了心理准备。反正我们又不是去偷去抢，靠的是自己劳动，正正当当地挣钱养家糊口，怕什么！”

问到小莫她自己和其他外地人之间相处得如何时，她说道，同是外来人口，差异也是非常大的，有的人生活得很好，有的人却衣食无着。因为外来人可以分成很多种：第一种是那些读饱了书，口袋里装满了学位证书、技能证书来广州的外地人，他们因为有知识有才干，总能找到满意的或者是较为满意的工作。他们的待遇都很好，工资高，有的甚至有了房子，成了家，在较长时间里都会在广州生活，工作固定。第二种是来广州做生意的外地人，他们有的是一开始在南方打工，积累到一定程度才自己搞生意，有的是一开始就在各地经商，来到了广州，找到了好项目就住下来干的。他们无论生意是否红火，都算是外来人口中条件较好的一部分，反正多多少少都能赚点，总比打工好，说到底都是老板一个嘛。第三种是单身贵族，生活不错，又在广州找了工作，买了房子，有了广州户口，已经是广州人了，只是口音和习惯不改，依然是一个广州的外省人。第四种就是像小莫自己一样，三五成群，经过老乡朋友的介绍到广东碰碰运气，找到了一份工作，够维持生活而且能少有剩余，为家中出一份力，也发挥了自己的一点作用。这也是目前在广东外来人口中所占比例最多的部分，他们分布在广东各地，特别是珠江三角洲地区，当苦工或者从事加工业，如制衣厂、玩具厂等。当然，也还有另外一部分外来人口的工作是不那么正当的，就比如三陪女或从事色情行业的，她们虽然也能多赚钱，但违反社会道德，应该取缔。剩下的还有是根本没找到工作的外来人，有的准备打道回府，有的还想留下来寻求希望。更有的身无分文，连路费都付不起的，就干起了捡破烂，俗称“大袋袋”，他们很多宁愿留在广州捡破烂，都不愿意回老家，可想而知他们家乡的生活是何等贫穷难熬！更有一些外来人走投无路，只好干些偷鸡摸狗的勾当，甚至杀人、抢劫，他们也是本地人形成对外来人厌恶情绪的主要原因。

在外来人口之间也有一些矛盾。由于大量外地人来到广州打工，工作已不像以往那么好找，不少人为争夺工作岗位而各施各法，甚至不择手段，很容易就产生矛盾。另外不同地域有不同的习惯，所以往往会产生老乡的小团体或小帮派，只要双方产生口角与矛盾，经常是湖南人帮着湖南人，四川人撑着四川人，这也无可厚非，因为异地生存，既是同乡都希望能互相帮助，互相关照，有困难就可以商量商量，找个对策。小莫说，她的不少老乡在她刚到广州时，真的给予了不少帮助，前面说过，她现在的工作也是老乡介绍才找到的，有的还帮她联系租房，指点她在本地生活的门路，哪里有便宜东西出售，都是老乡告诉她的。不过，也有的老乡却是不怀好意，不念同乡之情的，这就应验了那句新话，所谓“老乡见老乡，背后来一枪”。小莫的一位四川朋友就曾误信一个同乡的话，被骗到广州从事色情行业，幸好她人机灵，及时察觉，逃过一劫，否则就后果不堪设想了。

小莫说，羊城村现时依旧保留着农村的氛围，虽然不能再见到农田、耕牛，但隐隐约约还有那种农村所独有的纯朴的民风，生活节奏缓慢，不像市区的繁荣、热闹。但是随着经济发展、人口增长，羊城村也发生了比较大的变化，楼房越盖越漂亮了，商店、食肆更多了，正一步步地向市区靠拢。小莫之所以住在羊城村，除了就近上班的原因之外，主要是这里租房较便宜，买东西也没有市区的贵，生活也相对简单，除了平时在家看看电视，她也很少出去消遣什么的。但外来人集中的地方，也往往是麻烦最多的地方，治安案件经常发生。

小莫身上有一种不卑不亢的气质，她没有因为自己的地位而感到悲观，亦没有因为经济上的拮据而感到苦恼。她是那么乐观、平静、安于现状，因为她认为比起众多的其他人，她已十分幸运了，有些外地人急躁冒进，最后还是一无所有。当你抱怨着这个世界多么不公，埋怨着收入捉襟见肘时，想想小莫这些外来人，心情就会豁然开朗，他们从不自怨自怜，始终在勤劳地工作着，日复一日……看似无意义的生活，也许正是生活本来的意义。

重庆来的超市推销小姐

受访者：小洁，女，20 岁，高中毕业，重庆人，超市推销员。

这次，我要访谈的对象，是住在羊城村出租屋内，来自重庆的小洁。她今年 20 岁，和男朋友及其他朋友共同租了一间三房一厅的房子。小洁高中毕业后，就出来打工，但她仍然很上进，平时在家看电脑书，学英语，照她的话，就是要给自己"充电"，让自己可以找到一份更好的工作。

我和小洁是在她居住的房子里进行这次访谈的，一进门，给我的第一感觉，就是房子里虽设施简单，但收拾得干净整齐。客厅里只有一张桌子，两张塑料凳，另外还有一张矮桌子上面放着一台 16 寸的国产电视机和一部电话，旁边的地上就放着一个电饭煲。而她的房间也只是一张床、一张桌子和一个木凳，至于书、衣服，就只是用纸皮箱装着。可能是我迷惑的表情被小洁看到了，于是，她笑着说："因为我和我男朋友并不打算长期在此居住，于是就一切从简啦。但是，我们算是外地打工者中居住条件不错的了。"可能因为我和小洁是同龄人，又加上都是女孩子，话匣子一打开，小洁就无所不谈。

我是 2000 年 9 月到广州来打工的，现在就在一间大型超市当推销小姐。到这个村里来住，是朋友介绍的。开始，我男朋友他公司有一间房子给他暂住，在外村，但是，我们觉得那里的环境不够好，于是在朋友的介绍下，便过来这边看看，看了以后，觉得这间房子不错，便租了下来了。

我的男朋友是河南人，现在在天河软件园里干活，是干编程的。我现在在超市里干活，每个月底薪1000块，干得好还可以加提成。这间房子的租金是每月800块，但是因为我们是两家人合租的，所以房租只是交400块。而至于生活费就没个准儿，这样子说吧，食、行每月1000块左右。但是，如果有个月份出去逛街、购物的话，就又要多用500块左右。其实，总的来说，每个月大概要用2000块来应付衣、食、住、行，开支都还是挺大的，不过我和我男朋友都认为赚钱是要用来花费的，而不是为了储蓄起来，所以，我们并不为此担心。

不过，广州的房子租金还是高了一些，如果按我们现住的三房一厅这样的面积来算，在重庆，它的租金只能到每月100多块，而且还是在市中心，不过，这是属于地区发展不平衡的问题罢了。

我的那个女房东，人还挺不错，她大概50岁，对我们很亲切、友善，平时见面也有打招呼，有时如果她知道我男朋友出差了，还会叫我去她家吃饭呢！其实我也只是刚搬过来住了一年左右，跟他们还不是挺熟悉，感觉上有点陌生。

我知道他们村民每年有分红，而且大部分的人都有房子出租，可以收租金。这样子，很多人就可以不出去工作，而仅仅待在家里过日子。

我们重庆那边的人，个个都很开朗，是属于那种“刀子嘴，豆腐心”的人，就是外表看起来很凶，但实际上是心地很好的人，而且，具体来说，比如我们问路时，按你们的看法是不讲文明、礼貌的，讲话也粗声粗气，连一个“请”字也没有，就只是说：“你知道某某在哪里吗？”但是，如果在广州就不能这么说，就必须加上一个“请”字。

当然能否合得来，不是按照地域来说的，我觉得是以个人本身的性格决定的。比如拿和我在一起工作的几个同事来说，有一个是我的同乡，大家都是重庆人，照理说，应该很好的吧，但是，我反而和一个东莞的女孩子更合得来，我们兴趣相近，在一起总有说不完的话题。

我最近看报纸，上面说重庆人外出打工的流向就是以广州、深圳、北京、上海、天津等大城市、特大城市为主，占重庆外出打工人数的80%左右。我看如果有交往的话，大多数交往也只是工作情况下发生的，其他的外来人口我不清楚。但是，我们重庆的同乡之间就大多数人而言，是会相互照顾的。

如果要给外来人口分类，我想应该按目的的不同而分吧，外来人口的一部分人，可能将来会带着在城里打工积累的资金和学到的经验、本领回乡创业；而另一部分人又会凭自己竞争创造的条件，在城里安居乐业，扎根下来；又有一部分人可能就仅仅为了赚多些钱，然后又返回家乡，改善自己的生活条件。

这里要改造的话，首先要把街道修宽，并打扫干净，现在这里连出租车都进不来，有时候我们要提着很重的东西走进来，并且街道上很多尘土，一部摩托车在身边开过，会弄得脸上像上了一层尘粉。第二是治安问题特不好，前一段时间，可能是因为开“九运会”的原因，街上多了些民警和一些联防队员等，治安好了很多，但是，现在又不行了。特别是街上的发廊太多了，多并不是问题，而是有些发廊根本就不是为人理发的，而是干些非法的行为，这样就会造成不良影响。而至于那些乱搭建、乱摆摊点、乱张贴的“三乱”行为，屡禁不止，拆了建，建了拆，恶性循环，给我们的生活造成很多不便。我们打电话回老家，都只能去私人开的士多里的公用电话那里去打，为什么村里的干部不联系一下电信局，多装几部IC电话在村里各处，价格分明，好让我们打个明白呢？还有一个问题就是村里人养狗的问题，可能村民是从保护自己家安全的角度出发，但是那些狗看起来很凶，似乎很难驯服，并且不知道有没有打防疫针，万一它咬伤了人怎么办？

尽管如此，我还是要在这里住下去，一是因为上班方便，这里离我们的工作地点很近；二是因为羊城村这里出租的房子多，从而选择也多，价格相对而言也较合理。

江西来的理发工

受访者：阿燕，女，27 岁，已婚，小学文化，江西人，理发工。

我和朋友先在羊城村的街道走了一圈。这条村子不算大，但却有十几条街，百多条小巷，这里街道还算清洁，走完一圈后，我们来到了松柏街的一间发廊。我朋友就去理发，而我找了一位闲着的在发廊工作的外来妹交谈起来，谈了一会儿，我就要求她帮着做个访谈，并道明我的学生身份。经过我的苦苦请求，她终于答应了。

那位外来妹叫阿燕，今年 27 岁，已婚，没有子女。据她说，她家在江西，家里很穷，上完小学就不上了，她丈夫的家也比较贫穷。更无奈的是，她丈夫的母亲得了重病，为了治病，他们四处奔波，变卖家当，还借了不少债，病最终医治好了，但欠下一大笔债。为了还债，他们于是就决定南下打工。

就在四年前，她和丈夫离开江西来到广州找工作，到广州后，他们就被一些所谓的老乡带到了羊城村找房子住，并在一间出租屋租下一间房间。说到这里，阿燕的眼睛有点湿润了，那时这里到处是乌烟瘴气，环境恶劣，而且住的人十分复杂，有流氓、瘾君子、毒贩、妓女等，邻居间经常为了些小事而争吵，甚至打起架来。总之，永远不能安静。

阿燕还告诉我们一次痛苦经历。有一天晚上，正当阿燕和丈夫准备上床睡觉的时候，门被敲响了，阿燕就去开门，一打开门，一道银光亮在阿燕眼前，阿燕一看，原来是隔壁的一个瘾君子，他来势汹汹，且有武器，只好乖乖地把辛苦挣来的血汗钱交给了他。他一拿到钱就马上跑掉，那晚阿燕哭了一晚，最后丈夫和她决定第二天去报警。可第二天早上，当阿燕出房门后，她去报警的念头取消了，原来昨晚那个瘾君子面色苍白地死在他们门前。自从那次事件后，他们有点想家了，很想离开这里，但阿燕的丈夫在当地找到一份工作，工资还算不错，他们只好留下来了。在接着几个月里，经常有毒贩向他们兜售毒品，还吹捧那是可以让你精神百倍的好药。阿燕他们有了上次事件的警示，断然拒绝了，那些毒贩几次不成功后，也就没有再来了。

除了毒品，当时这里色情行当也很猖獗。阿燕说，那时的发廊多达200多间，在门口这条街就有70多间，这些发廊大都是从事色情行业的。一到夜晚，街道两旁就站满妖艳的发廊妹，当街招揽客人，为了争生意，争吵打架经常发生。

据阿燕说，可能这里离火车站较近，住在这里，租房屋的人又多又复杂，出租屋所带来的问题十分严重，这引起了政府的重视，于是就开始清理出租屋问题。政府首先从整顿发廊入手，大批无证经营的发廊被勒令停业，公安干警严厉地打击发廊的色情活动。除了打击发廊，政府还对出租屋屋主加强教育管理，对于来历不明的人一律不准入住，对外来人口要叫他办暂住证。就在那时，村里成立了一支80人左右的出租屋协管员队伍，公安夜间也加强巡逻，只要有事情发生，保安都会很快赶到。经过一番大力整顿治理后，羊城村的治安逐渐好起来，罪案发生率也降低不少。

讲完出租屋的问题，阿燕跟我讲起了工作方面的事情。阿燕的丈夫来到广州后不久，就找到一份苦工，一直做到现在，但阿燕就没有那么幸运了，找了很久才在工厂找到一份工作，但做了不够两个月，工厂倒闭了，阿燕不得不再去寻找新的工作。其实阿燕最想做的是一名理发师，自小她就已经学会理发了，家里人的头发都是她理的，她也乐意做这些事情。来到广州后，她曾想过当一名理发师，但她住进羊城村后，看到那里的发廊大都是从事色情行业，她就打消了这个念头。话说回来，当阿燕失业了一段时间后，终于找到了一份在工厂里的工作。在羊城村大力打击了色情行当后，大部分发廊关门，剩下的都是些比较正规的发廊，是以为居民理发为生而不是经营色情活动为生的。这时，阿燕又动起了当理发师的念头，在经历了一番思想斗争和得到丈夫的支持后，阿燕决定辞去原先的工作，去发廊找工作。最后，阿燕终于当起了理发师，并在不久后得到老板和街坊的认同，甚至一些街坊非要她剪不可。她和街坊的关系也渐渐好起来，她从街坊口中也知道不少有关羊城村的事情。

阿燕从街坊的口中得知，羊城村村委会在大约一年前已停止运作了，由两个新的居委会接管村里的社会管理事务，羊城村委变成了街道，羊城村农民变成了市民，而村里的集体经济也改股份公司了。

四川来的仓管员

受访者：卢花，女，30 来岁，已婚，初中文化，四川人，仓管员。

那天，我正在羊城村焦急地找寻访谈对象时，迎面走来了一位年轻妇女，她穿着一身简单的居家服，整齐的短发梳在脑后。她吃力地拿着两个超市的大购物袋，见此，我毫不犹豫地走上前去，帮她拿一袋。她忙说："不用，不用麻烦你了。""没有关系，反正我也是闲着嘛。"年轻妇女见此，也不便说不，于是，我便帮她提着。

年轻妇女的家位于羊城村的一间出租楼房的二楼，到了她家门口，年轻妇女很热情地邀请我进去坐坐，我说："不用了，我要找人做访谈呢。""访谈，哦，我还没有被人访谈过呢，可以访谈我吗？"我一听，高兴地跳起来，说："可以，当然可以啦。我找了一天，都没有人愿意，你肯，我还求之不得呢。"年轻妇女一听，冲我笑了一下，说："没关系，就当报答你帮我拿东西回家来啰。"

于是，我进了她家。她家客厅的摆设非常简单，一套人造革沙发，一台康佳牌电视，虽简单，但也显得宽敞明亮，而且还一尘不染。这位年轻妇女非常好客，一进屋就叽里呱啦说了一大堆，而从中，我得知她叫卢花，是四川人。下面便是她在广州的故事。

我是在 1997 年的时候从老家四川来广州的，那时，我在火车站下火车的时候，就看见火车站的四周贴满了招聘的广告，如招仓管、会计等，而且上边还有地址呢。当时我心里就想啊："嗨，我还真不赖。一从乡下出来，就能找到工作了。"而当时刚从乡下出来的我，并不知道这是一个骗局。

第二天一早，我还早早地乘车去那间天河区的职业介绍所，那间介绍所位于一幢楼房的二楼。当我走到该介绍所的门口时，立即有一位打扮时髦的年轻小姐走过来，问我是否要找工作。我回答是，她就领我到屋内的其中一张写字台上，让我坐下。然后，她问我要找什么工作，我回答说想要找一份仓管的工作，问她有没有要招人的。她说有啊，但你必须先交 60 元的介绍费。当时我心里想，她介绍工作给我，收取点介绍费也应该啊。于是，毫不犹豫地交了 60 元。之后，她又说，我们得在介绍所的电脑里存一份你的私人档案。而存一份档案要交 120 元。当时，我真的想一走了之，但后来想一想，我做仓管一个月有 900 多元，如此推算，不用一个月，就可以赚回来了。于是，我虽然极不情愿，但也还是忍痛从口袋里掏出 120 元交给了那间职业介绍所。最后，这间介绍所也只是告诉了我一间公司的地址和电话。

接着，我就乘车来到了位于越秀区的那间公司。我向接待员小姐说明，我是由那间职业介绍所介绍来的，她就安置我坐在接待室里，并叫我等一会儿。过了大概 5 分钟吧，走进来一个中年男子，一进来他先自我介绍说是这个公司的负责人，姓吴。然后他问我有没有带健康证明。我一听，很是惊讶。于是，我向他解释说，介绍所并没有叫我带健康证明。他说没有健康证明，他们公司是不会要我的。顿时，我慌了，我不知道应怎么办。他接着就说，那你可以去医疗站办一张，但必须是在 7 月 8 日以前，否则后果自负。于是，我又马上乘车来到他所说的医疗站。当我到达时，那里也有几个人正好办健康证明。一进医疗站，那里的护士马上问我，是办健康证明吗？当我说是，她马上说要交 110 元的费用，没办法。于是，我又再一次拿出钱，交了费用。但当我问医疗站的人什么时候可以拿到健康证明时，他却说 7 月 10 日才可以拿到健康证明。此时，我脑袋轰的一声，差一点晕了，这不是明摆着坑人吗！公司说要在 7 月 8 日以前，但医疗站却要在 7 月 10 日才可以拿到健康证明，此刻，我才知道自己被人骗了。

于是，我赶紧又乘车来到那间职业介绍所。当我一进去，我就扯开嗓子喊，找你们经理出来。也许是我的嗓子实在太大了，躲在办公室的刘经理出来了，是个老年妇女。她一出来就皱皱眉头说："谁在嚷嚷？""是我。你们不是明摆着坑人吗？介绍的公司根本进不去的。"她一听，说："哦，是吗？那简单。我再给你介绍一份吧。""不，我不要了。你退钱吧。""唉，小妹，不用吧。这样好了，我不再收你的介绍费，再给你介绍一份吧，嗯，就这样行了。""不，你退钱！"我继续吵闹。大概老年妇女被我缠得不耐烦了，她竟然叫了几个硬汉把我拖出门外。但我还是不甘心，于是，我想到一个办法，就是在她的门外，逢人便说，不要上这间介绍所，坑人。嘿，想不到这招还挺见效。过了大概一个钟头，老年妇女终于妥协了，她终于愿意还我钱了。

后来，我到底是找到一份做仓管的工作，而且我也在工作的单位里找到了我现在的丈夫。记得当时我一进到那间公司，因为没有什么经验，所以做事常常出错，而结果就是常常被老板骂。当时我真的很沮丧，觉得前路茫茫。但是，幸亏有他。他比我早进公司两年，常常开导我，使我觉得我的前途是充满希望的。之后，也许是日久生情吧，总之在我升职的那一天，我和他也坠入了爱河。再以后，我们就结婚了。

大概是在2000年吧。当时我们为求上班方便，就搬来这里住。我很少与邻居或邻近的人交谈，不过我倒觉得这里的治安不太好。我记得大概是2001年12月的时候吧，有一天，我去逛街，逛到六七点才回来。当时因为是冬天，天就黑得比较早。我走到街道的拐弯处，走在我后面的女生忽然大声喊："抢劫啊！"当时我真的吓呆了，想不到我竟会碰到这种事。那个男人抢了钱包，就跑了，那女的也立即追了上去。前后不过几分钟的时间，却发生那么可怕的事。还有，我还记得在我第一次搬来这里住的时候，楼上的住户很不客气地跑下来跟我说："这幢楼并不是你自己的，是大家一起合租的，所以呢，你以后出入的时候呢，一定要记着随手关门，要不然发生了什么事情，后果你自己负责，而且，没事不要跑到天台上，省得吵到我们。”这些都是我最不喜欢、最讨厌的在城中村居住时所遇到的问题。

一人在外，其实很想家的，叶落总得归根吧！尤其是刚来的时候，自己一个人，逢年过节，看见别人的家里洋溢出幸福的笑声，那种感觉啊，别提多辛酸了啊！但人在异乡，为了生活，又能怎么办呢？虽然这里的一切物质条件都很好，像什么水啊、电啊，样样齐备，而且四周都有许多餐厅，想什么时候吃就什么时候吃。闲的时候，还可以到附近的如“好又多”那么大型的商店去逛，有时甚至还可以逛上一天呢。但是，家始终才是最温暖的地方。所以，有时候，我遇到挫折，总想起家中的一切。特别是当受到别人的讥讽与冷视，那种归心似箭的心情，外人很难理解。不过，为了生活，为了前途，怎么可能还像孩童时期那么潇洒，说走就走呢？所以，每一次都要把心安下来。只有晚上的时候，自己在深夜面对着朗朗的天空，留下两行悲苦的泪水。

河南新乡来的商场服务员

受访者：方玫，女，22岁，中专肄业，河南人，在超市冰鲜部工作。

一次偶然的机会，在“好又多”购物的时候，我认识了来自河南新乡的姑娘方玫，并征得她的同意，到她所租住的羊城村，对她进行了一次访谈。

方玫给人的感觉是朴实、坚强、乐观，但年轻姣好的面容，却写着其年龄不应有的沧桑。明亮含笑的眼睛，透出母性的坚韧与刚强，她向我讲述了她的家庭以及来广州三年半的经历与故事。

方玫出生在一个大山深处的农民家庭，生活贫困窘迫。她早早辍学，在18岁那年嫁了人，但这场喜事却丝毫没有为这个困苦的家庭带来喜悦。那年她的丈夫在建筑工地摔伤了腿，母亲因操劳过度，患了严重的腰肌劳损，连睡觉都成问题，父亲也患了严重的胃病，但他依然抡起那把生锈的锄头，在那块贫瘠的土地上讨生活、讨希望。看着丈夫因肉体的剧痛而扭曲的脸，看着母亲无奈忧伤的双眼，看着父亲蹒跚佝偻的背影，方玫噙着泪水毅然投入到南下打工的人潮中。她暗暗发誓，自己要为这个家庭撑起没有阳光的天空。

1998 年 9 月，方玫和她的表姐来到了广州，第一次出远门的她们，面对这个繁华而陌生的城市，茫然不知所措。这时，一个操着河南口音的中年男子走过来套近乎，并说大家都是老乡，可以介绍她们到他朋友的电子厂工作，还说第一个月能拿 800 元，第二个月可以升到 1000 元。看着那个中年男子信誓旦旦的样子，方玫她们天真地相信了，跟着那个男人上了车，最后她们在一间工厂旁下了车，那男人说他现在就去找经理，但现在每人要交 300 元作为服装费和劳保押金。那个男人看她们犹豫不决，忙拿出身份证说作为抵押。方玫经不住他的花言巧语，掏了钱。一个小时过去了，两个小时过去了，夜幕降临，她们的老乡始终没有出现。不祥的预兆在她们心里油然升起，姐妹俩呆坐在树下，相拥而泣。想起被骗的钱是她们家半年的口粮，方玫的心头充满了仇恨。姐妹俩看着兜里仅剩的 60 元钱，陷入了深深的自责之中。此后，她们每天顶着烈日骄阳去找工，为了减少花费，她们记不清多少天没有好好吃饭了，每天仅吃几个馒头。最后她们在客村一间凉鞋厂找到了工作，每天工作 14 个小时，每月工资 300 元。浓重刺鼻的橡胶味和超强度的工作，使她们的身体每况愈下，而饭堂里的伙食，更被工人们称为“猪粮”，加班一个小时的加班费，只是一包华丰方便面。方玫的表姐忍受不了，一个月之后就打道回府了。而方玫为了心中的誓言，忍受着一切的苦难，每月省吃俭用，工作了四个月寄了 1100 元回家。但这 1100 元对于偿还借贷的巨额医疗费来说，无疑是杯水车薪。

在这一年里，方玫在小吃店里当过伙计，在大排档里洗过碗，在沙河大街里卖过衣服。艰难困苦从来没有怜悯过这个不满 20 岁的姑娘。她也曾遇见几个做皮肉生意的老乡，她们极力怂恿方玫到发廊工作，保证以后她能吃香喝辣，收入更是现在的 10 倍，而方玫坚决拒绝了。

2000 年 4 月，方玫在“好又多”超市找到工作，由于公司不提供食宿，方玫只有在就近的羊城村租房子住。方玫说羊城村像广州大多数的城中村一样，街道狭窄，小楼房密密麻麻，光线阴暗，空气浑浊。方玫说在羊城村居住了一年半，给她最大的感受是这里确是滋生犯罪、藏污纳垢的地方，黄赌毒猖獗，制假贩假盛行，三教九流，鱼龙混杂，给当地的居民带来治安的隐患。虽然广州市政府近几年加大力度整治城中村，但上面的文件对于当地的村委来说，只不过是一纸空文，在执法治理的时候完全是按照个人的意志。最令方玫气愤的是，当地的治保部门隔三岔五地来检查暂住证、身份证，一遇到过期或遗失，就给那些治保队提供了敛财的好机会。最荒唐的是，有一次有一个老乡来探望方玫，这时治保队又来检查证件，方玫拿出了证件，治保队的人叫方玫的老乡出示证件。方玫解释这是过来探望的老乡，但治保队不听其解释，硬罚了她老乡 100 元。

方玫说，凡是说普通话的，当地人就称为“捞妹”“捞头”。她说在村中大多数的当地居民对她们是平等相待，但有一部分人却对她们充满歧视和鄙夷，时时刻刻戴着有色眼镜看她们。她想起她第一次在羊城村租房子的时候，就感到特别委屈和气愤。当时她看中了一个单间，在交押金的时候，女房东看了她的身份证，脸色马上阴了下来，说你要交 500 元，方玫刚才明明听到隔壁的那个清远人才交了 250 元押金。方玫问她为什么她要交比隔壁的人多一倍的押金，那女房东冷冷地说，谁叫你是外省人。方玫气得无言以对，但时间已不能叫她再做选择了，唯有忍气吞声租下。在以后的日子里，每次都碰见女房东鄙夷的嘴脸。有一次，女房东在走廊里大喊大叫，然后用手重重地拍打着方玫的门。方玫打开门，只见女房东恶狠狠地瞪着方玫，用怀疑的语气问有没有看见她的金耳环。方玫答没有，而女房东却冲进她的房间，这里翻翻那里看看，方玫难以忍受这种无礼，把女房东推了出去。而女房东却依然在走廊里谩骂不已，说什么，死捞妹，偷了我的金耳环你也不会发达，那只耳环留给你换钱去买药吃等恶毒言语。

还有一件事也令方玫始终难以释怀，这种内心的伤害使她刚才明亮的眼睛变得黯淡了。事情是这样的，一个晚上，她下班回到家，正当准备睡觉的时候，响起了沉闷的拍门声，方玫以为女房东来抄电表，就开了门。怎知一开门，一个醉醺醺的肥硕男子一把抱住方玫，叫方玫和他发生性关系，方玫推开胖子，严正地指着门口说："先生你走错房间了，请你出去。"胖子这时笑嘻嘻地说："你怕我没钱吧，喏！这里是300元。"说完淫笑着把钱丢在地上并躺在床上。方玫强忍着怒气，再次严正地说："我这里是私人住宅，请你出去，否则我就要报警。"那个胖子不但不走，反而更加得意了，说："你们这些捞妹就是贪钱，嫌少吧。"说完又从口袋里抽出300元，对着方玫的脸丢去。方玫彻底愤怒了，她咬着牙把胖子狠狠地推下了床，抡起扫把狂拍打胖子，胖子被打醒了，抱着头左闪右避地捡地上的钱，方玫说当时她像疯了一般。我也能真切地感受到，这些疯狂的举动何尝不是对内心所遭受的凌辱、歧视、不平的发泄呢。我也很后悔再三追问这件事，使她内心的伤疤再次滴血。说到这里，方玫已经哽咽难言，泪如雨下。

过了很长时间，方玫拭干了眼泪，重新露出了甜甜的笑容。她说，虽然过得很苦，但上天也没有亏待她，向她展示了生活和人性美好的一面。她说她现在的房东就是一个大好人，逢年过节，房东总是热情邀请她一起吃饭，平时煲了汤总是留一碗给她，并叫他的小儿子端上来。有一次她因上晚班没能将晒在天台的棉被收起来，被雨淋湿了，房东知道后，立即给她买了一床新棉被，方玫把钱还给房东，但房东却死活也不要。方玫说她永远都记得那个寒风凛冽的晚上，虽然天气很冷，但那棉被使方玫感到无比温暖。更令方玫难忘的是，一次方玫收到从河南老家寄来的信，信中说方玫的父亲胃腔出血急需一笔钱治疗，而方玫看着钱包里仅剩的200元，一筹莫展，想起年老的父亲因没钱治病在床上痛苦挣扎的样子，心像撕裂般疼痛，上班也像丢了魂似的。这件事最终被房东知道了，房东偷偷地按照地址寄去了3000元和很多补品。方玫说像现在这个金钱至上、人情淡薄的社会，像这种好人哪里去找啊，更何况房东家也并不宽裕，每个月总收入也不过两三千元，而且上有高堂，下有妻小。方玫的眼圈再次湿润了。

苦难把年轻的方玫折磨得瘦骨嶙峋，但却摧不垮她坚强的意志。她感谢房东一家人对她的支持和鼓励，使她每天有毅力和恒心，每天晚上撑着像散了架似的身躯挑灯夜读，还参加了自学考试，并已同时过了五门考试。她说当初参加自学考试得到了很多人的帮助，楼下杂货店的老板娘还送了一套书给她。她说她和周围的居民相处得很融洽，觉得这里的村民大多数都很和善且乐于助人，她说她已经彻底爱上了广州、爱上了羊城村。

由于时间的关系，我跟方玫告别了，走到楼下，我向当地的居民问及对于居住这里的外来工有何评价，那个老伯说，他们干活卖力，而且乐于助人，交房租也很准时，他说广州的经济建设突飞猛进，外来工的贡献功不可没。我想，方玫善良纯朴、兢兢业业、安分守己和勤奋工作，是她赢得当地村民信任与尊敬的主要原因。

湖南衡南县来的送煤气罐的人

被访者：谢生，男，35岁，初中文化，湖南人，从事送煤气罐工作。

城中村一直是广州的痛。它引发的一系列社会问题让地方政府挠头不已，甚至屡屡被专家当作反面典型抨击，但谁也无法否认的是，正是这些隐匿于摩天高楼背后的村落，演绎着当代中国人口迁徙的人间万象。据说广州的外来常住人口总数在180万左右，大多栖息于139个租金便宜的城中村里。他们大都来自外省的乡村，干的是城里人最不屑的“贱活儿”，历经城市艰难、屈辱生活的打磨，坚韧地在城市最底层奋斗。

谢生的老家在湖南衡南县，他来广州三年了，一直以送煤气罐为业。现在正值农闲季节，妻子过来给他烧饭，带着放暑假的小儿子。他们租居的是一间 16 平方米的房子，和另一对老乡夫妻合住，分摊 350 元房租，夫妻俩觉得很合算。“以前这隔壁 12 平方米的房子里，住了四对夫妇，上下铺，更挤！”相比之下，他们觉着住得很宽敞。这是我所见到的最奇妙的“同居”方式，空荡荡的屋子里，除了两张大床、一张小餐桌，别无一物，电风扇是屋里唯一的电器。床头的花布帘子，算是分割了同一屋檐下的两家生计，他们相安无事又水乳交融地继续着各自的异乡生活。

谢生在一家煤气店给人送煤气罐，一瓶 3 块钱，他每天一般要送七八瓶，最多的时候有十多瓶。“在家听电话，一接到信儿就得走，有时一天都不得歇。”他黝黑的脸上有一种平静的忍耐和知足。老婆在旁边插话说：“他太老实，有些打工的出来送煤气，现在早就做老板了。一年赚个 20 来万，还算少的！”她话里流露出羡慕的口气。

谢生不以为然。“那些都是黑户，没有证件就送气，他们开的是小车，比我们骑单车的快。广州每年都清查几次，有什么用？那些气站只认钱不认人。”他有些激动，从包里掏出皱巴巴的“送煤气证”，上面因为汗水的浸渍和手的无数次抚摩，已经变得有些污浊。我知道，类似的小卡片，是他们穿梭于城市的“通行证”，他们怀揣着它，小心翼翼却难免触雷。他郑重其事地捧着那张小卡片，我觉察到他表情里有一种无意掩饰的光明、坦荡之气，委屈又有些理直气壮。他说，这些送气的黑车太可恨了，他们不缴纳各种税费，压低了市场价格。现在送气的人也多了，这两年，再累，一个月也只能挣个 1300 元，而且，收入很不稳定。有时一天只能送两瓶，那可就让人发愁了。他们生活难得有结余，一分一分抠着花。

他最忧虑的是孩子的学费，两个儿子都在老家念书，一个学期学费就要 1000 多元。他们再累再省，还是觉得捉襟见肘，尽管他们对不吃荤菜早就习以为常，夫妻俩一个月的生活费不超过 300 元，但他还是觉得拮据。老家的几亩地，妻子还在耕种着，每年

500元的税费一分也不能少。他们目前还欠下3000元债务，儿子快开学了，他们又开始发愁回家的路费了。

他伸出手给我看，一双布满老茧、粗糙不堪的手。广州的高层建筑很多，在没有电梯的楼房里，他得扛起沉重的煤气罐一级一级地爬上去。在铁栅栏后的单元房门口，那些城里人用戒备的目光扫视着满身臭汗的他，然后吝啬得连个“谢”字也难得出口，就将他打发走。

“钱嘛，总有挣得多的挣得少的。有的人一月能挣几万，有的人只能挣几百，都是靠自己的本事。钱多有钱多的活法，钱少有钱少的活法。”面对不宽裕的生活，他不时说出这种自我安慰的话来。他们并没有多少怨天尤人的心理，要抱怨，也多是抱怨自己“没本事”。这似乎是这个群体的普遍心理，他们从来没有“优越”过，从来也没有任何人关心过他们的生老病死。他们有着一种天然的信念：靠自己的劳动吃饭，自己拯救自己。

湖南常德来的送报工

受访者：郑斌，男，28岁，已婚，初中文化，湖南人，送报工。

在羊城村一条小巷的十字路口，我碰到了郑斌。他打着赤膊，手里拎着刚买的蔬菜。他在这儿待了五年，是老房客。他来自湖南常德，在广州一家送报公司做送报工。郑斌个头瘦小，可看人的目光从不躲闪。租的两间屋子里，住着他和弟弟两家人，还有两个从家乡来打工的老乡。用不规则的木头支起的上下铺，低矮、阴暗，蚊帐颜色发暗，被子很乱地置于一边。孩子们在地上天真地打闹，他母亲忧郁地独坐一旁。这似乎是羊城村最寻常的现象，这些来自外乡的农民，如果他们中有一个干上了送报工，那么他的兄弟姐妹、亲朋好友几乎毫无例外地也会变成送报工。郑斌一家就是如此，他和弟弟都干上了送报工。

快到午后1点了，郑斌的弟弟还没回来。老婆把菜早摆到了桌上，蒜蓉空心菜、肉丝炒辣椒，肉丝之细让人感叹主妇的精打细算。一岁多的儿子在屋里爬来爬去。郑斌兄弟每天凌晨2点离家，公司规定迟到10分钟扣100元。对他们这样的人来说，闹钟成了顶重要的东西。铃声大作有时也未必起作用，倒会惊醒隔壁的房客。经常是高声叫唤声、惊慌下楼声，间或婆娘睡意蒙眬的叮咛声，混作一团。

送报人的一天是从半夜开始的。尽管郑斌很遵守时间，但还是被扣了几次钱，少则十几元，多达百元。“本来累死累活就赚不了几个钱，还东扣西扣的，这碗饭不好吃哇！”郑斌一边述说着生活的艰难，一边告诉我，上次有个老乡刚从家乡来就干上了这行，一开始就要“洗楼”（在整幢高楼实行扫荡式的推销订阅报纸活动）。这是干这行的基本功，不会“洗楼”的，业务量上不去，也就赚不了钱。有一次因闹钟出问题迟到了10分钟，除被扣了300元钱外，还立马被开除了。为此，郑斌的老婆为他买了两个闹钟，以防万一。“现在想送报的多了，工资开得越来越低，他们不愁招不到人。”郑斌嘀咕着。

他已经经历了艰难的“洗楼”历程，手里现在也有400多家订户，月收入1200多元，刚够养活老婆孩子和支付房租、水电费。可是这样的日子是艰难的，单位下达的任务量没完成的话，他们还要沿街叫卖，卖不完的话就要自己往里填钱。他们的屋子里散落着过期的报纸，成了孩子的尿布。但很多时候，他们穿行于居民小区的楼道中，却常常被保安和居民疑为“小偷”。城里人满腹狐疑的眼光在他们身上扫来扫去，无时不提醒着他们的身份和角色。

干这行五年了，他对这份工作有一种珍重和热爱。毕竟，这份工作相对稳定，只要不出错，一般也不会被“炒鱿鱼”。而且，他似乎有一种渴望，渴望通过自己的努力工作，逐渐融入这个城市。比起垃圾工、搬运工来，他的工作还显得有些尊贵。

当我们谈到暂住证的话题时，似乎触动了郑斌心头的痛。“我不明白为什么乡下人进城挣点钱就那么难？暂住证、务工证、计生证、身份证，一样都不能少，走在街上一不留神，警察瞧你不顺眼，就抓你关进黑屋子……”他的眼神里有种愤怒、无奈和隐忍的复杂情绪。

他有过那样的经历，仅仅因为没有及时更换暂住证，被警察抓了进去，关了整整三天三夜，还加倍罚款。暂住证每三个月要更换一次，办一次要交60元，一年下来就是240元，一家小两口，光暂住证就要花费480元。

“那可是一个月的工资啊，一个月不吃不喝才能省下这钱来。”他不平地说，“他们不知道，对农民来说，一块钱都是多么重要，一块钱差不多就够一顿饭。”他也几乎不吃荤菜，连蔬菜都挑最便宜的白菜、黄瓜买。

其他证件也得花钱，计生证要20多元，老婆还要定期妇检，每次得花个10多元。常常遭遇的情况是，特意为办证请假，可又找不到办证的人。就这样一年下来，挣的钱永远也追不上办这些个五花八门的证件的花费，难得攒下钱年底带回老家。

郑斌疑惑的是，仅凭暂住证能分辨出人的好坏吗？真的是坏人，恰恰会去办证来掩护自己，遭罪的还是老实人。他深刻地感受到了这个城市对他的排斥与歧视。有一年大年三十，他骑单车送完报回家，被一辆疾驰的摩托车撞倒在地。他忍痛挣扎着爬起来，那人用粤语骂他找死。他理论了几句，说要打110报警。不料那人很轻蔑地掏出手机，大方地说你打吧。他没有去接手机，他知道没用。提起往事，他眼睛里仍然闪烁着无法掩饰的愤懑和不屈。

他来广州五年了，生活几乎没有改观。活动圈子也小得很，上完班之后，就蜷缩进自己的小屋，连电视也不看，因为他根本就没有电视机。“在外面，到处都是陷阱。”被查、抓、罚弄怕了的他，噤若寒蝉。但他还是不愿意返回家乡。“家乡太苦了。”他说。

参考文献

我看书有个习惯，先看目录、前言、导论和参考文献。有些学者不太重视参考文献，认为是可有可无的东西，甚至认为做参考文献劳力费神，而且毫无用处，完全是陈腐学究的把戏，以至于有的参考文献完全是东拼西凑，是为了摆摆样子、装装门面。

我之所以喜欢看那些枯燥无味的参考文献，是因为在我看来，参考文献有很多的功能，它是考察作者的功底、走近作者心灵的窗口。第一，参考文献大体上可以划定作者的知识范围，让人知道作者是在一种什么样的知识框架、知识背景里讨论问题。第二，参考文献能告诉人们，作者是在哪一条知识积累的脉络上，什么是作者的学术偏好和学术品位，作者的那些研究成果，都有哪些思想来源，因为任何研究成果，都是知识积累的结果，前无古人、后无来者的东西，几乎是不存在的。第三，参考文献的作用，还有些像产品成分的说明书，读者可以根据著作成分的说明，去验证一下该著作是不是假冒伪劣产品，是不是抄袭或平庸之作。第四，参考文献作为一种学术规范，它具有节约做学问成本的作用，别人对你的书感兴趣，你的参考文献就成为进入该研究领域的一条捷径，省去了在浩瀚文献中搜索精品的力气，一个好的参考文献，简直就是一个专门研究领域的必读书目。第五，过去中国的文人做学问的路子，从经典解读到文献求证，依赖的本钱都是文献的丰富，学者家中的孤本、善本，就像银行家的钱袋子，那是学问比拼的本钱。现在虽然很难仅仅依靠文献取胜，但对文献的掌握和熟悉，仍像雕刻家对刻刀和材料的熟悉，是手艺活儿的基础。第六，参考文献就是广告牌，是作者向他的同行显示其知识实力的途径，是作者研究的专业性的证明书。第七，参考文献是英雄榜，是学术著作名牌产品的陈列室，流行作品的价值需要发行量来说明，精品著作的价值则需要引证率来佐证。

我想把参考文献的功能凑上十条，但最终只想到七条，留待其他学者来补充。本书的参考文献，分三部分内容：一是村落研究的应读著作，我不是村落研究的专家，并不受这一领域中作品的已有评价束缚，我只是从自身研究的角度，选择那些我在研究羊城村的过程中绕不过的作品；二是引证的著作，是我把羊城村的运行规则“一般化”的过程中涉及的作品，这类作品超出了村落研究的范围，但也都可以说是某个研究领域的上品；三是我在书中引证的资料，它可能是村落文件、书刊文章、记者评述、相关报道、数据来源等。最后，很抱歉的是，这个参考文献中，可能有偏重著作而忽略文章的倾向，限于篇幅，一些重要的相关论文未能收入。另外，这个参考文献可能列了过多的我自己的作品，它只是为了说明自己研究积累线索的，基本都是书中谈到的，让我无法删去，不过难以与那些精品著作媲美，还请读者见谅。

阿隆（R. Aron），1967／1988，《社会学主要思潮》，葛智强等译，上海：上海译文出版社。

奥肯（A. M. Okun），1975／1987，《平等与效率——重大的抉择》，王奔洲、叶南奇译，北京：华夏出版社。

贝尔（D. Bell），1973／1997，《后工业社会的来临》，高铦等译，北京：新华出版社。

贝克夫妇（G. S. Becker and G. N. Becker），1997／2000，《生活中的经济学》，薛迪安译，北京：华夏出版社。

布坎南（J. M. Buchanan），1989／1993，《自由、市场与国家》，平新乔等译，上海：上海三联书店。

布劳（P. M. Blau），1964／1988，《社会生活中的交换与权力》，孙非、张黎勤译，北京：华夏出版社。

曹锦清，2000，《黄河边的中国：一个学者对乡村社会的观察与思考》，上海：上海文艺出版社。
曹锦清、张乐天、陈中亚，1995／2001，《当代浙北乡村的社会文化变迁》，上海：上海远东出版社。
曹鉴燎，2001，《制度立区——城区公有制经济制度创新案例研究》，北京：经济科学出版社。
陈翰笙，1930／1987，《中国农村经济研究之发轫》，此文系原“中央研究院”社会科学研究所1929—1930年的工作报告，由陈翰笙起草，社会学组讨论定稿，原为“中央研究院”单行本，载《解放前的中国农村》第二辑，第3—7页，陈翰笙、薛暮桥、冯和法合编，北京：中国展望出版社。
——，1987，《解放前的地主与农民：华南农村危机研究》，北京：中国社会科学出版社。
陈吉元、胡必亮主编，1996，《当代中国的村庄经济与村落文化》，太原：山西经济出版社。
陈俊杰，1998，《关系资源及农民的非农化：浙东越村的实地研究》，北京：中国社会科学出版社。
陈媛媛，2003，《小岗调查手记》，《社会学探索》，华东师范大学社会学系学生刊物。
邓英淘、崔之元、苗壮，1996，《南街村》，北京：当代中国出版社。
调查村文件，1988，1995，若干个“村合作经济股份制章程”。
杜赞奇（P. Duara），1988／1994，《文化、权力与国家：1900—1942年的华北农村》，王福明译，南京：江苏人民出版社。
法伊格（E. L. Feige）编著，1994，《地下经济学》，郑介甫等译，上海：上海三联书店、上海人民出版社。
法约尔（N. Fayol），1982，《工业管理与一般管理》，周安华等译，北京：中国社会科学出版社。
费孝通，1939／1999，《江村经济》，戴可景译，载《费孝通文集》第二卷，北京：群言出版社。
——，1943／1990，《禄村农田》，原由商务印书馆出版，现载费孝通、张之毅，《云南三村》，第3—202页，天津：天津人民出版社。

——，1947／1985，《乡土中国》，北京：生活·读书·新知三联书店。
冯尔康，1994，《中国的宗族社会》，杭州：浙江人民出版社。
广州天河区委文件，1994，《关于进一步完善农村股份合作制的若干规定》。
广州天河区委文件，2001，《关于农村股份合作经济组织的基本规定》。
郭书田、刘纯彬等，1990，《失衡的中国——农村城市化的过去、现在与未来》，石家庄：河北人民出版社。
郭于华，1994，《农村现代化过程中的传统亲缘关系》，《社会学研究》第6期。
郭正林，1999，《中国村政制度》，北京：中国文联出版社。
贺雪峰，2003，《新乡土中国——转型期乡村社会调查笔记》，南宁：广西师范大学出版社。
贺雪峰、仝志辉，2002，《论村庄社会关联》，《中国社会科学》第3期。
贺雪峰、肖唐镖，1999，《村治研究的分层与深化》，《中国社会科学季刊》（香港），总第25期。
胡必亮，1996，《中国村落的制度变迁与权力分配》，太原：山西经济出版社。
怀特（W. Whyte），1943／1994，《街角社会：一个意大利人贫民区的社会结构》，黄育馥译，北京：商务印书馆。
黄平主编，1997，《寻求生存——当代中国农村外出人口的社会学研究》，昆明：云南人民出版社。
黄树民，1994，《林村的故事：1949年后的中国农村变革》，台北：张老师出版社。
黄苇町，1992，《中国的隐形经济》，北京：中国商业出版社。
黄炎培，1945／1982，《延安归来》，载《八十年来》，北京：文史资料出版社。
黄宗智（Ph. Huang），1986／2000，《华北的小农经济与社会变迁》，北京：中华书局。
——，1992／2000，《长江三角洲小农家庭与乡村发展》，北京：中华书局。
——，1992，《中国农村的过密化与现代化：规范认识危机及出路》，上海：上海社会科学院出版社。
吉尔兹（格尔茨，C. Geertz），1983／1999，《地方性知识——阐释人类学论文集》，王海龙、张家瑄译，北京：中央编译出版社。

记者评述，2000，《在城市的夹缝中裂变》，《南方都市报》9月6日。

江振昌，1998，《村落家族与大陆农村社区权威结构之分析》，台北：《中国大陆研究》总第41期。

金雁、卞悟，1996，《农村公社、改革与革命——村社传统与俄国现代化之路》，北京：中央编译出版社。

柯兰君、李汉林主编，2001，《都市里的村民——中国大城市的流动人口》，北京：中央编译出版社。

科斯等（R. Coase et al.），1994，《财产权利与制度变迁——产权学派与新制度学派译文集》，刘守英等译，上海：上海三联书店、上海人民出版社。

蓝宇蕴，2003，《都市里的村庄：关于一个"新村社共同体"的实地研究》，中国社会科学院研究生院社会学系博士论文。

——，1933，《定县社会概况调查》，北京：中华教育促进会。

李汉林等，1988，《寻求新的协调——中国城市发展的社会学分析》，北京：测绘出版社。

李汉林，1993，《中国单位现象与城市社区的整合机制》，《社会学研究》第5期。

李惠斌、杨雪冬主编，2000，《社会资本与社会发展》，北京：社会科学文献出版社。

李景汉，1927，《中国社会调查运动》，《社会学界》第一卷，第79—91页。

李培林，1996，《流动民工的社会网络和社会地位》，《社会学研究》第4期。

——，2002，《巨变：村落的终结》，《中国社会科学》第1期。

李培林等，1992，《转型中的中国企业——国有企业组织创新论》，济南：山东人民出版社。

李培林、王春光，1993，《新社会结构的生长点——乡镇企业社会交换论》，济南：山东人民出版社。

李培林、张翼，2000，《国有企业社会成本分析》，北京：社会科学文献出版社。

李培林主编，2003，《农民工——中国进城农民工的经济社会分析》，北京：社会科学文献出版社。
李亦园，1999，《田野图像——我的人类学研究生涯》，济南：山东画报出版社。
李紫翔，1935／1987，《中国农村运动的理论与实际》，原载《新中华》第三卷第十八期，现载《解放前的中国农村》第二辑，第494—501页，陈翰笙、薛暮桥、冯和法合编，北京：中国展望出版社。
梁漱溟，1936／1989，《乡村建设大意》，载《梁漱溟全集》第一卷，第599—720页，济南：山东人民出版社。
——，1937／1989，《乡村建设理论》，载《梁漱溟全集》第二卷，第141—185页，济南：山东人民出版社。
梁治平，2001，《论清代的习惯与习惯法》，载杨念群主编：《空间、记忆、社会转型——新社会史研究论文精选集》，上海：上海人民出版社。
林耀华，1944／1989，《金翼——中国家族制度的社会学研究》，庄孔韶、林余成译，北京：生活·读书·新知三联书店。
——，1935／2000，《义序的宗族研究》，北京：生活·读书·新知三联书店。
林毅夫、蔡昉、李周，1997，《充分信息与国有企业改革》，上海：上海三联书店、上海人民出版社。
刘梦琴，2001，《石牌流动人口聚居区研究——兼与北京"浙江村"比较》，载柯兰君、李汉林主编：《都市里的村民——中国大城市的流动人口》，北京：中央编译出版社。
刘沛林，1998，《古村落：和谐的人聚空间》，上海：上海三联书店。
刘倩，1997，《市场因素下的"共产主义小社区"——对中部中国一个村庄社会结构变革的实证研究》，《社会学研究》第5期。
路风，1989，《单位：一种特殊的社会组织形式》，《中国社会科学》第1期。
陆学艺主编，2001，《内发的村庄》，北京：社会科学文献出版社。
——，1992，《改革中的农村与农民——对大寨、刘庄、华西等13个村庄的实证研究》，北京：中共中央党校出版社。
麻国庆，1999，《家与中国社会结构》，北京：文物出版社。
马克思，1853／1973，《不列颠在印度的统治》，载《马克思恩格斯选集》第二卷，北京：人民出版社。

——，1867／1975，《资本论》（第一卷），北京：人民出版社。

马若孟（R. H. Myers），1970／1999，《中国农民经济——河北和山东的农业发展，1890—1949》，史建云译，南京：江苏人民出版社。

马中柱，2000，《改造“城中村”是建设现代化城市的需要》，《广东精神文明通讯》第87—88期专刊。

毛丹，2000，《一个村落共同体的变迁——关于尖山下村的单位化的观察与阐释》，上海：学林出版社。

孟德拉斯（H. Mendras），1984／1991，《农民的终结》，李培林译，北京：中国社会科学出版社。

米格代尔（J. S. Migdal），1974／1996，《农民、政治与革命——第三世界政治与社会变革的压力》，李玉琪等译，北京：中央编译出版社。

钱杭、谢维扬，1995，《传统与转型：江西泰和农村宗族形态——一项社会人类学的研究》，上海：上海社会科学院出版社。

秦晖、苏文，1996，《田园诗与狂想曲——关中模式与前近代社会的再认识》，北京：中央编译出版社。

秦晖，1999，《“大共同体本位”与传统中国社会》，《社会学研究》第3、4期。

，2000，《“农民减负”要防止“黄宗羲定律”的陷阱》，《中国经济时报》11月3日。

青木昌彦，2001，《比较制度分析》，上海：上海远东出版社。

沈延生，1998，《村政的兴衰与重建》，《战略与管理》第6期。

市长专访，2000，《按照规划量力而行改造城中村》，《南方都市报》9月6日。

苏力，2000，《送法下乡——中国基层司法制度研究》，北京：中国政法大学出版社。

孙本文，1948，《晚近中国社会学发展的趋向》，《社会学刊》第6卷，第46—48页。

孙立平，2000，《“过程—事件分析”与对当代中国国家—农民关系的实践形态》，《清华社会学评论》特辑1，厦门：鹭江出版社。

唐灿、冯小双，2000，《“河南村”流动农民的分化》，《社会学研究》第4期。

托马斯（W. I. Thomas）、兹纳涅茨基（F. Znaniecki），1984／2000，《身处欧美的波兰农民》，张友云译，南京：译林出版社。

“外来农民工”课题组，1995，《珠江三角洲外来农民工状况》，《中国社会科学》第 4 期。

王春光，1995，《社会流动和社会重构——京城“浙江村”研究》，杭州：浙江人民出版社。

王汉生等，1990，《工业化与社会分化：改革以来中国农村的社会结构变迁》，《农村经济与社会》第 4 期。

王汉生等，1997，《“浙江村”：中国农民进入城市的一种独特方式》，《社会学研究》第 1 期。

王汉生、杨善华主编，2001，《农村基层政权运行与村民自治》，北京：中国社会科学出版社。

王沪宁，1991，《当代中国村落家族文化——对中国社会现代化的一项探索》，上海：上海人民出版社。

王铭铭，1997，《村落视野中的文化与权力：闽台三村五论》，北京：生活·读书·新知三联书店。

王铭铭、王斯福主编，1997，《乡土社会的秩序、公正和权威》，北京：中国政法大学出版社。

王晓毅，1991，《农村社会的分化与整合：权利与经济》，《社会与社会调查》第 2 期。

——，1993，《血缘与地缘》，杭州：浙江人民出版社。

王晓毅、朱成堡，1996，《中国乡村的民营企业与家族经济：浙江省苍南县项东村调查》，太原：山西经济出版社。

王亚南，1948／1981，《中国官僚政治研究》，北京：中国社会科学出版社。

王颖，1996，《新集体主义：乡村社会的再组织》，北京：经济管理出版社。

韦伯（M. Weber），1915／1997，《儒教与道教》，洪天富译，南京：江苏人民出版社。

魏安雄，2000，《聚焦“城中村”》，《文明导报》第 10 期。

温铁军，1999，《半个世纪的农村制度变迁》，《战略与管理》第 6 期。

吴毅，2002，《村治变迁中的权威与秩序——20世纪川东双村的表达》，北京：中国社会科学出版社。
项飙，1998，《流动、传统网络市场化与“非国家空间”》，载张静主编：《国家与社会》，杭州：浙江人民出版社。
——，2000，《跨越边界的社区——北京“浙江村”的生活史》，北京：生活·读书·新知三联书店。
项继权，2002，《集体经济背景下的乡村治理——南街、向高和方家泉村村治实证研究》，武汉：华中师范大学出版社。
肖唐镖等，2001，《村治中的宗族——对九个村的调查与研究》，上海：上海书店出版社。
阎云翔，1996／2000，《礼物的流动——一个中国村庄中的互惠原则与社会网络》，李放春、刘瑜译，上海：上海人民出版社。
杨懋春，1984，《近代中国农村社会之演变》，台北：巨流图书公司。
于建嵘，2001，《岳村政治——转型期中国乡村政治结构的变迁》，北京：商务印书馆。
余英时，1999，《论士衡史》，上海：上海文艺出版社。
薛暮桥，1934／1984，《怎样研究中国农村经济》，原载1934年10月《中国农村》月刊第一卷第一期，现载《薛暮桥经济论文选》，第1—10页，北京：人民出版社。
翟学伟，2001，《中国人行动的逻辑》，北京：社会科学文献出版社。
张继焦，1999，《市场化中的非正式制度》，北京：文物出版社。
张静，2000，《基层政权——乡村制度诸问题》，杭州：浙江人民出版社。
张乐天，1998，《告别理想——人民公社制度研究》，上海：东方出版中心。
张五常，1969／2000，《佃农理论——应用于亚洲的农业和台湾的土地改革》，易宪容译，北京：商务印书馆。
张小军，1997，《再造宗族：福建阳村宗族“复兴”的研究》，香港中文大学人类学系博士论文。
张缨，2001，《信任、契约及其规制》，中国社会科学院研究生院社会学系博士论文。

张之毅，1943／1990，《易村手工业》，原由重庆商务印书馆出版，现载费孝通、张之毅，《云南三村》，第203—326页，天津：天津人民出版社。
赵秀玲，1998，《中国乡里制度》，北京：社会科学文献出版社。
折晓叶，1996，《村庄边界的多元化——经济边界开放与社会边界封闭的冲突与共生》，《中国社会科学》第3期。
——，1997，《村庄的再造——一个“超级村庄”的社会变迁》，北京：中国社会科学出版社。
折晓叶、陈婴婴，1997，《超级村庄的基本特征及“中间”形态》，《社会学研究》第6期。
——，2000，《社区的实践——“超级村庄”的发展历程》，杭州：浙江人民出版社。
郑奔、符勤兵等，1996，《潮起天河——广州市天河区农村股份合作制改革实践透视》，香港：香港新闻出版社。
郑也夫，2001，《信任论》，北京：中国广播电视出版社。
郑毅等，2000，《广州改造“城中村”目标确定》，《南方都市报》9月6日。
周大鸣、郭正林等，1996，《中国乡村都市化》，广州：广东人民出版社。
周大鸣、高崇，2001，《城乡结合部社区的研究——广州南景村50年的变迁》，《社会学研究》第4期。
周尔鎏、张雨林主编，1991，《城乡协调发展研究》，南京：江苏人民出版社。
周其仁，1995，《中国农村改革：国家与土地所有权关系的变化——一个经济制度变迁史的回顾》，原载《中国社会科学季刊》（香港）第6期，后收入作者2002年出版的论文集《产权与制度变迁——中国改革的经验研究》，北京：社会科学文献出版社。
——，1999，《研究真实世界的经济学》，载张曙光主编，《中国制度变迁案例研究》，北京：中国财政经济出版社。
——，2002，《人力资本的产权特征》，http://wenku.baidu.com/view/83589a88680203d8ce2f24c5.html（2019年5月22日访问）。
周荣德（Y. T. Chow），1966／2000，《中国社会的阶层与流动——一个社区中士绅身份的研究》，上海：学林出版社。

周晓虹，1998，《传统与变迁——江浙农民的社会心理及其近代以来的嬗变》，北京：生活·读书·新知三联书店。

庄孔韶，1999，《银翅——中国的地方社会与文化变迁》，北京：生活·读书·新知三联书店。

Anderson, B., 1983, *Imagined Communities*, London: Verso.

Barber, B., 1983, *The Logic and Limits of Trust*, New Brunswick, New Jersy: Rutgers University Press.

Bourdieu, P., 1984, *Distinction: A Social Critique of the Judgement of Taste*, London: Routledge.

Bourdieu, P. and J. C. Passeron, 1990, *Reproduction in Education, Society and Culture*, 2nd ed. London: Sage.

Burn, J. P., 1988, *Political Participation in Rural China*, Berkley: University of California Press.

Chan, A., R. Madsen and J. Unger, 1992, *Chen Village under Mao and Deng*, Berkeley: University of California Press.

Chayanov, A. V., 1925 / 1986, *The Theory of Peasant Economy*, Madison: University of Wisconsin Press.

Coase, R. H., 1937, "The Nature of the Firm", *Economica*, 4: 386–405.

Coleman, J. S., 1990, *Foundation of Social Theory*, Cambridge: Harvard University Press.

De Tocqueville, A., 1948, *Democracy in America*. New York: Knopf.

Demsetz, H., 1967, "Toward a Theory of Property Rights", *American Economic Review* 57: 347–373.

Durkheim, E., 1901 / 1950, *The Rules of Sociological Method*, Glencoe, Illinois: Free Press.

Freedman, M., 1958. *Lineage Organization in Southeastern China*, London: Athlone Press.

——, 1966, *Chinese Lineage and Society: Fukien and Kwangtung*, New York: Humanities Press Inc.

Friedman, E. et al., 1991, *Chinese Village, Socialist State*, New Heaven: Yale University Press.

Fukuyama, F., 1995, *Trust: The Social Virtues and the Creation of Prosperity*, New York: Simon & Schuster Inc.

Furubotn, E. G. and S. Pejovich, 1972. "Property Rights and Economic Theory: A Survey of Recent Literature", *Journal of Economic Literature*, 10.

Geertz, C., 1973, *The Interpretation of Cultures*, New York: Basic Books.

——, 1978, "The Bazaar Economy: Information and Search in Peasant Marketing", *Supplement to the American Economic Review*, 68: 28–32.

Giddens, A., 1976, *The Class Structure of the Advanced Societies*, New York: Harper & Row.

Granovetter, M., 1973, "The Strength of Weak Ties", *American Journal of Sociology*, 78: 1360–1380.

——, 1985, "Economic Action and Social Structure: The Problem of Embeddedness", *American Journal of Sociology*, 91: 481–510.

Granovetter, M. and R. Swedberg (eds.), 1992, *The Sociology of Economic Life*. Boulder Colorado: Westview Press.

Kuhn, Ph., 1970, *Rebellion and Its Enemies in Late Imperial China: Militarization and Social Structure, 1796–1864*, Cambridge: Harvard University Press.

Larsson, R., 1993, "The Handshake Between Invisible and Visible Hands", *International Studies of Management & Organization*, 23: 1.

Lipman, J. N. and S. Harrell (eds.), 1990, *Violence in China: Essays in Culture and Counterculture*, Albany: State University of New York Press.

Little, D., 1989, *Understanding Peasant China: Case Studies in the Philosophy of Social Sciences*, New Heaven: Yale University Press.

Lü, Xiaobo and Elizabeth J. Perry (eds.), 1997, *Danwei: The Changing Chinese Workplace in Historical and Comparative Perspective*, New York: M. E. Sharpe.

Luhmann, N., 1979, *Trust and Power*, Chichester: John Wiley & Sons.

Lynd, R. and H. Lynd, 1929, *Middletown*, New York: Harcourt Brace Jovanovich.

——, 1937, *Middletown in Transition*, New York: Harcourt Brace Jovanovich.

Madsen, R., 1984, *Morality and Power in a Chinese Village*, Berkeley: University of California Press.

Malinowski, B. K., 1922, *Argonauts of the Western Pacific: An Account of Native Enterprise and Adventure in the Archipelagoes of Melanesian New Guinea*, London: Routledge and Kegan Paul.

Marks, R., 1984, *Rural Revolution in South China: Peasants and the Making of History in Haifeng County, 1570–1930*, Madison: The University of Wisconsin Press.

Nolan, P., 1988, *The Political Economy of Collective Farms: An Analysis of China's Post-Mao Rural Reforms*, Boulder, Colorado: Westview Press.

North, D. C., 1990. *Institutions, Institutional Change and Economic Performance*, Cambridge: Cambridge University Press.

Olson, M., 1980, *The Logic of Collective Action: Public Goods and the Theory of Groups*, Cambridge: Havard University Press.

Oi, J. C., 1989, *State and Peasant in Contemporary China: The Political Economy of Village Government*, Berkeley: University of California Press.

Oi, J. C. and A. Walder (eds.), 1999, *Property Rights and Economic Reform in China*, Stanford: Stanford University Press.

Parish, W. L (ed.), 1985, *Chinese Rural Development: The Great Transformation*, New York: M. E. Sharpe.

Parish, W. L. and M. K. Whyte, 1978, *Village and Family in Contemporary China*, Chicago: University of Chicago Press.

Polanyi, K., 1958, *The Great Transformation*, Boston: Beacon Press.

Polanyi, K., C. M. Arensberg and H. W. Pearson, 1957, *Trade and Market in the Early Empires*, New York: The Free Press.

Popkin, S., 1979, *The Rational Peasant: The Political Economy of Rural Society in*

Vietnam, Berkeley: University of California Press.

Potter, S. H. and J. M. Potter, 1990, *China's Peasant: The Anthropology of a Revolution*, Cambridge: Cambridge University Press.

Redfield, R., 1956, *Peasant Society and Culture*, Chicago: University of Chicago Press.

Sath, A (ed.), 1987, *The Re-emergence of the Chinese Peasantry: Aspects of Rural Decollectivisation*, London: Croom Helm.

Saxenian, A., 1999, "The Silicon Valley-Hsinchu Connection: Technical Communities and Industrial Upgrading", Mimeo, Stanford University.

Schultz, T. W., 1964, *Transforming Traditional Agriculture*, New Haven: Yale University Press.

Scott, J. C., 1976, *The Moral Economy of the Peasant: Rebellion and Subsistence in the Southeast Asia*, New Heaven: Yale University Press.

——, 1985, *Weapons of the Weak: Everyday Forms of Peasant Resistance*, New Heaven: Yale University Press.

Sen, A., 1999, *Development as Freedom*, New York: Anchor Books.

Shue, V., 1980, *Peasant China in Transition: The Dynamics of Development to ward Socialism, 1949–1956*, Berkeley: University of California Press.

——, 1988, *The Reach of State: Sketches of the Chinese Body Politics*, Stanford: Stanford University Press.

Skinner, G. W., 1964–1965, "Marketing and Social Structure in Rural China", *Journal of Asian Studies*, 3 parts, 24.1: 3–44,24. 2: 195–228, 24.3: 363–399.

Vermeer, E. B., F. Pieke and W. L. Chong (eds.), 1998, *Cooperative and Collectivein China's Rural Development: Between State and Private Interests*, New York: M. E. Sharpe.

Walder, A. G., 1986, *Communist Neo-Traditionalism: Work and Authority in Chinese Industry*, Berkeley: University of California Press.

——, 1998, *Zouping in Transition: The Process of Reform in Rural North China*, Cambridge: Harvard University Press.

Ware, C. F., 1935 / 1977, *Greenwich Village, 1920–1930*, New York: Octagon Books.

Weber, M., 1968, *Economy and Society*, New York: Bedminster Press.

Williamson, O. E., 1975, *Markets and Hierarchies: Analysis and Antitrust Implications*, New York: Free Press.

——, 1987, *Antitrust Economics: Mergers,Contracting and Strategic Behavior*, New York: Blackwell.

Zweig, D., 1997, *Freeing China's Farmers: Rural Restructuring in the Reform Era.* New York: M. E. Sharpe.

后　记

《村落的终结》这个书名的选择，并不是为了赶“终结”一词的时髦，因为时下不少人在谈论“历史的终结”“现代性的终结”等，甚至还有“终结系列丛书”。选择这个书名，是因为我曾翻译孟德拉斯的《农民的终结》一书，而我的研究恰恰是要说明，农民的终结并不等同于村落的终结。但这个研究的题材，最初是来自我的博士生蓝宇蕴。约三年前，她在拟定博士论文题目时，我提出的要求是，最好选择符合她的知识背景的、她所熟悉的专题，并要具有学术上的对话意义和现实的价值。她提出了几个题目让我帮助定夺，其中关于城中村的研究题目引起了我的兴趣。城中村是她生活的广州市里出现的现象，在珠江三角洲一带很普遍，也很特殊，在其他国家乡村城市化过程中比较少见；而且广州市在建设国际大都市的规划中，改造城中村是一个重点和难点，由此也引起一些社会冲突。我有一种直觉，村落的最后终结，不是一个轻松浪漫的过程，与农民的终结可能不是同一的过程。恰巧蓝宇蕴在广州的家的附近就有城中村，她已有相当程度的了解，调查起来也方便。而且，蓝宇蕴在南开大学社会学系获得硕士学位，那里的学术传统让她对村落研究的路数驾轻就熟。

这样，她的研究题目就定下来了。但我被激发的研究兴趣却无法消退，于是我在工作的中国社会科学院社会学研究所里申请了一个题为“都市里的村庄经济研究”的小项目。原计划只选一个城中村进行研究，也就是写一个调查研究的报告。但在第一次调查之后，我写了《巨变：村落的终结》一文，发表在《中国社会科学》2002 年第 1 期上，同年英文季刊《中国社会科学》（*Social Sciences in China*）的秋季刊作为刊头文章发表了该文的英文简本。随后，国内的一些媒体和国外的学者也都发表了表示关注的评论，这使我更进一步意识到，这个研究题目可能具有较大的潜在对话能力。随着研究的深入，兴趣一发而不可收，调查范围的逐步扩大，也使研究经费出现困难。恰好福特基金会资助美中学术交流委员会的第四批“公共政策研究项目”正在征集申报过程中，这样我就以“‘城中村’村落终结过程中的利益冲突和社会政策研究”为题，申报了该项目，经过几轮匿名评选，我的申请幸运地获得批准，也使得该项课题研究在更大规模和更广泛议题上展开。

但在本来认为是最艰难的调查访谈资料完成之后，写作却一度陷入了停顿。一方面是面对一大堆杂乱的访谈记录，一时不知道如何处理是好，总是难以理出头绪；下笔试写一节，仍然找不到感觉，总觉得缺乏新意，有些“硬写”的滋味，让我不得不中途辍笔。另一方面，我还有其他课题同时进行，这边进展不顺利，我怕事倍功半，就把精力转到别的课题，加之其他的社会事务，致使《村落的终结》一书的笔耕断断续续，进展缓慢，而且写作味同嚼蜡。在此期间，我的博士生蓝宇蕴的博士论文写作却进展迅速，大体上是每月写出一章，从网上发给我审阅，我通过批阅她的论文和提出修改，倒是也没有间断思考，并不断产生一些新的想法。

我原来设想，要重新回到城中村里去住一段时间，从经验感受中汲取点新的灵感和写作激情，才能下笔出神入化。出发的准备都做好了，那时广州虽然已经出现 SARS 疫情，但给我的感觉是还没有可怕到阻碍我行程的程度。谁知随后 SARS 在北京和全国的蔓延，造成了全社会的恐慌，并演变成必须用特殊警戒措施来应对的“社会危机”。出差取消了，会议推迟了，亲朋好友不串门了，有病也不敢去医院了，所有的人群聚集的娱乐场所都关闭了，连过去车水马龙的饭店和商店也门可罗雀了，乘坐公共交通和出租车都感到危险了，多数国家机关和事业单位都实行轮流值班制度了，学生也都停课了，人们似乎在经历一次看不见硝烟的战争。我所在的中国社会科学院，行政人员实行值班制度，而科研人员全部放假在家“自我隔离”。这是我十几年来经历的最长的在家封闭居住时期，本来应台湾“中央研究院”社会学研究所所长章英华之邀赴台学术访问的计划，在临行之前也被迫取消了。我也彻底地安下心来，重新开始《村落的终结》的写作，每天写作 8—10 个小时，穿插着还要阅读一些相关著作，查阅相关的资料，每天除了上网查看疫情进展、督促孩子自学和晚上散步，时间全都用在书的写作上。由于精力的集中，写作进展顺利，专心写作时每天能有 3000 多字，并整理部分访谈资料。从不晚上散步的我，固定的散步也成了“康德”式的，有了固定的路线和时间。

这样近两个月下来，就完成了这本书的写作。而此时我的学生蓝宇蕴的博士论文也已杀青，并定名为《都市里的村庄：关于一个“新村社共同体”的实地研究》。只是她在最后阶段，于“五一”节不听劝告，返回疫区老家广州，回来后被拒绝进入研究生院，在校内隔离居住半月，手边没有任何书籍，致使论文的扫尾有些仓促。不过她的努力还是得到了承认，她的论文在答辩中得到答辩委员会委员们的较高评价，被系学术委员会评为社会学系年度优秀论文，并被纳入生活·读书·新知三联书店“哈佛—燕京学术丛书”出版计划，我也为此感到欣慰。

现在，我的《村落的终结》和蓝宇蕴的《都市里的村庄》都即将出版，这两本书成了参照读物。但这两本书又的确有很大的不同，她是写一个村庄——珠江村，而我是虚拟了一个羊城村来综合城中村的特征；她更注重村落的社会层面和本土资源，而我则偏重于经济运行的社会规则；她的调查更加深入，资料也更加细致和丰富，但我是“功夫在诗外”，是试图借“羊城村的故事”来提炼一些具有普遍意义的东西。我想我的书可以更好地说明她的论文的意义，而她的论文可以进一步验证我的结论的真伪。

这两本书都是写村落终结的过程，在宏观层面上也有一些共同的结论和意义：一是村落的终结和农民的终结不是完全同一的过程，不是非农化、工业化和户籍改革就能解决的，村落的终结更加艰难，更加漫长，一蹴而就的结果往往是造成社会的断裂；二是村落的终结必然伴随产权的变动和社会网络的重组，其间必然伴随着激烈的利益和价值冲突，需要建立一种超越“零和博弈”的新的合作和整合机制；三是村落组织的传统本土资源，并不完全是现代性的对立面，它也可以融入或被用来构建现代化的新传统，在所有被视为对立两极的中间，都存在连续谱式的过渡和多样性；四是城中村在城市化过程中具有双重的功能，它既是城市异质的边缘，也是替代贫民窟而成为农民工融入城市并转变成新市民的摇篮和跳板；五是城中村的研究，为我们最终揭示从村落非农化到村落终结的变迁逻辑提供了可能。

参加这项研究的，还有中国社会科学院社会学研究所的王春光研究员，他参加了调查和研究的全过程。王春光祖居温州，对民间社会有很深的真实感受，他研究北京“浙江村”的博士论文出版后颇得好评。他还追寻温州人的足迹，远赴巴黎调查，写出《温州人在巴黎》一书。我们两人曾合作写作《新社会结构的生长点——乡镇企业交换论》，在这次调查中他给我讲述的许多关于村落里的故事、晚上经常有的彻夜讨论，以及他对底层生活的关切，都对我村落研究视点的确立产生很大的影响。这次《村落的终结》的写作，本是我们两人的合作计划，而且已经讨论了写作提纲，并进行了初步分工，无奈各自手里都还有其他的课题，他一直是一项社会分层大规模调查研究课题的主要成员之一，也很难集中精力于关于村落终结的写作。我们原本打算一块去城中村调查和实地生活一段时间之后，专心写完这本书，但SARS危机改变了所有既定计划，也使《村落的终结》最后终结，变成我一个人的苦役。

我真诚地感谢折晓叶、苏国勋、张晓山、景天魁、孙立平、秦晖、王晓毅、王延中等人，他们对我和蓝宇蕴关于城中村研究的关注、建议、评述和批评，使我受益匪浅，蓝宇蕴最后的博士论文答辩，使我也感到是对自己学术眼光的考验。我一直认为，知识生产需要一个学术团体的氛围、思想的碰撞、智力的交锋、理解的交换以及同行的评价和刺激，这些是知识生产的重要动力。历史上学派的产生，通常都与一个有内部激励机制的学术团体相联系。

费孝通先生于93岁高龄欣然命笔，为本书题写书名，令我受宠若惊，也深为惶恐，但愿本书学术质量不负先生的墨宝。

最后，感谢历史悠久并在出版界富有声望的商务印书馆，愿意出版拙作，我将此作为一种荣幸。

李培林

2003年6月18日于北京

补记：现在（2014年）由中国社会科学出版社再版本书，作为中国社会科学院获奖系列的一本，在此深表谢意。